调查研究　求真务实

——四川省委党校行政学院系统全面建成小康社会理论研讨会论文集

裴泽庆　等◎主编

DIAOCHA YANJIU QIUZHEN WUSHI

sichuan shengwei dangxiao xingzheng xueyuan xitong quanmian jiancheng
xiaokang shehui lilun yantaohui lunwenji

四川大学出版社

项目策划:徐　燕
责任编辑:吴近宇
责任校对:许　奕
封面设计:墨创文化
责任印制:王　炜

图书在版编目(CIP)数据

调查研究　求真务实:四川省委党校行政学院系统
全面建成小康社会理论研讨会论文集 / 裴泽庆等主编.
一成都:四川大学出版社,2019.8
ISBN 978-7-5690-3057-0

Ⅰ.①调…　Ⅱ.①裴…　Ⅲ.①小康建设-中国-文集
Ⅳ.①F124.7-53

中国版本图书馆 CIP 数据核字（2019）第 192885 号

书名　调查研究　求真务实
　　　　——四川省委党校行政学院系统全面建成小康社会理论研讨会论文集

主　　编	裴泽庆　等	
出　　版	四川大学出版社	
地　　址	成都市一环路南一段 24 号(610065)	
发　　行	四川大学出版社	
书　　号	ISBN 978-7-5690-3057-0	
印前制作	四川胜翔数码印务设计有限公司	
印　　刷	成都金龙印务有限责任公司	
成品尺寸	185 mm×260 mm	
印　　张	21.5	
字　　数	518 千字	
版　　次	2019 年 11 月第 1 版	
印　　次	2019 年 11 月第 1 次印刷	
定　　价	85.00 元	

◆ 读者邮购本书,请与本社发行科联系。
　电话:(028)85408408/(028)85401670/
　(028)85408023　邮政编码:610065
◆ 本社图书如有印装质量问题,请
　寄回出版社调换。
◆ 网址:http://press.scu.edu.cn

目　录

新时代加强乡村振兴舆论支持的路径研究

柯晓兰①

习近平总书记强调，做好党的新闻舆论工作，营造良好的舆论环境，是治国理政、定国安邦的大事。党的十九大报告提出实施乡村振兴战略，引起了全社会的广泛关注。乡村振兴，是新时代做好"三农"工作的总抓手，是从根本上解决"三农"问题的重大举措。实施乡村振兴战略，需要良好的舆论环境作为支持，以凝聚起全民心系乡村建设、支持乡村建设、参与乡村建设的强大合力。

一、乡村振兴战略成为近期舆论热点

自 2017 年 10 月 18 日党的十九大报告首次提出乡村振兴战略，至 12 月底中央农村工作会议就此展开重要部署，舆论始终报以高度热情。2018 年 2 月 4 日，2018 年中央一号文件《关于实施乡村振兴战略的意见》发布，网民持续给予高度关注，相关舆情量到达顶峰。

（一）媒体对乡村振兴进行全方位解读

乡村振兴战略提出后，国内各大媒体对"三农"政策制度背景、"三农"政策发展历程、近年来"三农"的成就与问题、乡村振兴的总体要求与实施路径等进行了系统梳理，邀请有关部门领导和专家学者对乡村振兴的重要意义、丰富内涵、保障措施等进行了宣传阐释。根据头条指数显示，到 2018 年 1 月底，以乡村振兴作为关键词的总发文量达 75 万篇，阅读量达 24 亿人次。

鹰眼舆情观察室有关舆情报告显示，2018 年中央一号文件发布后：29％的媒体解读了文件特点，认为文件管得全面、管得长远，搭建起了实施乡村振兴战略的"四梁八柱"；24％的媒体认为文件是谋划新时代乡村振兴的顶层设计，有助于加速农村发展；18％的媒体认为文件的落地，还需要配套政策来支撑；14％的媒体刊发学习贯彻类新闻，倡导认真学习文件精神，深刻领会乡村振兴的内涵要义，争当推进乡村振兴的弄潮儿；8％的媒体关注文件提及的农村宗教、腐败问题；7％的媒体还关注到文件可能会涉

---

① 作者系中共四川省委党校四川行政学院决策咨询部研究人员，研究方向：文化与传媒。

及的周边话题。部分媒体对 2004 年至 2018 年的中央一号文件进行了梳理分析，认为中央连续 15 年发布以"三农"为主题的中央一号文件，强调了"三农"问题在中国社会主义现代化时期"重中之重"的地位。

（二）网民对乡村振兴进行全方位关注

党的十九大开幕次日，相关"三农"话题的新闻报道量就达 1.7 万余篇，引发网民对"乡村振兴战略"等农业农村美好蓝图的高度认同和热烈期待。网民普遍对乡村振兴给予高度关注。在人民网推出的全国"两会"热点调查中，"乡村振兴"作为新增关注点进入热点关键词前十名。调查显示：近四成的网民认为"村委会领导班子能力不足""基础设施不够健全，卫生条件差"是目前农村建设亟待解决的问题；逾三成网民表示"与城镇化协同推进，整体规划"是实施乡村振兴战略最重要举措；如何"发展高产、优质、高效农业"成为网民最关切的问题；职业农民培养、空心房整治、加大农业保险支持力度等问题也引发了网民不同程度的关注。

对于 2018 年一号文件中的各种政策，网民基本持积极肯定态度，认为中央切切实实为农民谋利益，为乡村谋发展，将推动"三农"全面发展。同时，也有部分网民担心"上有政策，下有对策"，导致政策落实不到位、制度执行不到位，最终无法惠及农村农民。据头条指数显示，网友发文主要涉及农民增收、家庭农场、生态宜居、返乡创业等问题，网友阅读主要关注农业补贴、生活富裕、家庭农场、农民增收、返乡创业、土地承包三权分置、新型农业经营主体及生态宜居、绿水青山就是金山银山等与收入、生产经营、生活环境相关的话题。

（三）各种传播渠道共同推动舆论扩散

在权威信息首发方面，主流媒体的新媒体平台保持了绝对优势，且"报、网、端、微"一体联动，传播方式更鲜活，传播语境更亲民，"三农"话题的传播力和吸引力不断提升。

以中央一号文件发布为例，新华社、中央电视台、人民日报等官方媒体通过微博平台发布这一消息后，引发@三峡日报（媒体官方微博）、@蒙城发布（政府官方微博）、@Dr 世界教授（名人大 V）等不同类型的博主大量转发评论；"央视财经""农民日报""新三农"等微信公众号也迅速转发，《2018 年中央一号文件公布，信息量非常大！》《中央一号文件出炉！重点在这》《重磅！2018 年中央一号文件公布，聚焦的是这件大事！》等文章的阅读量迅速突破 10 万，各种传播渠道共同推动相关舆论大范围扩散。各大媒体对文件做出全方位解读，有效发挥了舆论引导作用，称"乡村振兴勾勒了农民幸福新愿景，期待建设一个美丽富饶的新农村"。

二、舆论支持为乡村振兴提供强大助力

常言道："有了舆论支持就什么都做得成，没有舆论支持就什么也办不到。"舆论是一种社会现象，"是社会或社会群体对近期发声的、为人们普遍关心的某一争议的社

问题的共同意见"①。舆论支持就是公众意见或社会群体意识对某种社会事物或社会现象持乐观的、肯定的态度，对其发展将起到积极的、正面的推动作用。乡村振兴是一项需要汇聚各方同心同向发力的伟大事业。积极有效地引导舆论、做好政策解读与热点回应、高度关注涉农舆情、培育强有力的舆论支持、营造良好舆论环境，对于助推乡村振兴战略实施具有重要意义。

（一）以舆论宣传纠传统思想认识之"偏"

农业的重要性不言而喻，衣食住行多种要素都源自农业生产。然而，中国人长期奉行"学而优则仕"，骨子里看不起农民，也不愿从事农业生产。在很长一段时期内，"脱农皮"成为一股热潮。农村籍学生努力读书，就是为了离开农村，在城市寻找身份和出路。加之单一的农业生产方式，收窄了农业就业面；低效能的农业生产技术，增加了农业劳动强度；较低的收入和相对枯燥的环境更是让青年一代望而却步，农民的后代不愿意继续当农民，学农业的大学生不愿意从事农业行业，能离开的都离开了，留下来的都是老弱病残……乡村不仅面临农业人才缺乏问题，还面临农民断代的问题。因此，需要持续聚焦国家"三农"政策，就农业现代化、农村新面貌、农民新风气等开展能抵达人民内心的舆论宣传，坚持聚沙成塔、点滴成河，逐步改变人们对农业、农村、农民的偏见，推动解决乡村振兴中"人"的问题。

（二）以舆论宣传补农村网络发声之"短"

《半月谈》杂志在微信公众号推出《乡村"怪现状"！"做小姐""做混混"被羡慕，乡村道德溃退令人痛心》一文，引发网友热议。文章所列道德失范等问题，其实更多是社会共性问题，而非乡村独有。这让人联想到，每逢春节前夕总会有媒体借返乡主题爆出一些有关乡村的夸张报道，引起大量转发和关注，后来证实很多都是网友杜撰的消息和剧情。除了热点平息之后姗姗来迟的辟谣公告，农村对此毫无还手之力。与庞大的城市新媒体尤其是自媒体群体相比，农村在网络舆论发声上处于绝对弱势。生活在农村的老人不会用网，小孩只会围观，青壮年大多外出打工大多认为事不关己或无暇顾及，在面对不实、夸大、曲解的信息时，农村几乎是一种"无声"的存在，对舆论无力辩解、任由发展，这对乡村振兴来说很不利。因此，运用各种媒体力量，集中反映乡村各方面的发展变化，以正面、积极的舆论宣传为乡村振兴呐喊助威迫在眉睫。

（三）以舆论宣传解乡村振兴意识之"困"

当前，农业副业化、农村空心化、农民老龄化较为突出，农村"386199"部队②引发社会关注，农村基础设施薄弱、社会事业发展滞后、生态环境亟待保护。少数地方尤其是脱贫攻坚任务依然艰巨、工作难度较大的乡村，还存在着不同程度的畏难情绪。面

---

① 喻国明，刘夏阳. 中国民意研究 [M]. 北京：中国人民大学出版社，1993：277.

② 随着中国城市化快速发展，农村男性青壮年劳动力进城打工的数量剧增，广大农村留守的妇女、儿童、老人也作为一个特殊群体备受关注，被戏称为"386199"部队。

对农村现状，人们或一筹莫展、回避矛盾，或消极观望、无所作为，或悲观失望、怨天尤人。部分群众还存在"等靠要"的思想，内生动力不足。有的人认为，乡村振兴不过是一句口号；有的人提出，没钱没物没项目，再加上"烂班子"和"散支部"，乡村根本没出路。畏难情绪一旦滋生，必然导致情绪低落、意志消沉，随之而来的就是工作越来越被动、效率越来越低下、发展越来越迟滞。因此，思想充电、观念更新，是实现乡村振兴的重要前提，必须采取有力措施，加大舆论宣传引导力度，让党的"三农"政策家喻户晓、深入人心，成为乡村振兴的强大精神动力。

三、加强乡村振兴舆论支持的具体路径

当前，移动互联网的迅速发展，急速改写了媒体格局、舆论生态和传播形态。据第41次《中国互联网络发展状况统计报告》，截至2017年12月，我国网民规模达7.72亿，其中，手机网民规模达7.53亿。基于这一背景，笔者认为，培育乡村振兴的舆论支持，必须强化互联网思维，借助传统媒体和新兴媒体融合之力，从汇聚乡村振兴正面宣传合力、探索构建乡村振兴话语体系、加强涉农突发事件舆情引导等方面着手，凝聚乡村振兴的发展共识，营造乡村振兴的良好舆论环境。

（一）汇聚乡村振兴正面宣传合力

1955年，毛泽东同志在《中国农村的社会主义高潮》一书按语中提道："农村是一个广阔的天地，在那里是可以大有作为的。"时隔63年，"广阔农村大有作为"这句话显得更加贴切。在舆论宣传上，要解决好"宣传什么，谁来宣传，怎么宣传"等问题，把握好宣传的时效，找准切入点和着力点，积极推进内容、形式、手段、方法创新，做大做强乡村振兴的正面宣传工作。

汇聚正面宣传合力，要打好"媒体宣传、典型示范、巡回宣讲"组合拳。广泛宣传近年来农业农村砥砺奋进取得的可喜成绩，聚焦"粮食生产能力登上新台阶、农业供给侧结构性改革打开新局面、农业现代化建设迈出新步伐、农村改革展开新布局、农业绿色发展有了新进展、农民收入实现新提升"等方面，开辟"乡村振兴"专栏专版，主动设置议题，讲述"三农"故事，传播"三农"声音。从"振兴什么、谁来振兴、怎么振兴"等方面做好宣传阐释，通过多元、立体、互动的舆论传播，为"三农"成就点赞，使"三农"舆情主旋律强劲、正能量充沛，营造积极向上的舆论生态。

汇聚正面宣传合力，要处理好"小平台"与"大平台"的关系。当前，媒体融合深入推进，政务新媒体蓬勃发展，各类新媒体平台如雨后春笋般兴起，各行业、各部门都建立了自己的信息发布平台，内容影响力"小散弱"现象突出。要借助当地融媒体中心，挖掘分析热点信息，进行跟踪报道和时事述评，提高"三农"信息的关注度和影响力；要深入研究受众心理，针对不同载体和不同受众，采取不同的传播策略、表现形式、叙事方法和语言风格，创新传播方式。

汇聚正面宣传合力，要加强与公众舆论的互动沟通。移动传播时代，"人人都有麦克风，人人都是传播者"，网络舆论不可忽视。习近平总书记要求通过网络走群众路线，

强调"让互联网成为我们同群众交流沟通的新平台,成为了解群众、贴近群众、为群众排忧解难的新途径,成为发扬人民民主、接受人民监督的新渠道"。通过网络互动,不仅能广泛听取网友心声,回应网友期待,最大限度地争取网友的理解和支持,还能广泛吸取民间智慧,从社会舆论中获得改革动力和发展能量,构建乡村振兴共识。

汇聚正面宣传合力的同时,还要加强乡村自身建设。舆论宣传需要内外发力、同频共振、唱响"大合唱"。要按照产业兴旺、生态宜居、乡风文明、治理有效、生活富裕的总要求,建立健全城乡融合发展体制机制和政策体系,加快推进农业农村现代化,实现农业强、农村美、农民富。文化建设是乡村振兴的灵魂工程,乡村文化建设要坚持因地制宜,采取文化墙、宣传栏、小喇叭、广播车、小手册等当地群众喜闻乐见的形式,开展文明家庭创建、文化能人评比、优良家风传承、村规民约倡议、婚丧仪俗整治等活动,充分发挥农民主体作用,让乡风文明落地生根,让乡村文化更接地气、更聚人气,大力提升新时代农民获得感、幸福感,为乡村振兴注入新动力。

(二)探索构建乡村振兴话语体系

从历史发展进程来看,解决城市化进程中的乡村衰落问题是各国尤其是发展中国家面临的共同难题。借鉴浙江台州黄岩经验,以乡村振兴为主题开展层次丰富、类型多样的对话活动,对外增强乡村振兴的全球影响力,对内增强文化自信和发展自信。

探索构建乡村振兴话语体系,要加强历史与现实的对话。我国是传统农业大国,乡村建设始终被广泛关注。20世纪三四十年代,梁漱溟、晏阳初等一批有识之士就意识到乡村衰败问题,开始乡村自救的探索,这就是民国时期的乡村建设运动。中华人民共和国成立以后,我们党提出了国家工业化建设蓝图,建立了"农业支持工业、农村支持城市"二元体制;1956年提出"建设社会主义新农村",虽然新农村建设目标未能如期实现,但农村干部群众对社会主义新农村充满向往,涌现出一批先进典型;[①]改革开放以后,工业化、城镇化加速,农村的空心化、发展相对滞后等问题日益严重;2005年,党的十六届五中全会提出"建设社会主义新农村"重大战略任务。从新农村建设到乡村振兴战略,内容更加充实,逻辑递进关系更加清晰,实现了乡村建设提档升级。各时期的乡村建设实践都为当下推进乡村振兴提供了观察与反思的历史视角。

探索构建乡村振兴话语体系,要加强区域之间的对话。在乡村振兴实践过程中,全国各地开展了生动的实践探索。比如杭州西湖区部分乡镇依托农村土地全域整治,打破镇、村行政界线,以区片为单位,推行"山水林田湖路村"全要素全区域综合整治,以农田集中连片、建设用地集中集聚实现生态空间重塑;广东顺德鼓励社会力量、倡导社区居民参与基层社会治理,以充分激活主人翁意识,实现社区的人心聚合;部分地方通过乡村拥抱城市,充分吸纳城市人口和城市经济,实现乡村与城市的有机融合等。由于各省市各乡村的资源禀赋不同、社会文化背景不同、经济发展程度不同,乡村振兴没有统一的模式可循,但在实践过程中会形成丰富的经验做法和先进典型,为乡村振兴区域对话提供了可能。

---

① 曾业松. 中国农村发展道路研究 [J]. 中共石家庄市委党校学报,2013 (11):4.

探索构建乡村振兴话语体系，要加强中国与世界对话。在工业化、城镇化进程中，乡村衰落凋敝与城市化加速推进相伴而生，各国对此都采取了积极举措，比如日本的一村一品运动、韩国的新村建设、法国的乡村复兴运动等。借鉴他国经验，可以启发我们更好地思考如何实现本地乡村振兴。同时，讲好如何实现乡村振兴的中国故事，将为全世界特别是发展中国家化解城市化进程中乡村衰落的难题提供中国样板，贡献中国智慧。

（三）加强涉农突发事件舆情引导

舆情是指在一定的社会空间内，围绕中介性社会事项的发生、发展和变化，民众对国家管理者产生和持有的社会政治态度。[①] 基于这一定义，舆情对国家和社会的稳定发展有重要影响。当前，互联网技术飞速发展，网络不仅成为大众获取信息的重要渠道，还成为人民表达意愿和诉求的重要途径。加上我国正值社会转型期，各种矛盾显现，网络舆情面临比较大的压力。因此，做好突发事件舆情监测、加强突发事件舆情引导显得重要而且必要。

加强涉农突发事件舆情引导，必须建立多部门协作机制。涉农舆情引导不是涉农部门能够独立完成的，需要多部门协同作战、共同应对。进一步建立健全网络舆情预警机制、权威信息发布机制、网络舆情引导机制、舆情危机处理机制等，加强网络舆情的全面监测、实时分析、及时预警，同步做好舆情监测和舆论引导，重视信息发布和危机处理，确保涉农舆情工作的"速度、广度、深度"，最大限度地降低涉农突发事件的负面影响。

加强涉农突发事件舆情引导，必须强化领导干部互联网思维。习近平总书记在多个场合反复强调，互联网是我们面临的"最大变量"。过不了互联网这一关，就过不了长期执政这一关。要不断强化互联网思维，通过网上舆论发现问题、解决问题，化"最大变量"为"最大正能量"，成为学网、懂网、用网、管网的行家里手。面对涉农突发事件，要坚持"快讲事实、多讲态度、重讲措施、慎讲原因、慎下结论"。第一时间发布权威信息，充分利用主流媒体、政务新媒体和社会自媒体，体现不同媒体的传播特点和优势，充分考虑网友心理需求，积极回应社会关切的问题，有力遏制谣言传播，掌握舆论引导主动权。

加强涉农突发事件舆情引导，必须重视网络舆情队伍建设。选拔培养一批业务能力强、文字功底好、网络环境熟的同志从事网络舆情工作，加强舆情分析、公共危机处理等业务培训，切实提高快速反应、及时应对、正确引导网络舆情的能力。在政务新媒体运营上，要更加重视内容吸引力，恰当运用网络语言，努力培育铁杆"粉丝"，扩大政务媒体"朋友圈"。在涉农负面舆论应对上，要充分了解网友关切的问题，认真收集网友反映的问题，提交有关部门解决、积极跟进并向网友及时回复处理结果，善于借助不同媒体和不同部门的力量，实现网上舆论可控可导，积极传播乡村振兴正能量。

---

① 王来华. 舆情研究概论 [M]. 天津：天津社会科学院出版社，2003：2.

脱贫攻坚工作绩效评估价值研究

张芮菱[①]

脱贫攻坚工作的开展，离不开对工作效果的实际评价。从具体的操作上看，对脱贫攻坚的评价可以细分为诸多主客观指标。这些指标的设计和执行的质量高低，在很大程度上决定了评价工作的效率，进而也会对欠发达地区未来的发展和扶贫工作形成长远的影响。要分析评价的质量，就必须有明确的分析立场和价值取向。可以从基本的价值取向、战略价值和工具价值等三个方面，对脱贫攻坚战略实施评价并进行价值分析。

一、价值取向分析：坚持以人民为中心的发展思想

脱贫攻坚是一个实事再求是、思想再解放的改革发展过程。所谓实事再求是，就是要根据发展环境条件的根本性转变来再次审视过去成功的发展模式，总结经验与教训。所谓思想再解放，就是要在新的发展环境条件下重新选择视角，以明确新的发展思路。脱贫攻坚既是实事再求是的"沉下去"的实践经验总结过程，也是思想再解放的"升上来"的理论探索创新过程。实践与理论的共同指向，就是要确立"以人民为中心"的基本价值取向，为我国经济社会的转型与发展奠定思想基础，夯实实践路径。对于脱贫攻坚工作的评价，首先就在于价值层面的评价，即实事求是、解放思想是否在工作过程中得到了彻底贯彻与始终坚持。具体来说，主要可以从以下三个方面来加以评价。

第一，坚持发展为了人民的基本立场。发展作为一个具体的历史过程，其基本的战略选择必然会以历史条件、国别差异、技术变化为基本依据。我国接近 14 亿的人口总量，是坚持发展必须为了人民的最大依据。在改革开放之初，通过经济增长提高了广大人民群众的生活水平。曾经在中国农村肆虐的贫困现象得到了根本性的改变。"发展就是减贫"成为中国经济发展最大的特色。发展为了人民，在改革开放的大部分时期，是伴随着发展过程自动实现的。在经历了快速发展的时期之后，随着我国经济进入新常态，发展的减贫效应递减。这里既有贫困地区和人群集中在边缘少数民族地区的区域影响，也有经济结构升级、财富日益向城市集中和特定人群集中的因素影响。如何在发展

---

① 中共四川省委党校哲学教研部副教授、博士，邮箱：619823225@qq.com

进程中坚持发展为了人民的基本立场，再一次成为理论和实践都必须关注的重大问题。脱贫攻坚的实施，就是要通过强制性的介入措施，作用于发展过程难以影响的贫困人群和地区，以提高他们主动进入发展过程的能力和机会。这样的措施，是我国市场经济发展到现有阶段的必然举措，也是在实践中让发展的主体，包括企业、群众、政府和其他社会组织在内，树立起发展为了人民这一理念的重大战略部署。由此启动的改革探索，围绕着贫困地区和人群可持续发展能力的提高，必然会成为中国特色社会主义的有机构成内容。要对脱贫攻坚工作进行评价，就要看发展为了人民的理念在实践中是否得到了一以贯之的坚持。

第二，坚持发展依靠人民的基本思路。脱贫攻坚要启动的，是一个符合贫困地区和群众的特色发展过程。这一过程的最大特点，并不是要实现多大规模的地区生产总值，也不是要实现与发达地区一样的经济结构，而是要围绕贫困人群的实际需求来推动发展过程。能满足现实需求的发展就是最好的发展。启动这一过程，需要大规模投入。对于贫困地区的大规模基础设施投入与建设，是帮助贫困地区人民生产和发展过程的前提条件。对于贫困人群的大规模物质和资金帮扶，是帮助贫困人群提高可持续发展能力，主动参与发展过程的前提条件。这是两个必然的、互为依据的前置条件。贫困群众要走出大山，需要道路，有了道路才有经济活动。反过来，只有敢于走出去的贫困群众，才会利用道路去实现自己的目标。脱贫攻坚就是要从这两个方面入手，一方面改善外部条件，另一方面培育贫困群众的参与意识和能力，建立起两个方面紧密联系的有效机制，提高贫困地区的自我发展能力和贫困人群的可持续发展能力。因此，对于脱贫攻坚工作的评价，必须要看这一过程有无贫困地区和群众的主动、积极参与。投入是否足够，贫困村基层组织和合作经济组织建设是否得到重视，贫困人群人力资源投入是否合理，贫困人群经济活动介入水平等，应当成为评价发展依靠人民这一基本思路是否坚持的主要内容。

第三，坚持发展成果由人民共享的基本价值取向。经济发展的成果，是产出的增加、收入的提高和经济基础的夯实等多方面内容。产出的增加可以满足更多的需求，收入的提高可以形成更多的需求，经济基础的夯实可以实现更高水平的发展。贫困地区过去的发展，一个比较大的问题就在于发展的结果极为单一，产出与本地需求无关，大部分外送；经济主要依赖资源，缺乏纵深；由于缺乏参与，收入的增加也不会主要表现为贫困人群的收入增加。要在脱贫攻坚中坚持发展成果由人民共享，就是要让发展成果更多地落在贫困地区和贫困人群身上。由此，对于脱贫攻坚工作的评价，要注意多样化的发展成果的实现问题。在经济活动的产出方面，要更多地考虑可以满足贫困地区本地需求的产品，例如符合本地城镇日常运行的各类农产品，由本地农村来提供，就有足够的优势。对于这一部分可能存在的障碍，例如现代化的物流抵消了本地农业的优势问题，可以通过交通基础设施条件的改善来加以解决。对于那些高度依赖自然资源开发而形成的产业，除非自然资源处于绝对优势的地位，否则绝不能在贫困地区大规模推进。在收入方面，要注重通过贫困人群的劳动参与来提高收入水平。农业与旅游业，特别是农旅结合就成为较好的产业选择。对于那些只能带来税收增加或者地区经济增加值增长的产业项目，应集中在有足够发展条件的城市中来进行。在脱贫攻坚工作的推进过程中，既要重视投入资金的统筹利用以提高资金效率，也要重视贫困群众在脱贫攻坚工作推进过程中切实获得好处，以提高发展能力和积极性。

二、战略价值分析：改革、发展与稳定的三维度探讨

脱贫攻坚作为我国发展战略整体调整的重要组成部分，具有极为重要的战略价值。从改革的维度看，脱贫攻坚就是要在帮扶最为贫困的群众的工作推进过程中，探索改革新思路，落实全面深化改革总体部署。从发展的维度看，脱贫攻坚就是要找到符合欠发达地区的、以扶贫工作统驭经济社会发展的特色化发展模式。从稳定的维度看，脱贫攻坚就是要在改善贫困地区和贫困人群发展基本条件的过程中，化解长期发展过程中累积起来的问题，改变市场负面效应在贫困地区和人群中的集中体现状况，为贫困地区的稳定发展创造条件。新常态下，改革、发展与稳定这一组重大关系应当统筹处置，在脱贫攻坚工作中要形成基本的工作原则和机制。对于脱贫攻坚工作推进的评价，应当围绕以下方面展开。

紧扣脱贫攻坚工作推进，加快落实全面深化改革战略部署。扶贫在过去很长的时间内，是经济发展之后的一个社会过程。其基本特征是应用发展所获得的资源，通过政府、市场等多种渠道和手段，将资源投入到发展这一过程所不能覆盖且由此形成较为突出贫困现象的地区和人群身上。这是我国发展的阶段性特征所决定的。没有发展所形成的充裕资源，扶贫是无法实现的目标。这也就决定了扶贫工作在发展战略设计中始终居于附属位置。在长期发展过程之后，发展的过程与结果相互加强，形成了以经济发展为核心的整体制度设计。脱贫攻坚的提出，则是对长期以经济发展为核心的发展模式的有意识补充。在一个追求经济价值的发展过程中，要在发展的每一个具体的环节上都体现对无法参与发展过程的、最为贫困的人群的关照和帮扶，需要以极大的勇气推进制度改革。全面深化改革提出的国家治理体系和治理能力的现代化，在脱贫攻坚的工作格局中，具象化为以贫困群众为中心的发展模式和以扶贫工作统驭地方工作的基本格局。改革是脱贫攻坚的题中之意。对于脱贫攻坚工作的评价，就要看脱贫工作是不是与全面深化改革相伴随行，是不是开创了贫困农村地区新的工作局面。

紧扣脱贫攻坚工作推进，以常态化的扶贫工作统驭贫困地区经济社会发展进程。以扶贫工作统驭贫困地区经济社会发展进程，就是要让贫困地区的社会发展、经济发展服务于贫困人群的减贫过程，就是要让贫困人群的发展需求成为地区发展战略制定的基本依据，提高贫困人群自我发展能力成为评价地区发展绩效的基本要求。无论地区经济规模增长多快，无论地区城市建设多好，也无论地区基础设施发展多健全，绝对贫困人口的存在就说明发展并没有很好地应对贫困问题。这样的发展就不是欠发达贫困地区应该有的发展模式，就应该坚决放弃。这就是以脱贫攻坚统驭贫困地区经济社会发展进程的真正含义。在当前的工作中，贫困地区要实现以常态化的扶贫工作统驭地区发展。一方面要紧扣脱贫攻坚，从严落实工作目标要求；另一方面，要以脱贫攻坚的要求来全面评估地方经济社会发展，尽快转变发展思维，放弃重视规模的发展思路，注重提高发展的参与面，提高群众特别是贫困群众在发展中的受益范围。

紧扣脱贫攻坚工作推进，实现发展要素在贫困农村地区的聚集。发展经济要素的持续流出和发展社会环境支撑的长期薄弱是当前在贫困农村难以启动一个能够惠及更多人群的发展过程的直接原因。一方面是人才流出、资源流出、环境承载力下降；另一方面是城镇化水平低、社会发展程度低、群众受教育水平低下、市场发展缓慢，贫困农村在缺乏必要的要素和环境条件保障的情况下，以常态化扶贫开发统驭贫困农村地区经济社会发展进程的战略意图是难以实现的。脱贫攻坚，就是要通过强制性的外在介入手段，为贫困农村地区的发展投入能够留在农村的发展要素。这些发展要素必须要具备如下特征：一是一旦投入就难以流出，二是对贫困群众的发展起到基本的保障作用，三是与农业农村发展高度相关，四是能够促进农村人力资本的积累和发展。因此，脱贫攻坚应该尽量少采用大规模货币化资产投入农村的方式，多针对贫困村和贫困户发展需求，投入生产性的物质资产、基础设施和本地化的人力资源，为农业农村的发展提供必要的发展要素支持。

三、工具价值分析：评价的基本原则与方法

脱贫攻坚是针对我国边远贫困地区提出的整体性解决方案。这一方案具有极强的创新性。无论是工作的推进、工作机制的形成还是工作成效的评价，都是一个需要持续创新的过程。对于脱贫攻坚的评价，必须充分考虑识别、激励和认定创新及其成果，通过持续的创新来巩固由脱贫攻坚开启的贫困农村地区的发展新过程。

创新的过程需要新的工作方法来推进贫困农村地区的发展。过去在欠发达的农村地区，推进发展的过程与其他地区一致，就是一个以经济带动的发展过程。这一模式在欠发达农村地区的效果是递减的，没有表现出在其他地区所表现出的极为明显的减贫效应。脱贫攻坚在贫困农村地区要推动的是一个更具针对性、更加突出社会建设和人力资源积累的发展过程，政治、社会、文化和公共管理等新的方法在这一过程中的应用是必然的，由此形成的发展模式与过程调整也是必然的。因此，对于脱贫攻坚工作的评价，是否应用了新的方法也是关键内容。鉴于此，对脱贫攻坚进行评价有必要坚持以下原则。

创新型达标。是否以创新的方式来实现脱贫攻坚的目标任务是评价脱贫攻坚工作的一个重要的考察角度。在精准识别贫困群体方面，如何做到围绕现实和潜在的需求展开识别工作，而不是仅仅依靠收入指标和群众商定的方式来实现；如何在精准帮扶方面既实现进村入户的工作要求，又在工作中为贫困群众走发展道路留下空间；如何在基础设施建设、资源投入方面利用好融资机制，实现脱贫资源的可持续投入和高效利用，等等。达标是脱贫攻坚的工作要求，以创新的方式达标则是评价脱贫攻坚的内在要求。只有对农村现状、工作方式和态度进行根本改造，才能使脱贫攻坚成为贫困农村实现可持续发展的重要起点。

创新型主体。是否在脱贫攻坚工作推进过程中形成推进工作的主体与对象，是评价脱贫攻坚的另外一个重要的考察角度。脱贫攻坚并不容易推进，特别是在特殊连片贫困地区。由于基础条件落后、贫困人口规模较大、贫苦程度较深，要启动一个更多地依赖

于区域内部资源的发展过程，需要持续的投入和长期的工作。达标是常态化扶贫的起点。脱贫攻坚是否达标，既要看指标，又要看是否在达标过程中形成了一直能够战斗的干部队伍，是否形成了一支能够扎根基层、与贫困农民群众心连心的农村基层工作队伍。脱贫攻坚工作不仅需要干部，还需要企业和社会组织，特别是贫困群众中涌现出来的带头人、农村集体经济组织、村党支部。这些主体的培育、发展和壮大，他们的积极作用在脱贫攻坚工作中的充分发挥，是工作得以深入推进的关键所在。对于脱贫攻坚的评价，必须要包含这些主体在推动创新型达标过程中的作用和发挥水平。

创新型模式。是否在脱贫攻坚过程推进过程中形成了较为成熟的新工作模式是评价脱贫攻坚的第三个重要的考察角度。以常态化扶贫开发统驭贫困农村地区的经济社会发展，不同于一般的市场带动经济增长、经济增长引领社会发展的模式，需要将社会工作作为工作的核心，以社会工作的突破来形成发展与现代化进程的内在动力和激励机制。脱贫攻坚的一个重要实践目的，就是要在达标的过程中积极探索符合贫困农村地区区域特点、回应贫困群众的发展要求，操作上可行、制度上可规范、执行上可持续的新工作模式。这一工作模式的创新，是促进发展模式转变的关键所在。对于脱贫攻坚工作的评价，工作模式的考察和评估是重要的内容。

工具与方法的创新服务于脱贫攻坚战略实践推进的广度和深度。只有在创新持续支撑下开展的脱贫攻坚工作才能实现在整体和全面的意义上审视发展成果和发展模式的根本目的，并在不断探索新的工作模式和方法的过程中，找到符合贫困地区和贫困群众的新的发展模式，进而在制度层面上把以人民为中心的价值立场体现在战略、政策和实践的每一个环节上，以实践的深入发展来推动思想的再次解放，最终使脱贫攻坚成为我国现代化进程新阶段的起点。

达州市通川区脱贫攻坚路径研究

邓　唯

2018年2月12日，习近平总书记来四川视察指导，在成都主持召开打好精准脱贫攻坚战座谈会。习近平总书记强调，打好脱贫攻坚战是党的十九大提出的三大攻坚战之一，对如期全面建成小康社会、实现我们党第一个百年奋斗目标具有十分重要的意义。达州市通川区作为"四大片区"的秦巴连片特困地区，脱贫攻坚工作任重道远，脱贫攻坚工作已成为党和政府的首要政治任务和中心工作。党和政府紧扣目标科学谋划、统筹安排、整合资源、凝聚合力，在领导机制、帮扶机制、攻坚机制、奖惩机制等方面取得一定成效，对秦巴山区如期实现脱贫目标有着重要的借鉴意义。

一、通川区贫困的总体状况

通川区位于四川东北部、达州中部，历代为州、府所在地，是达州市的政治、经济、文化中心。地域面积900平方公里，辖19个乡镇、3个街道办事处和1个旅游风景区管委会，有行政村192个、社区81个，总人口约60万（农业人口约31万），建档立卡贫困人口9714户25131人，是秦巴连片特困地区，属省级重点贫困县。2013年8月，原达县北部山区9个乡镇整体划入通川区后，农村面积从300平方公里增至750平方公里，农村人口从15万增至31万，建档立卡贫困人口从8567人增至25131人，贫困村从5个增至45个，通川区情况发生了重大变化。经过三年努力，通川区紧扣"两不愁、三保障"和"四个好"目标，于2016年圆满完成了19个贫困村退出、18630名贫困人口脱贫的攻坚目标任务，贫困发生率从2014年的8.3%降至2.6%。

近年来，通川区以整乡脱贫、整村退出为抓手，围绕"四个全面"战略布局，从战略和全局的高度，结合实际，立足县域经济发展，放眼全区同步小康，按照"三年集中攻坚""一年巩固提升"的要求，着力于农村特色产业发展、基础设施建设、基本民生保障，进一步解放思想，转变作风，增强忧患意识、市场意识、发展意识，敢于担当，主动作为，真抓实干，帮扶企业，引进项目，扩大投资，一件事一件事盯下去，一个项目一个项目抓到底，推动县域经济取得突破性发展，真正实现经济强、企业壮、百姓富，为全区实现"率先突破领跑达州"，全面建成小康社会做出应有贡献。

（一）贫困的主要表现

1. 基础设施薄弱，社会事业发展滞后

通川区地处四川东部秦巴山区，"九山半水半分田，山高岔多致富难"是通川区的真实写照。在实施精准扶贫前，全区贫困村基本没有完整的村组公路，相当一部分建档立卡贫困户都是住在危房里，大部分的乡镇不通互联网，20%的农村居民安全饮水得不到保障。社会发展程度较低，发展观念陈旧，生产方式落后，改革创新滞后，人才极为紧缺，严重制约了扶贫开发进程。

2. 不思进取，"等靠要"思想严重

一部分贫困户存在"等靠要"的依赖思想，有的本来可以自己办的事情却不办，等着政府和社会的救济和赞助；有的缺乏过紧日子的思想，领到扶贫款后不是用来发展生产，而是用于吃喝玩乐。更有甚者，送去肥料，不施庄稼却卖了；送去粮种，不种田里却作为粮食吃了；什么也不做，天天跑民政，以能领到民政救济为荣，甚至以此在村里炫耀。一些多年一直被帮扶的贫困户，如今仍然是家徒四壁、一贫如洗。一些贫困户不是把党和国家的关怀化作改变贫穷落后面貌的动力，反而不思进取，指望政府的救济，整天躺在"贫困户"的名头上睡大觉。贫困户"以穷卖穷"的现象屡屡存在，贫困地区习惯了过去政府"输血"式的扶贫方式，"等靠要"思想严重。

3. 因病致贫、返贫现象仍然突出

基层卫生条件普遍较差，在全面开展精准扶贫之前贫困村基本无标准卫生室、无专业医疗人员，乡镇缺乏医疗设备和技术人员，因病致贫、返贫现象十分突出。每年因病致贫的人口占脱贫人口的比例高达35%左右。

4. 教育落后，文化水平偏低。

在2013年区划调整后，通川区北部9个乡镇教育相对滞后，农村居民文化程度普遍偏低。按照九年义务教育的标准，贫困地区大多留守老人是文盲、半文盲。这些劳动力既没有掌握现代生产技术，也不具有从事第三产业所需的知识和技能，只能从事简单的、低收入的传统农牧业劳作，收入水平难以提高。

5. 产业项目建设缺乏支撑

产业扶贫项目属于特色农业项目，种植技术和条件比较高，对贫困户的能力要求也较高，但是贫困户文化程度普遍低，学习掌握新种植技术的难度很大。同时，新建产业项目在应对市场变化时还相当脆弱，　定区域内存在同质化倾向，缺乏"产、供、销"一体化的格局，集中上市有滥市或滞销的风险等问题。

（二）导致贫困的主要原因分析

1. 自然环境恶劣

通川区大多数贫困村地处偏远，交通不便，环境闭塞，当地农民大多在家务农，他们的生活来源绝大部分依靠农业生产。一般说来，土地肥沃产出就多，收入也随之增加，反之亦然。然而这些地方不仅土壤贫瘠、资源匮乏，土地的产出极不丰富，由此可见，自然环境恶劣是导致农村贫困的直接因素。

2. 基础设施薄弱

在开展精准扶贫前，通川区虽然在贫困农村修建了一些农田水利工程，但是数量有限，而且很多已经年久失修，防洪、抗旱能力薄弱。道路交通基础设施建设滞后，几乎无完整的村组道路，既不利于出行，也不利于贫困村的发展，甚至一些庭院经济出产的经济作物也不能及时地输送到市场，严重影响贫困群众的收入。

3. 思想观念守旧

通川区北部片区虽然民风淳朴，但信息闭塞，缺乏经商理念和致富途径。部分贫困群众文化素质不高，脱贫致富能力欠缺，思想保守、眼界狭窄，"小农"思想意识严重。有的人思想过于保守，不愿接受新事物，学习新技能，缺乏脱贫能力；有的好逸恶劳，好吃懒做，整天无所事事，也不愿动手干点事情；有的人满足现状，温饱即安，进取精神不足，奋斗动力不强；有的人没有财富积累观念，缺乏过紧日子的思想，挣多少钱就花多少钱；有的"等靠要"思想严重，总指望政府救济和扶持等。正是由于这种内在个人素质和思想观念上的贫穷落后，一些贫困群众年年扶，年年贫，有的甚至越扶越贫。

4. 多病多残

全区 25676 名建档立卡贫困人口中，多数青年常年在外打工，留守的多是老、弱、病、残、小，致贫、因病返贫仍是造成贫困的重要因素。因病致贫、返贫的贫困户占建档立卡贫困户总数的 42%。而在实施精准扶贫前，贫困村并无标准的卫生室，并且乡镇医院医疗条件有限，个人支付比例较高，从而加大了患大病和患长期慢性病的贫困人口疾病负担。

5. 教育失衡

长期以来，通川区在文化教育领域一直采取的是城乡分割的教育模式，在教育资源的分配上也大大偏向城市，导致教育资金和受教育机会严重不平等，使本来就贫困的农村或农民雪上加霜。由于贫困农村基础教育投入偏低，经常受到经费问题的困扰，适龄少年受教育机会大大减少。贫困农村人口大多是中小学文化水平，接受高中及以上教育的人非常少，文盲在贫困人口中还占有一定的数量。

6. 缺乏技能和项目

由于贫困户劳动能力有限、缺乏就业致富技能，贫困村产业扶持力度弱，农民增收缺乏项目支撑，绝大部分人从事单一种植业或家庭式养殖业，由于劳动力被束缚在单一种植养殖业上，产业致富能力较弱，家庭人年均纯收入普遍偏低。目前的扶贫开发，主要集中在路、水、电等基础设施建设上，而在农民增收的产业项目扶持上，还存在项目少、资金量小、力度弱、效果差的问题，如果不打造农民增收的产业平台，通过产业脱贫将很难实现。

二、通川区脱贫攻坚的主要措施

（一）构建"三大体系"，凝心聚力，全面落实攻坚责任

1. 整体性联动体系

通川区构建了"122583"扶贫攻坚方阵。"1"就是成立全区脱贫攻坚指挥部，区委、区政府主要领导担纲，"四大家"领导全部上阵攻坚；"2"就是将全区 23 个乡镇办委划分为南北两大片区，分类精准施策；"25"就是由 25 名区级领导具体担责，分别挂包联系 1 或 2 个贫困村，牵头统筹贫困村的帮扶资源和力量，实现村村均有强有力的扶贫工作组；"83"就是由区级部门和乡镇作主体，在 45 个贫困村和 38 个非贫困村组建驻村帮扶工作队，构建层层落实、上下联动、齐抓共管的工作体系。

2. 立体化帮扶体系

在全面落实全省五大帮扶机制的基础之上，一是创新拓展"5+2+3"帮扶机制，即每个贫困村有一名法律工作者，一个城市社区结对帮扶一个贫困村，一个民营企业或社团组织结对帮扶一个贫困村，一名财政供养人员结对帮扶一个贫困户，实现帮扶工作立体化覆盖。二是在落实省委对贫困户超过 20 户的非贫困村选派帮扶力量的要求基础上，通川区将有 1~20 户贫困户的非贫困村全部纳入选派体系，为全区 83 个有建档立卡贫困户的非贫困村选派第一书记。38 位 20 户以上非贫困村第一书记由区级部门选拔下派，其管理标准参照贫困村执行，实行"脱产驻村"；另外 45 位非贫困村第一书记则选拔自乡镇机关，按省委对非贫困村第一书记的管理标准执行。

3. 清单式责任体系

详细制订 45 个贫困村、9714 户贫困户、25131 名贫困对象脱贫"责任清单"、区级部门帮扶"任务清单"和督导问题"整改清单"，通过层层签订责任书、逐级立下"军令状"，全面形成了各司其职、合力攻坚的大扶贫工作格局。

（二）创新"三大工作法"，精准发力，扎实推进精准脱贫

1. 创新贫困户识别"3366"工作法

通过比家庭资产、看消费水平，比家庭现状、看支出情况，明确界定了应该新进和取消贫困户资格的六种具体情形。通过开展回头查行动，三年来共清退不符合条件贫困人口 7871 人，真正实现了精准识别、群众认可。"3366"精准识别工作法获省脱贫攻坚领导小组肯定性批示并在全省推广。

2. 创新开展社情民意大走访"五步工作法"

为了进一步增强党同人民群众的血肉联系，每季度开展一次社情民意大走访活动，针对全区所有农村居民户全覆盖走访，做到"走访不漏户、户户见干部"，采取"一讲政策、二听民意、三破难题、四顺情绪、五解民怨"的"五步工作法"，确保实现"三个全面"：全面走访群众，逐村逐户进一步察民情、讲政策，解民忧、化民怨，办实事、暖民心；全面排查问题，深入查找全区脱贫攻坚中存在的差距不足，特别是各项政策措

施落实和各种矛盾纠纷化解等方面存在的问题；全面整改落实，对进村入户走访群众、排查问题情况，归类梳理、建立台账，销号管理、跟踪督办、靠实责任、整改落实。

3. 创新开展"五进五问五解五送"工作法

为全面做实、做细群众工作，提升群众获得感、满意度，实现贫困对象稳定脱贫、贫困村稳定退出、省定贫困县稳定摘帽，通川区把干部驻村帮扶作为推进脱贫攻坚重要抓手，并将每月 17 日定为通川"脱贫攻坚帮扶日"，以"五进五问五送五解"为主要内容，以"5+2+3"帮扶力量为主体，广泛开展各种脱贫攻坚帮扶活动，以"绣花"的功夫扎实深入推进脱贫攻坚摘帽工作。

（三）实施"五大工程"，夯实县域经济发展基石

1. 大力实施脱贫攻坚饮水保障工程

深入实施"农村饮水保障提升行动"，3 年投资 1.2 亿元，统筹推进水源建设、山坪塘整治和水质检测，全力破解"饮水不稳、因水不兴、因水致贫"难题，实现贫困村居民饮水保障率 100％的目标。

2. 大力实施脱贫攻坚交通惠民提升工程

深入实施"农村交通提升行动"，3 年投资 3.8 亿元，统筹推进贫困村及重点区域公路升级改造，实施道路拓宽硬化至少 100 公里，实现贫困村村组道路硬化率 100％的目标，贫困户入户路硬化率达到 100％。

3. 大力实施脱贫攻坚电网改造提升工程

3 年投资四千多万元，重点治理低电压，解决贫困村供电设施落后、供电能力不足的问题，实现生产生活用电保障率达到 100％。

4. 大力实施脱贫攻坚区域农网提升工程

按照现代农业标准，扎实开展山水田林路综合治理，沟池路函渠统筹配套，新建高标准综合农建示范区至少 10000 亩、脱贫攻坚示范片 10000 亩，全面实现区域农网不断改善。

5. 大力实施脱贫攻坚通信提升工程

3 年投资一千余万元，配套完善应急广播系统，实现广播村村响、宽带村村通；通过直播卫星、有线电视、地面数字电视三种覆盖方式，全面解决贫困户通信难题。

（四）探索产业扶贫，"五金模式"助力贫困户增收

一是以"多种合作"促进村集体聚"资金"。采取"劳务服务、资产收益、产业带动、物业增收"等多种方式，盘活贫困村闲置资产资源，引导村集体入股参与合作经营，壮大集体经济。二是以"资源租赁"实现贫困户收"租金"。引进业主流转贫困户土地、山林等自有资源，扶持带动贫困户获取稳定收益。三是以"劳务聘用"引导贫困户挣"薪金"。深入推进公益岗位安置、经营主体吸纳、企业扶贫招聘、短期就业培训、劳务经济输出"五大就业扶贫行动"，带动贫困群众就业。四是以"产权代理"保障贫困户分"股金"。引导集体资产资源、产业扶贫基金、扶贫小额信贷入股，采取"两保底、一分红"等方式，实现贫困户持续有收益。五是以"灵活经营"带动贫困户赚"现金"。在北部山区大力发展果蔬、中药材、油用牡丹等特色产业，依托达州农产品加工

集中区、冷链物流和电商平台，提升农产品附加值，拓宽"线上线下"销售收益；突出抓好旅游扶贫，大力繁荣北部山区乡村旅游业态，提升磐石都市农业体验区品质，带动周边贫困村和贫困群众整体脱贫。

（五）开展"四大行动"，稳步推进民生事业统筹发展

1. 开展住房安全保障行动

全力推进易地扶贫搬迁、地灾避让搬迁、幸福美丽新村建设"三大工程"，统筹实施农村危旧房改造和"五改三建一治理"工程，突出"四好村"创建，出台"拆除危旧房+退还宅基地+领取补助金"实施方案，确保贫困群众如期住上好房子。

2. 开展"农村义务教育提升行动"

紧紧围绕乡乡有达标中心校目标，年内投资1亿元以上，统筹推进城区学校和乡镇标准中心校建设，确保每个乡镇均有1所达标中心校、1所幼儿园；建立精准帮扶、普惠资助、社会救助"三位一体"帮扶机制，全面实现贫困学生从学前教育、义务教育、高中（中职）教育到高等教育帮扶全覆盖。

3. 开展"农村医疗卫生提升行动"

年内投资1.5亿元以上，实现乡镇卫生院全部达标，同步新（扩）建卫生室45个；创新实施"五位一体"救助措施，全面落实"十免四补助"，贫困对象个人医疗费用报账达90%，区内住院治疗个人医疗费用支出实现微付费，区内就医率达到95%以上，贫困群众新农合参合率达100%，贫困群众实现基本医疗全面保障。

4. 开展基本民生保障行动

完善城乡低保、养老、医疗、五保供养、救助救济等制度，帮助贫困群众代缴基本养老保险费，全面落实残疾人扶贫对象生活费补贴、护理补贴、生活补贴，特困供养标准提高15%，新建农村区域性养老服务中心1个，特困供养人员集中供养率达60%。在全市率先实行农村低保线和国家贫困线"两线合一"，9105名贫困人口实现低保兜底，贫困低保户保障水平年均高于3300元。

（六）建立"三大机制"，"斗硬"奖惩，倒逼工作落实

1. 落实脱贫攻坚常态督查巡查机制

成立"双组长"督查巡查组，以区纪委书记、区委组织部部长为组长，采用督查巡查或随机暗访相结合的方式，每周至少开展1次对各乡镇（办）委和区级部门（单位）落实脱贫攻坚工作的督查巡查；实施"双向考评"月评办法，采取区级部门、乡镇办委相互交叉考核，建立互评管理机制，助推脱贫攻坚工作落地生根，并将月考核结果纳入年终目标考核。

2. 实行脱贫攻坚"四个一律"问责机制

凡是帮扶对象不脱贫的，帮扶人员一律不脱钩；凡是年度扶贫工作未走在前列的，当年一律不得评优、晋升和提拔；凡是在结对帮扶过程中弄虚作假、消极应付的，有关干部一律进行严肃处理；凡是未完成脱贫任务的乡镇和帮扶单位，有关责任人一律进行组织调整。

3. 落实优先提拔激励导向机制

强化脱贫攻坚现场推进会"五比五赛"和"双向考评"结果运用，将脱贫攻坚作为培养锻炼、考察识别干部的主战场，优先提拔、大力重用扶贫战线成效显著的干部人才，提拔 4 名驻村第一书记为乡镇党政副职，新选任的 45 个贫困村支部书记、174 个有"插花"贫困户的村支部书记，均具有 2 年以上脱贫攻坚工作经历。

三、对通川区脱贫攻坚的思考

（一）长远科学规划，防止"脱贫又返贫"

在精准扶贫工作中，帮助建档立卡贫困户如期实现脱贫不是问题，关键是怎么使他们能够实现稳定的可持续脱贫，要防止他们与政策一脱钩就返贫。科学规划产业发展是实现稳定可持续脱贫的关键，要以产业扶贫为重点，因地制宜抓特色。一要分片区布局，抓实全域攻坚。紧盯脱贫摘帽目标，划定南北两大产业扶贫片区分类施策，把南部城市郊区建成吸纳就业、富民强区的黄金带，把北部农村山区建成富农增收、绿色发展的示范带。二要全产业规划，强化线上带动。大力实施"双核双带六区"发展战略，科学规划布局三次产业，深化农业"接二连三"工程，做强农产品精深加工和冷链物流，延伸产业链、提升附加值；规划建设 40 公里、3 万亩农文旅融合发展示范带，助推北部山区连片脱贫。三要针对性施策，突出点上示范。深度剖析 45 个贫困村和 9714 户贫困户致贫原因和资源禀赋，充分尊重其主体意愿，抓实龙头企业引领、示范村辐射和种养大户带动，在每个贫困村至少建成一个特色产业基地，形成"乡乡有品牌、村村有产业、户户有门路"的产业扶贫格局。

（二）处理好"三大关系"，防止"一刀切"

在目前脱贫攻坚实践中，由于各类政策、资源、项目、资金主要向贫困村和建档立卡贫困户集中和倾斜，国家和省上认定的贫困村和建档立卡贫困人口，事实上成了新的政策洼地和特殊福利人群，可能导致原来的非贫困村、户，特别是指标处于临界点的非贫困村、户的发展相对更加落后，从而在贫困村与非贫困村、贫困户与非贫困户之间造成了新的矛盾和新的不平衡。因此，一要妥善处理好贫困户与非贫困户的关系。在精准帮扶贫困户脱贫的同时，统筹兼顾非贫困户的情感投入、政策投入，对标补短、同步发展，妥善处理贫困户和非贫困户共享改革发展成果的关系。二要妥善处理好贫困村与非贫困村的关系。在抓好贫困村退出的基础上，统筹解决非贫困村产业发展、基础配套、公共服务等问题，妥善处理贫困村与非贫困村协同发展的关系。三要妥善处理好片区扶贫与插花扶贫关系。坚持点面结合，统筹各类资源，制订专项措施，针对性解决插花贫困难题，妥善处理片区扶贫与插花扶贫统筹兼顾的关系。

（三）强化感恩教育，防止"等靠要"思想抬头

贫困户群体是指年人均纯收入低于 2300 元的农村贫困人口群体。这是一个比较特

殊的群体，他们具有想自强自立，自己摆脱贫困，却被动依赖政府扶贫、自尊与自卑并存、自我封闭与渴望帮扶心态相互冲突等特点。只有让贫困户群体自强自立，只有加强贫困户群体思想政治教育，让他们懂得感恩党和政府，脱贫攻坚才能取得成效。一要进一步加强感恩教育力度。让广大群众知道"恩从何来"，采取"讲、传、送"的方式，扩大宣传覆盖面，通过感恩教育培养贫困户真诚善良、知恩图报的道德情操。要让贫困户群体感念党的惠民政策之恩，增强贫困群体爱党爱国意识；感念十八届四中全会"全面依法治国"之恩，增强遵纪守法意识；感念党中央、国务院"三农"政策关爱之恩，增强回报意识；感念父母养育之恩，增强孝敬意识。二要进一步加强扶志教育力度。习近平总书记说过："脱贫致富贵在立志，只要有志气、有信心，没有迈不过去的坎。"精准扶贫不仅是帮助贫困人口改善生存条件，让他们经济上翻身，精神上也要翻身，在这个过程中，政府和老百姓需要同时发力，政府拉一把，自己更要努力。贫困户群体自强自立才是彻底摆脱贫困的关键。党和政府除了要帮助贫困户解决物质贫困外，还需要引导贫困户树立正确的人生观、价值观，用社会主义核心价值观引导他们，帮助他们正确看待贫富差距，引导他们消除"等靠要"依赖思想，并且具有自尊、自爱、自强、自立、自信的心理素质和社会责任意识。

四川发展不平衡不充分的
表现、成因及对策研究

舒　群

一、研究背景

党的十九大报告指出，中国特色社会主义进入新时代，我国社会主要矛盾已经转化为人民日益增长的美好生活需要和不平衡不充分发展之间的矛盾。四川作为西部人口大省、农业大省、经济大省，发展不平衡不充分之间的矛盾表现也比较突出。

针对全川人民对美好生活的需要和发展不平衡不充分之间的矛盾，我们要总结四川发展不平衡不充分的表现，思考其成因，根据问题导向，提出有针对性的解决发展不平衡不充分问题的主要对策和措施，找到缩小发展差距、促进全面协调发展的路径，使全省经济社会发展更平衡、更充分，为全省全面建成小康社会进而尽快全面进入社会主义现代化提供理论上的支持和实践上的指导，就显得十分重要和必要。

二、四川的发展的现状

习近平总书记来川视察时指出：四川在"全国有分量"。四川是西部经济的"领头羊"。2017年，全省经济总量位居全国第6位、西部第1位，占西部地区总量的21.63%。2016年，全省耕地面积673.54万公顷，居西部地区第1位，全省查明储量的矿种有82种，其中30种储量位居全国前3位，16种排位全国第1位。2016年，四川农林牧渔业总产值居全国第4位，西部第1位。工业增加值居全国第10位，西部第1位，服务业增加值居全国第8位，西部第1位。四川还是西部投资和金融大省。全社会固定资产投资、金融机构数量、金融业总资产均居西部第1位。成都还是中西部地区金融机构种类最齐全、数量最多、金融市场发展速度最快的城市。

四川是西部地区的第一大省，常住人口城镇化率达到50.8%，是全国经济大省、人口大省、农业大省、生态大省。其在我国政治经济大局中具有重要的地位，2017年经济总量达到3.698万亿元、居全国第6位，农林牧渔业增加值4369.2亿元、居全国第3位，是支撑"一带一路"建设和长江经济带联动发展的战略纽带与核心腹地，是长江上游生态屏障和水源涵养地。经过改革开放 40 年的发展积累，四川已经形成了较大的体量规模以及较广的经济纵深，科技对经济增长的贡献率提高到 54%，培育形成了一批市场竞争力强的优势产业和新兴产业。水利、交通、能源、通信等基础条件不断改善，为四川由高速增长阶段转向高质量发展阶段，由经济大省转向经济强省奠定了坚实基础。

习近平总书记指出，四川"未来有前景"。西部大开发、成渝经济区建设惠及四川，全面创新改革试验区、自由贸易试验区、天府新区、天府国际机场等国家战略布局在四川交汇叠加；"一带一路"建设、京津冀协同发展、长江经济带发展等三大国家发展战略四川三占其二；乡村振兴、精准扶贫精准脱贫、藏区彝区加快发展、川陕革命老区振兴发展、军民融合发展等将让四川获得更大支持。四川面临的发展机遇良多，四川发展的空间和潜力巨大，但同时面临的问题也不小。

四川需要面对"现实有挑战"的省情现实。四川人口多、底子薄、不平衡、欠发达的基本省情没有根本性的改变，整体发展不足仍然是最明显的问题。新时代条件下，我国社会主要矛盾已经转化为人民日益增长的美好生活需要和不平衡不充分的发展之间的矛盾。四川区域发展的不平衡不充分，就是这个主要矛盾在发展的空间布局方面的具体表现。四川人民日益增长的美好生活需要和不平衡不充分的发展之间的矛盾的具体表现也就成为"现实有挑战"的突破口。

三、四川发展不平衡不充分的主要表现

四川尽管是国家区域协调发展战略的重点区域、国家西部大开发的重点区域、西部大开发的"龙头"，但四川省情复杂，老、少、边、穷地区占全省较大面积，在全国同类地区相比较也占较大比例。成都城市群孤独地推进四川整体发展，四川新阶段仍处于城镇化快速推进阶段，现代农业产业规模小，现代科技农业发展不够；虽然四川是长江经济带的重要组成部分，绿色发展潜力巨大，但缺大型项目、缺发展资金、缺科技人才现象严重；四川是全国典型的资源型地区，转型发展较慢、产业陈旧、交通落后、人才流失，创新无力在自贡、内江和攀枝花市等地区转型过程中表现得尤为明显。

调研归纳起来，四川的"不平衡不充分"主要表现为以下五个方面。

1. 区域发展不平衡不充分

四川是中国发展最不平衡的省份之一，但又是中国重要的经济、文化、工业、农业、旅游大省，是中国第三批自由贸易试验区、中国西部综合交通枢纽、中国西部经济发展高地、长江经济带的重要组成部分。

由于各种原因，成都城市群地区的发展水平与四川省其他地区的差距越来越大，特别是国家批准设立天府新区，是促进四川发展的一件大好事，但是天府新区成立后，各项优惠政策和完善的政务服务环境形成了一个巨大的磁场，吸引着四川各地区有限的资源。

一点多极，由成都发展带动全省发展具有十分重要的现实意义。

四川要充分把握好自贡、攀枝花、泸州、德阳、绵阳、内江、乐山、宜宾 8 个市加

上成都市青白江区纳入老工业基地调整改革计划的历史机遇，加速推进老工业基地改革升级，构建起现代产业体系。自贡正在规划修建航空飞行员训练飞机场甚至是发展直升机制造产业，内江大力推进新能源制造业，泸州和宜宾除了酿酒业以外，智能终端产业园、朵唯智能云谷公司、奇瑞汽车和现代农业发展也蒸蒸日上。正如彭清华书记指出的："要加快关键核心技术研发和成果转化，引入先进理念、应用现代设备、优化生产工艺，因地制宜地打造一批主业突出、特色鲜明、带动力强的现代产业集群。"要充分考虑好区域经济发展的产业链影响因素，因地制宜打造一批主业突出、特色鲜明、带动力强的现代产业集群。四川要做好与成都产业对接或联动发展的工作，四川的其他地市州需要加快规划和成都发展对接的计划或具体举措。

2. 城乡发展不平衡不充分

城镇化是四川经济发展的巨大潜力。当前四川省城镇化率低于全国8%左右，户籍人口城镇化率在30%左右，同样与全国平均水平存在差距，均有较大提升空间。在推动"两化"互动、城乡统筹发展实践中，四川目前的"贫困清单"成为2020年同步奔小康路上必须跨越的拦路虎：全省尚有380多万贫困人口，一些人甚至因病因伤返贫，打赢扶贫攻坚战意义重大；需要大力推进"乡村振兴"战略，更好地解决失地农民再就业渠道窄、新增劳动力就业满意度不高、社保覆盖不足、进城农民工未享受到相关市民待遇等问题。

四川省农业和农村体制改革专项小组印发了《关于开展城乡融合发展综合改革试点的指导意见》，为深入实施乡村振兴战略找准突破口，有效实施乡村振兴战略的基础工程。从2018年开始，四川开展城乡融合发展综合改革试点，试点工作实行市县联动试点、共同负责，为四川省建立健全城乡融合发展体制机制和公共政策体系探索经验、提供实践支撑。广安、广元等地为了解决城乡发展不平衡的问题，用"战区"来布局精准扶贫和乡村振兴，涉及的单位和部门"白天是村长，晚上任局长""三分之二人员扶贫，三分之一坚持工作"。

实施城乡融合发展综合改革，需要各级政府各部门紧密配合工作、加大区域合作力度，努力在统筹城乡关系上取得重大突破，推进城乡要素平等交换，在公共资源均衡配置上取得重大突破，为农村发展注入新的动力，让广大农民平等参与改革发展进程，共同享受改革发展成果。

3. 经济与社会发展不平衡不充分

党的十九届三中全会部署的深化党和国家机构改革是以习近平同志为核心的党中央着眼党和国家事业发展全局做出的重大改革部署。要推动治蜀兴川再上新台阶就必须扎实抓好经济高质量发展，扎实推动脱贫攻坚、乡村振兴、保障和改善民生等重点任务。四川省经济实力在"十三五"期间发展明显，地区生产总值连续迈过三个万亿台阶，在全国名次提升到第六。同时，四川省稳定增长的挑战，促进投资较快增长难度加大，工业结构调整任务繁重，经济下行压力较大。四川省面临转型升级的挑战，现实压力包括部分传统产业产能过剩严重，面临不升级则迅速萎缩，新兴产业发展竞争激烈，资源、环境刚性约束加大；面对创新驱动的挑战，四川需要破解科技与经济联系不紧密，科教资源优势没有充分发挥，有利于创新驱动转型发展的制度环境尚未形成的现实难题；全省21个地市州区域不平衡问题依然突出，城乡一体化发展水平较低，开放型经济发展水平不高；基本公共服务供给不足，如期脱贫任务重难度大，民生需求的不平衡突显；社会治理面临新旧矛盾交织的压力，治理能力有待提升，法治建设有待加强。

四川省和全国其他省（市）一样，存在看病难、看病贵、择校难、上学贵、养老难、养老贵等问题，商业税收高、行政收费多、人民办事难、就业不充分仍然是人民群众的关心点。城乡区域间资源配置不均衡，硬件软件不协调，服务水平差异较大；基层设施不足和利用不够并存，人才短缺严重；一些服务项目存在覆盖盲区，尚未有效惠及全部流动人口和困难群体；体制机制创新滞后，社会力量参与不足等都是四川省的经济与社会发展不平衡的具体体现。

4. 收入分配不平衡

党的十八大确立的一个具体目标是：到2020年，GDP总量和城乡居民平均收入在2010年基础上分别翻一番。在两个翻番目标可期的条件下，党的十九大在描述2020年全面建成小康社会时，指出要让"人民生活更加殷实"。保障和改善民生、提高人民收入水平，既是政府的责任，也要充分激发人民群众自身的主观能动性，在公共政策搭建的平台下，努力实现人人尽责、人人享有。四川需要形成促进居民收入提高的有效宏观政策体系和微观激励机制，才能实现十九大确定的目标，满足人民群众的迫切期待。自1978年以来，我国GDP总量增长了29倍，人均GDP增长了20倍，与此同时，城乡居民消费水平提高了16倍，而劳动生产率（每个劳动力平均创造的GDP）提高了16.7倍。然而，劳动生产率提高与工资提高以及收入增长之间的关系不尽相同，相应地也就导致了不一样的收入分配结果。四川GDP在全国排名连续三年保持在前六名，但居民人均收入却一直在全国排名靠后。四川的基尼系数还在0.46以上，仍处在较高水平。如果考虑到财产存量的差距，四川分配不平衡的问题更加突出。

四川省总体各行业的工资水平与全国GDP排名比较而言偏低。在广元、自贡、宜宾等地调研发现，乡镇干部普遍认为工资收入与工作付出不匹配。过多的加班、岗位工作繁重以及高涨的房价和生活压力、低下的工资导致大家的工作热情和动力不足，得过且过。工资和福利制度僵化而不合理。农村经合组织靠政府扶贫要求接受政府特殊项目照顾盈利，缺乏可持续性。农民的农业产业化存在政绩化倾向，大片的红李子、核桃等经济林的开发，市场因素变化不确定，农民增收难。此外，目前垄断行业、央企国企与公务员、公务员与事业单位收入差距增大。垄断性收入、资源性收入如何分配是一个重要问题，亟待公开透明，这有赖于税制方面的改革推进，也有赖于深化分配制度改革的突破。

5. 经济发展与生态保护不平衡

习近平总书记多次强调，绿水青山就是金山银山，将生态环保提到了前所未有的高度。2017年四川省在全国率先实现省级环保督察全覆盖，完成了对省内21个市州的环保督察。四川省第十一次党代会科学描绘了"加快建设美丽繁荣和谐四川"的蓝图，鲜明提出"巴山蜀水只有在绿色装点下才会更加美丽"，把生态文明建设摆在了十分重要的位置。保护生态环境、推进绿色发展、建设美丽四川，落实"五位一体"总体布局和"四个全面"战略布局、践行新发展理念的重大举措，这些是适应经济发展新常态、加快转型发展的时代要求，是满足全省人民对良好生态环境新期待、全面建成小康社会的责任担当的重要举措。

四川省一些生态脆弱地区也是贫困程度较深、脱贫难度较大的地区，发展受制于环境承载力低、基础设施落后等因素。森林红线内的乡、镇、县无法发展工业，因此，通过科学高效地利用有限资源来补齐贫困和环境双短板，是实现发展突破的必然选择。要大力发展生态农业、生态旅游等双赢项目，建立生态补偿机制，解决环境保护与经济发展之间的矛盾。通过脱贫攻坚促进绿色发展，实现"金山银山"和"绿水青山"的双重成效。

在广元市、巴中市以及眉山市等地区通过绿色发展实现经济发展，树立四川省老、少、边、穷地区干部群众的绿色发展理念，全力打造人民群众可参与的绿色生态产业链，通过发展"生态养老""阳光康养"和乡村振兴，来推动贫困地区经济从"输血式"到"造血式"的发展转变，让人民把发展经济和保护绿色家园的主动权掌握在自己手中。四川省是长江上游生态屏障，在全国生态环境安全格局中，位置举足轻重。面对新时期经济社会发展和生态环境问题的挑战，需要从思想认识、行为方式、管理措施等方面入手，加强省级部门的综合整合政策和资源，进一步明确加强环境保护工作方向和具体要求，省市县联动才能有效消除四川经济发展与生态保护不平衡现象。

四、应对四川不平衡不充分发展的建议对策

党的十八大以来，四川省经济实力提升、产业结构调整、城乡面貌转变等方面都取得显著成就，为开启实现"两个跨越"、建设美丽繁荣和谐四川新征程打下坚实基础。面对四川省在新时代出现的发展不平衡不充分的新矛盾，本文提出以下建议对策。

1. 加快四川经济发展

党的十九大表明我国依然处于社会主义发展的初级阶段，四川省要坚持不懈地推进经济的持续发展，为四川省的各项社会文化事业发展打下坚实的物质基础。在发展过程中要做到以下四点。

（1）坚持全面发展。全面发展不仅指经济要发展，而且政治建设、文化建设和社会建设也要发展，实现经济发展与社会全面进步。

（2）坚持协调发展。实现一点多级，区域协调、城乡协调、产业协调，国内外有机协调，促进四川省经济的良性循环发展。

（3）坚持可持续特色发展。可持续发展，注意节约资源、保护环境，促进人与自然的和谐，实现四川经济发展和人口、环境、资源相协调的永续发展。

2. 科技创新引领发展

科技是第一生产力，创新是第一驱动力。四川省要实现经济跨越式发展，要在国内、国际竞争中赢得主动权，必须靠创新发展战略，向科技创新要动力，要竞争力，让科技引领未来发展。

3. 深化供给侧结构性改革

供给侧改革首先应重视产业结构转型升级，引导优势资源流向有竞争力、发展潜力

大、集约高效的行业和企业。提高金融服务实体经济能力，从服务传统产业转向服务于现代服务业和先进制造业。通过推动科技创新，提高资源能源的利用效率，提高供给体系质量。挖掘科教文卫等现代服务业的发展潜力，推动生产性服务业向专业化和价值链高端延伸，推动生活性服务业向精细化和高品质转变，充分发挥服务业支撑经济增长的重要作用。

4. 扬长避短，实现平衡发展

缩小区域、城乡、收入各方面的差距，实现区域之间、城乡之间、人与自然之间的和谐发展，具体包括以下三点。

（1）建设资源循环型社会。促进生产系统和生活系统的循环链接，提升资源和废弃物的综合利用水平。加快发展循环型服务业，发展绿色建筑，倡导绿色消费。积极推进循环经济示范城市建设。

（2）打造生态循环型农业。通过优化生态农业布局，调整种养业结构，促进农林结合、种养结合、农牧结合。推行农业生产过程清洁化，构建农业产业链接循环化，推进农业废弃物处理资源化等。

（3）构建循环型工业体系。积极构建符合四川实际的绿色资源开发、绿色资源加工、绿色产业发展的低碳化、一体化绿色循环型工业体系。推进企业循环式生产，实施园区循环化改造，推动重点行业循环发展，产业循环式组合，再制造产业高质化发展等。

5. 实现中国梦美丽四川篇章

随着四川省经济社会发展水平和人民生活水平不断提高，人们对教育就业、社会保障、医疗健康、安居乐业、食品药品安全、安全生产、社会治安、司法行政、生态环境等提出了更高的要求。将政府治理体系和能力变得现代化，发挥政府在养老、教育、医疗等方面的公共服务职能，更好地满足广大人民在文化、社会、生态等方面日益增长的美好需要，实现经济全面发展、社会全面进步、人民生活全面小康的中国梦美丽四川篇章。

习近平新时代中国特色社会主义经济思想的科学内涵

周红芳

习近平新时代中国特色社会主义思想博大精深，内容涉及面广，包括执政党建设、政治经济、国家治理体系等方面。这些原创性的理论贡献，不仅丰富发展了中国特色社会主义理论体系，同时也指导中国经济社会健康发展。2017 年 12 月 20 日闭幕的中央经济工作会议明确提出习近平新时代中国特色社会主义经济思想，这是党的十九大以来习近平新时代中国特色社会主义思想中首个在学科方面提出的系统思想，具有重大理论创新和深远的当代价值。

中央经济工作会议围绕经济高质量发展的主题，提出"七个坚持"和 2018 年八个重点工作，构成习近平新时代中国特色社会主义经济思想的重要内涵。"七个坚持"紧密联系，既有认识观，又有方法论，组成一个完整体系。其中，"坚持加强党对经济工作的集中统一领导"居于首位，是总领性、根本性的。"坚持以人民为中心的发展思想"是经济发展的根本目的。后五个内涵是实现高质量发展的重要途径。从发展思路、体制机制、宏观调控、实施路径、方法手段等重要方面提出了全方位要求。

1. 坚持加强党对经济工作的集中统一领导，是习近平新时代中国特色社会主义经济思想的最大特征

中国特色社会主义最本质的特征是中国共产党领导，中国特色社会主义制度的最大优势是中国共产党领导。中国特色社会主义市场经济本质上是在共产党领导下搞市场经济。经济工作是党中央治国理政的重要工作，党的十八大以来，中央政治局、中央政治局常务委员会经常审议关系经济社会发展全局的重大问题，中央财经领导小组在中央政治局、中央政治局常务委员会领导下研究确定经济社会发展重要方针政策。每个季度都要分析研究经济形势，并定期研究重大战略问题。2013 年成立的中央全面深化改革领导小组由习近平任组长，负责包括经济体制改革在内的总体设计和统筹协调。在 2018 年的机构改革中，中央财经领导小组和中央全面深化改革领导小组改为委员会，进一步强化党中央对涉及经济工作的集中统一领导。习近平总书记亲自主持召开了 100 多次与经济工作相关的会议。改革内容从供给侧结构性改革和对外开放到创新驱动，涉及经济建设的方方面面。深化国有企业改革、推动乡村振兴战略和区域协调发展战略更需要加

强党的领导。

新时期面对愈加复杂的国际国内经济环境，坚持加强党对经济工作的集中统一领导，显得愈加重要。党对经济工作的统一领导集中体现在国有企业上。在全国国有企业党的建设会议上，习近平总书记指出，要确保四个坚持，即坚持党对国企的领导不动摇，发挥企业党组织的领导核心和政治核心作用，保证中央方针政策和重大部署在企业贯彻执行，坚持服务生产经营不偏离，为深化国企改革提供坚强的组织保证。结合中国国情，建设中国特色现代国有企业制度，必须把党的领导融入公司治理各环节，把企业党组织内嵌到公司治理结构之中，明确和落实党组织在公司法人治理结构中的法定地位，充分发挥党组织的领导核心和政治核心作用，为新时期深化国有企业改革指明方向。习近平总书记站在政治高度考虑经济问题，在国企改革中加强党的领导和建设，抓住了中国特色现代国有企业制度的核心和灵魂，超越了西方现代企业制度。

2. 坚持以人民为中心的发展思想，为习近平新时代中国特色社会主义经济思想确定了基本立场，回答了为谁发展、谁是发展动力的基本问题

马克思政治经济学虽然以资本主义作为研究对象，但它服务于人民，具有鲜明的人民主体性。1848年，马克思、恩格斯在《共产党宣言》中就宣告，无产阶级的运动是绝大多数人的、为绝大多数人谋利益的运动。马克思主义政治经济学代表作《资本论》运用劳动价值理论，分析资本主义生产、交换、分配过程，揭露剩余价值产生的秘密，阐明了无产阶级受剥削、受压迫的根本原因。马克思主义政治经济学就是为无产阶级和广大人民群众谋福利，中国特色社会主义政治经济学源于马克思主义政治经济学，以人民为中心的发展思想是其根本立场。以人民为中心的发展思想，意味着全体人民都是中国特色社会主义建设的参与者、推动者，同时又是平等分享经济社会发展成果的主人。践行以人民为中心的发展思想，是在党的十八届五中全会首次提出来的。习近平总书记在多个场合论述了人民主体的重要地位，在"7·26"讲话中指出："人民群众对美好生活的向往就是我们的奋斗目标。经济工作也要以人民需求为中心展开。"在党的十九大报告中指出，"必须坚持人民主体地位""必须始终把人民利益摆在至高无上的地位，让改革发展成果更多更公平惠及全体人民"。在2018新年贺词中说："我们伟大的发展成就由人民创造，应该由人民共享。"在十三届一次会议上说："人民是历史的创造者，人民是真正的英雄。"这一系列论述保持了我们党一以贯之的政治立场，同时也为构建中国特色社会主义政治经济学确定了主体对象。中国，作为人口大国，如何实现以人民利益为根本中心，是习近平新时代中国特色社会主义思想重点回答的问题。习近平的精准扶贫思想助力中国到2020年全面建成小康社会。在13亿人口大国消除绝对贫困，将比国际社会2030年终结贫困提前十年完成，这是中国作为世界人口大国对减贫事业做出的巨大贡献。

3. 新发展理念是习近平新时代中国特色社会主义经济思想的根本要义，是指导新时代建立现代化经济体系的重要原则

理念是行动的先导，有怎样的理念就有怎样的行动。党的十九大报告关于建设现代化经济体系的论述，给予了中国发展的战略目标这样一个很高的定位，就是贯彻新发展理念。五大理念是一个具有内在联系的统一整体，其核心和最终目的是促进经济社会可

持续发展。创新发展提供发展的内生动力，协调发展解决发展不平衡问题，绿色发展实现人与自然和谐共生，开放发展实现发展内外联动，共享发展实现社会公平正义。五大发展理念聚焦当前突出的矛盾问题，既抓住了制约发展的症结，又开出了解决问题的良方，具有很强的现实针对性和可操作性。五大发展理念抓住了当今世界现代化的主线，揭示了我国社会主义现代化建设的新特点、新规律，不仅是我国经济社会发展的基本遵循，也是中国建设现代化经济体系必须遵守的指导原则，而且对世界发展中国家具有重要借鉴意义。

4. 明确政府与市场的作用，为研究资源配置确立了基本边界

研究政府和市场的关系一直是经济学资源配置中的热点问题。古典政治经济学的鼻祖亚当·斯密认为增加国民财富的关键是发挥市场这只"看不见的手"的作用，主张自由放任，而政府这只"看得见的手"只能履行"守夜人"的职责。20 世纪 30 年代，英国经济学家凯恩斯强调国家干预，通过货币政策和财政政府刺激消费、投资，促进资本主义持续稳定发展。中华人民共和国成立初期，我国学习苏联模式，长期实行计划经济体制，政府直接参与资源配置。对政府和市场的关系进行探索则是在改革开放以后，市场从最初的"辅助性作用"逐渐上升为"在资源配置中起决定性作用，并更好发挥政府作用"。习近平总书记强调，发展社会主义市场经济，既要有效市场，也要有为政府。发挥政府作用，不是简单下达行政命令，要在尊重市场规律的基础上，用改革激发市场活力，用政策引导市场预期，用规划明确投资方向，用法治规范市场行为。习近平总书记的这些论述，明确了政府作用的原则与方法。党的十九大指出，建立现代化经济体系必须着力构建市场机制有效、微观主体有活力、宏观调控有度的经济体制，不断增强经济竞争力。在新一轮机构改革中，国家发改委的项目审批、微观干预等诸多职能转移出去，将更好地专注于发挥宏观调控作用。

5. 经济新常态为研究中国经济形势提供科学研判

金融危机以来，国际经济低迷，国内三期叠加，经济下行压力大，如何正确认识当前经济形势是迈向高质量发展的首要前提。以习近平同志为核心的党中央科学研判国内外形势，提出中国经济进入新常态。这是针对当前中国经济发展的阶段性特征做出的重大战略判断。2017 年中共中央政治局召开的分析研究当前经济形势和经济工作的会议上，习近平总书记再次强调，用新常态的大逻辑观形势谋发展，是做好当前和今后一个时期经济工作的基本遵循。正是对世情国情的正确判断，才为中国经济从高速增长转为高质量发展提供了科学依据。

6. 供给侧结构性改革为中国经济高质量发展提供中国方案

过去我们政府关注经济的重点主要在需求侧，通过拉动出口、投资、消费三驾马车实现经济增长。但是仅扩大内需虽能实现总量平衡，却解决不了结构性问题。2015 年中央经济工作会议首次提出供给侧结构性改革，重点优化供给质量。党的十九大报告对当前中国社会主要矛盾做了重大修改，指出是人民群众日益增长的美好生活需要和不平衡不充分之间的矛盾。经济建设必须解决不平衡不充分的问题。改革必须从供给侧出发，减少无效和低端供给，扩大有效和中高端供给，近期目标是推进"三去一降一补"，长期目标是建立供给结构适应需求结构变化的动态机制。中国当前的供给侧结构性改革

不同于英美 20 世纪 70 年代的供给侧改革。与美英等国当时"滞胀"情况不同的是，中国当前尚未完成工业化，尽管我国经济增速趋于下降，但仍保持着 6% 以上的中高速水平，远远高于世界经济平均增速，同时并未出现通胀现象。不同于西方经济学，中国的供给侧结构性改革是建立在马克思主义政治经济学的基础上，在优化供给的同时，更关注调整结构，改革经济体制。政策手段除了结构性减税外，还有产业升级、创新驱动以及培育人才等。因此，我国供给侧结构性改革不是西方供给经济学的翻版，而是中国经济迈向高质量发展的中国方案。

7. 稳中求进为研究中国经济提供方法论

从 2011 年中央经济工作会议开始就把"稳中求进"作为经济工作的总基调，至今已有 7 年。2016 年年末的中央经济工作会议将"稳中求进"从"工作总基调"上升为"治国理政的重要原则"和"做好经济工作的方法论"，2017 年年末的中央经济工作会议再次重申："稳中求进工作总基调是治国理政的重要原则，要长期坚持。"稳的重点要放在稳住经济运行上，进的重点是深化改革开放和调整结构。中国是人口大国，是经济体量大国，面临全面建成小康社会和就业重大民生压力，经济必须稳。同时稳不是无所作为，要在改革开放和调整经济结构方面加大力度，寻求经济发展迈向更高阶段的途径。

习近平新时代中国特色社会主义经济思想是符合中国国情和时代特征的经济学理论成果，是一种系统化的经济学说。它既是对改革开放 40 年经验的总结、实现中国经济高质量发展的良方，也是中国经济高速发展过程中带给全世界的思想红利，为世界经济发展贡献了中国智慧和中国方案。

参考文献：

[1] 王东京. 马克思主义政治经济学中国化的最新理论成果 [N]. 光明日报，2018-1-10.

[2] 冯静. 新发展理念的理论创新与实践意义 [J]. 中共福建省委党校学报，2017 (2).

[3] 顾海良. 新发展理念的新时代政治经济学意义 [J]. 经济研究，2017 (11).

[4] 宋方敏. 习近平国有经济思想研究略论 [J]. 政治经济学评论，2017 (1).

贯彻习近平总书记来川视察重要讲话精神
建设美丽宜居公园城市

邓凡　林德萍　邓唯

2018 年 2 月 10 日至 13 日，习近平总书记来川视察，对天府新区建设做出了重要指示：天府新区是"一带一路"建设和长江经济带发展的重要节点，一定要规划好、建设好，特别是要突出公园城市特点，把生态价值考虑进去，努力打造新的增长极，建设内陆开放经济高地。这是习近平总书记第一次将公园城市作为城市发展的更高形态提出来，表明了总书记对天府新区现有建设成就的高度肯定。天府新区自成立以来，贯彻"一尊重五统筹"总要求，以国际视野、长远眼光编制总体规划，以公园城市、绿色发展的思路组织城市建设，为高标准发展奠定了坚实的基础，突出公园城市的特点开展建设，符合城市发展规律和天府新区的禀赋特点，有其历史必然性和现实必要性。

天府新区的建设是成都城市建设的一个缩影。成都在近年来的建设中，坚持新发展理念，突出高质量发展的要求，将城市的生态宜居性作为回应人民关切的重要考量，突出公园城市的特点。为了更好地贯彻总书记来川视察重要讲话精神，成都及时将公园城市的理念融入新时代"三步走"战略中，提出加快建设美丽宜居公园城市，到 2035 年全面建成泛欧泛亚具有重要影响力的国际门户枢纽城市。

一、公园城市的内涵和特点

（一）公园城市是更高的城市发展形态

城市是人类文明的重要载体，是人类生存的重要空间，让城市人生活更加安全、繁荣、幸福，是城市管理的根本价值所在。近年来，生态宜居城市的模式不断更新，1971年，联合国教科文组织首次提出了"生态城市"的概念，其主要理念，是城市的发展应该实现人与社会、自然的和谐。随着探索的深入，很多学者在此基础上引入文化，进行更加深入的研究，认为城市还应该是一个各类文化有机结合的空间形态。到 2004 年，我国率先提出了"森林城市"的概念，意味着我国城市的发展从注重景观效果向注重生态功能的转变，从注重分散式绿化到注重打造城市森林生态系统的转变。此后我国提出的"国家生态市""生态文明建设示范区"等概念，更加重视人与城市生态系统的互动性，这些探索为建设公园城市的研究奠定了良好的基础。习近平总书记提出的公园城市模式，进一步突出了城市让生活更美好的理念，是城市发展的更高形态。

（二）公园城市的核心是人

把握公园城市的概念，需要从其提出的鲜明时代背景中去理解。习近平总书记是在考察天府新区期间将公园城市作为一种城市发展模式首次提出的。习近平总书记来川，为四川人民带来了深切的关怀和慰问，是以身垂范、践行诺言，彰显一份深厚的人民情怀，在这样的情景下提出的公园城市的概念，显然也是强调了城市的发展要以人民为中心的理念。这一点从公园城市这一表述中也能够分析出来，公园是供公众游览、休憩、开展科学文化及锻炼身体等活动，有较完善的设施和良好的绿化环境的公共绿地。公园只有为人提供好的环境，才具有存在的意义，而生态区、森林等，其作用的发挥不全部依赖于人。可见，公园城市的核心是人，只有把握好这一点，才能科学把握公园城市的建设原则。

（三）公园城市是人类与环境要素的生命共同体

公园城市突破了地域共同体的概念，将城市空间上升为生命共同体。从城市的演进过程来看，城市经历了从地域共同体到利益共同体，到价值共同体再到生命共同体的演进。早期城市首先是人和其他生活要素在空间上的积聚区，随着市场力量的增大，促进了人和各种要素的流动，人们涌向城市是为了获得更大的利益，随着人的精神境界的提高，人们到了城市，也是追求一种价值认同，在城市中能够找到归属感，当城市发展到生态城市、公园城市阶段，人们更多的是在城市中实现对美好生活的向往，特别是经历了对工业文明的反思以后，人们认识到在城市发展中顺应自然、尊重自然、保护自然的重要意义。正如习近平总书记在视察天府新区期间指出的，要在城市发展中考虑生态价值，按照总书记的指示，就应该以生态文明的理念推动城市建设，就应该考虑各生态要素间的有机互动性，将公园城市打造为人类与环境要素互生的生命共同体。

（四）公园城市具有多种属性

由于公园城市的核心是"人"，是人类与环境要素互生的生命共同体，公园城市就天然具有公共产品、生态功能、空间载体等多种属性。首先，公园城市是一种公共产品，城市的发展要为人民提供更好的环境，让人们"推窗见绿，开门见园"，更好地慢下脚步，静下心来，感受自然，更好地获得生态福利，这种福利具有公共产品的属性。其次，公园城市具有生态属性，公园是供人们休憩的地方，公园城市也必然应该强调景区化、景观化、生态化，既带给人们审美的满足，也满足人们生态的需求。第三，公园城市具有空间属性，公园城市是由很多小单元组成的城市空间，具有生产空间集约高效、生活空间宜居适度、生态空间山清水秀的特点，表现出宜居的人类居住地特点。

二、成都建设美丽宜居公园城市的路径选择

公园城市是花园城市、森林城市的升级版,成都当前的发展思路与公园城市建设具有高度契合性,已经形成了建设公园城市的坚实基础。尤其是成都市提出的让城市发展更有温度、推动城市综合实力增进与人民群众生活水平提升相得益彰以及"三治一增""300 米见绿、500 米建园"等要求,体现出城市的发展更要以人为中心,实现生产、生态、生活高度融合,与公园城市的内涵高度一致,按照这些思路进行的新一轮城市规划修编,能够为公园城市建设保驾护航,确保各项工作同向发力,在具体领域,建设公园城市,可以从以下这些方面着力。

(一)塑造开放、可达、亲民的城市形态

公园城市具有公共产品、生态功能、空间载体等多种属性,也就是说,不仅要体现在城市风貌、城市景观、城市生态优越性方面,而且更重要的是要提升城市人的幸福感和获得感,也就是要注重人与环境的融合和互动,为了实现这一目标,需要塑造开放、可达、亲民的城市形态。开放是生态系统的重要特性,按照生态文明建设的理念,人是生态系统的有机组成部分,也需要与生态环境融合互动,在公园城市中,享受绿色健康的环境是人的基本权利之一,城市景观的开放度反映出人们这一权利的实现程度,也是公园城市建设的基本要求。可达,是指人们到达城市生态景观非常便捷,也反映出人们可以选择多样化的便捷的交通方式,也指公共设施能够较好地提供所服务范围内的城市居民的各项需求,这就需要科学布局城市的各项设施。亲民,就是公园设施要满足人们的审美需求,真正地让人们能够享受公园带来的福利。要实现这些目标,需要打造协调的空间格局,在城市中合理地分布绿地系统、城市海绵体、生态隔离走廊、公共服务配套、道路交通等公共设施,构建合理的城乡空间格局,同时还要打造城市慢行系统,在规划的城市单元中,完善城市功能,让人们尽量步行就能够获得需要的公共服务。成都市目前的发展成就为塑造开放、可达、亲民的城市形态奠定了良好的基础。成都市的绿道、自行车交通网、步行交通网正在完善,逐步构建起了安全、便捷、舒适、高品质的城市慢行交通系统。成都市提出的构建 15 分钟社区生活服务圈,为人们就近获得公共服务提供了条件,正在构筑的生态区、绿道、公园、小游园、微绿地五级生态绿网,让人们能够更好地亲近自然。建设公园城市,也应该突出坚定性原则,在成都市第十三次党代会以来取得的成果的基础上接续推动下去。

(二)坚持生态文明理念,挖掘城市优势,展现田园特色

公园城市的建设过程中要贯彻生态文明的理念,要尊重自然、顺应自然、保护自然,在保留生态本底的基础上,进行特色景观设计,在不同的功能区、特色镇、美丽乡村等区域,以独特的景观更好地呈现城市天际线、城市风貌特色、城市与山水共生关系、公共空间功能等特色,挖掘成都的生态优势。成都平原水网纵横、地势平坦、气候温润、乡村优美,地理落差最大为 5005 米,造就了世界上最为丰富的生物多样性景观,

被很多人称为"全球最大的盆景"。因此，在建设公园城市的过程中要因地制宜，将成都的秀丽风光展示出来，并将绿水青山转化为金山银山，同时，还要注重挖掘成都独特的文化优势，成都有着4500年文明史和2300年建城史，文化底蕴深厚，在世界知名的公园城市中，成都能建成人文与生态相得益彰、农耕文明、工业文明和生态文明交相辉映，人、城、产高度和谐统一的大美城市形态。成都深度挖掘文化优势，将会为公园城市这个全新的城市发展模式增添新的内涵，也能极大地提高成都的影响力和美誉度。

（三）突出人在城市建设中的中心地位

公园城市的核心是人，让城市人生活得更加安全、幸福，是公园城市建设追求的最大目标。因此，公园城市不仅要追求环境优美，还要注重满足人们个性化的审美要求、文化需求、生活需求、生态需求，就要抛弃"见物不见人"的观念，以人为中心规划和建设城市，促进生产、生态、生活空间的融合，让人们既成为城市的创造者，又成为城市建设的受益者，同时，在城市治理中，要以"绣花"功夫推进城市治理精细化、智能化、人性化，建立健全公众参与城市治理的平台和机制。随着人民群众对美好生活需求的增加，城市建设需要考虑更多的因素，只有吸收公众的意见，才能更好地满足公众需求，形成共建共治共享的生动局面，实现民之所望、政之所向，使公园城市能够更好地提升人民的幸福感。

（四）以系统思维协调推进各项工作，汇聚公园城市建设的合力

公园城市的建设是一项系统工程，成都应该以更高的站位、更宽阔的视野去谋划、推动，才能真正使各项理念落地落实。按照习近平总书记的指示，要突出公园城市的特点，朝着这个方向去努力，就要继续坚持创新驱动，发展实体经济，构建四个协同的产业体系，夯实公园城市的产业基础；坚持高质量发展，打造经济繁荣、社会和谐、生态优美的共建共治共享的城市环境；坚持科学规划，以水定人、以底定城、以能定业、以气定形，注重生态承载力标准，使这些工作在建设公园城市的目标下开创新的境界，让我们能把握机遇，真正把习近平总书记来川视察带来的鼓舞和提出的要求转化为城市发展的优势。

乡村振兴：战旗村的成效与启示

李友民①

2018 年 2 月 12 日，习近平总书记视察了成都市郫都区唐昌镇战旗村并做了重要讲话，这既是对战旗村实施乡村振兴战略初步成效的肯定，也进一步指明了实施乡村振兴战略的重点工作方向。一时间战旗村成为领导干部、媒体记者、专家学者等关注的热点村。笔者亦深入战旗村调研形成此文，为想进一步了解战旗村落实乡村振兴战略情况的人们提供了一份地方党校学者视角下的案例参考。

一、初步成效

战旗村按照"产业兴旺、生态宜居、乡风文明、治理有效、生活富裕"乡村振兴战略的总要求，在村党支部的带领下，采取深化改革、发展现代农业产业、整治居住环境、树立文明村风、增加居民收入等措施，取得了实实在在的成效，走在了四川乡村振兴的前列。

目前战旗村村民都已经居住在新型社区里，仅一期就有低层别墅式楼房 401 套，建筑面积 7.45 万平方米，多层楼房 171 套，建筑面积 1.45 万平方米，共计 8.9 万平方米。户均面积 168 平方米，人均面积 52 平方米。如果加上二期的建筑面积，户均和人均的住房面积还会更大。战旗村不仅住房面积大，而且居住条件好。家家户户都用上了自来水、天然气、光纤等，房前屋后花木成荫、花香萦绕，整洁的柏油路连通各家各户，幼儿园、小学、卫生院、阅览室、文化广场等基本公共服务设施相对齐全。漫步其中，仿佛走在大都市里的高档小区，让人羡慕。

战旗村居民可支配收入高于全国、省、市、区农村居民的平均水平。战旗村通过发展村集体经济和现代农业，在保障充分就业的基础上，实现了村民可支配收入较高增长。2016 年战旗村居民可支配收入为 18560 元，2017 年增长到 26053 元，一年就增加了 7493 元，年增长率为 40.4%，这在全省和全国都是排名靠前的。2017 年战旗村居民

① 李友民，中共成都市委党校公共管理教研部教授、校（院）学术委员会委员、成都市政府特殊津贴专家。邮箱：liyoumin98@163.com.

34

可支配收入高出郫都区农村居民可支配收入平均水平 1993 元，高出成都市农民平均水平 5755 元，高出四川省农民平均水平 13826 元，高出全国农民平均水平 12621 元。通过收入的高速增长，战旗村实现了乡村生活富裕。

表 1：2017 年战旗村居民可支配收入与区、市、省、全国农村居民可支配收入比较

时间＼范围	战旗村	郫都区	成都市	四川省	全国
2017 年	26053 元	24060 元	20298 元	12227 元	13432 元

数据来源：战旗村的数据来自战旗村年度工作总结报告和笔者实地调查，其他来自统计局的统计公告。本文其他处数据来源亦同。

战旗村集体经济发展走在四川省前列。2017 年，战旗村集体资产达 4600 万元，村集体收入为 462 万元。与 2016 年的 4120 万元集体资产相比，一年内增加了 480 万元，增长率为 11.6％。高于四川省和成都市 2017 年 8.1％的 GDP 增长率。这一数据说明了战旗村集体资产实现了较快增长。2017 年，经四川省委农工委同意，由四川村社发展促进会牵头，西南财经大学、四川农业大学共同评选产生的首届"四川省百强名村"和"四川省集体经济十强村"名单出炉，战旗村分别以排名第二和第八的成绩荣获"四川省百强名村"和"四川省集体经济十强村"称号，由此可说战旗村集体经济发展走在全省的前列。

战旗村村风文明建设走在全国前列。改革开放以来，战旗村始终坚持物质文明和精神文明两手一起抓和两手都要硬的方针，在实现集体经济和村民收入快速增长的同时，也实现了村风文明的高质量发展。现在战旗村的村风既有淳朴、勤劳、友善、尊老、尚德等优秀传统文化的内涵，又有爱国、守法、敬业、创新、进取等当代社会主义精神文明的气质。村民表现出的祥和幸福、乐观向上的精神面貌，给每一位到过战旗村的人留下了深刻印象。战旗村先后荣获"全国社会主义精神文明单位""全国文明村"[①] 以及省级"四好村"[②] 称号。习近平总书记到战旗村视察时，对村风文明建设所取得的成绩给予了肯定和赞誉。

战旗村的乡村振兴示范作用明显。战旗村曾获四川省和成都市的"新农村建设示范村"称号，在社会主义新农村建设过程中发挥了积极的示范作用。党中央提出实施乡村振兴战略以来，因其产业、生态、村风、治理、环境、住房等方面不凡的成绩和知名度，吸引了来自全国各地各级的领导干部考察学习，2017 年接待 100 余批次 5000 多人。自从习近平总书记视察起，至 2018 年 4 月 9 日不到两个月的时间里，就接待了考察学习者 200 多批次 10000 多人，近两个月所接待的批次和人数就已是 2017 年的 2 倍多。2017 年战旗村承办了首届四川村长论坛暨村社发展大会，全省各级党委或政府分

---

① 全国文明村是中央精神文明建设指导委员会命名表彰的一个全国性的荣誉称号。当选全国文明村一定是推动当地经济社会协调发展，特别是在精神文明建设中成效突出、大家公认的村。截至 2017 年年底，已经开展了五届评选表彰活动。战旗村是在第三届评选表彰中荣获"全国文明村"称号的。

② 2016 年 9 月起，四川在全省范围全面开展以"住上好房子、过上好日子、养成好习惯、形成好风气"为主要内容的"四好村"创建活动，由省委和省政府给予命名和表彰。战旗村获第一批省级"四好村"称号。

管领导、四川百强名村及集体经济十强村负责人等450余人参加了会议，实地考察了战旗村。通过接待考察学习者和承办大型会议，战旗村进一步扩大了影响并发挥了示范作用。

二、几点启示

通过对战旗村的做法与成效进行总结分析，对于实施乡村振兴战略，我们得到了以下几点启示。

发挥好村党支部战斗堡垒作用，以基层党建引领乡村振兴。发挥战斗堡垒作用首先必须用先进的理论武装头脑。战旗村党支部坚持理论学习制度化、常态化，与郫都区委党校合作，通过党课、"党员夜校"等途径深学细悟习近平新时代中国特色社会主义思想，把"两学一做"落到实处，强化党的群众路线教育活动和党风廉政建设工作，专项治理"微腐败"，推进基层党务公开，接受村民监督，增强了村党支部的吸引力、凝聚力、号召力和战斗力。以突出的成绩荣获中共四川省委表彰的"全省创先争优先进基层党组织"和中共成都市委表彰的"成都市先进基层党组织"称号。

能否解决制约农村经济社会发展中的难题，是衡量村党支部战斗堡垒作用强弱的标准之一。如深化农业供给侧结构性改革和发展现代农业，都需要将土地集中规模化经营。如何将农民手中的承包地的经营权收上来，这是一大难题，解决不好，不仅影响乡村振兴战略的实施，还会产生新的社会矛盾。战旗村的经验是支部书记和委员率先将自家的承包地的经营权交给村上，并耐心细致地向村民讲明集中规模化经营的好处与愿景，组建村土地股份合作社，实行土地"三权分置"改革，通过带头与科学的群众工作方法，很快就将全村529户的承包地的经营权收上来，为发展现代农业创造了基本条件，也被到过战旗村考察的人认为是值得学习借鉴的一大亮点。乡村振兴的程度关键在于村党支部战斗堡垒作用发挥的力度，力度大而持久，农村经济社会就会又好又快地发展，呈现出振兴向荣的景象；反之则滞后。村党支部战斗堡垒作用的发挥重点在于支部书记和委员率先垂范，具有有效的群众工作方法，这是战旗村给我们的启示之一。

因地制宜发展特色产业，以就业吸引和留住人才。战旗村先后引进、培育了榕珍菌业等蘑菇种植企业和满江红、富友等调味品加工企业，现有各类企业16家。这些企业立足于当地特有的自然条件，走绿色发展之路，创立著名品牌，在市场上有较高知名度，发展潜力大。战旗村有劳动力人口近1000人，80%左右的人能在当地企业就业。有村民算过这笔账，在村里的月收入三千元相当在城里的四五千元，而且还能照顾到家里的老人和小孩，收入的性价比要比外出打工高。正因如此，战旗村的青壮年大部分是在本村就业，同时，村里还吸纳了一些外来务工者。

村企空壳化和农村空心化是乡村凋敝的表象。乡村振兴必须要有产业和人才。产业是重点，人才是关键。没有现代农业企业，就难以留住人才，没有人才，乡村何时才能振兴？乡村振兴必须要解决好产业兴旺和人才聚焦的问题，必须要发展好适应乡村特点和社会需要的现代农业产业，引进、培育有竞争力有诚信的企业，以充分的就业和高性价比的收入吸纳、留住人才，这是战旗村给我们的启示之二。

抓住用好惠农政策机遇，以改革激发"三农"活力。党的十八大以来，战旗村深入实施了农村集体产权制度改革、耕地保护补偿制度改革、农用地流转履约保证保险制度改革、集体资产股份制度改革、农村产权交易制度改革。通过深化改革，村集体的产权和村民的经营权、收益权等得到明确的确立和保护，全村 1704 自然人都成了村集体资产的股东，村集体资源变成可用于扩大再生产的资本。深化改革进一步激发了农业生产要素的活力。战旗村的经济社会发展展现出可持续、有后劲的良好势头。

农村经济社会的发展需要惠农政策的支持。改革开放以来，中央、省、市、县都先后出台一系列的惠农政策。可为什么一些自然条件、地缘位置、劳动力数量并不比别人差的村，"三农"问题仍然突出？战旗村的经验告诉我们，不等不靠、因势而为、主动作为，以改革行动使惠农政策落地、生根、开化、结果。如：2015 年 1 月中央出台了《关于农村土地征收、集体经营性建设用地入市、宅基地制度改革试点工作的意见》文件，郫县（今郫都区）被列入 15 个试点县之一。战旗村及时用好文件精神，率先将闲置的 13.4 亩村集体经营性建设用地入市交易，被媒体称之为敲响集体经营性建设用地入市"第一槌"。充分抓住和用好政策机遇，以改革激发释放农业、农村、农民的活力，是战旗村给我们的启示之三。

弘扬社会主义核心价值观，以文明村风增加农民幸福感。社会主义核心价值观是文明村风的灵魂，树立文明村风必须弘扬社会主义核心价值观。战旗村通过举办文化节，"农民夜校"；农民健身运动会和开展读书、广场舞、节日庆典等形式多样活动，宣传弘扬社会主义核心价值观，将社会主义核心价值观融入各类文化活动之中，以文化活动培育文明村风，以社会主义核心价值观统引文明村风建设。

人的幸福感不仅要有物质上的获得，更包含精神上的感知，二者缺一不可。精神上的感知与当地的社会风气呈正相关：风气好，人的感知就好；风气差，人的感知就差。知足、感恩、创造、奉献是每一个人幸福感的精神层面的要素。战旗村以丰富多彩的文化活动为载体，将社会主义核心价值观植入其中，歌唱共产党好，中国特色社会主义好，改革开放好，树立了以知党情、报党恩为特质的文明村风，村民都非常珍惜今天来之不易的幸福生活，正以健康向上、积极奉献的精神状态迈入新时代。弘扬社会主义核心价值观，以文明村风增加农民幸福感，是战旗村给我们的启示之四。

加大公共产品供给，以均等化的基本公共服务缩小城乡差距。战旗村抓住推行农民集中居住的时机，在新型社区里规划和建设了幼儿园、小学、卫生所、阅览室、文化广场、老年活动中心等基本公共服务设施，让村民能就近入托、入学、看病、读书、参与文化活动等。随着村集体经济的发展，战旗村从村集体经济收益中拿出一部分利润，为每位村民购买了城乡居民医疗保险，每一个季度给 60—80 岁的老人发 150 元、80—100 岁的老人发 300 元、100 岁以上的老人发 900 元的养老补助，提高了村民的福利待遇。

城乡之间的差距不仅指城乡居民可支配收入的差距，也包含基本公共服务数量和质量的差距。就收入而言，战旗村居民的可支配收入与城镇居民的差距已经较小了。2017年四川省和成都市的城镇居民可支配收入分别为 30727 元、38918 元，与战旗村居民的收入比分别为 1.18 和 1.49。现在，战旗村居民的最主要诉求已经不在收入上，而是要让子女有很好的教育，村民有健康丰富的文化活动，老人有颐养天年的基本保障，也就是说最主要的需求是基本公共服务。村集体经济具有一定范围的公共性，从其收益中拿出一部分用于村民的教育、医疗、文体、养老等方面，扮演好公共产品供给者的角色，与最主要的基本公共服务供给者政府积极配合，不断满足村民对美好生活的需要，这是战旗村给我们的启示之五。

强化村级治理，以良好生态环境凸显农村魅力。战旗村大力实施生态保护与修复工程，关闭了低效益、有污染的村办肥料厂、预制厂等企业，发展以苗木、花卉、果蔬种植为主的观光农业产业，打造修建集农业观光、旅游度假、婚庆摄影、学习培训等功能为一体的"第五季妈妈农庄""第五香境""乡村十八坊"项目，走绿色发展之路。战旗村是成都市二类水源保护区，家禽家畜养殖业已不适合水环境的保护要求，通过村两委耐心细致的工作和村民的配合支持，现基本淘汰养殖业，并加大河流沿岸环境整治力度，有效地改善了水环境。以四川省和成都市推进城乡环境综合整治工作为契机，战旗村大力实施居住环境治理，建立责任制度和运行机制，治安有人管、垃圾有人扫、绿化有人做，经过综合治理之后，战旗村以良好的生态环境吸引了大批城里人来此旅游观光度假，节假日期间更是游人如织。

望得见山、看得见水、记得住乡愁是人们对山美、水美、人美的故乡的深深眷恋，也是人们对生态宜居美丽乡村的深情向往。良好的生态环境是乡村的魅力所在。战旗村贯彻落实"绿水青山就是金山银山"的理念，淘汰污染企业，发展绿色产业，保护修复水环境，大力实施综合环境治理，营造了美观、整洁、清新、宜人的乡村人居环境，这是战旗村给我们的启示之六。

战旗村实施乡村振兴战略所取得的成效还只是初步的，但其启示值得我们进一步思考和借鉴。

参考文献：

[1] 王奇珅. 落实基层治理的关键在于党要管党——基于郫都区战旗村的基层治理实践 [J]. 中共成都市委党校学报，2017（6）.

[2] 范吴瑕. 土地入市盘活"沉睡"的资本 [J]. 四川党的建设，2017（24）.

[3] 童洁，李宏伟. 村级农业产业化经营体系的变迁路径分析——基于成都市郫县战旗村的实证研究 [J]. 西南石油大学学报（社会科学版），2015（3）.

[4] 四川省社科院课题组. 农村土地股份合作社的实践与探索——基于唐昌镇战旗村土地股份合作社的个案分析 [J]. 西部经济管理论坛，2013（3）.

促进四川"五区协同"发展的研究

彭　红[①]

习近平总书记在对四川工作系列重要指示中指出,四川必须坚持发展是硬道理的战略思想,牢牢抓住经济建设这个中心;强调要推动城乡区域协调发展,健全城乡统筹、区域协作的体制机制和政策体系,打造各具特色的区域经济板块,推动各区域共同繁荣发展。

"一干多支"战略是对四川全省区域增长极的战略规划与实施路径安排。通过"一干多支"战略一方面要形成新的经济增长极,为全省经济平衡发展塑造新的带动核心;另一方面是要充分发挥成都"主干"和新增长极发展的牵引作用,实现"五位一体"总体格局在四川的落地与落实。

"五区协同"就是要强化统筹,推动成都平原经济区(含成都和环成都经济圈)、川南经济区、川东北经济区、攀西经济区、川西北生态示范区协同发展,推动成都与环成都经济圈协同发展,推动"三州"与内地协同发展,推动区域内各市(州)之间协同发展。

省委提出"一干多支、五区协同"区域协调发展新格局,就是要通过"一干多支"促进"五区协同",通过"五区协同"支撑"一干多支",提升全省整体综合实力。这是对于习近平总书记对四川工作系列重要指示精神的鲜明回应,具有极强的现实针对性和战略指导性。

一、促进"五区"协调发展

增强环成都经济圈创新驱动能力,打造引领西部地区发展的重要增长极。坚持创新驱动发展,建设国家创新型城市示范窗口,联动丝绸之路经济带、长江经济带和21世纪海上丝绸之路的战略支点。大力提升自主创新能力,引进集聚战略性新兴产业、现代制造业和高端服务业。

提升川南经济区一体化水平,打造全省第二经济增长极。抓住国家建设长江经济带

---

① 作者单位:中共四川省委党校。

机遇，加快川南城市群一体化建设，力争率先实现次级突破、率先实现全面小康。充分发挥长江黄金水道和连接川滇黔渝的通道优势，着力提升长江航道等级，建成成贵铁路、川南城际铁路，完善沿江综合运输体系，建成川滇黔渝结合部综合交通枢纽。

壮大川东北经济区特色优势产业，抓住国家建设丝绸之路经济带的机遇，加快区域中心城市发展，强化产业支撑，加快建设川渝陕甘结合部的区域经济中心，与全省同步实现全面建成小康社会。加快基础设施建设，做大做强城市经济。推动南充、达州建设成为百万人口特大城市。

加快攀西经济区发展，以攀西战略资源开发试验区建设为抓手，加快安宁河谷经济发展带和金沙江下游沿江经济带发展，加快把攀西经济区建设成为以战略资源开发为特色的新兴增长极。深入实施攀西战略资源开发试验区建设规划，发展钒钛新材料和稀土深加工应用，推进钢铁、钒钛、稀土企业兼并重组，打造世界级钒钛产业基地、全国重要的稀土研发制造中心。

建设川西北生态经济区，以保护生态环境、发展生态经济作为主攻方向，因地制宜地发展清洁能源、生态文化旅游产业，点状开发矿产资源，改进传统农牧业生产方式，建设特色鲜明、绿色生态的产业体系。积极推进生态移民、扶贫移民，逐步引导人口有序转移。加强以交通和水利为重点的基础设施建设，促进基本公共服务均等化，加快改善生产生活条件。

二、深化"五区"全面合作

扎实推进经济区和城市群一体化建设。充分发挥市（州）主体作用，加强省级统筹协调，进一步健全完善五大经济区区域合作机制，探索建立利益共享机制，加快推进基础设施互联互通、产业分工协作、公共服务对接共享、生态建设共建共治。

推动区域间产业转移承接和分工协作。把推进产业转移与承接作为促进区域协调发展的重要手段。鼓励成都等地向周边地区和省内其他地区转移加工制造业，推动五大经济区之间的产业协作；以科技创新和资源综合开发利用为重点，推进成都经济区与攀西经济区、川东北经济区产业协作。加强产业合作园区建设，促进资源要素合理流动和优化配置。

强化轴线联动和流域综合开发。依托长江黄金水道、成德绵乐、成渝等主要交通干线，推动沿线城市分工协作，打造特色鲜明、集聚辐射能力的经济带。以长江干流、金沙江、岷江、嘉陵江、沱江等作为重点，建立跨区域的管理协调机制，解决跨区域基础设施建设、产业布局和产业转移、生态建设和环境保护等重大问题。

扩大与毗邻省区的区域合作。全面深化川渝合作，以环渝腹地区域为重点，共同提升成渝城市群集聚辐射能力。积极推进西向开放合作，以原川陕革命老区为重点深化川陕合作，加快打通连接甘肃、新疆通向中亚、西亚、欧洲的西向开放通道。积极推进攀西、川南与云南、贵州毗邻地区次区域合作。

三、构建"五区"差异体系

推进区域协调发展的重点是依托区域特色优势，通过差异化的政策支持，激发区域发展活力，促进区域发展，健全完善促进五大经济区发展的政策。

成都经济区以提升区际综合竞争力为目标，建立促进创新驱动、扩大内陆开放、城乡一体化发展为核心的政策支撑体系。川南经济区以提升人口和产业集聚力为目标，建立推动产业转型升级、加快新型城镇化和有利于区域一体化建设为核心的政策支撑体系。攀西经济区和川东北经济区以壮大经济实力为目标，建立促进资源综合开发利用、加快新型城镇化为核心的政策支撑体系。川西北生态经济区重点以生态建设和环境保护为核心，建立有序发展生态产业、促进基本公共服务的政策支撑体系。

四、壮大"五区"县域经济

突出主体功能，分类推动县域经济科学发展。在主体功能属于重点开发区的县（市、区），加快推动新型工业化和新型城镇化，推进产业结构优化升级，大力发展战略性新兴产业、先进制造业、现代服务业和现代农业。在主体功能属于农产品主产区县（市），巩固和提升农产品生产能力，发展现代农业和乡村旅游。在主体功能属于重点生态功能区的县，加强生态环境保护和修复，发展资源环境可承载的适宜产业。

深化县域综合改革，增强县域经济发展活力。深化农村改革，全面推进统筹城乡综合配套改革，放活土地经营权，创新农业经营体系，推进土地承包经营权、农村房屋所有权、集体建设用地使用权、宅基地使用权等确权颁证工作，推进农村产权流转，培育新型农业经营主体。推进"两扩两强"改革，推动百万人口大县改革发展，开展县域经济改革试点。加强基础能力建设，全面改善县域经济发展条件。完善干线公路联网畅通工程和农村公路改善工程，实现20万人以上的县城通高速、乡镇通油路、建制村通公路。加强大中型水利工程及渠系配套设施建设。加强县域基础电信网络、宽带通信设施建设，建立基本信息服务体系，推进"三网"融合。

充分发挥比较优势，发展壮大特色优势产业。坚持宜农则农、宜工则工、宜商则商、宜旅则旅，大力发展具有鲜明特色的县域经济。加快推进现代农业发展，确保稳粮增收，调整优化农业结构，大力发展特色效益农业，继续抓好现代农业畜牧业林业重点县建设，提升农业产业化经营水平。坚持工业强县富县，大力发展城市配套工业，建设一批资源和农产品精深加工基地。加快推进新型城镇化，促进城乡统筹发展。加强县城和重点镇建设，提高县城和重点镇规划建设水平，支持有条件的县城发展成为中小城市，加快实施"百镇建设行动"，建成一批宜居宜业的新型小城镇和富有活力的经济强镇。

五、扶持"五区"困难地区

推动民族地区跨越发展，贯彻落实支持民族地区发展政策，以民生改善、社会事业发展、生态环境保护、基础设施建设、产业培育为重点，大力实施藏区、彝区重大民生工程计划，深入实施民族地区教育第二个十年行动计划和卫生发展十年行动计划，加快以交通、水利、供电、城乡公共设施等为重点的基础设施建设，贯彻落实《川西藏区生态保护与建设规划（2013—2020 年）》。

大力实施贫困地区扶贫攻坚。实施新十年农村扶贫开发纲要，以高原藏区、大小凉山彝区、秦巴山区、乌蒙山区"四大片区"为主战场，扎实推进"扶贫攻坚行动"，建立稳定扶贫投入增长机制，创新整县推进机制，完善对口定点帮扶机制，扎实抓好基础扶贫、产业扶贫、新村扶贫、能力扶贫、生态扶贫"五大扶贫工程"。扶持革命老区加快发展。制订扶持革命老区发展的政策措施，加快基础设施建设和社会事业发展，切实改善生产生活条件，促进基本公共服务均等化。积极推进产业培育，壮大特色优势产业，不断增强自我发展能力。

六、完善"五区"体制机制

建立促进基本公共服务均等化的公共财政体制。"十三五"期间，要突出重点领域和重点地区，大力推进区域间基本公共服务均等化。加大省级财政对相对落后地区基层公共财政的扶持力度，强化均衡性财政转移支付，切实提高落后地区基本公共服务的水平，缩小各区域人民生活水平差距。突出加强对民族地区、贫困地区、革命老区基本公共服务的财政投入力度，重点加快义务教育、公共卫生和基本医疗、基本社会保障等领域基本公共服务均等化的步伐。统筹城乡基本公共服务资源配置，鼓励和引导城市优质公共服务资源向农村延伸，促进农村共享城市优质公共服务资源。健全完善促进区域合作发展的体制机制。

加强统筹协调，完善领导联系指导工作制度和五大经济区省级层面统筹协调机制。建立经济区市（州）党政领导参与的高层联席会议制度和务实、高效的合作决策机制、协调机制和执行工作机制。统筹制定实施经济区（城市群）规划，明确各城市的功能定位和生产力布局。

建立健全符合科学发展观的绩效评价考核体系，强化对各地区提供公共服务、加强社会管理、增强可持续发展能力、区域合作发展等方面的评价，按照不同区域的主体功能定位，实行各有侧重的绩效考核评价办法，强化考核结果的运用，有效引导各地区科学发展、加快发展。

关于双流发展地铁经济的调查研究

熊烈健　黄　菊　涂　靖[①]

地铁是现代城市中便捷、快速、高效的交通工具，也是城市经济实力和现代化水平的重要标志。在成都高质量建设全面体现新发展理念的国家中心城市，增强"五中心一枢纽"支撑功能的进程中，在双流建设国家级临空经济示范区和落实"南拓""中优"战略向成都中心城区转型发展的进程中，推进地铁加速成网是一个重要抓手。面对地铁大规模建设和开通的崭新时代，提前谋划、及时布局地铁经济正当其时，也迫在眉睫。

一、发展地铁经济的意义

地铁是涵盖了城市地区各种地下与地上的路权专有、高密度的大容量城市轨道交通系统，包括地下、地面、高架多种形式。地铁不仅极大带动城市交通，还蕴涵着巨大的商业价值和经济、社会效益。大量的经济活动和以人为主的经济要素借助地铁便捷顺畅流通，使地铁成为城市的骨架和经济走廊，发挥着带动周边发展、提升区域价值、重塑城市经济社会地理的作用。本文所探讨的地铁经济就是依托地铁建设发展而带动区域经济发展产生的外部经济社会效益。

巨大的地铁经济"红利"主要体现在以下四个方面。

（一）拉动内需和 GDP 增长

地铁带动了一个庞大的产业链，涉及工程基建、车辆制造、供电、通讯、钢铁、水泥、地产、广告等多个相关产业，对地铁建设运营的政府投入可以带来 5~8 倍的经济产出效益，并产生大量的就业岗位。

---

①　熊烈健：中共成都市双流区委党校常务副校长；黄菊：中共成都市双流区委党校科研信息科科长，讲师；涂靖：成都市轨道交通集团有限公司职工。通信作者：黄菊，邮箱：945607390@qq.com，地址：四川省成都市双流区东升街道花园路二段 1 号区委党校。

（二）巨大的商业红利

地铁强大的运力赋予其强大的人流引导功能，"人随线走"效应把大量的客流变成消费人群，产生了大量便利的在途（站点、枢纽和沿线）消费，使地铁站点和沿线成为人们日常消费的潮流地，从而改变城市传统的商业格局，把地铁变成了经济走廊和商业金线。各国发展的实践表明，地铁商业圈一般以地铁枢纽和站口为圆心，其半径 500 米内、500～1000 米内、1000 米～2000 米内的地带，分别是商业的白金地段、黄金地段与白银地段。地铁经济的发展有一个"点、线、圈、带"的演进路径。首先从站点、枢纽经济开始打造从地上到地下的商业热点，进而扩展到沿线形成地铁商线和商圈，催生新的城市商业服务业中心，再辐射带动区域其他产业发展，形成地铁经济带，使城市的经济、社会面貌发生显著变化。

（三）显著提升区域价值

地铁网络四通八达，极大地提升了城市各区位的便利可达性，吸引着众多的居住者、投资、人才和产业项目，使得沿线区域的价值显著提升。地铁对于区域级差地租影响巨大，伦敦地铁商圈内的商铺比圈外的价格高 16.4%，住宅高 4.2%；香港地铁开通后周边物业平均升值 50%，其中沙田地铁站口的房租比街对面高出近 100%。"地铁一通，房子卖空"也是全球普遍的现象。以我们调研的天津滨海欣嘉园区域为例，这里远离市区十分偏远，当地政府提前三年就开始对地铁沿线土地进行规划储备，在芦苇丛生的盐碱地里提前建好站点和指示牌，地产和其他产业闻风纷至沓来，极大提升了区域价值，引来了数个重大项目入驻，房产价格飙升了近 10 倍。

（四）促进城市协调发展

城市越大，均衡发展就更加重要也更加困难，地铁给城市的协调可持续发展带来了新的解决方案。通过科学统筹的规划建设，将城市发展与地铁建设紧密结合起来，把被动的"线随人走"与主动的"人随线走"策略结合起来，综合发挥地铁的交通动脉和经济走廊作用，可以改善城市布局、优化社会资源配置，带动城市人口居住区域向外延伸、产业区向外转移重塑，促进单中心城市向多中心轴线式发展。这是东京、首尔等大都市解决城市病、实现多中心发展的重要经验，也为成都引导市域空间差异化协调发展、建设国家中心城市，双流抢抓新机遇、营造发展新优势提供了重要的借鉴。

二、国际国内城市地铁经济发展的基本经验

在一些发达国家由于地铁建设运营的时间较长，逐步积累了发展地铁经济、依托地铁带动区域发展的方法。其主要经验有以下三点。

（一）实施地铁建设与沿线土地综合开发

政府抓住土地和规划两个关键，控制好地铁站点周边的土地，与地铁公司紧密配合

或引进知名开发商合作，把商业网点布局在地铁站厅和沿线地带，科学合理地进行地铁沿线房地产和商业开发。例如，香港地铁公司取得了地铁沿线土地开发权，与地产商合作综合开发沿线房地产和商业体，引导了约45%的人口住在距离地铁站500米范围内，在车站兴建地上和地下购物中心，把商场与地铁的客流和经营进行捆绑，地铁经济综合开发使政府获得了可观的土地收入，也带动了区域的繁荣发展。新加坡政府将地铁沿线土地进行统筹规划后实施分阶段综合开发。

（二）建设功能复合的站点和枢纽

日本的"新宿"是成功构建交通枢纽型商圈的典型，新宿车站的空间综合开发充分发挥了其交通和商业功能，促使新宿成为东京重要的商业中心、办公中心和城市副中心。新宿站在地下和地上设商业设施、停车场等，用人行步道连通其间资源共享，建成了集地铁换乘、停车、娱乐购物等为一体的多功能地下地上综合体，并带动了区域商业的繁荣和各产业的发展。新加坡在地铁站口近旁预留的绿地之外，建设了大量的购物中心、公交换乘站和居住区，把地铁站与轻轨、公交、出租车无缝衔接起来，吸引了大量的客流，使地铁商业活跃繁荣。上海、北京、南京等地也在探索依托地铁站口带动周边地区地产和商业发展，也逐步形成了一些地铁经济商圈。

（三）打造魅力独具的地铁文化景观

巴黎地铁旅游经济极具特色，不仅用地铁串联了凯旋门、卢浮宫、埃菲尔铁塔等著名景点，方便游客到达，还把地铁打造为重要的旅游景点，经常邀请音乐家到地铁站台或列车上演奏，举办小型音乐会等，吸引了大量的游客。

三、对双流发展地铁经济的基础分析

（一）基础分析

自2010年9月起至2018年底，成都陆续开通了6条线路（1号线、2号线、3号线一期、4号线一期、7号线，10号线一期），形成了"米"字形加环形骨干网络，运营总里程近196公里，全网日均客运量近260万人次，接近香港的运量水平。目前成都市道路通行能力接近饱和，中心城区公交出行占45%左右，地铁线路分担了28%的中心城区公交客流。随着地铁加速成网计划的大力推进，到2022年，全市运营地铁线路将达到19条，总计近800公里，日均客运量将达到700万人次左右，地铁将成为公共交通的主力，远期（2049年）将达公交客流的70%以上，日均客运量近2000万人，将有力助推重拳治堵、促进城市协调发展（见图1、表1）。

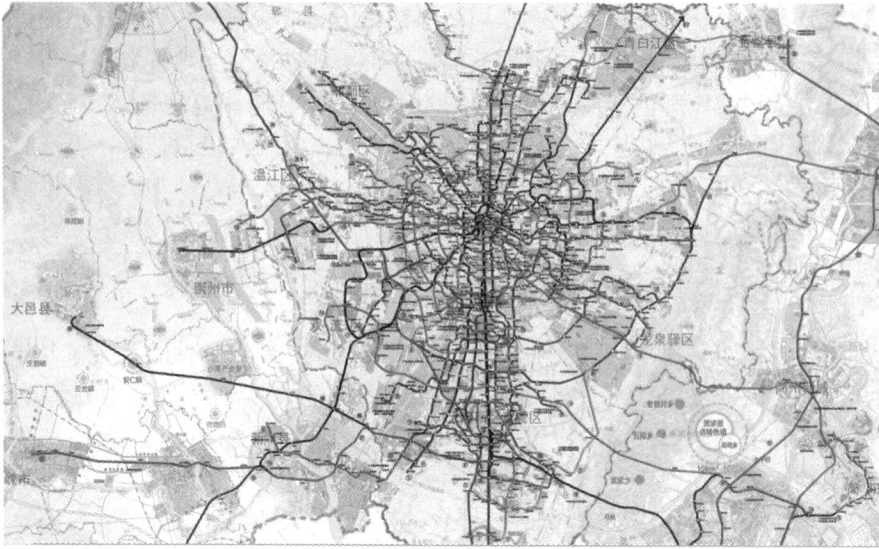

图1：成都市2030年地铁规划图

表1：成都市地铁线网客流预测结果汇总表

项目＼时间	2023年	2030年	2045年
线网长度（公里）	507	763.5	903.7
地铁客运量（万人次/日）	698.58	1301.90	1903.29
轨道交通占公共交通比例（％）	39.45	49.73	51.85

数据来源：成都市轨道交通集团有限公司。

　　目前双流区在建地铁线路6条（包括3、5、8、10、11、17号线），均计划在2020年底前投用，届时区内总里程54.6公里。其中由人民公园通往双流机场的10号线于2017年9月初开通，双流正式迎来了地铁出行时代。2018年12月3号线（新都站－双流西站）开通到双流西站，实现东升主城区和成都传统主城区无缝对接，2019年底10号线二期双流段将开通。地铁时代扑面而来，民众拍手称快。过去由于受机场限制等因素的影响，双流大片区域的公路难以通畅，地铁的开通将突破这一瓶颈制约。按照成都市地铁建设规划，双流区域内线网分布较多，最为密集的区域分别为航空港、东升南（板桥）区域、生物园区域。地铁的规划建设由市政府统筹，在全市2049远景规划（尚未获批）中，双流区共有17条线路，总长约225.8千米，车站112个、换乘站59个、普通站53个，规划里程占全市的9.2％。预计到2023年、2030年、2045年，地铁将为双流带来约48万、80万、120万人次的客流和潜在消费群（见表2、表3）。

表2：双流区地铁线网规划建设情况统计表（截至2019年8月）

序号	名称	第二期建设计划	第三期建设计划	第四期建设计划	线网长度（单位：千米）	
		2019年底前建成	2016年－2020年	2019－2024年	2030年	2049年
1	3号线（新都－双流西）	龙桥路站－双流西	新都－双流西		10.3	10.3
2	5号线（新都华桂路－永安路）	骑龙站－回龙站			17.9	17.9
3	6号线（郫都太清路－漆家堰）		回龙站－漆家堰站		3.1	3.1
4	8号线（新都石板滩－西航港客运中心）		谢家桥站－机场快速路站	东北段：十里店站－龙潭寺东站；西南段：莲花站－西航港客运中心站	21.33	21.33
5	10号线（人民公园－机场－新津高大路）	空港一站－空港二站	空港二站－白塔寺站	太平园站－人民公园站	19.9	30.2
6	11号线（龙泉体育中心－生物园南）				11	15.9
7	17号线（双流西－龙泉洛带）		永康森林公园站－九江北站	机投桥站－龙潭寺东站	46.9	46.9
8	19号线（九江北－天府新站）			九江北站－天府新站	45.6	45.6
9	30号线（航枢大道站－龙泉洪家桥）			航枢大道站－洪家桥站	24.78	24.78
	合计（单位：千米）	23.6	24.9	17.65	200.81	216.01

注：第一期建设计划中没有涉及双流区。

表3：双流区2023年－2045年地铁全日交通起止点出行量分布预测（单位：人次/日）

时间	交通起点、止点	二环内	中心城二环外南片	中心城二环外西片	中心城二环外北片	中心城二环外东片	华阳片区	合计
2023年	双流东升片区	59470	44543	76171	6101	12274	84336	485269
2030年	双流东升片区	79768	59858	105311	8489	16872	161684	800101
2045年	双流东升片区	110093	80885	142972	11685	23239	260081	1215142

数据来源：成都市轨道交通集团公司。

（二）当前地铁经济发展中存在的主要问题

国外的地铁建设最长已有 150 多年的历史，中国的地铁建设始于 1965 年的北京，其他城市从上世纪八十、九十年代甚至更晚才开始建设地铁。我国很多内地城市由于缺乏地铁建设运营的经验，往往专注于交通功能而忽视了其经济和社会功能，因此对地铁建设与城市发展的统筹规划存在不足。有的单纯从解决交通问题去考虑，只关注眼下的上下客和停车的需要，没有提前进行地铁沿线土地控制而任由开发商各自为政散乱开发，没有同步建设地上地下商业配套，因而未能充分发挥地铁对沿线商业和区域发展的带动作用而错失良机；有的没有及时建设对接地铁的地面交通体系，留下了乘车不便等诸多问题。由于地铁建设需要对地上地下进行整体设计施工，如果早期谋划不足，后期将难以弥补。

四、对策建议

（一）强化地铁经济理念，主动应对统筹推进

区政府和主管部门普遍缺乏地铁规划建设和地铁经济发展的专业知识和经验，需要加强学习和人才培育，主动应对而非被动应对地铁建设新时代的要求。要"跳出交通看地铁"，全面认识地铁交通动脉、经济走廊、城市骨架和文化载体的功能，充分重视地铁对沿线经济发展的巨大带动作用，学习和运用地铁经济发展的方法来统筹谋划主动推进双流地铁经济发展。地铁建设涉及市级、区级多个部门，与地铁公司、规建、财政、国土、房管等多个部门都有直接关系，要加强双流区地铁建设协调机制，以区长为召集人，加强对上与对内各相关部门单位的协调，配合提高效率、增强共识、通盘推进。

（二）重视地铁经济发展的框架引领，科学规划布网

结合双流区的发展目标，根据成都市建设"五中心一枢纽"等上位规划确定的思路、步骤，研究把握新的城市空间规划大纲、新一轮地铁交通线网规划编制，以及下一轮地铁交通建设规划的总体规模和实施步骤，以地铁经济带规划建设带动双流区域发展。在总体认识上，要站在建设国际空港枢纽的高度，加快补足立体交通体系（航空、轨道和快速公路一体化）的轨道交通短板，为成都建设西部综合交通枢纽弥补短板；要站在双流打造中国航空经济之都、高质量建设国家级临空经济示范区和美丽宜居公园城市的高度，统筹规划地铁建设与双流城市发展，充分发挥地铁的城市骨架引导作用，助推双流在成都由单中心向多中心发展进程中成为区域新中心。在实践层面上，要通过科学的地铁线路安排和站点开发来解决双流发展的重大和长远问题，带动区域经济可持续发展。一是优化双流"轴向延伸、三区引领、组团发展"的网络化城市格局，推进东升片区、西协片区发展和黄龙溪特色城镇建设等。二是通过地铁引导"人随线走""财随线走"，促进临空经济示范区、自贸区、生物园、芯谷等重大功能区发展。

目前在全市地铁线网规划中，双流区获批的多为从外围远距离包抄东升城区通往成都传统主城区的线路，大部分东升主城区和新城区成熟区域、芯谷、军民创新产业园等都缺乏线网立项；东升连接华阳和天府新城的线路尚未获批，AAAA级景区黄龙溪在全市2049远期规划中都缺少地铁深入。当前要重点争取横向的14和15号线获批和开建，将15号线东升段的路线向南平移以方便东升中心城区的出行，并自西向东将我区各镇（街道）串联起来通达天府新区直管区和龙泉，使双流全面融入传统主城区、无缝对接高新区、快速连接直管区。

（三）抓住地铁经济核心资源，控制沿线土地，统筹开发改造

沿线土地特别是站点周边土地是地铁经济发展的核心资源。将地铁建设与沿线土地开发利用结合起来，制订科学的地铁沿线土地储备开发和商业发展计划，结合土地利用的性质、站点的位置、人口分布、产业布局、交通基础设施的衔接及城市总体发展方向等，明确地铁沿线居住区、产业区和商业区的范围、功能、等级和开发时序等政策。将未来重大商业项目选址优先安排在地铁沿线站点周边集聚，通过一体化规划设计，实现高密度开发，提升经济效益。建议将地铁沿线土地进行规划预留和控制，分阶段进行"地铁＋土地/物业"的一体化开发，同时以站城一体化理念推动旧城改造，尽可能将站点周边稀缺的土地资源交由轨道交通建设集团开展站城一体化开发，避免散乱无序建设，促进城市土地资源优化配置、地铁经济效益最大化。

（四）建好地铁经济关键载体，打造多功能便利化站点和配套

站点是地铁经济的关键载体。要根据双流境内各站点的具体情况确立开发类型，将CBD综合体、旅游休闲综合体、地下商城和居住区为主的站点有机结合分布，把双流西站、西航港客运中心站、龙桥路站、怡心湖站等重要换乘点建设为兼具交通、商业、办公功能的综合站点。还要把地铁与地面交通便利衔接，建好站点的地面公交和微交通服务配套体系（停车场、公交、出租车、共享车租赁、车辆充电等），实现多向密集人流无障碍通勤，为地铁提供充足客流资源。

（五）做强地铁经济规模和优势，因地制宜发展空港地铁经济圈

要依托临港路、环港路、环机场地铁，结合国际空港、临空经济示范区和自贸区优势，制定相关的指引和鼓励政策，加大专业规划和招商，发展空港地铁经济圈：一是大力发展航空经济。结合地铁的便捷高效运输，充分发挥机场的枢纽效应、门户效应、流量效应，以枢纽服务功能带动航空制造维修、通用航空、现代物流业等发展成为国家级重要基地，助力双流打造门户功能突出、产业特色鲜明、区域带动明显的中国航空经济之都。二是做大做强临空特色服务业。将现有的特色商业综合体奥特莱斯、海滨城、万达广场、保税区展示店等串联起来进行整体营销，同时引进知名商家发展时尚购物、免税商店、国际展销、休闲旅游、特色美食等产业，打响"空港国际购物城""世界名品集散地"的商业名片；建设临港CBD，发展临空总部、跨境电商、科技服务等高端服务业。三是发展新兴自贸产业，在四川自贸区双流航空枢纽板块，探索开展外汇资金管

理集中营运、人民币国际投贷业务，建设"天府金融港"，发展保税加工、保税贸易、融资租赁等自贸产业；利用自贸区政策优势，引进国内外优秀企业入驻，引进设立外资股权投资基金等。

（六）打造地铁经济的特色亮点，注入文化提升品质

充分利用站内和站外空间，把地铁公共空间变成有创意有特色的文化景观和宣传窗口，可以在地铁中以 3D 形式展现巴蜀文化、成都文化和双流文化，如熊猫、川菜、空港自贸区、免税商店、瞿上文明、文创赛事、古镇风光等，把地铁建成"天府旅游第一站"，提升旅游形象、拓展旅游空间。还可以在地铁站内设置本地购物、休闲、旅游综合宣传和服务区，为旅客免费提供咨询和引导服务。开通公交慢行专线，把地铁站点与机场、车站及特色卖场、主题公园、体育馆和图书馆等连接，提升城市亲和力，吸引更多的人来此驻足，慢下脚步、静下心来，尽情消费、享受生活，促进观光购物、餐饮休闲等服务业的发展。

聚焦短板破难题　精准举措促发展
用心用情用力做好深度贫困地区脱贫攻坚工作

——以成都市青羊区对口帮扶甘孜州得荣县为例

龙　洋

打好脱贫攻坚战是党的十九大提出的三大攻坚战之一，对如期全面建成小康社会、实现我们党第一个百年奋斗目标具有十分重要的意义。习近平总书记高度重视脱贫攻坚工作，曾多次深入贫困地区调研，强调指出，深度贫困地区是脱贫攻坚的坚中之坚。2017年6月，习近平总书记主持召开深度贫困地区脱贫攻坚座谈会，专题研究如何做好深度贫困地区脱贫攻坚工作。2018年春节前夕，习近平总书记来到四川考察调研期间，特意把凉山作为考察脱贫攻坚的第一站。

自2013年我国开始实施精准扶贫战略之后，脱贫攻坚取得显著成效。进入新的历史时期之后，随着经济社会发展环境的变化，贫困领域问题日趋复杂多变，贫困人口已并非仅局限于传统的经济贫困，其致贫原因更加多元化，贫困表现更加多样化，传统扶贫模式渐显粗放，扶贫资源边际效益递减。按照脱贫攻坚计划，即需要完成到2020年扶贫对象脱贫、贫困县摘帽和解决区域性整体贫困问题的任务。现阶段，脱贫攻坚依然责任重大、任务艰巨，贫困问题具有区域性特征，深度贫困地区是当前脱贫攻坚的重点难点。我国深度贫困地区集中地带主要分布在民族地区，也是深度贫困人口的聚居地区。这些地区长期受自然环境恶劣等多种因素制约，深度贫困原因复杂，群众致贫返贫风险抵御能力弱，贫困的广度和深度更大，脱贫更难，一般的经济增长方式无法有效带动其发展，常规的扶贫手段难以奏效。因此，我们必须清醒认识在实践中存在的突出问题和解决这些问题的紧迫性，集中力量破短板、啃"硬骨头"，不断创新扶贫模式，实施好精准脱贫。本文拟以成都市青羊区对甘孜藏族自治州得荣县精准扶贫为例，对深度贫困地区采取新型精准脱贫有效治理模式做一些粗浅的探索。

一、深度贫困地区的现状及致贫原因

深度贫困地区的致贫原因，各个地方有很大差异，也有一定的相似性，主要表现在以下几个方面。

一是区位优势不明显。地理区位偏远，经济禀赋不足，基础设施和公共服务滞后是深度贫困地区存在的共性困难。

二是自然条件相对恶劣。生态环境脆弱，生存条件比较差，深度贫困地区相当多地方地处高寒山区、深山区，属于喀斯特地貌等，耕种土地有限，农业生产条件差，生产效率低。

三是特色优势产业的自我发展能力不足。自身发展战略薄弱，区域内工业化和城市化程基础设施和公共服务度较低，产业结构单一，就地就业机会少，贫困群众脱贫增收困难大，区域内需求拉动能力弱，带动地方经济发展的能力弱。

四是教育总体发展水平不高。贫困地区教育教学质量和办学管理水平相对薄弱，特别是农村人口受教育程度普遍偏低，专业技术人才匮乏。

五是社会发展滞后，社会文明程度低。由于历史等方面的原因，以及宗教和民族等因素影响，一些深度贫困地区长期封闭，同外界脱节，不少贫困群众沿袭陈规陋习，文明法治意识淡薄，安于现状不敢向前，群众思想文化、伦理观念和行为习惯与社会的发展进步存在一定的差距，脱贫内生动力严重不足。

以青羊区对口帮扶的甘孜藏族自治州得荣县为例，得荣县位于甘孜藏族自治州最南边，与云南迪庆州德钦县毗邻，是全州最偏远、人口最少，仅次于西藏墨脱县的全国倒数第二个通公路的县、这里农业发展历史欠账大，金融资本、社会资本注入几乎为零，延续着刀耕火种、靠天吃饭的传统劳作方式，基础设施严重落后，专业人才匮乏，生态环境尤其脆弱，这些特殊的社会环境和恶劣的自然条件造成了得荣县长期处于贫困落后的状况。

二、精准脱贫实践中的重点难点与主要做法

脱贫攻坚进入目前阶段，要重点研究解决深度贫困问题，要实现深度贫困地区脱贫，必须集中整合各方资源，采取精准有效帮扶措施，从最短的短板补起，从最要紧的事情抓起，突出区位优势，破解发展困境。下面以成都市青羊区援藏工作队精准扶贫的实践为例予以论述。

决战脱贫攻坚是当前四川省提出治蜀兴川的"六大重点任务"之一。按照省委、成都市委的统一部署安排，青羊区援藏工作队切实把习近平总书记来川视察重要讲话精神贯彻落实到推进脱贫攻坚任务中来，在得荣县开展对口援建工作中，在人才、资金、理念等方面给予倾力援助扶持。为破局得荣县的深度贫困现状，由青羊区委、区政府精心选拔出一批优秀的干部队伍奔赴藏区，坚持深入乡镇、村，认真分析当地发展面临的瓶颈问题，因地制宜，从严从实从细谋划，在脱贫攻坚一线，用心用情用力地履行着援建藏区的光荣使命。

（一）聚焦民生难点，在基础设施建设上深度发力

得荣县历来就有"穷在水上，困在路上"说法。该县是典型的干热河谷风貌，常年干旱少雨；地处偏远，山高谷深，是全国倒数第二个通公路的县，境内交通极其不便。

要实现脱贫致富，改善基础设施条件要起到先导性作用。一是强化交通、水利、电力建设。由青羊区出资组建乡村物流客运出租汽车公司，进一步完善县域物流客运体系，逐步实现乡镇客运全覆盖，解决群众行路难、运输难问题。利用得荣县得天独厚的太阳能资源，积极推广新型能源技术，投入1800万元援建4座太阳能提灌站，着力解决当地电力缺乏及人畜饮水困难、灌溉用水不足的问题。二是推进信息基础设施建设。建立信息平台共享，把互联网思维引入到脱贫攻坚中，初步形成市州（成都市、迪庆州、甘孜州）、区市县（青羊区、香格里拉市、得荣县）两级工作对接与合作，实现就业岗位需求互通、政府服务经验交流与借鉴，远程培训和同步教学等。三是加快卫生文化基础设施建设。青羊区协助得荣建设，聚力"硬件投入"，为做好农村民生保障和改善工作，提供强有力的物质基础，为12个乡镇卫生院配置基础医疗设备，建设标准化计免接种室。青羊区还将投入近3000万用于协助得荣县建设一批教育重点项目：得荣县白松小学教学楼建设项目、得荣县中学学生宿舍建设项目、白松集中办学点图书馆项目。

基础设施是深度贫困地区经济发展与脱贫的"命脉"，与民生关系密切。加强基础设施建设是提升民生服务保障能力的最根本途径。要改变基础设施建设落后的现状，就必须转变观念，充分认识基础设施建设是深度贫困地区经济发展的"先行资本"，是群众期盼、发展急需，是一项功在当代、利在千秋的事业。当前，深度贫困地区要抓住发展契机，完善基础设施建设规划，用足用活现有政策，积极向上争取项目资金，统筹规划，科学布局，想方设法破解难题摆脱困境，改变生产条件、改善生存环境、提高农民生活水平，真正实现农业发展、农民增收和全面建设小康社会，促进各项事业的长足发展。

（二）聚焦发展难点，在特色产业扶持上深度发力

根据对口支援得荣县项目总体规划，坚持走绿色发展的道路，把青羊与得荣的各自优势有机结合起来，通过招商引资、搭建宣传平台，从提供产业项目支持到产业合作、企业培育、产品创新、市场开拓等全方位扶持，吸引更多的外来企业和社会力量参与到得荣县的帮扶工作中来，每年组织一批专家学者、企业家等人士到得荣县考察，共商得荣发展大计。积极建立贫困人员就业援助制度，为劳动就业给予必要的手段、机会和能力性援助。着力建设青羊脱贫就业创业培训示范基地，精心设置订单式的培训服务内容，专门安排贫困人口就业创业扶持专项补贴，引导贫困人员倾向于就业而非依赖于享受低保。同时，在加大资金支持力度的基础上，注重市场机制引导，帮助理清发展思路，鼓励产业发展多样化，扶持建设一批贫困人口参与度高、受益度高的特色农业基地。比如：通过援助建设培育高原蔬菜、水果、药材、家禽等种养殖业和加工产业，帮扶打造藏式农家旅游模式，促进其他观光旅游等产业发展，形成特色农牧业、生态旅游业等具有市场竞争优势和发展潜力的优势产业。致力于精准有效的举措，实现多重效益，确保农民增产增收脱贫致富，本土特色产业获得纵深发展，有力推动农业农村高质量发展。

应对深度贫困地区不平衡不充分的发展难题，以生存保障与就业激励为机制，以发展地方特色优势产业为主的农业产业化帮扶，因地制宜、准确定位、科学规划，是实现

振兴发展的有效途径。深度贫困地区要根据当地资源与市场需求，全面摸底，找准制约贫困地区发展的瓶颈问题，更新观念、拓宽思路、精准发力，脚踏实地地进行资源开发型发展。地方政府作为国家精准扶贫政策的主要执行者，要积极落实国家政策，上下一心，充分调动社会各界广泛参与，努力探索精准扶贫与乡村振兴战略的相互衔接，着力支持贫困人员发展生产和转移就业，增加贫困人员收入，发挥辐射带动作用，增强可持续发展能力，逐步扭转深度贫困地区整体落后的面貌，确保全部贫困人口如期脱贫。

（三）聚焦教育难点，在创新智力扶贫上深度发力

扶贫先扶智是阻断贫困代际传递的治本之策。扶贫不仅需要物质扶贫，更需要智力扶贫，不仅要"输血"，更要善于"造血"。对口帮扶的最终目的是为了激发受援地自我发展的内生动力，没有内在动力，仅靠外部帮扶，帮扶再多，也无法从根本上解决贫困问题。因此，最根本、最有效的扶贫手段，就是增强贫困人口的"造血"功能。援建得荣县以来，青羊区高度重视以教育为代表的智力援藏和文化援藏，大力整合文化资源，运用文化力量，在"扶文、扶智"的文化帮扶下功夫。一是广泛开展多种形式的文化培训和产业技能培训，积极培养得荣县本地人才。充分发挥青羊科教优势，搭建培养培训、交流合作、产业振兴、基础建设、就业创业等人才智力援助平台，结合甘孜州"百千万康巴人才工程"，有计划地实施教育、医疗、职业技术、干部、农牧民等五大人才培训计划，开展专业技术人才培养、专业技术人才技能提升、创业创新培训、机关人员能力提升、农牧民技能培训、学生委托培养等计划，尤其是通过教育培训，培养符合得荣县需求的紧缺的专业人才，为当地留下一批"带不走"的干部和人才队伍，为得荣县经济社会发展持续储备人才。二是共享优质教育资源，实现教育和精准脱贫的深度融合。在大力改善办学条件的同时，让贫困地区的孩子们接受良好教育，是我们必须补上的短板。自2000年9月以来，青羊区先后选派196名优秀骨干老师赴藏区支教，积极将优质的教学资源、创新的教育理念、先进的教育方法引入得荣，有效建立得荣县与青羊区名优学校结对帮扶机制，切实地将青羊区优质教育资源辐射到结对学校。比如：合作开展"校长、教师专业化提升工程"，派出青羊区省市特级教师、名优校长组成教育专家宣讲团，通过进县培训、远程互动教学、指导得荣教育、科研活动；开展优质小学扶助，让最偏远的乡村，也有青羊区的优质小学扶助；在青羊区确立幼儿园、小学、初中各1所，作为得荣县教师的实习基地；派遣得荣教育学习考察团，到青羊跟岗交流、访问学习，深化教育互动，促进得荣教师更新理念、拓展教育视野、厚植文化底蕴、提高管理水平、提升教育教学能力，促进教师队伍整体素质的提高；实施"学生委托培养项目"，让藏区孩子直接享受优质教育资源，得到更好的教育，每年在中考结束后由青羊援藏工作组协调青羊区教育局派遣优质高中到得荣选拔成绩优异、经济困难的学生到青羊区随班就读。同时，青羊援建工作还努力用活社会资源，引源开展专项扶贫助学公益活动。通过多方协调，社会各界广泛支持援助教育基金、助教项目等，先后捐资成立了"新梦想教育基金""老房子社会责任基金"。2016年，得荣县还获得捐赠"新梦想科学教室"1座。

深度贫困地区脱贫攻坚工作任重道远。逐步改善深度贫困地区现状，实现可持续发

展，不光是依靠物质的力量、科技的力量，还需要有更深层次的力量，让现行标准下的贫困人口在思想和精神上也强起来，凝聚精神的力量和道德的力量，怀着对未来幸福生活的美好期待，历经峥嵘岁月，与全国人民一道迈入小康社会，奋力实现中华民族伟大复兴强国梦。

成都公园城市建设的理论探讨

张莹云[①]

2018 年 2 月 10 日至 13 日，在中华民族传统节日农历春节来临之际，中共中央总书记、国家主席、中央军委主席习近平来到四川，就贯彻落实党的十九大精神以及中央经济工作会议、中央农村工作会议精神进行调研，对全省提出了"五个着力"的重大要求，明确提出支持成都建设全面体现新发展理念的城市，为成都未来的发展指明了方向。按照习近平总书记视察天府新区时对新总规提出的"要突出公园城市特点，把生态价值考虑进去"的重要指示，市委、市政府经进一步征求专家意见，在战略定位中确定成都将打造"美丽宜居公园城市""更符合成都的城市特质"。

一、公园城市的相关概念

（一）主要生态城市概念

1. 田园城市

1898 年，英国作家埃比尼泽·霍华德（Ebenezer Howard）在《明日的田园城市》一书中，率先提出了"田园城市"一词，并阐述了其建设模式。霍华德针对当时英国城市化过程中出现的一系列问题，提出"可以用逐步实现土地社区所有制和建设田园城市的办法来逐步消灭土地私有制和大城市，建立城乡一体化的社会城市"[②]。根据 1919 年英国田园城市和城市规划协会的定义，"田园城市是为了安排健康的生活和工业而设计的城镇；其规模要有可能满足各种社会生活，但不能太大；被乡村带包围；全部土地归公众所有"[③]。

2. 花园城市

花园城市的建设与美国芝加哥的探索密不可分，芝加哥通过实施一个庞大的城市公园体系项目，如林肯公园、千禧公园和格兰特公园等，成为美国中部最美的一座工业城

---

① 成华区委党校，联系方式：成都市双林路 55 号。

② 参见埃比尼泽·霍华德. 明日的田园城市［M］. 金经元，译. 北京：商务印书馆，2010.

③ 宗仁. 霍华德"田园城市"理论对中国城市发展的现实借鉴［J］. 现代城市研究，2018（2）.

市，也吸引了众多游客，因此成了花园城市的典型。然而，关于花园城市建设并没有形成系统的理论，也缺乏相关的评价指标，国际公园及康乐设施管理协会（IFPRA）所制订的国际花园城市评选标准是："园林景观的美化，改善园林景观的设计，合理应用适合客观环境和城市文化的植物以及美化城市的其他方式。"① 根据这个标准，可以想见花园城市的核心在于美观。

3. 园林城市

园林在中国传统建筑中独树一帜，园林城市作为园林的延伸概念，与我国传统园林有着密切的联系，它的前身是钱学森先生提出的"山水城市"概念。园林城市是以一定量的绿化作为基本的有机纽带，艺术化地组织和构造城市空间的各个基本要素，使城市形体环境有最佳的美学和生态学效果。我国有四大园林城市：南京、长春、杭州、昆明，其特点可见一斑，即是以造园学为指导，以花草、树木的景观设计和配置为主要特征，注重追求城市的景观美化效果，通过融入中国古典的造园理论和艺术风格，汲取中华文明中诗、书、画等文学艺术形式的精髓，创造"虽为人作，宛自天开"的人与自然相和谐统一的效果。

（二）公园城市的具体概念

城市扩展是科技进步、工业高度发展和现代农业的共同结果和趋势，在伴随而来的城市环境建设中，城市绿化是政府和民众关注的基本点。城市环境绿化的模式不仅仅是城市环境美化的格调或风格，更重要的是这关系到整个城市建设的经济性和相应的民生质量，因此城市环境绿化的模式抉择是城市环境建设的重要战略之一，公园城市正是我国城市环境建设中绿色抉择的必由之路。本文所述的"公园城市"，并非是对"Garden City"的另外一种字面直译，而是在"田园城市"的本质和内涵基础上，结合我国园林城市的理念加以发展并另有侧重点。即本文所述公园城市是指：通过人口规模和土地开发强度的控制以及城市绿化体系中的景观塑造和绿化带、公园等设施配置来合理地平衡住宅、绿地、工业和农业区域之间的比例关系，建设一个经济发达、环境优美和社会文明的新型城市。

二、公园城市的基本特征

特征一词的含义为"某一物质自身所具备的不同于其他物质的独有的性质或属性"，也是事物内涵的体现。公园城市的基本特征则体现了其不同层面的内涵。

（一）生态位

公园城市的基本立足点是生态位，即按照生态的规律进行总规划和总布局。公园城市不是把城市建设在花园中，更不仅仅是在城市中建几个花园，而是根据生态学原理，通过点、线、面、网和城郊森林与农田等结构系统地组织和布局城市绿地，构建起一个

---

① 余敏江. 超前治理，城市管理的范式革命——评《"花园城市"的"管"与"治"——新加坡城市管理的理念与实践》[J]. 理论与改革，2017（4）.

稳定的、物质能量高效利用的城市生态系统。随着城市化进程的推进，城市的无规律蔓延，城市变为人类改造自然最为彻底的场所，也减少了城市居民同原有的与自然要素良性互动的乐趣。工业化和城镇化在提升城市物质生活质量的同时，也伴随着对自然的严重侵害。探索未来城市的发展模式，规划城市美好的蓝图，处理城市与自然相结合的问题，已然成为现在亟待重视和解决的热点。"不谋万世者，不足谋一时"，自然价值和自然资本是相统一的，中国明确把生态环境摆在更加突出的位置，强调"绿水青山就是金山银山"，彰显了我国生态文明建设的道路自信，必将对我国乃至世界的发展产生深远影响。党的十九大报告提出，我们要建设的现代化是人与自然和谐共生的现代化，既要创造更多物质财富和精神财富以满足人民日益增长的美好生活需要，也要提供更多优质生态产品以满足人民日益增长的优美生态环境需要。因此，公园城市就是要按照生态文明的原则、理念和要求，根据当地的自然禀赋和生态环境阈值来合理地进行建设，按照生态链锁关系建立起无废无污的、开放式闭合的各种物质循环系统，以实现系统协调统一。

（二）景观化

城市是自然景观与人文景观按照一定顺序组合而成的复合体，景观化是公园城市应有的题中之意。景观设计应该包括土地、人类，以及可持续，其目的在于满足人们现实生活和精神审美的需要。首先，公园城市的景观设置应该从整体性的角度来对其进行布局。对城市的各个景观要素及其整体景观构成进行系统分析，判别景观系统的发展方向，掌握公园城市的形态规律，从"核心""节点"及"片区"等层面来进行研究，塑造景观的整体性和特色性，实现公园城市结构的景观化。因此，公园城市的建设离不开整体美学的研究和作用。其次，公园城市景观的设置应该做到自然环境与人工环境的协调统一。对自然环境本身，如湖泊、河流、湿地的保护，人工环境中特定建筑群、公园、雕塑等相互之间的呼应和规划，还有对自然景观与人工景观之间协调配置问题的综合考虑，及其内部各景观组分间相互关系等。最后，还应注重景观的联系和联结。除单独创造景观节点或公园绿地甚至升级优化外，需要将可能的景观节点连接起来，形成从"人工景观"到"自然景观"中间的一个"公园城市绿色廊道"的线路，这样才能塑造整个区域的景观骨架，使得各个节点呈现出"1+1>2"的效果，而不是各自为政，让景观成为一个个孤立的岛屿。

（三）人文性

公园城市的价值和美感既体现在城市景观上，也体现在城市本身的人文氛围上。文化是城市的生命和灵魂，是城市的内核、实力和形象；城市是文化的凝结和积淀，是文化的容器、载体和舞台。物质层面的"真实"公园城市景观建设和描述层面的"虚拟"公园城市的文化建设在构建公园城市的过程中是交织在一起的，缺一不可。因此，公园城市的建设不应只是浮在表面、流于形式，还须充分挖掘、继承和发扬具有地域特色传统文化，营造文明高尚、健康向上的社会文化氛围，提升市民文化素质，达到"城市美、人更美"的理想效果。习近平总书记指出："文化是一个国家、一个民族的灵魂。

文化兴国运兴，文化强民族强。没有高度的文化自信，没有文化的繁荣兴盛，就没有中华民族伟大复兴。要坚持中国特色社会主义文化发展道路，激发全民族文化创新创造活力，建设社会主义文化强国。"①城市文化是城市形象的外在显露，城市形象需要差异化，从而使其具备标志性，以便对内整合，对外传播。这不是指建造一些奇特的雕塑，而是展现每个城市独有的地域文化。对城市文化的忽视，必将造成"千城一面"的固化呆板印象，没有文化内核的城市建设，就像已经病变的细胞，会在城市"血液"不断流动的过程中，影响越来越多"器官"的正常运转。

三、公园城市的建设路径

（一）贯彻绿色发展理念，建设美丽公园城市

习近平总书记深刻指出："绿色发展，就其要义来讲，是要解决好人与自然和谐共生问题。人类发展活动必须尊重自然、顺应自然、保护自然，否则就会遭到大自然的报复，这个规律谁也无法抗拒。"我们必须走出固有的人类中心主义价值观，构建生态系统价值观。正所谓"有自然之理，得自然之气，虽种竹引泉，亦不伤于穿凿"，说的就是人与自然的和解。然而目前，不少城市建设对其本身的自然赋予却毫不珍惜，做出一些违背自然本身特性的改造，其实最能创造城市特色的还是巧于利用大自然，要像根雕艺术家那样去揣摩，因材构思。济南的"一城山色半城荷"、常熟的"十里青山半入城"、福州的三山等，正因为山、水、城的融合才让它们具有了永恒的魅力。成都公园城市的建设也是如此，要将绿色发展理念贯穿城市建设的全过程，使整个城市的建设者和维护者以及体验者都牢固树立社会主义生态文明观，深刻认识到"人与自然是生命共同体"的重要内涵，强化尊重自然、绿色低碳理念，引导培育绿色生活方式，坚持和完善党对生态文明体制改革的领导，建立健全党对生态文明建设工作的领导体制机制，铁腕治霾，重拳治水，全域增绿，建成碧水蓝天、森林环绕、绿树成荫的美丽公园城市，要重现"绿满蓉城、花重锦官、水润天府"的盛景。

（二）优化协调景观布局，建设美观公园城市

布局公园城市的景观是一项持久且复杂的社会系统工程，从绿地到建筑，从河流到道路，涉及面非常广，是一项庞大的工程。因此，首先便是系统分析成都的景观现状，动态规划，把握特色。注重对原生态物种的保护和利用，自然景观和人工景观的协调，规划建设一批人物雕塑、园艺小品等景观休闲设施，记录成都符号，传承成都记忆。其次，我们不得不面对这样一个现实的问题，由于历史、区位和政治等各方面的原因，成都有的历史街区正逐渐丧失活力，甚至成为城市发展的阻碍，其景观风貌和人均绿地指标等也必然落后于新建城区，例如高新区和天府新区的景观就优于五城区。因此，加强

---

① 参见习近平. 决胜全面建成小康社会夺取新时代中国特色社会主义伟大胜利：在中国共产党第十九次全国代表大会上的报告［M］. 北京：人民出版社，2017.

存量土地的景观建设是建设公园城市不可或缺的一部分。这就提出了充分利用发掘老城区的景观潜力，盘活存量土地，坚持完善城市体系与提升城市功能互促共进，重塑城市空间结构和经济地理，不断提升城市宜居性和美观度的要求。拆除城市违章建筑，对城市中已闲置的地方和边角处，加以优化。充分利用城市内部或周边的山、水等自然景观资源进行绿化规划，并顺应自然，让这些最亲近自然的地块自发地生长为市民切身感受得到的后花园。最后，还应该合理组织城市景观要素，对各类景观版块和廊道进行合理的主从空间配置和景观视点场的分析与创造，保持和提高城市景观异质性。这样按照"科学定位、动态规划"的原则，构筑城市点、轴、面、带相结合的公园城市景观系统。

（三）增强文创中心功能，建设美好公园城市

"观乎天文，以察时变；观乎人文，以化成天下"，文化的力量贯穿人类社会历史演进的始终，是一个国家和民族进步之魂。提到法国巴黎，人们印象中一定是"时尚之都""浪漫之都"，而佛罗伦萨则是"世界艺术之都"等。城市文化主题是通过标签化的话语传播，形成品牌认知和社会共识，从而成为城市最具识别力和竞争力的标志。因而有特色的城市形象需要我们发掘城市深层次的文化内涵。正所谓"并非农庄河田就是清幽朴素，魅力常常出自看不见的个性之中"。当然成都在这方面一直致力于营造的标签是"闲适""安逸""悠闲"等，这就是最重要的吸引力：宜居。除上述的标签化之外，对公园城市的形象进行设计还需要注重其他一些原则性因素，比如要具有能动性即可塑性等。只有在把握哲学原则的基础上精心设计出来的城市才可能体现自身特色，具有鲜明个性的特点。文化内涵是城市精神的体现，深度挖掘成都作为全国十大古都和历史文化名城的独特魅力，大力弘扬古蜀文化、三国文化、大熊猫文化等特有文化，并且在文化空间底板上进行标识，有利于直观呈现，形成天府公园城市文化认知的空间底板。这样讲出成都故事，传播成都声音，让人文成都勇立时代潮头，共建精神家园，铸城市之魂，让人文成都闪耀真理光辉。不仅如此，还要将文化资源优势转化为文化创造和文化产业优势，打通"最后一公里"。

成都公园城市建设不是一蹴而就的，需要经过一段时间的规划和落实。要以生态环境综合治理实现城市微更新，在景观化上做到建筑可阅读，街区可漫步，城市有温度。与此同时，保留成都城市风貌和机理，突出天府文化的亮点和魅力，并且利用文化开展城市触媒，提升环境形象和产业能级。这样，才是真正的公园城市建设。

规划好建设好中德（蒲江）中小企业合作区为"一带一路"多做贡献

凌　玲①

习近平总书记在讲话中强调，四川要融入"一带一路"建设、长江经济带发展等国家战略，推动内陆和沿海沿边沿江协同开放，打造立体全面开放格局。中德（蒲江）中小企业合作区（以下简称"中德合作区"）是"一带一路"起点和终点区域中两个最重要国家——中国和德国的合作平台之一，是沿长江经济带分布的中德中小企业合作园区群在西部的唯一布局，是四川省四个国别类合作园区之一。规划好建设好中德合作区对推动形成全面开放新格局、推动经济高质量发展、建设全面体现新发展理念的城市具有重要意义，是结合蒲江经济社会实际贯彻落实习近平总书记来川视察重要讲话精神的具体体现。

一、中德（蒲江）中小企业合作区发展历程及现状

中德（蒲江）中小企业合作区位于蒲江县，属于成都市半小时经济圈。2011年，蒲江县凭借突出的生态优势以及以市场化方式推进"两化互动、产城一体"建设，吸引了德国博世电动工具、博世包装机械、博世包装（中国）研发中心先后落户。通过对入驻德企的接触，增进了对德国中小企业发展的认识。2014年2月正式启动中德（蒲江）中小企业合作园建设。2014年11月，获国家工信部中小企业发展促进中心和中国中小企业国际合作协会授牌，是西部首个国家级中德中小企业合作园区。2016年7月，工信部正式批复同意设立中德（蒲江）中小企业合作区。该合作区已作为全国统筹推进中德中小企业合作的西部唯一示范点，并成为成都融入"一带一路"倡议的重要平台和载体。

合作区已构建了"一园一镇四中心"的功能载体：一园，即中德（蒲江）中小企业合作园区，主要发展精密机械及智能制造装备、智能五金、生物医药等产业；一镇，即五金小镇，重点发展电动工具、智能锁具、智能厨电设备、高端炊餐具、智能卫浴等产

---

① 作者单位：蒲江县委党校。

业；四中心，即中国蒲江国际五金产品展示交易中心、中德（蒲江）智能五金研发及创业孵化中心、中德（成都）AHK 职教培训中心、国家日用金属制品质量监督检验中心。

二、中德（蒲江）中小企业合作区发展存在的问题

（一）招商引资力度不足

园区起步较晚，落户园区的德资中小企业尚未形成大的规模，龙头企业所带来的产业链条效应不明显。对德国企业文化和生活方式等方面了解不够深入，在对德宣传推介方面未能有效把握德企关注的焦点和核心，对德交流效果不明显，一定程度上影响了招商引资成效。

近年来，按照"两化互动、产城一体"要求，蒲江县大力引入市场主体，开展园区规划、建设、宣传和招商引资等工作，政府负责做好城市和产业发展定位、资源配置和市场主体服务。但随着对外开放深入推进，国内各地区招商引资的竞争日益激烈，仅仅和德国合作方面，国内就有江苏太仓中德企业合作基地、广东揭阳中德生态产业园等正在建设或规划的中德合作园区或中德生态园区，涉及十余个城市。蒲江县的产业基础并不发达，无形中给当地工业的发展带来一定的影响。市场主体来蒲江建设的积极性和热情度不高，对一些德国企业来此地投资的吸引力不大。

（二）配套服务水平不高

物流、金融、交通等生产性服务业发展水平有待完善，物流服务形式传统单一，基础生活设施配置不齐，现代物流产业体系需进一步加强；劳务、法律、设计、咨询、管理、政策解读、社会保障等中介机构少、能力弱、规模小，对园区企业的服务保障明显不足。大量就业创业人口的住宅、交通、通信、教育、医疗等配套设施有待进一步完善和加强。

（三）人文生活环境及氛围营造不够

和其他国别园区相比，中德合作区人文生活设施配套不足。当地的德国文化和德国元素并不多，国际化氛围营造不浓。虽然蒲江县多次开展"中德对话论坛"、德国中小企业经理人来华交流等活动，与德国波恩市、吕考市等城市关系友好。但和太仓、揭阳、许昌等地相比，中德合作区对德氛围营造不足，在举行对德合作项目推介会、参加德国展会、与德国深度交流合作方面不够超前，在国内德企聚集产地和德国国内的知名度都还不高。

（四）人力资源保障不足

蒲江县人口密度小，在人才输出的数量上，无法培养和满足园区德企所需的管理型和高技能人才。德国"双元制"注重校企合作的应用型培养模式，而国内职业教育在培养模式上与其相差较大，在培养模式和培养质量上，中德两国相差甚远。中国职业院校学生毕业后进入德企需要再次培训，不能及时上岗，无形中增加了企业的成本。中德 AHK 职教

培训中心刚刚起步，现有规模不大，与企业联系紧密度不高，目前还是以政府出资办学为主导，企业参与为辅，因此无法为中德合作区企业提供大量的后备人才。

三、积极融入"一带一路"，打造全面对外开放新格局

（一）后发也要高点起步，建设高质量发展创新园区

要按照习近平总书记"要加快推动高质量发展"的重要指示，始终在中德合作区建设中突出高质量发展导向。夯实实体经济基础，着力形成园区现代化产业体系，聚精会神围绕装备制造和健康食品产业，推动产业链垂直整合，打造中德（蒲江）精工产业生态圈。落实全省"项目年"工作要求，围绕主业抓好重大产业项目的招商引资，充分发挥重大产业项目的示范、引领和集聚作用，提升园区对重大产业项目的承接能力。推动互联网、大数据、人工智能和实体经济深度融合，以智能制造为主攻方向，着力发展智能装备和智能产品，有序提升制造业智能化水平，实现"蒲江制造"向"蒲江智造"转变。率先实现动力变革，构建多元化科技创新体系，搭建产业技术创新及孵化服务平台，鼓励校企合作建设工程技术中心、联合实验室，促进创新成果转化、开展共性技术攻关、支撑数据资源共享。

（二）进一步完善服务体系，实现企业服务提速增效

创新完善服务机制，在内部管理和对外服务方面出台一系列相关制度，保证工业项目办事"不出园区"，简化工作流程和审批环节，提高办事效率和服务质量，真正做到"流程少、成本低、效率高、服务好"。

完善物流运输体系。在规划和建设中充分结合蓉欧快铁，合理布局配送网络，建设现代化的高效配送中心，提高物流运输效率，促进德资企业快速发展。对外媒体加大对蓉欧快铁的宣传和推介力度，充分发挥铁路物流运输优势，坚持"引进来""走出去"让合作区生产的产品搭乘"一带一路"快车销往欧洲各地。

建设中德中小企业国际合作平台，支持德国有关行业协会在园区设立代表处，积极引进有关服务机构入驻园区，在中德经济贸易、机械制造、技术引进、工业设计、信息交流、知识产权等方面加强公共服务，促进德企到园区投资经营。加大园区内职工住房、劳动就业、社会保险、文化体验、教育医疗、法律咨询、活动设施等公共服务力度，尤其注重国际院校和国际医院的建立，逐步形成宜居的国际化环境和浓厚的文化氛围。

（三）把生态价值考虑进去，打造绿色生态园区

"两山"理论是习近平总书记的理论创新，凸显了生态文明建设的重要性。习近平总书记在视察天府新区时指示"把生态价值考虑进去"。这不仅仅是对天府新区的要求，也是对整个成都发展的殷殷叮嘱，我们必须在工作中牢牢谨记，紧紧遵循。蒲江县具有得天独厚的生态优势，是全国首批、全省唯一的国家生态文明建设示范县。中德合作区所在的寿安新城被国家发改委和住建部确定为西南地区第一个绿色低碳示范小城镇。这

些都为将中德合作区打造成绿色生态园区奠定了坚实的基础，需要我们倍加珍惜。

要把绿色发展理念贯穿于园区规划编制全过程，坚持把生态环境保护放在首要位置，高标准规划、高规格环评、高起点建设。将建设全国绿色示范园区作为工作引领，对标《中国制造2025》《绿色制造工程实施指南（2016—2020年）》《绿色制造标准体系建设指南》等绿色园区标准，充分挖掘中德合作区的绿色潜力，大力发展绿色产业和循环经济，争取2019年建成绿色示范园区。结合成都"西控"战略和蒲江"最美现代田园生活新城"新定位，科学确立发展思维，将中德合作区打造为绿色产业主战场，实现生态工业率先突破。

（四）推广"双元制"职业教育，提供强大人力资源保障

中德"工匠精神"合作实践典范。李克强总理在2016年工作报告中首倡"工匠精神"，"工匠精神"一时成为全社会的共同追求。德国"工匠精神"在世界范围内为人称道，为众多德国中小企业成长为全行业内的"隐形冠军"发挥了重要的人力资源支撑作用。中德合作区率先引进德国AHK认证体系，建设中德（成都）AHK职业教育培训中心，2015年正式招生，培养高素质工匠型人才；2016年，引进世界工业机器人龙头企业库卡机器人（KUKA）在蒲江设立库卡机器人（KUKA）认证学院，着力培养工业机器人应用技术人才。

积极推进中外合作办学。夯实中德（成都）AHK职教培训中心建设，严格按照课程开展中德（成都）AHK职教学员相关培训，确保培训取得实效，提高毕业学员进入德企就业能力。依托中德（成都）AHK职教培训中心，与成都工业职业技术学院合作，建设"成都工业职业技术学院装备制造分院"，同时引进德国优质品牌教育培训机构，共建中德（成都）职业技术学院。德国的"双元制"职业教育，被誉为"德国制造"的基石、德国经济腾飞的"秘密武器"。要以（中德）成都职业技术学院为平台，集聚政府、企业、高校、国外职教、科研机构、研究中心等力量和资源，引进德国职业教育评价标准体系和制度，推进"以技能为导向"教学模式改革，共建中德（成都）职教创新创业园，以培养更高质量的"德国工匠"，大力弘扬"德国工匠"精神，为合作区企业提供强大的和优质的人力资源保障。

（五）挖掘核心优势，形成差异化发展路径

积极实现差异化发展，突出自己的特色和优势。近年来，中小企业已日益成为继跨国大公司后经济全球化中的生力军，其集聚形成的园区对带动区域经济发展备受瞩目。中德合作区要挖掘核心优势，要创新思路，着重引进细分行业内极具竞争力的"隐形冠军"企业，努力破解蒲江人口少、空间受限、基础薄弱等难题，走出一条差异化对外开放的新路径。

国际化定位。中德合作区是中德中小企业合作的西部示范区，是全省四大国别类合作园区之一。要注重与国内其他中德园区产业发展的竞争与合作，实施差异化发展，形成合作共赢、互通互利的新局面，与其他园区结成"命运共同体"。以智能化、信息化、产业化为方向，抓好自己园区特色产业的发展，重点发展智能制造装备、精密机械和生物医药、健康食品产业或行业。统筹配置各种优质资源，提高资源利用力和承载力。构建更加有契合点的"四级联动"全机制，形成全市整体推进合力，从整体上提升国家级中德合作园区，明确国际化定位，为"一带一路"多做贡献。

党建引领下的乡村振兴实践

——道明镇"竹艺村"川西林盘振兴样本

门秀琴[①]

习近平总书记亲临四川视察指导并发表重要讲话，对做好新形势下四川工作推动治蜀兴川再上新台阶提出了总体要求，又对着力抓好党的十九大精神贯彻落实、着力推动经济高质量发展、着力实施乡村振兴战略、着力保障和改善民生、着力加强党的政治建设等重点工作提出了"五个着力"重要要求。四川是经济大省、人口大省、农业大省，乡村地域广、面积大、人口多，"三农"工作面临繁重任务，乡村振兴意义重大。习近平总书记在高度肯定我们"坚持'小规模、组团式、微田园、生态化'的建设模式，注重保持民族风格、地域特色、乡村气息""让农民群众住上好房子、过上好日子、养成好习惯、形成好风气'四个好'目标，打造业兴家富人和村美的幸福美丽新村"的同时，勉励我们要把乡村振兴抓好，走在前列，并起到示范作用。

作为成都"西控"战略核心区域的崇州，是传统的农业大县，有231个村和涉农社区，农村大量沿袭古老的生活方式，900多个川西林盘散落分布。如何实施乡村振兴战略，建设生态宜居的现代田园城市，是我们必须思考和首先要解决的一个难题。崇州道明"竹艺村"探索出了一条以川西林盘治理推动乡村振兴的路子。

一、"竹艺村"——川西林盘建设的实践样本

竹艺村，位于中国竹编非遗小镇道明镇，坐落在中国最美乡村公路——崇庆路旁，背靠无根山，紧邻白塔湖。它并不是一个行政村，而是崇州市道明镇龙黄村9、11、13组区域形成的自然村落，是千千万万个川西林盘中的一个普通自然村落。竹艺村为什么能在短短的一年时间里实现华丽转身，成为川西林盘建设的典范，得到国际国内乡村建设的专家学者的高度赞誉，得到成都市委市政府的高度认可，得到社会各界的关注青睐，并成为各区（市、县）学习的典范？其亮点是什么？有什么经验可以借鉴？

---

① 作者单位：中共崇州市委党校。

（一）"百村百态"的建设理念

有人说：自从人类诞生以来，人类种族的第一个成员从他降临人世的那一刻起，便生存于一定的气候、地形、动植物群地带的自然环境之中，同时也进入了一个有一定的信仰、习俗、工具、艺术表达形式所组成的文化环境。四川在川西林盘治理过程中，一定要考虑每个村落不同的自然环境、文化环境、产业环境、民俗民风，将当地特色文化保护与村落建设的现代化治理结合起来，既要秉承尊重当地的"地理风物差异"和"产业结构差异"两个差异原则，又要致力于农村治理科学优良发展，遵循以"社会治理与社区营造标准化"和"艺术审美与空间设计标准化"为核心的"两个标准"原则，实现川西林盘建设的"百村百态"。成都市在实施乡村振兴战略中提出：坚持以绿色田园为本底、以自然山水为映衬、以天府文化为内核，开展以"整田、护林、理水、改院"等为主要内容的川西林盘整理、保护和修复，形成林在田中、院在林中的新型林盘聚落体系，努力使川西林盘成为成都旅游的靓丽名片和田园景观的璀璨明珠。

竹艺村在规划建设上，充分体现了百村百态理念，突出自身特色，将自然环境与人文生态融合，依托山形地势，通过平整道路、修葺房屋，把"微景观"引入院前屋后，将拥有优良生态本底的林盘打造成能够反映地域特色、时代风貌、错落有致又尊重村民生产生活习惯的美丽新村；同时，依托非物质文化遗产道明竹编，以设计为媒，以文创为特色，赋予了竹艺村深厚的文化内涵和灵活的表现形式，实现了传统农村与现代生活的有机融合。竹艺村在体现"两个差异"原则，保持林盘治理的活力和特色的基础上，也对应提出了"两个标准"的建设要求，将村落公共设施标准向城市看齐，给村落的未来发展留下空间和余地，在社区运营上，也引入市场化运营单位进行运营管理，通过高素质经营管理专业人才的服务，提高整体运营标准，也在潜移默化中影响村民生活习惯，提高村民管理能力和运营素质。在空间设计标准化和艺术审美标准化建设上，引入专业的顶层设计专家顾问团队和市场化运营管理专业团队进行设计，实现村容村貌整治、文娱生活内容的功能美和形式美。

（二）"建筑点亮乡村"的建设特点

建筑，不仅是人类居住载体，更是文明的标志，建筑的形、质记载了人类历史发展进步的历程，也反映出一个地方的独特地理气候特色。不管是从洞穴到茅草屋，从泥土到木头，还是从窑洞到吊脚楼，无一不是人类文化的生动表达。竹艺村之所以得到国际社会以及党委政府、社会各界人士的广泛认同和赞誉，最主要的一个原因在于它有一座集自然之美、形态之美、文化之美、现代之美的建筑——竹里。作为乡村振兴的一个范例，竹里还将代表中国农村，走进堪称国际展示当代艺术的最高展会——威尼斯建筑双年展。"竹里"从空中俯瞰，外形类似"无限（∞）"这个符号。这是同济大学建筑与城市规划学院教授袁烽团队根据陆游《太平时》这首诗词中"竹里房栊一径深，静悄悄。乱红飞尽绿成阴，有鸣禽"的意境设计的，再现了竹林、房栊、鸟鸣、古琴、沉香等场景和意境，还原了乡村的本来面貌，返璞归真，体现了人与自然、人与时空、人与诗歌的完美融合。这座1000多平方米的建筑，从主体建筑到室内装潢，再到景观布置，只用了 52 天。通过竹里这个建筑载体，将艺术设计、文化底蕴、现代科技、传统记忆融入其中，让竹里成为一个有文化、有温度、有态度的，可阅读的建筑，也成为公益友善、开放共享的乡村社区文化展示交流中心。

（三）"诗与远方"的人文情怀

竹艺村在建设上特别重视生态本底的保护，将传统乡村与现代生活融合，保留了"屋前修竹三两根，林下竹桌茶一杯"，看的是青山耸翠，观的是田野烂漫，听的是鸟语蝉鸣。这就是"诗与远方"的人文情怀和生活情调。生态宜居的环境不仅让村民住得安心，更吸引了追求梦想和创作的"新村民"。2018 年春节前，竹艺村举行了一场正式的"开村"仪式。遵生小院、三径书院、闲来酒馆正式亮相。"这些清新雅致的地方，都是我们在居民老房子的基础上改造出来的。"经营这些地方的主要是入住竹艺村的"新村民"。三径书院运营人马嘶、遵生小院"90 后"自由创业者张文超、来去酒馆的主人都是竹艺村的"新村民"。通过吸纳外来文化人为本村新村民这样的方式，注入竹艺村文化发展活力，是竹艺村探索可持续永久性发展的重要举措。新村民来自多个领域，是文化行业的佼佼者，是助推村落发展的"智囊团"。"新村民"带来了新的发展理念和视角，创造了更多的发展红利，新老邻里和睦互助，乡邻融洽相融，乡风文明的竹艺村，平添了更多的闲适与安逸。用文创引领发展，将文化产业与传统竹编文化、川西林盘资源禀赋结合起来，创新性地开拓一种新的生产消费模式，既富了村民的"脑袋"，也鼓了百姓们的"钱袋"。

（四）"党建引领社区发展"的治理模式

做好农业农村农民工作，必须切实加强党的领导，乡村振兴、林盘治理同样离不开党组织的领导。竹艺村和其他传统林盘一样在经济社会发展和城市化进程中，也存在着党组织有效覆盖不够、自治机制不健全、村民主体意识淡薄、公共服务能力有限、集体经济空壳化等问题，对乡村振兴的美好愿景实现有极大的制约。

为有效破解存在的诸多难题，走出一条党建引领下的川西林盘发展治理之路，道明镇竹艺村加强了党组织的引领作用，探索创新了居民参与组织化、社区自治制度化、社区服务专业化和居民利益一体化的"四化联动"治理格局。

1. 建强四类组织，实现居民参与组织化

党组织：打破传统村级党组织架构，按竹艺村地域涵盖范围，以区域化党建思维，成立竹艺新村党支部，把原先居民、新村民、驻区单位等各类群体和组织中的 15 名党员纳入新村党支部管理，并通过选举程序，选出由新村民、原先居民（乡贤）以及相关组织、单位党员组成的 5 人支部委员会。新村党支部隶属龙黄村党总支，与传统农村党支部相比，新村党支部在履行党支部传统的宣传、教育、组织群众的基础上，更加强调区域化联动，突出政策宣传、方向引领、群众动员、桥梁纽带的功能，在新村建设和管理中起好引领和组织作用，克服了党组织有效覆盖不够和群众参与零散化的问题。

自治组织：在新村党支部的引领下，成立以新村党支部书记为主任的新村管委会，同步选举产生议事会、监事会成员。管委会下设环境与物业管理小组、乡贤智囊小组、矛盾疏导小组和文娱生活小组，促进群众有序参与社区事务，实现自我管理、自我服务、自我教育、自我监督，充分发挥群众在乡村振兴和林盘治理中的主动性和积极性。

社会组织：由新村管委会牵头，成立了由专业公司（崇中展业）、合作社（土地股份合作社）、人才联盟（设计师团队—同济大学建筑与城市规划学院袁烽设计团队）、商家联盟（竹里、三径书院、遵生小院、来去酒馆）等组成的道明竹里创新社区发展促进会，承担新理念规划、新生态修复、新业态带动、新文化营造的组织、协调、引导、服务职能职责，实现竹艺村的高品质规划、高质量打造、专业化运营，助推竹艺新村全面振兴。

自组织：成立舞蹈队、腰鼓队，利用传统节日、重大活动等开展丰富多彩的文娱活动，宣传党和国家的方针政策、重大战略部署、新村建设的先进典型、新村推介等；成立本土人文历史挖掘会，对当地历史文化进行挖掘，实现自己的故事自己写、自己的故事自己讲，原汁原味宣传自己的新村，这样既充分发挥了当地乡贤的作用，又增强了村民的自豪感；成立新村悦读会，每月开展一次全民读书日活动，营造良好的书乡氛围，提升居民的精神文明指数。

通过构建以党组织为核心，多元参与的新村治理模式，进一步发挥了党组织在新村建设和管理中的引领作用，发挥了村民在新村建设和管理中的主体作用，完善了党委领导、政府主导、社会协同、公众参与、法治保障的社区治理机制，将社区建设成组织引领、管理有序、文明祥和、和谐共处的宜居社会生活共同体，从而实现居民参与组织化。

2. 构建四项机制，实现社区自治制度化

议事决策机制：建立群众提、乡贤理、组织审、大家评、民主定的五步议事决策机制。

群众提：设立群众意见建议箱，管委会成员坚持每月收集一次群众意见，让群众对区域内产业发展、环境改善、社区治理等一系列重大问题提出意见、建议。

乡贤理：对群众提出的意见建议进行梳理，将适合新村发展需求、群众生活需要的意见建议汇总，并上报新村党支部。

组织审：按党支部管宏观、管方向的原则，召开支委会对乡贤梳理出的群众意见建设进行研究，形成初步审核意见。

大家评：将初步审核意见向全体村民公开公示，进一步征求意见。

民主定：召开议事会（新村村民会）进行议决，由新村管委会组织实施。

协商共治机制：由新村党支部牵头，自治组织、社会组织、自组织协调，新老村民代表参与，定期召开联席会议，对环境卫生、邻里互助、公益服务等未纳入议事会议的具体事项进行民主协商。议题经民主协商之后形成的共识要以书面形式在公示栏中公布或通知到每户居民。通过协商共治现已经形成了竹艺新村公约，强化村民外在约束、自我革新、内化习惯，形成了主动守约、新老互助、活动共办的良好氛围。

文化育人机制：通过竹编技艺体验、非遗进校园、非遗走出去、与中央美院开展校地合作等传承、保护、创新非遗技艺；邀请专家学者、致富能人、名誉村长、新乡贤进行"竹村新韵"营造、文明公约大家谈、礼仪、法律知识、乡村旅游等培训，助力乡风文明新社区建设；深挖忠义传承、诗书传承、乡贤人士、家和万事兴、百善孝为先、吃亏是福、乐观向上等7家家风家训，营造浓厚的道德文化氛围。

矛盾疏导机制：成立由支委成员、新乡贤、村民代表等为成员的新村矛盾疏导小组，对竹艺村进行网格化管理，引入四步工作法（发现矛盾、分析研判、制订方案、现场调解），落实纠纷承包制，实现矛盾纠纷不出村，开展利益协调、矛盾纠纷调解共80余次。

3. 搭好四个平台，促进社区服务专业化

产业服务平台：构建起以"主力商家＋同盟商家＋招商入驻商家"为主体的产业服务平台，按照"五个统一"（统一规划、统一设计、统一标准、统一管理、统一营销），集中提升传统产业、发展新兴产业，提档升级"丁知竹"和"道明竹艺工坊"，引进"竹里""遵生小院""三径书院""来去酒馆""青年旅社"等富有天府文化特色的文创企业，丰富社区经济业态。

培训服务平台：联合遵生小院，设立村民学堂，依托非遗传承人、产业带头人、"蓉漂"双创人才、设计师、艺术家，对居民开展竹编技艺、精品民宿、电商服务等培训。依托"三径书院"，开设道德讲堂，以身边人讲身边事、身边人讲自己事、身边事教身边人的形式，让村民在聆听故事中接受道德洗礼、传承良好风气，形成了"户户有家训、人人守家规"的竹艺精神。建立川西林盘培训学院，开设乡村振兴和社区发展治理讲堂。

智慧服务平台：在竹艺村游客中心和"第五空间"，设立智慧便民服务点，搭建竹编产业电商平台，提供产业发展咨询、民生事项、产品营销、文创旅游等服务，促进基本服务和商业服务叠加，构筑5分钟林盘生活服务圈。

志愿服务平台：成立竹艺村党员志愿服务队、生态保护志愿队、文明劝导志愿队、导游志愿服务队等志愿者组织，整合竹编非遗传承、康养健身步道等资源，推出村内观光导游、竹编历史讲解、游客竹编体验、社工进农户、即时志愿服务等服务项目，打造覆盖全面、特色突出的竹艺服务模式。

4. 培育三个主体，推动居民利益社区化

竹艺村土地股份合作社：86户农户以34亩农用地入股，主要经营观光油菜、体验菜园、林下作物，既实现规模种植，提高种植收益，又为特色乡村旅游打造田园景观，实现生产景观化。

竹艺村竹编文创合作社：按照"业态重塑、高端发展"的原则，"3个大户＋20个小户"入社，引进中央美院等技术助力，指导竹编商家改进工艺技术，抱团提升品牌认知度和知名度，增加产品附加值，实现第二产业高端化。

竹艺村旅游合作社：合作社以集体建设用地使用权、林地使用权折资入股旅游设施和服务项目，与专业公司合作，利益按股分成，实现三产特色化。

在建立"党建引领社区发展治理"的基础上，竹艺村还建立了"竹艺村社区发展促进会"，将"公司＋集体经济组织＋村委＋商业联盟＋人才联盟"的多方利益主体联系在一起，对竹艺村的打造、维护、运营事宜进行统一协调安排。

二、竹艺村——川西林盘治理的几点启示

（一）坚持以人为本是推动基层治理的思路

以人为中心的思想，是我们做好社区发展治理工作的出发点和落脚点，不仅要着眼于不断满足居民的各种生产生活需求，更需要发挥广大居民的主体性和创造性。落实居民的知情权、表达权、参与权、选择权和监督权，为社区各项工作提供更为广泛的民意认同基础和公众参与渠道，使居民不仅是社区的服务对象和评价者、监督者，更是参与者和建设者。

（二）完善组织体系是推动基层治理的核心

党政军民学，东西南北中，党领导一切。加强基层党的建设、引导各类组织有序参与是贯穿基层治理的一条主线，党组织要充分发挥主导作用，当好治理组织者、政策制定者、规划引领者、统筹协调者，把组织资源转化为发展资源，把组织优势转化为推动发展优势，把组织活力转化为推动发展活力，提高新时代党全面领导农村工作的能力和水平。

（三）固化实践成果是推动基层治理的保障

制度建设是可持续发展的重要法宝，破除体制机制弊端，让农村资源要素活化起来，让广大村民积极性和创造性迸发出来，让全社会支农助农兴农力量汇聚起来，不能见子打子，要把零星的、分散的、碎片的实践经验进行系统化梳理，重塑治理机制，加快构建符合时代特色、适应发展需要、满足群众需求的制度体系。

（四）强化人才引领是推动基层治理的引擎

闻道有先后，术业有专攻，专业的事就要交给专业的人做。要实现农村治理有效，就要着力抓好招才引智，想方设法创造条件让农村的机会吸引人，让农村的环境留住人，不断优化新村建设者结构，改善农村居民结构，深度挖掘新居民、新乡贤参与新村建设，培养造就一支新型职业"居民"队伍。同时，加大引进专业社会组织或机构力度，加快推动公共服务下乡，建立健全全民覆盖、普惠共享、城乡一体的基本公共服务体系，让居民的获得感、幸福感、安全感更加充实、更有保障、更可持续。

（五）共享发展成果是推动基层治理的源泉

壮大农村集体经济是实现共同富裕的重要途径。要着力搞好统一经营服务、盘活用好集体资源资产、发展多种形式的股份合作，通过就业劳动、保底分红、股份合作等实现乡村经济多元化，完善利益联结机制，推动农村"一二三"产业融合，实现小农户与现代农业发展有机衔接，让居民合理分享全产业链增值收益。

以习近平总书记重要讲话精神推进社区党建创新

——基于成都市温江区柳城街道的调研与启示

中共成都市温江区委党校课题组

春节前夕，习近平总书记来四川视察调研，对四川的经济社会发展做了重要讲话，为四川和成都的发展指明了方向。习近平总书记强调要加强基层党建工作。如何按照习近平总书记的重要讲话精神，适应不断发展变化的新形势，推进社区党建工作创新发展呢？成都市温江区柳城街道进行了探索与实践。柳城街道面对新形势、新任务、新挑战，坚持问题导向，着眼于不断增强城市社区党组织的凝聚力、战斗力和创造力，在发挥"两个功能"、优化党组织设置、强化激励约束等方面进行了一系列探索、创新与实践，取得了一定成效。我们温江区委党校课题组先后多次深入到柳城街道进行了调研，总结分析了该街道的做法与成效，并得到启示。

一、推进城市社区党建创新的主要做法

（一）推进管理机制创新，实现网格化管理

随着城市化的快速发展，柳城各社区党总支管理服务人口普遍在 20000 人左右，社区所属党支部服务人口普遍在 3000 人左右，管理幅度大、事务多，对党在一线的领导形成巨大压力和挑战。柳城街道通过创新"三员合一"管理机制，让支部生根在网格上。按照网格划小、人网相适的改革方向，按 100～200 户的标准，科学划分网格化单元。依托居民小组、网格化单元建立党支部，把支部建在居民小组上、建在网格上，推行党支部书记、居民小组长、网格长三员合一。结合实际制订网格责任人任务清单，将党建、治安、稳定、民政等工作下沉到网格单元，实行"一格多员、一员多能、一岗多责"的责任捆绑模式，形成以社区党总支为核心、网格党支部为主体、党员个人为前端的网格化新格局，确保每个网格都有党组织、每名党员都在网格中，更好地推动党组织网（党支部）、自治组织网（居民小组）、综治维稳网（网格）"三网合一"。

（二）推进激励约束机制创新，激发社区党建活力

由于社区以下的支部书记、委员均为兼职，缺乏必要的待遇保障，缺乏刚性的考核，支部工作难免陷入"高兴就干一点、觉悟高就多干一点、否则就甩手不干"的空虚状态。柳城街道针对"支部工作空虚"难题，创新激励约束机制，让支部班子运转起来。探索建立党支部书记工作奖补制度，每年安排 50 万~100 万元，对 150 名支部书记按考核结果进行奖补。奖补按基础部分和定量部分进行预算，基础部分为每人每年 500 元，定量部分与支部党员人数规模挂钩，20 人以下的支部书记每人每年 1000 元，20 人以上 50 人以下的支部书记每人每年 2000 元，50 人以上的支部书记每人每年 3000 元。对考核列为优秀的支部书记，按预算标准 2 倍系数奖励，对考核列为合格的支部书记，按预算标准奖励，对考核列为不合格的支部书记，不予奖补，并启动教育、整改、问责等程序。同时配套建立党支部 A 角、B 角党建指导员制度，选派社区党委（总支）委员作为 A 角指导员，从党政机关、事业单位等选派优秀干部担任 B 角指导员，及时为党支部工作指导，建立指导员考核制度和党建指导员工作补贴制度，并与工作考核结果挂钩。策划开展党支部团队提升计划，19 个社区研究制订各具特色的社区 LOGO、口号、社区之歌、社区晨会等团队建设"四件套"，各社区党组织于上班前 20 分钟在社区活动中心门口整队集合，高唱社区之歌、朗诵社区口号、宣扬社区精神，既让党的队伍亮出来、党的工作亮出来，又让党员干部都以最饱满的热情、最昂扬的斗志、最理想的状态投入到每一天的工作中去。

（三）推进评价机制创新，充分发挥党员先锋模范作用

柳城街道针对"党员意识退化"难题，创新"双指数"评价机制，让党员先锋模范充分作用发挥出来。将党员分为在职党员、离退休党员和新市民党员 3 类，分类制订通用标准，强力推行 5 方面"一票否决"刚性条款。针对在职党员，重点从政治行为、本职工作等 5 个维度进行量化管理；针对离退休党员，重点从发挥余热、社会声誉等 4 个维度进行量化管理；针对新市民党员，重点从拆迁安置、院落自治等 7 个维度进行量化管理，侧重对政治行为先进、拆迁安置先进、院落自治先进等进行考评。同时，综合考虑党员年龄文化、专业兴趣等因素，采取量体裁衣方式，一人一张清单，如规定新市民党员带头与违背政策、阻工闹事等行为做斗争，机关党员带头参加志愿义工活动 100 小时以上等。从首批试点的 329 名党员、18 个党支部来看，通过一名党员一张清单、一个支部一张清单，既激发了党员、强化了硬性约束，又激活了支部、落实了严管机制。在温江"五个之城"建设中，涉及项目建设、城市管理、新市民培育、精准扶贫等方方面面，党支部和党员都积极参与进去了，积极行动起来了。

（四）推进案例比拼机制创新，增强社区党建战斗力

柳城街道坚持以体验式政治生活为切入点，采取岗位竞赛、案例比拼的形式，使党内政治生活更富有政治性、原则性、战斗性。近年来已持续举办四届为民服务案例比拼竞赛，创新开展党建项目招投标，以工作成果、工作机制、工作创新为比拼内容，以党

风廉政建设、三会一课、社会治理、为民服务为比拼重点，以实事、实例、实景等为表现形式，以"群众满不满意、高不高兴、答不答应"为评判标准，让党员和党员比，支部与支部拼。通过案例比拼和项目招投标，总结形成了"为民服务三十六式"，推动了173个党建、社建、群建项目落地生根，拧紧了党要管党、从严治党的责任链，营造了风清气正的良好政治生态。

（五）推进运行机制创新，构建多元共治新格局

当前，干部走基层难、群众访干部不方便、党员群众对话方式单一、矛盾纠纷调解路径不多等问题越来越凸显，致使党群干群关系出现了裂痕。柳城街道针对"干群联系渐少"难题，创新"红柳·市民聊吧"运行机制，让干群关系紧密起来。柳城街道在群众身边搭建"红柳·市民聊吧"，同步建成"网上聊吧"，综合运用预约聊、随时聊和主题聊3种方式，引导党员干部与市民经常相聚、轻松说事、柔性论理，让聊吧成为干部群众连心的新平台、政策法规宣传的新阵地、矛盾化解的新路径、社区多元共治的新空间。

（六）推进开放式服务机制创新，提升基层党建服务效能

柳城街道针对个别党支部"服务意识不强"问题，创新"365"开放式服务机制，让服务水平提升起来。柳城街道以巩固好、使用好党的阵地为目标，以打造便民空间、开放便民空间、经营便民空间为突破口，在全街道推行"365"开放式服务，让社区活动中心真正成为群众愿意来、随时来、经常来的温馨家园，成为密切党群干群关系的桥梁纽带。实行"早8晚7"工作日服务时间，取消午休，推行提前与延时服务；节假日组织民政、劳保、计生等业务人员，通过"一人多岗"提供23项政务延伸服务，由志愿者、热心市民、社会组织参与开放便民服务功能区；街道、社区设立两级为民服务热线、官方微博等6种渠道，全面推行固化特色活动"服务单"、集成生活服务"一键通"，提升了社区活动中心人气。

（七）推进联动合作机制创新，增强基层党建的政治功能

柳城街道以光华社区为试点，积极探索"11345"机制，即坚持党建这一核心引领、形成"六位一体"治理格局、搭建三大协商平台、夯实四大服务阵地、实施五大共治项目。在坚持党建核心引领方面，重点抓实体系构架、抓细机制建设、抓好党建领航，形成了"社区联合党委—社区党总支—小区商圈党支部—楼宇党小组"四级多网组织体系。在充分发挥党组织的核心引领作用下，着力构建以社区联合党委为核心，社区居委会为主体，社区内企业为补充，业主委员会、物业公司为依托的"六位一体"服务管理大体系，形成了"自我管理、自我服务、自我监督、自我教育"的良性发展模式。此外，柳城街道光华社区还搭建了"红柳·市民聊吧"商圈"2S"共享促进协会、街区自治联合会三大协商议事平台，夯实了"两站两中心"（楼宇服务站、社会组织工作站、商圈党群服务中心、社区活动中心）四大服务阵地，实施了"365"开放式服务、"安邻"群防群治、"体验日"志愿服务、"家光华"共享银行、"联商"楼宇文化等五大共

治项目，进一步促使"两个功能"有机统一起来。

二、取得的主要成效

（一）党员的活力得到激发

通过社区党建工作的创新，激发了党员干事业的热情，从先进性坐标系上细化了鼓励与禁止的硬性约束。一方面，通过量化考核，强化了党员的党性意识，明确了责任义务，守住了党员底线；另一方面，通过设置5个"一票否决"并对党员的各种不良行为设置扣分值，使党员进一步明确了"必须为"和"不能为"，增强了自律意识，党员的不良行为得到有效制止。

（二）党支部的战斗力明显提升

通过社区党建工作的创新，激活了支部的战斗力，从战斗力坐标系上构建了严管与促进的长效机制。一方面，通过制订党支部战斗力指数评价标准，既为街道党工委从严管理党支部提供了量化标尺，又为党支部指明了工作方向、找准了工作抓手；另一方面，街道党工委对考评中战斗力指数排名靠前的党支部给予人、财、物方面的倾斜，对排名靠后的党支部加大指导力度，采取"结对子"的方式，推动"先进带后进"。

（三）社区公共服务效能明显增强

通过社区党建工作的创新，激发了社区广大居民参与公共服务的积极性，从执政资源上掌握了人心与利益的关键抓手。街道党工委引导各级党组织和广大党员始终围绕抓住人心做工作，始终紧扣群众最关心的现实利益问题做工作。2017年以来，各级党组织和广大党员大力推行"365开放式服务"，2016年以来，仅延时和节假日服务即办理业务6238件；坚持以"五必访、五必问、五必帮"为基本方法，走访群众2200余户，收集解决民生问题180余件，进一步夯实了党群干群连心桥。

（四）社区治理成效显著

通过社区党建工作的创新，社区治理取得新突破，构建的"443"社区社会工作服务机制在国家民政部主管刊物《中国社会工作》刊载；民生保障取得新突破，柳城计生协会相关工作经验被国家卫健委表彰，柳城广场舞发展相关工作经验在文化部会议上交流；党的建设取得新突破，党建、社建、群建各项工作在年度考核中名列全区前茅。

三、启示与思考

（一）全面从严治党是抓好城市社区党建的首要任务

党要管党、从严治党是始终保持党的先进性和纯洁性的重要保证。党面临的形势越复杂，肩负的任务越艰巨，就越要加强党的纪律建设。城市社区党建工作是基层党建工作的一个新领域，新情况、新挑战、新问题不断涌现、接踵而至。正是基于此，柳城街道在城市社区党建的探索实践中，始终把全面从严治党作为首要任务来抓，紧扣"五城建设"探索制订"双指数"评价体系，既注重激活支部、落实严管机制，又注重激发党员、强化硬性约束，切实做到真管真严、敢管敢严、长管长严，促使党员动起来、支部强起来、党建活起来。

（二）以标准化引领规范化是创新城市社区党建的重要路径

党的十八大提出了全面提高党的建设科学化水平的总体要求。2014 年 3 月，习近平总书记在河南兰考调研指导党的群众路线教育实践活动时指出："标准决定质量，有什么样的标准就有什么样的质量，只有高标准才有高质量。"党建工作标准化是提升党建科学化水平的"金钥匙"，以标准化引领规范化是抓好城市社区党建的重要路径。柳城街道在党的组织设置、班子队伍建设、党员教育管理、党内组织生活、为民便民服务、场所建设管理、工作运行机制、基本经费保障等 8 个方面明确了"底线"标准，构建了一套较为完善的标准化体系，形成了"11345"党建引领社区治理模式，让城市社区党建更规范、更科学、更高效。

（三）服务群众、改善民生是检验党建创新成效的实践标准

基层党员干部作为政务服务的一线骨干，必须把全部的服务热情放在群众身上，坚持人本理念，坚持"为民、便民、惠民、护民"，真正以"群众高兴不高兴、答应不答应、满意不满意"为检验党建创新成效的实践标准。我们在创新城市社区党建中只有不断改进工作作风，提升服务效能，加快解决为民服务"最后一米"问题，才能凝聚和激发社会各方主体参与城市建设的巨大智慧和力量，发挥出党建工作的最大效益。柳城街道积极引导各级党组织和广大党员干部依托"红柳·市民聊吧"平台，开展"双亮双促"活动，实施"三五"群众工作法，推行"365"开放式服务，有效收集并解决了群众诉求，极大地改善了民生，维护了社会的和谐稳定，密切了党群干群鱼水情，巩固了党在基层的执政地位。

牢记嘱托 主动担当
奋力打造全国乡村振兴示范区
——成都市郫都区贯彻落实乡村振兴战略的实践与思考

徐铮 裴雪梅 薛进勇 饶仁华

党的十九大报告指出："要坚持农业农村优先发展，按照产业兴旺、生态宜居、乡风文明、治理有效、生活富裕的总要求，建立健全城乡融合发展体制机制和政策体系，加快推进农业农村现代化。"习近平总书记在郫都区唐昌街道战旗村视察时强调："党的十九大提出实施乡村振兴战略，这是加快农村发展、改善农民生活、推动城乡一体化的重大战略，要把发展现代农业作为实施乡村振兴战略的重中之重，把生活富裕作为实施乡村振兴战略的中心任务，扎扎实实把乡村振兴战略实施好。"这让全区干部群众备受鼓舞、倍感振奋，同时也为郫都区加快建设全国乡村振兴示范区指明了方向和路径。

一、对习近平总书记视察战旗村重要讲话精神的体会

（一）意义重大，影响深远

习近平总书记到战旗村视察，是郫都区发展史上具有里程碑意义的大事，充分体现了党中央对省委市委农业农村改革发展成绩的充分肯定，充分体现了习近平总书记对四川人民的亲切关怀，充分体现了省委市委对郫都区的殷切期望，让100万郫都区人民倍感温暖、深受鼓舞，必将凝聚起开创郫都建设发展新局面的蓬勃力量。

（二）深受感染，坚决拥戴

习近平总书记在战旗村视察过程中，把自己称为"人民的勤务员"，所到之处，对群众的生产生活嘘寒问暖，在场的干部群众无不被他深厚的为民情怀和严实的工作作风所感染，发自内心对领导人产生了万般崇敬之心和爱戴之情，必将推动全区上下更加深入学习贯彻党的十九大精神，更加坚定地维护以习近平同志为核心的党中央权威和集中统一领导。

（三）牢记嘱托，狠抓落实

习近平总书记视察战旗村的重要讲话精神，既对郫都区的工作给予了肯定，也对未来的工作提出了更高要求，要求郫都区"要继续发扬光大、再接再厉，把乡村振兴这件事做好、走在前列、起示范作用；要加强以党支部为核心的农村基层组织建设"等，这为郫都区下一步深入实施乡村振兴战略、推动城乡融合发展指明了方向。郫都区将牢记习近平总书记"走在前列、起好示范"的殷切嘱托，满怀信心、狠抓落实，奋力打造全国乡村振兴示范区。

二、迅速推动习近平总书记视察战旗村重要讲话精神在郫都落地落实

（一）学习宣传贯彻全面深入

郫都区委先后多次召开常委会（扩大）会议、中心组学习会和专题研讨会，并邀请了北京创行合一规划设计院、四川省社科院、同济大学等机构和高校专家学者，围绕乡村振兴规划、基层治理等重点做了专题辅导，并细分贯彻落实习近平总书记重要讲话20项重点工作，推动了重要讲话精神进企业、进农村、进机关、进学校、进社区，全面掀起了学习贯彻热潮。全面开展"践行乡村振兴战略"主题大讨论活动，制订21项乡村振兴重大调研课题任务，成功举办建设全国乡村振兴示范区研讨会，邀请国内知名作家撰写纪实报告文学，快速推动习近平总书记重要讲话精神深入，形成生动郫都实践。

（二）全国乡村振兴示范区规划深度展开

坚持科学规划引领，重塑乡村区域经济地理，以功能区理念打破行政界限，规划建设农业文化遗产示范、国家级农业产业化等五大功能区，打造三道堰亲水度假区等一批特色小镇。实施全域乡村规划，与中国建筑设计研究院、同济大学研究规划院等机构合作，完善"城镇三级规划体系"，深化唐昌镇等6个特色小镇和180个农村聚居点建设规划，全面启动以"1+4"泛战旗等为核心的8个组团示范片和沙西线、安唐路等示范线规划编制，确定33个乡村振兴示范村，示范带动全区乡村全面振兴。

（三）基层党组织"火车头"作用充分发挥

在基层党组织和党员中推行"三问三亮"工作机制，分类制订了党组织书记、党员领导干部、普通党员"三问三亮"清单，坚持每半年组织党员述职、每年组织评奖并公示，推动党员更好地发挥先锋模范作用。深化"四个一线工作法"，研究制订了"三固化、四包干"工作制度，推动宣讲政策、督导工作、解决问题、办好实事"四包干"，推动领导干部、机关干部走进村（社区），面对面听取群众诉求，实打实解决群众难题。

（四）"天府水源地"品牌持续亮化

深化与四川农业大学、省农业科学院等科研院所合作，加快建设锦宁韭黄等一批绿

色有机农产品基地，农产品质量持续提高。依托"人人耘""京东云创"、北京天下星农等服务平台，高水平包装策划郫都绿色有机农副产品，推动"郫都产"走向全国、走向世界。目前，云桥圆根萝卜已进驻北京盒马鲜生超市，价格 9.9 元/斤，同时即将走进澳门，走出国门，被端上日本餐桌。

（五）乡村振兴干部人才培训学院规划建设进展顺利

启动了乡村振兴干部人才培训学院筹建，实行每半月办一期培训班，着力打造辐射全省全国的乡村振兴干部人才培训基地。目前，邀请了市委党校、市民政局、市委社治委等专家授课，实现村支部书记、村主任、村文书、村妇女主任、区选区备村社区干部培训全覆盖。

（六）乡村振兴工作运行体制不断健全

创新建立"领导小组＋委员会办公室＋功能区管委会＋专业平台公司"工作运行机制，成立了大地景观规划设计与管理等 9 个乡村振兴专委会，坚持周研究、月汇报、季专报，保证乡村振兴工作方向不偏、力度不减。筹建郫都乡村振兴网站，策划乡村振兴项目包装、宣传推介和招商引资，吸引更多人流、物流、资金流进入郫都农业农村。

三、需要攻坚的困难和问题

在乡村振兴战略实施中，尽管各地都探索了一些比较成功的经验，但在一些关键环节和重点领域还存在一些问题需要攻坚突破。主要表现在以下五个方面。

（一）有竞争力的产业培育形成难的问题

目前，各地大力实施"农业＋"行动，推动产业融合发展，形成了乡村旅游、农产品精深加工、创意农业等各种门类产业，培育了绿色、有机、地标产品等众多品牌，但总体规模较小而且分散，尤其是有特色有吸引力的文旅产品创造供给不够，没有形成拳头产品、有竞争力的产业，呈现出"都是繁星没有月亮"的状况。

（二）农村留住人才难的问题

尽管通过乡村振兴战略实施，各地正在研究出台了一系列吸引人才的配套政策，但由于乡村公共服务配套、基础设施、生活配套等相对落后于城市区域，让有农业情怀的人不能安心在农村投资创业。

（三）乡村振兴"一头热"的问题

农民作为乡村振兴参与者和受益者，理应是乡村振兴的主体。但由于乡村振兴一些产业项目投资周期长、见效相对较慢、程序复杂，导致部分农民参与积极性不高，共建共享难，易出现"政府热情高、老百姓多观望"的"一头热"问题。

（四）如何把纯农业变成赚钱产业的问题

目前，全国掀起乡村振兴热潮，已开启了新一轮城市资本下乡，但一些企业存在投机心理、赚快钱心态，政府在项目实施中，要坚决避免过去冲着建设用地搞开发、搞房地产而不投农业的现象，坚决杜绝把农业作为负担的心态，吸引有农业情怀、懂农业的企业家发展农村产业，培育有竞争力的、可持续的产业项目。

（五）集体经济发展难的问题

由于城乡要素自由流动存在一些体制障碍，加之各村区位、资源差异因素影响，导致农村区域吸引社会资本、人才的能力有限，致使集体经济发展不平衡，"空壳村"较多。

四、郫都区乡村振兴下一步工作思路

（一）坚持农旅融合，推动乡村产业振兴

大力发展"农业＋旅游""农业＋文创"等新业态，计划三年内建成21个田园综合体、5个AAAA级以上旅游景区、10个电子商务示范镇，推动农商文旅融合发展，形成"春赏花、夏亲水、秋采摘、冬养生"的四季特色休闲农业格局。盘活农村集体经营性建设用地等"三块地"，每村成立村集体资产管理公司，培育农民专业合作社300个，实现"资源变资本、产权变股权、农民变股东"。深化项目资金区级统筹制度，发起设立乡村振兴公益性基金，广泛引导金融资金和社会资金精准投入农业农村领域。

（二）坚持引培并举，推动乡村人才振兴

做强乡村振兴干部人才培训学院，打造辐射全省全国的乡村振兴干部人才培训基地，在全区村（社区）开办新时代乡村振兴讲习所和系列主题讲习班。鼓励高校专家学者、在校大学生、企业家等群体，以志愿者、创业就业等方式投身农业农村，推动新一轮人才下乡进村。深化"区选区备"村级党组织书记后备干部常态培养模式，建立区级村社后备干部人才库。

（三）坚持以文化人，推动乡村文化振兴

推广战旗村"村＋社会组织＋社工＋志愿者"模式，让国学教育进课堂、进村（社区），打造一批国学村、国学教育基地。持续开展"我为郫都增光添彩""大学生进农家"等活动，实施乡风文明"十破十树"行动，培育挖掘新乡贤人才，引导形成良好乡风、家风、民风。启动战旗飘飘等一批文化综合体建设，实施全民艺术素养提升和"送文化下乡"行动，丰富农村文化生活。深挖古蜀、望丛等传统文化内涵和扬雄等名人事迹，定期举办大地景观艺术节等活动，打造郫都特色乡村文化品牌。

（四）坚持绿色发展，推动乡村生态振兴

深入实施"绿色发展二十条"，大力开展"百村容貌"整治，加快水源保护地生态

搬迁和水系渠系整治修复，三年内建成生态绿道 500 公里、生态湿地 10 个、小游园及微绿地 100 个。实施全域景区建设，启动灌区轮作系统与川西林盘景观保护工程，推动稻鱼共生等大地景观再造和核心区大田景观打造，实现农区变景区、田园变公园。大力开展"绿色七进"活动，推广绿卡积分、公益绿卡等制度，引导居民形成绿色生活方式。

（五）坚持党建引领，推动乡村组织振兴

充分发挥基层党组织的"火车头"作用，全面推广"三问三亮"工作机制、"三固化、四包干"工作制度，充分发挥党员先锋模范作用。健全村民自我约束机制，完善村民投工投劳的义工制度，推广"百姓纠纷大家评"模式，打造共建共治共享治理新格局。

五、几点启示与思考

（一）要加强基层党组织建设，引领发展

农村富不富，关键看支部，支部行不行，关键在于带头人。从战旗村发展壮大的轨迹不难看出，始终有一批讲党性、懂经营、善管理的致富"能人"在团结带领全村群众不断改革创新、发展致富，他们都是自己带头办企业，不但成了带动一方经济发展的带头人，而且还为村民办企业献计献策，激发群众投资创业热情，才开创了全村各项工作的良好发展势头。由此可见，选好带头人、加强村级组织和民主政治建设是保证农村改革发展稳定的关键。因此，在乡村振兴中，要抓住基层组织建设这个关键，努力提升农村"两委"班子的战斗力、凝聚力和创造力。牢固树立围绕生产抓党建、抓好党建促发展的理念，拓宽选拔视野、创新选拔机制，切实把"能人"充实到基层党组织，带领村民把发展生产，提高经济总体实力，增加群众经济收入作为首要目标，立足本地实际，制订正确的发展思路，特别是经济发展思路。

（二）要强化经营理念，充分利用资源

经营村庄是市场经济条件下盘活村级资源的现实选择，也是促进城乡融合、吸引工商资本下乡、摆脱农村建设困境的必然选择。当前郫都区正在探索的农村土地征收、集体经营性建设用地入市、宅基地制度改革"三项试点"，正是着眼于盘活农村资源要素，吸引社会资本进入农业农村的一种探索。因此，在乡村振兴过程中，要强化经营村庄发展理念，树立产业立村的意识，引进培育一批起点高、带动力强、功能全、辐射面广、潜力大的龙头企业，加快推进农业产业化、科技化、标准化、市场化进程，形成融农产品生产、加工、销售为一体的农业产业化体系；要加快盘活存量资产，充分利用农村集体建设用地等资源，加大招商引资力度，采取以资源、以产权引客商等办法，选准项目，瞄准发展村级集体经济的突破口，积极探索发展集体经济的多种形式，使资源优势变为经济优势；要加快培育和建设生产要素市场，快速发展农村现代服务业，巩固和扩大特色市场规模，促进农产品流通，增强辐射带动功能。

（三）要加强村庄规划和人居环境治理

在乡村振兴过程中要始终坚持把村庄规划与农村生态环境、产业基础和方便农民生产生活紧密结合来推进，把新村建设和农业发展、特色镇建设统筹考虑，将农村区域调整、中心城镇建设和农业园区（基地）建设以及水利、交通等基础设施建设统筹起来进行规划，形成连片开发、优势互补、利益共享的有机整体，避免"单兵作战"；必须充分体现田园风光、自然环境和乡村风貌，注重保护当地特有文化，立足实际，发挥本地优势，形成特色。

（四）要整合公共资源和拓宽投资渠道

有效整合公共资源，破解资金等瓶颈是乡村振兴的重要途径。要树立整合资源、集成发展的意识，鼓励和引导部门、企业对经济薄弱村进行各种形式的帮扶；要发挥金融支撑作用，制定优惠政策，鼓励各金融机构加大对农业发展、新村建设的金融扶持力度，积极发挥"农贷通"三合一平台融资作用，不断扩大政策性农业保险覆盖面，稳妥推进农民住房财产权抵押贷款试点；要加大招商引资力度，整合农村资源、统筹招商，优化招商方式，提高农业招商质量，着力推动投资升级，力争发挥招商引资对新村建设的推动作用。

（五）要注重市场主体和新型农民培育

深化农业供给侧结构性改革，创新合作经济、集体经济组织形式，深入推进集体资产股份化改革，着力构建新型农村集体经济体系；加快建设农业智库，培育一批新型职业农民和农业职业经理人，鼓励大学生、优秀年轻干部到村（社区）工作、挂职锻炼，培养造就一支懂农业、爱农村、爱农民的"三农"工作队伍；要切实提高农民文化科技素质，大力发展农民职业教育和各种形式的技术培训，力争使广大农民有一技之长，掌握致富本领；要加强农民思想道德素质建设，倡导科学生活方式和健康文明的新风尚，引导农民崇尚科学、抵制迷信、移风易俗、破除陋习，树立先进的思想观念和良好的道德风尚；要加强农村文化阵地和文化载体建设，形成具有独特个性魅力的高品位新农村文化，丰富农民的精神文化生活。做到以创新的体制凝聚人、以灵活的机制激励人、以健全的制度规范人、以多彩的活动吸引人，促进农村各项事业全面、协调、可持续发展。

乡村振兴的探索与实践

——以彭州市宝山村为例

中共彭州市委党校课题组[①]

党的十九大提出实施乡村振兴战略。2018年中央1号文件又提出"产业兴旺、生态宜居、乡风文明、治理有效、生活富裕"乡村振兴的总要求。习近平总书记强调实施乡村振兴战略是新时代做好"三农"工作的总抓手，在四川视察时特别做出"四川农业大省这块金字招牌不能丢"的重要指示，在两会期间又提出乡村产业振兴、乡村人才振兴、乡村文化振兴、乡村生态振兴、乡村组织振兴"五个振兴"，这是实施乡村振兴战略的目标和路径，是当前和今后一个时期乡村振兴的根本遵循。

彭州市龙门山镇宝山村，位于成都市彭州市龙门山镇，地处龙门山中段，面积56平方公里，辖15个村民小组，620户2035人，距成都市区76公里。宝山村以新发展理念为引领，积极实施乡村振兴战略，在两代村书记的带领下，以基层党建为核心，坚持发扬自力更生、艰苦奋斗、解放思想、大胆探索的宝山精神，在乡村振兴的道路上取得巨大成就。宝山村先后荣获"全国文明村""全国先进基层党组织""中国农业公园""中国村庄经济百强村""中国乡村旅游模范村""中国美丽休闲乡村"等称号。在2017名村影响力排行榜（300佳）排名第14位，名村幸福指数第2位。截至2017年年底，工农业总产值达到85亿元，村民人均收入66531元。宝山村的成功经验是乡村振兴的生动实践，对于贯彻新发展理念，实现乡村振兴具有十分重要的借鉴意义。

一、彭州市宝山村实施乡村振兴的主要做法

作为共同富裕的典型、社区发展治理的新标杆，宝山村党委和村委充分认识到治理与发展相互依存、互促共进的内在一致性，在新发展理念的总体思路下，形成了独特的经验做法。

[①] 课题组成员：刘应其、万国雄、郑建华、吴杨。

（一）以创新发展理念引领村域发展

一是坚持"三维共建"。在社区运营模式上，宝山村积极探索实践"集团＋园区＋村社"的"三维共建"社区运营模式，通过宝山集团资本积累、旅游产业园区完善基础设施配套、村两委引导群众参与的方式，在增强宝山村发展活力的同时，有效提升共同治理水平。二是坚持"三治并举"。在实践发展中，宝山村两委以"景村一体"为抓手，一手抓产业发展，一手抓基层治理，坚持党建引领，聚焦共建共治共享，不断丰富完善村民自治、民主法治和人文德治"三治并举"内涵，形成了治理有效、特色鲜明的宝山现代乡村治理体系，通过"三治并举"，有效处理了"科学发展与有效治理""党建引领与融合发展""依法治理与文明浸润"等关系，加快品质、活力、美丽、人文、和谐"五个社区"建设，基本构建起高品质和谐宜居山地旅游社区发展格局。

（二）以协调发展理念促进产业强村

宝山村紧紧围绕新时代"乡村振兴"发展战略，贯彻协调发展理念，在村党委的领导下，坚持以"发展集体经济、走共同致富道路"为中心，以"经济质量和环境质量提升"为重点，以"实现幸福宝山"为目标，主动实施战略转型，走现代化产业发展之路，率先实现现代化新宝山。一是大力发展乡村旅游，以观光旅游创品牌，以休闲运动为基础，以户外运动和自然资源为核心，以森林康养为基础，配套医养结合的康养产业，走度假型、康养型道路，全面实现宝山旅游的产业转型升级，打造以龙门春天项目、宝山温泉度假酒店为核心覆盖全村旅游产业发展康养产业；以回龙沟太阳湾为核心，打造滑雪、攀岩、徒步、全地形车等多类户外运动度假产业。二是发展现代农业，按照第一第三产业融合发展的理念，确定了以"观光农业为基础，田园综合体"为导向，以宝山梯田为核心的现代农业，兼顾"经济性、景观性、互动性"，打造现代农林景观，建设集体验参与、休闲观光、高附加值为一体的现代农业产业体系。三是实施产业供给侧改革，以现有产业为基础，探索新兴产业的投资与发展。

（三）以绿色发展理念打造美丽村庄

按照"生态宜居"的要求，以"建设美丽宝山"为奋斗目标，以"质量兴农、绿色兴农"的核心理念，按照"国际化、精品化、特色化、系统化"的标准，全面推进"宜居、宜业、宜游"的美丽乡村建设。一是村域内按照统一规划建成了景观大道、游憩设施、文化中心、活动广场，运动健身、主题院落、环卫设施、安监系统、路灯照明、标识系统等公共设施配套，助推乡村旅游全面发展。二是推进"一花一叶"生态景观工程、节点景观工程、现代农业景观工程的全面提档升级。栽种景观植物银杏和彩叶树，鼓励和引导群众在房前屋后及阳台增花添绿，共同塑造和维护花园式景观。三是进行人居院落文化植入和风貌改造，完善提升人居环境基础设施。

（四）以开放发展理念推动幸福和谐

实施"舒心工程"，聚智聚力。一是依托中国名村"朋友圈"，开展"十大名村看宝山"活动，交流发展情况并学习好的做法和经验，携同振兴乡村。江苏华西村党委书记吴协恩评价宝山"天府多宝地，幸福和谐看宝山"。二是广泛听取村民、游客代表意见建议，利用《致游客朋友的一封信》、召开座谈会和发放意见收集表等，开展"我能为你做什么、你要什么服务"主题问需活动，拉近游客与宝山的距离。截至 2018 年，已收集汇总游客朋友意见或建议 156 条，采纳包括丰富文体活动、提升服务水平、产业优化发展等意见 45 条。三是培育本土优质社会组织。依托"互联网+"，建立"宝山人"微信公众号，现有用户 1180 人，发布各类信息 650 条，已成为村民、职工和游客等交流感情、分享生活、建言献策的智慧平台。四是成立宝山摄影家协会、宝山书画协会，通过协会成员，定期举办书画展、摄影展，展示产业发展、人居环境优化、民生改善等新变化，吸引更多的村民主动关心家乡、服务家乡。

（五）以共享发展理念实现共同富裕

宝山村坚持带领村民依托集体经济走共同富裕的道路，通过多种福利分配形式，共创共享发展成果，造福村民，实现共同富裕。一是按照"效率优先、兼顾整体"的原则，在分配上处理好干部与群众、当前和长远的关系。二是村干部在利益分配上不搞特殊化，不搞平均主义，按劳分配，多劳多得。三是在宝山村实行工资、奖金、剩余价值工资、工龄折资入股分红、按能力大小限额入股分红、风险共担入股分红、福利股分红等七种分配方式[①]，村民人人持有股份，年年享受分红。目前，宝山村基本实现了"学有所教、劳有高酬、病有良医、住有优居、老有所养"。

二、彭州市宝山村实施乡村振兴取得的主要成效

宝山村在乡村振兴中始终坚持贯彻新发展理念，在乡村振兴之路的探索与实践中取得了巨大的成效，主要体现在住上好房子、过上好日子、养成好习惯、形成好风气"四个好"上。

（一）宝山人尊重建设规律，群策群力，因地制宜，建成了宽敞舒适的农家别墅，住上了"好房子"

一是在村民住房建设上，坚持"宜业宜商宜居"。宝山结合当地实际，编制了《龙门山镇宝山村总体规划说明书》，按照布局合理、明亮通透、达到抗震设防标准的要求，建起了农家别墅，住房保障率达 100%。二是完善村域基础设施。近年来，宝山全面提升村域内各村民聚居点的道路、给排水、供电、天然气等，形成社社相通、户户相连、集生产生活和旅游观光功能于一体的村域道路环线。三是加大了村域环境综合治理，重塑村域生态，对村民集中居住区、环线道路进行美化、绿化，修建生态公厕、景观垃圾池，改善垃圾处理、供排水管网，实施厕所革命及网络覆盖。四是打造主题院落。宝山

① 王波. 名主播化身"听众"! 聆听"中国西部第一村"彭州宝山村的蝶变故事 [EB/OL]. http：//sc. people. com. cn/n2/2018/1101/c379469-32230953. html

在规划建设中突出规划引领和政策扶持，科学布局蔷薇花、欧式度假、茶文化和酒文化等多个主题院落，并制定主题文化院落扶持政策，针对在建或改建房屋，给予设计图指导、资金奖励和技术支持等，有力地保持了组团风貌的一致性，实现宝山人居院落生态、文态、业态的整体提升。

（二）宝山人尊重经济规律，发扬艰苦奋斗精神，勤劳致富，共享经济发展的成果，过上了"好日子"

一是发展以电力、旅游、建材为特色的产业，壮大集体经济，走共同富裕道路。宝山村成立了宝山集团，由村集体控股，村民和职工参股，是一个综合性的现代化股份制企业。二是宝山村每年列出资金预算，从旅游产业项目投资和村社公共事业支出两个方面为社区建设提供经济支撑和保障。村民子女读书从学前班到中学学费由集体给予报销，五保户、残疾人、孤儿等实行村集体"三包"，村民农村合作医疗费用由村集体统一缴纳，村级公共服务活动中心配套完善。三是通过乡村旅游产业的发展，形成了一三产业互动、产村相融的可持续发展模式，同时带动了区域农家乐的发展，宝山现已发展乡村农家乐 360 家，床位达 18000 余个，形成了一定规模的接待能力，同时，宝山成立了乡村旅游协会，规范农家乐的发展，提升农家乐管理水平，提高从业人员的素质，促进村民增收。2017 年，宝山旅游景区接待 111.1 万人次，村人均年收入已达 66531 元，真正实现了旅游业对区域经济的带动效应，村民的日子越过越红火。

（三）宝山人始终坚持法治、德治和自治的有机结合，用制度管人，注重村民素质教育，养成了"好习惯"

一是始终坚持以"法治为保障，德治为基础，自治为根本"，制定并完善了《宝山村规民约》《村容村貌管理细则》等制度，垃圾车、洒水车、扫地车、保洁员保持村容村貌整洁，污水处理规范，无乱搭乱建、乱堆乱放现象。遵守社会公德、维护公共秩序，养成了文明礼貌、勤俭节约、安全生产的好习惯。二是利用村庄发展学院和乡村图书馆服务乡村经济社会发展的属性，开设《宝山讲堂》，科学制订讲堂授课内容，量身打造文化菜单，加强对村民的培训和农村基础教育工作，发挥村民自我管理的主观能动性，开展感恩教育、法制培训、技能培训等素质教育活动，引领社会主义道德新风尚。每月 28 日学习党的方针、政策、法规，进行社会主义核心价值观、法律、卫生、科教等宣传教育活动，群众参与文体活动覆盖面达 100%。村民无酗酒滋事、涉黄涉毒涉赌等恶习，不参与邪教组织，不搞封建迷信。三是实施宝山现代人才战略，建立宝山人才智库 120 人，培育"有文化、懂技术、会经营"的新型农民，为宝山向知识经济转型和实现现代化提供智力支撑和制度保障。

（四）宝山人始终怀揣对美好生活的向往，注重物质文明和精神文明建设并重，构建和谐村庄，形成了"好风气"

一是宝山村以"率先实现农村现代化目标是满足村民、职工对美好生活的追求"为着力点，通过文化的力量引领人、教化人、塑造人，增强居民的荣誉感、幸福感，强化道德引领在社区发展治理中的重要作用，营造有情怀的社区。围绕宝山文化中心开展形式多样的文化活动，营造文化氛围，不断丰富村民、职工精神文化生活。以岗位比武、技能竞赛等形式多样的活动为载体，开展多种形式的活动，不断回应和满足村民，甚至是游客对美好生活的向往。建成涵盖影视厅、展览厅、书吧等文化服务的宝山文化活动中心，开展茶艺培训、宝山暑期少儿书画培训班、妈妈课堂等，提升村域范围内各类人员综合素养。建成卡丁车跑道、篮球场、羽毛球馆等户外运动设施，为村民提供了健身活动场所。二是通过"新家园、新生活、新风尚"的宣传教育活动，帮助村民掌握各种文明礼仪、健康生活、卫生习惯和生活常识等知识，增强村民的环境意识和健康意识。开展关爱留守儿童、慰问等志愿服务活动，推动"和谐宝山"建设。三是在山府佳园和感恩广场两个集中居住小区开展"邻里互助"菜单式服务。引导党员群众自愿自主参与小区志愿服务，结合 6 名参与人员的优势特长，提供针对性强、服务快捷便利的定制服务，已设立家电维修、幼儿托管、绿化管护等服务队 3 支，实现邻里互助，形成睦邻友好、守望互助的社区氛围。四是开展致富能手、文明示范户、敬老孝老模范户、清洁家庭示范户的评选活动，培养和挖掘道德模范典型，用典型激励群众，推进创先争优活动取得实效。以宝山集团周年庆典为契机，通过举行升旗仪式、职工大会、运动会、红歌会、文艺会演等，自编自演身边的感人故事，丰富村民职工业余文化生活。每年举办蔷薇花风车节、冰雪温泉节、市民音乐节、旅游文化节、国际友城音乐周等大型活动，既扩宽当地村民的文化视野，也吸引周边地区的游客感受宝山幸福多彩的生活，形成了良好的宝山风气。

三、彭州市宝山村实施乡村振兴的经验启示

宝山村在乡村振兴之路的探索与实践中形成了独具特色的"宝山精神"，取得了巨大的成就。总结经验，主要是发挥了村党委的核心作用，坚持把发展放在首位，用好文化这种精神力量，构建和谐稳定的环境，坚持可持续发展。宝山的成功经验值得我们认真总结分析，为当前贯彻习近平总书记来川视察重要讲话精神，实现乡村振兴提供有价值的参考建议。

（一）宝山村之所以能在乡村振兴中取得巨大成就，关键在于有一个坚强有力、队伍过硬的村党组织，宝山党委是宝山振兴的核心力量

在实现村集体经济快速发展的过程中，宝山村党委始终坚持以党建引领为核心，紧紧围绕"领秀天府·幸福宝山"的使命愿景，充分发挥党组织在宝山现代化建设中的引领带动作用、战斗堡垒作用、党员先锋模范作用，带领全村党员群众，主动适应经济发展新常态，坚持改革创新、转型升级，提升村级党建发展创新水平。

一是建立以村党委为核心的村级治理机制。企业发展到哪里，党组织就建立在哪里。目前，全村有党员 113 人，下属 10 个党支部。二是切实加强干部队伍建设。村党委开展公推直选，把"有感情、知村情、懂行情、交真情""真心、真诚、真爱、真行"的干部推选出来。坚持开展"创先争优"活动，广泛开展干部作风教育活动，党员干部

结合自身实际按照"一规定、七不准、九不忘"的党员干部言行规范,开展"四比四查",结合"三严三实""两学一做"学习,增强"为民、务实、清廉"的价值追求和责任意识,干部为民服务的意识和能力进一步提升。三是坚持把思想政治建设摆在首位。每月定期召开党委会议,充分发挥宝山村庄发展学院、农村远程教育设施等的作用,及时学习传达党的路线、方针、政策等文件精神,形成了一支党性强、思路新、作风硬的学习型党组织。四是常态化开展"党员照镜子"活动。例行举办党员干部民主评议活动,保持党员干部先进性。在各村民小组设立服务联系点,实行管理服务的网格化,直观了解和听取民情民意,实现由管理村民向服务村民的转变,变"最后一公里服务"为"零距离服务"。坚持党的群众路线,村党委发放民意调查,广泛征求群众意见,接受群众监督,改进党员干部的工作作风。

(二)坚持把发展生产作为第一要务,推动第一、第二、第三产业融合发展,做大做强村域经济是宝山振兴的基础

一是高质量地发展集体经济。宝山村在实施乡村振兴过程中,坚持新发展理念,以集体经济为支撑,以村民共同富裕为目标,通过多年的努力,形成以"水力发电、旅游开发、矿产品加工、林产品加工"为支撑,第一、第二、第三产业并重,人与环境和谐发展的社会格局,构建了具有山区特色的花园式幸福美丽新村。二是推动旅游业转型升级。按照"一心四区"规划布局和创建国家 AAAA 级旅游景区的总体要求,宝山村建成了游客中心、天宝温泉酒店、仙泉山麓温泉酒店、宝山温泉酒店、宝山国际乡村俱乐部、太阳湾风景区、宝山绿道、宝山书画院、宝山茶博馆及景区基础设施、导视系统、景区景观工程等项目,打造功能配套、设施完善、环境优美的山地乡村旅游度假胜地,成为成都及周边地区游客户外运动、山地旅游等度假胜地。以项目、环境、管理、文化四要素为抓手,全域推进幸福美丽新村建设的系列举措,有序改善了生态环境和人居环境,形成了第一、第三产业互动、产村相融的可持续发展模式。截至 2017 年年底,工农业总产值达到 85 亿元。

(三)经过几代人长期努力培育形成并不断完善发展的"宝山精神"是宝山振兴的源泉

宝山村按照"乡风文明"的要求,以社会主义核心价值观为引领,以实现"共同富裕、幸福宝山"为核心,始终坚持自力更生、艰苦奋斗,解放思想、大胆探索,形成了人文文化、自然文化为一体的"宝山精神"。一是开展传承"宝山精神"的学习教育活动,弘扬"宝山精神"。编制《宝山文化手册》,开展以宝山历史文化为主题的教育活动,讲述宝山发展历程,使村民知晓宝山的过去、现在以及未来。传承和发扬"宝山文化""正方精神",建设宝山核心文化体系。二是践行和培育社会主义核心价值观,以"村风、民风、家规、家训"为载体,开展主题教育活动,引领道德风尚。狠抓《家训》《村规》,深化乡风文明建设,融合传统文化,建设现代乡风文明,以好家训培育好家风,以好家风带动好村风。三是践行帮贫扶困的"先富帮后富"行动。通过产业支持、人才输出等,对龙门山镇团山村、国坪村,广元市秀云团,攀枝花,阿坝以及贵州等省

内外地区开展脱贫攻坚对口帮扶活动。对玉树地震、福建洪灾等，迅即开展村民职工爱心捐赠活动。

（四）不断发展完善的治理体系是宝山振兴的重要保障

宝山村在村域治理中重视发挥依法治理的作用，调动村民建设家园的积极性，深化社区普法教育，深入宣传共创共享理念，凝聚共识，倡导村民参与社区决策和制度建设，共建"良序善治"和谐家园。一是坚持"自律准绳"，增强约束性。依法依规成立宝山村农家乐协会，积极吸纳符合入会条件的农家乐，并实行不良会员淘汰制度，优化行业队伍。制定食品卫生、社会治安、消防安全检查等行规行约，监督执行情况，维护市场秩序，创造良性竞争环境。通过党员群众带头示范、专题学习会、异地参观学习等方式，引导农家乐业主自主开展院落环境整治和维护，共同营造优质旅游环境。同经营旺季错峰开展农家乐服务培训，提升村民旅游服务水平。二是坚持"平安为先"，增强法治性。建立平安社区服务体系，建立24小时值班巡逻的安全监控中心和"雪亮工程"监控平台，开展村域内监控和巡查全覆盖，构建了"村—小区—家庭"三级互联互通的立体化社会防控体系，有效提升社区安全指数。加强集中居住小区治安排查和日常巡查，保障村民和游客的生命财产安全。三是坚持制度管理，增强透明性。例如在村域基础设施建设中，制定《宝山村农房建设管理办法》《宝山村农房建设流程图》等，严格控制村域范围内利用原有宅基地建设村民住宅，实行"报批、放线、开工"全程控制。针对可能出现的违法违规农房建设，加大巡查力度，强化源头管理。村域范围基础设施项目实施过程坚持"三晒三提高"。通过实施前晒方案、实施中晒进度、实施后晒成效的全过程展示，合理调整规划设计方案，增强群众自主监督意识，切实提升群众知晓度和参与率，提高项目实用性和科学性。

（五）始终坚持可持续发展，实现人与自然和谐共生是宝山振兴的根本遵循

在乡村振兴过程中，宝山人始终坚持因地制宜、合理利用本地资源，坚持"以林养水，以水发电、以电兴工、以林兴旅"的产业发展思路，不断发展和壮大集体经济。秉承"绿水青山就是金山银山"理念，注重生态建设，境内山川水流之间，森林植被保存完整，数百万亩原始森林连成一片，加上宝山村人数十年栽培的万亩林区，构成了壮美神奇的森林大观园，葡萄科、蔷薇科、百合科等植物种属最多的大科，在这里得到充分的生长发育。国家一、二级重点保护植物有珙桐、连香树、银杏等近20种，这里是花的海洋，杜鹃、牡丹、桃花、樱花等千百种花卉竞相开放，争奇斗艳，浓香扑鼻。国家一级重点保护动物大熊猫、金丝猴、豹、云豹、牛羚、金雕以及绿尾虹雉等7种，国家二级重点保护动物有小熊猫、猕猴等25种，四川省重点保护动物赤狐、豹猫、毛冠鹿等11种，此外还有千百只猕猴，已成为景区来去自由和游客同乐的一族。尤其是丰富的动植物资源、保存完好的生态环境和悠久的人文历史，为人们呈现出一个集山景、水景、生景、气景、文景，生物多样性和地质景观为一体的生态旅游胜地，实现了人与自然的和谐共生。

加快建设蓉欧枢纽，促进区域协同发展

——学习贯彻习近平总书记来川视察关于建设蓉欧枢纽的重大要求

庞红英[①]

习近平总书记春节前夕来川视察指导并发表重要讲话，为做好新形势下四川工作提供了根本遵循，其中特别提道：成都国际铁路港要加快建设蓉欧枢纽。成都是西南最大的物流枢纽，地处丝绸之路经济带和长江经济带的交汇点和连接点；在党的十九大报告中，中央把区域协调发展战略作为七大战略的重要组成部分，实施区域协调发展战略是增强区域协同发展的重要途径，所以在加快建设蓉欧枢纽时，应注重对促进区域协同发展的研究。

一、加快建设蓉欧枢纽促进区域协同发展的意义和理论思考

（一）建设蓉欧枢纽，促进区域协同发展的意义

1. 推进创新发展转换发展动能的突破口

我国正加快推动新旧动能转换，实现经济转型升级。推进枢纽经济发展，就是要发挥枢纽的极化辐射作用，充分利用新的信息技术，提升枢纽配置功能，做实相关配套产业，并促进资源要素集聚、转化和价值创造，整合枢纽深度融入产业链、价值链、供应链，形成新的业态、模式和产业，将枢纽优势转化成经济发展的新动能。

2. 推进互联互通多维多向并进的发力点

当前，融合发展已成为经济转型发展的重要特征，跨领域、跨产业融合不断加速。交通枢纽是中转换装（乘）的场所，同时也是资源要素高效流转的平台，更是推进全面互联互通的重要基础，要在此基础上实现枢纽经济互联互通新的发力点。

3. 融入全球化提升城市竞争力的新抓手

改革开放以来，中国积极融入全球化进程，在国际分工体系中找准定位，依靠沿海

---

① 作者单位：中共成都市青白江区委党校。

区位优势，实现率先发展。发展枢纽经济，就是要改变以往地理空间对经济发展的先天限制，依托高效率、低成本的交通中转和对外通道联系，全面融入全球化、区域化经济网络，并结合蓉欧枢纽功能特征，构建分工合理、特色鲜明的蓉欧枢纽产业体系，提升枢纽城市在全球产业分工体系中的地位和国际竞争力，从而进一步奠定和提升四川在全国对外开放格局和经济版图中的战略地位。

4. 拓发展空间促区域协同发展的平衡器

区域差异大、发展不平衡是我国的基本国情，而我国社会主要矛盾变化在四川具有阶段性区域性特征，需要我们重视深入分析发展不平衡、不充分的主要表现，牢固树立和践行新发展理念。蓉欧枢纽的建设，要处理好成都率先发展和注重区域均衡发展的关系，形成"一干多支"的发展格局，有利于我们进一步解放思想，破除"盆地意识"，以全域思维和全局视野，研究谋划新形势下四川全面开发开放的问题，努力走出一条内陆地区对外开放的路子，促进各地区协同推进现代化建设。

（二）建设蓉欧枢纽，促进区域协同发展的理论思考

蓉欧枢纽，顾名思义就是以"蓉欧＋"为主要载体的枢纽型经济模式。在此，运用点－轴理论作为理论基础，探讨建设蓉欧枢纽，促区域协同发展的问题。

从点－轴开发的理论来看，在区域经济发展的过程中，经济中心总是首先集中在条件优越的区位，成斑点状分布。点与点之间，由于生产要素交换需要交通线路以及动力供应线、水源供应线等，连接起来就是轴线（线）。点轴相互贯通，就形成了点轴系统，并将开发重点转向多个点轴的交织，就构成了网络（网），点轴开发成了网络形成的过渡阶段，随着区域网络的完善，极化作用减弱，而扩散作用增强，区域经济逐渐趋于均衡（区域协同）。

二、从内部结构、辐射范围、站位格局、协同发展分析蓉欧枢纽现状

"点"是否仅仅停留在交通和要素的流通上？"线"是否仅仅是指交通设施的建设？枢纽城市如何在不同的网中找准自己的定位？又如何通过有效机制保证协同的质量？本文从内部结构（点）、辐射范围（线）、站位格局（网）、协同发展四个方面思考建设蓉欧枢纽，促进区域协同发展的问题。

（一）从内部结构（点）来看

蓉欧枢纽是内陆联通欧洲的重要节点，从结构上看应该是全方位提升，在服务国家外交战略等方面义不容辞。并且，与东部地区和周边省份相比，在开放的广度、深度上还有待提高。我们必须通过持续优化内部结构，做强点来补短板。

（二）从辐射范围（线）来看

2016年6月20日，统一品牌后的首趟中欧班列（蓉欧快铁）第一个抵达终点。与此同时，成都国际铁路港不断强化四川综合交通枢纽辐射功能，促进与欧亚各地之间的

经贸往来。中欧班列（蓉欧快铁）目前已连接罗兹、纽伦堡、蒂尔堡等 14 个国际节点城市，全面构建起成都向西至欧洲腹地、向北至俄罗斯、向南至东盟的"Y"字形国际物流网络。成都正成为国际性区域枢纽，也是西部公路主枢纽、全国第五大铁路枢纽和全国第四大航空枢纽。

但是，成都的枢纽辐射范围还具有"交通圈"空间结构特征，而且向"枢纽圈"演进速度较为缓慢。要着力推动"交通圈"演进为"枢纽圈"，就是要在交通联通的基础上，实现具有综合性质的"五通"，进而实现枢纽条件成长为枢纽实体的转变。在连线质量上，还没有充分发挥先发展地区对落后地区的拉动作用，在连线广度上，还没有充分互联互通国内外两张网的"五通"，必须通过多维多向连线，增强互联互通的实力。

（三）站位格局（网）看

要明白用什么样的眼界和胸怀，去看待蓉欧枢纽的站位。汉代的"列备五都"、唐代的"扬一益二"、宋代的"天下名镇之冠"等都表明，成都始终是中华民族繁荣昌盛壮丽诗篇的重要章节。

放眼全球、环顾全国，新一轮区域发展已成千帆竞发、百舸争流之势，各大城市比拼创新生态、比拼发展质量、比拼城市等级，但本质上比拼的是一种眼界，没有大眼界就没有大担当。苏黎世勇闯先试、屡创先河，从名不见经传的阿尔卑斯山北麓小城，一跃成为举世闻名的离岸金融中心和财富管理中心；班加罗尔从零起步，通过汇聚全球要素资源，崛起成为全球第二大"硅谷"、第五大科技信息中心；深圳永葆闯的精神、创的劲头、干的作风，只争朝夕创新局、改革开放再出发，加快迈向创新引领型全球城市。我们要在成绩中找不足，时刻增强紧迫感和危机感，站位更高、找位更准。

（四）从区域协同发展看

城市是带动区域振兴的火车头，枢纽是促进区域协同发展的加速器。要深刻认识省委治蜀兴川战略的内涵，把握新一轮西部大开发和成渝城市群建设的历史使命，以功能链接视角审视蓉欧枢纽。成都作为全省首位城市，经济总量占全省的 37.6%，发展从来不能独善其身，也不应独惠其身。必须加强与相关地区的深度合作，持续提高产业外溢能力和功能辐射能力，以"水涨助船高"实现区域高水平协调发展。

三、做强点、畅通线、找准位，加快建设蓉欧枢纽，促进区域协同发展

（一）做强点：完善枢纽产业，构建平台载体，促进区域协同发展

1. 完善枢纽产业，打造陆港经济

基于蓉欧枢纽的地位和条件，构建有利于枢纽经济发展的产业体系。将枢纽优势转为枢纽成效，大力发展陆港经济，即按照依港设区、以区养港、区港联动、建港兴市的发展理念，促成"依港设区、以区养港、区港联动、建港兴市"的发展模式，构建起枢纽特色突出、辐射地区经济、全面发展的国际港口城市。

2. 构建平台载体，巩固枢纽地位

一是加强资金流平台建设。紧紧抓住自贸区建设这个契机，进一步提升资本利用率，促进资金流为经济发展服务。

二是加强技术流平台建设。以资金奖励等形式，鼓励企业加强技术创新并加强成果转化，搭建蓉欧科技成果共享平台。

三是加强信息流平台建设。充分应用大数据理论，建立招商引资信息、经济产业信息等多领域信息平台，并及时对信息进行挖掘和分析。

四是加强人才流平台建设。定期召集高校、企业等的优秀人才，召开优质人才洽谈会，鼓励人才的创新意见，打通人才流通渠道。

3. 创造美好生活，促进协同发展

无论是完善产业，还是构建平台，强点的根本就是要主动顺应市民美好生活需要趋势性变化，让城市发展更有温度、让市民生活更有质感。共产党人的初心和使命就是让老百姓过上幸福美满的生活。广大人民群众共享改革发展成果，是社会主义的本质要求。

（二）畅通线：做实互联互通，多维多向并进，促进区域协同发展

1. 做实互联互通，提高连线质量

努力构建政策沟通、设施联通、贸易畅通、资金融通、民心相通"五通"的新局面。一是加快自由贸易港的建设，以自由贸易港为引爆点，以国际峰会、经济论坛等大型国际会议为交流平台，以国际航班、国际列车为支撑，加强国际经济文化的交流合作，推动国际互联互通。二是加强与京津冀、长三角、珠三角等沿海枢纽城市圈的经济交流合作，建立长效合作机制，推动全国互联互通。三是围绕成都、重庆两个特大城市，加强成渝经济区以及成都经济区内各城市之间的经济交流合作，构建起成渝经济网络格局，推动成渝互联互通。四是加快成都市域轨道交通、城市快速路建设、有轨电车，加强中心城区与周边区（市）县之间的要素流动和经济合作，进一步巩固内部互联互通。

2. 多维多向并进，丰富连线内涵

多维连线，实现多式联运。稳定开行至宁波、青岛、天津等国内主要枢纽节点城市的互联互通班列和至省内主要港口城市的铁水联运班列，加强与双流、天府机场、泸州互联互通，实现空、水、公、铁"四港合一"。同时，抓好港铁物流发展，促进海港、内河港、公路港、铁路港、航空港五港联动，推动不同运输方式紧密衔接。

多向连线，就是向东提升对粤港澳台开放合作水平，向西向北增强服务西南中南地区开放发展功能，向南深化同以东盟为重点的"一带一路"沿线国家合作。

3. 推进双圈演进，促进协同发展

加快促进从"交通圈"向"枢纽圈"演进，为延伸蓉欧枢纽的经济辐射半径，从更广泛的区域统筹整合资源要素，从更广泛的区域合作，打通健全"五通"，加快促进"小枢纽圈"向"大枢纽圈"演进，从而带动整个区域的协同发展。

（三）找准位：具备国际视野，肩负兴川使命，促进区域协同发展

从世界格局看，现代世界秩序有三大构成性要素，分别是海洋秩序、大陆秩序，以及海陆中介/枢纽秩序。中国包含着海洋和大陆等多种要素。中国在贸易意义上属于海洋世界，在地缘意义和国际政治意义上，与大陆世界又有着深刻的关联，中国因此得以同时嵌入在现代世界的海洋秩序与大陆秩序之中。所以建设蓉欧枢纽，要有大格局、大眼界和大胸怀。世界是一张网，每个地方都是一个网点，如何在不同的网中找准自己的位，取决于我们的视野。蓉欧枢纽是成都的，更是四川的，是中国的，更是国际的。

1. 构建全方位、宽领域、多层次的对外开放新格局，为中国枢纽注入活力

抓住"一带一路"倡议机遇，加强与欧洲枢纽城市的经济合作，建立蓉欧枢纽经济网络，发挥国际航空港和国际铁路港的聚合效应，积极探索建设内陆自由贸易港。既面向周边开放，又要有广阔的国际视野。吸收先进的管理理念，同发达国家和先进地区合作打造现代化、信息化的产业园区，推动从"国内枢纽"向"国际枢纽"演进，形成真正的蓉欧枢纽。

2. 打造顺应经济全球化潮流的广泛国际合作平台，为治蜀兴川担当使命

蓉欧枢纽发端在成都，但它是四川的，要紧紧围绕省委治蜀兴川战略部署来建设。在开放格局上，坚持引进来和走出去相结合，推动形成陆海内外联动、东西双向互济的全方位开放格局，实行高水平的贸易和投资自由化便利化政策，探索建设中国特色自由贸易港。同时，牢牢把握深化改革扩大开放这个关键一招，不断为蓉欧枢纽发展注入新的动力活力，把蓉欧枢纽打造成为顺应经济全球化潮流的最广泛国际合作平台，进一步奠定和提升四川在全国对外开放格局和经济版图中的战略地位。

3. 在区域协同发展中找准位

当前，成都首位度提升与中心城市地位不稳同时存在、经济总量增长与发展质量不高同时存在、成渝互动加快与双核能力失衡同时存在、内陆腹地与开放前沿的角色同时存在，对标国家中心城市的定位和功能，城市综合竞争力、枢纽辐射力、极核影响力、开放带动力还有待提高。必须以蓉欧枢纽建设为契机，从经济全球化、区域一体化大视角观照和审视成都的地位作用，持续提升城市能级水平；着眼强化首位城市责任担当，蓉欧枢纽不仅受益于城市和发达地区，还应努力扶持欠发达地区发展特色优势产业。加快建设蓉欧枢纽，应大力推进产业合理分布和协同发展、战略资源和平台共建共享、区域双向合作和深度融合，更好地服务国家战略全局，更好地服务全省发展大局。

新时代、新工程使命光荣、前景美好，建设新战略、新枢纽任务艰巨、任重道远。我们必须以"功成不必在我"的精神境界和"功成必定有我"的历史担当，拿出经得起时间检验的举措，紧密团结在以习近平同志为核心的党中央周围，深入贯彻习近平总书记来川视察讲话重要精神，不驰于空想、不骛于虚声，团结一心、务实前行，加快建设蓉欧枢纽，促区域协同发展。

构建凉山彝区禁毒脱贫攻坚新格局

——以 20 世纪 50 年代禁毒经验及启示为视角

胡　澜[①]

凉山彝区是全国扶贫攻坚难度最大的深度贫困地区之一。毒品问题是横亘在脱贫奔康路上最大的"拦路虎"之一，是解决凉山深度贫困问题最难啃的"硬骨头"之一。[②]毒品一日不绝，彝区脱贫奔康的步伐就会受到严重制约和影响，禁毒脱贫工作是当前凉山经济发展、脱贫攻坚、社会治理的重要任务。习近平总书记来川视察时强调，要把社会稳定工作做得更扎实，坚持问题导向和底线思维，堵塞漏洞、消除隐患，坚决防止各类矛盾碰头叠加、交叉感染、蔓延升级，坚决防止发生各种各样的"蝴蝶效应"。习近平总书记指出，想问题、做决策要具有历史眼光，能够从以往的历史中汲取经验和智慧。[③]遵循习近平总书记的思路，有必要对曾经作为奇迹而传颂的 20 世纪 50 年代禁毒运动进行总结，汲取经验智慧、探寻规律、突破瓶颈、弥补短板，打赢凉山彝区禁毒脱贫攻坚硬仗。

一、20 世纪 50 年代凉山彝区禁烟禁毒概况

（一）禁烟禁毒背景

中华人民共和国成立之初，全国上下受鸦片毒害十分严重。为了人民的身体健康，建立良好的社会秩序，巩固新生的人民政权，1950 年 2 月，中央人民政府颁布了中华人民共和国第一个禁毒令——《政务院关于严禁鸦片烟毒的通令》（以下简称《通令》），规定了禁毒工作的方针政策和基本任务，明令禁绝种烟，禁绝贩运，收缴民间毒品，对制造、贩运、售卖三大环节坚决打击，标志着一场全国范围的禁烟禁毒运动逐步展开。运动分两个阶段：第一个阶段从《通令》发布至 1951 年年底。责令各地区政府负责，制订禁绝烟毒办法及完成任务时间，重点是禁种鸦片、取缔烟馆，镇压一批流通环节的

---

①　作者单位：中共凉山州委党校。

②　林书成在凉山州禁毒工作大会上的讲话 [EB/OL]. sx. zfzxw. org.

③　习近平. 领导干部要读点历史 [N]. 学习时报，2011-9-5.

大毒犯。第二阶段是 1952 年，要求各级政府有重点地、大张旗鼓地开展群众性的反毒运动。经过严密部署，充分调动人民群众积极性，禁烟运动不断推进并彻底走向高潮。至 1952 年年底，8 万多毒贩判处刑罚，两千万吸毒者戒除毒瘾，[①] 根除了罂粟种植。除四川、甘肃、湖南、广西等地的少数民族聚居区个别地方以外，其他地区全部肃清了毒品。在鸦片种植严重的西昌地区，1950 年 4 月至 1951 年 12 月，查封烟馆 1376 家，破获烟毒案一千三百余件，缴获鸦片和吗啡十三万余两，烟具上万件；至 1952 年年底，又缴获鸦片六万余两，烟具十万余件，查获种烟户五千余户，铲除鸦片种植两万余亩，逮捕毒犯一千多人，大量吸毒者戒除毒瘾走向新生。[②] 凉山汉区烟毒基本禁绝。

(二) 曲折复杂的禁烟历程

中华人民共和国成立前的凉山彝区，社会形态上属于奴隶社会，社会结构上没有统一的政权，而是数百个大小不一、各自为政的家支[③]林立的局面，家支实际上发挥着政权的作用。随着 1950 年当地解放、1952 年实现区域自治、1956 年进行民主改革，这种局面才得到改变，从奴隶社会一步跨入社会主义社会。鸦片在彝区历史上有广泛种植、贩卖、吸食的传统，是当时主要的经济来源。据记载，清末至民国时期，鸦片经济遍及整个地区。特别是 1910 年和 1938 年，由于汉区"禁种"而掀起了两次遍种鸦片的高潮，种植户占各县总户数的 60%~80%[④]。畸形的鸦片经济发展，不仅导致传统农业遭受严重破坏，形成对外地输入生产生活资料的严重依赖，而且吸食者越来越多，毒害深深浸入彝区的整个肌体。

在禁烟肃毒初期，因群众对奴隶主的依附关系依然存在，加之种粮与种烟的经济收益差距很大而普遍不肯铲烟，甚至出现聚众持械围攻、武装抗拒等事件，致使行动艰难而迟缓。鉴于彝区的特殊性和复杂性，党和政府按照"慎重稳进"的总方针，采取了特殊策略和循序渐进的方式。在宣传上与汉区同步进行，而是采取了群众自觉自愿的原则和区别对待的政策；在行动上则是随彝族上层统战、民主改革、平叛平乱、建立基层组织、农业合作化等工作逐步推进；举措上首先通过多种途径赢得大多数头人[⑤]的认同和拥护，其次采取"正面代替，逐步削弱"的政策，让群众自觉铲烟禁毒。

经过 5 年的开拓工作，才从思想、政策、人事、物质、军事等方面做好了充分准备，于 1956 年分期分批开展了以废除奴隶制为主旨的民主改革，为禁毒工作的迅速推进奠定了坚实的基础。随后，按照先禁种，后禁运、禁吸的步骤，广泛开展禁烟运动。至 1959 年年底，仅三年左右的时间，彝区基本禁绝了危害百余年的烟毒。[⑥]

---

① 中国警察网. 新中国禁毒史四大里程碑 [EB/OL] http://www.qh.xinhuanet.com/2017-07/17/c_1121331576.html.
② 数据来源：凉山州禁毒局。
③ 以父系血缘为纽带和父子连名谱系为链条的若干家庭构成的彝族传统家庭联合体，是"家"和"支"的总称。"家"是指家族、宗族，"支"是指家族内部的分支，"支"下还有房，房以下才是户。
④ 马维纲. 禁娼禁毒—建国初期的历史回顾 [M]. 北京：警官教育出版社，1993.
⑤ 家支的领头人。以个人的品格、学识、才能等因素构成的个人魅力和影响力而得到族群公认的人，不世袭，每个家支和分支都有数目不等的头人。
⑥ 参见凉山彝族自治州史志办公室. 中国共产党凉山历史：第二卷 [M]. 北京：中共党史出版社. 2010.

二、20世纪50年代彝区禁烟禁毒成功的基本经验

(一) 团结统一的坚强领导为禁烟运动全胜提供了政治保障

20世纪50年代的禁烟禁毒运动，是一场全国性的由国家主导、社会广泛参与的大规模行动。自《通令》发布后，全国上下步调一致、目标明确、统一行动，各级党委政府高度重视、密切配合、态度坚决、部署严密、执行得力。坚持严厉惩办与改造教育相结合，禁种罂粟，封闭烟馆，收缴毒品，严厉惩治制贩毒品活动；运用人民战争的方式，发动群众、依靠群众，检举揭发，坚强有力的领导为全面彻底地禁绝毒害营造了良好的政治环境。疾风骤雨般的全国行动，致使鸦片销路和市场迅速萎缩并消失，让彝区种植户感到鸦片将无市场可售、无利益可图，这也为彝区禁烟肃毒创造了绝佳的外部环境条件。

(二) 农村基层政权建设为成功禁毒构筑了组织堡垒

依靠基层党政组织，形成团结统一的整体，是顺利实施党的领导和各项工作的重要保证。在民主改革后期，通过宣传教育，大力培养基层干部和积极分子，选举出斗争坚决、工作积极、爱党爱国、为人公正、联系群众、办事能力强的人民代表，构建起乡、村、组层级的政权组织体系。开展基层党组织、共青团组织、妇联组织、民兵组织等党群组织建设，使党的政策深深地植入人民群众之中。1957年，昭觉、美姑、金阳等县的乡人代会就制定《禁烟禁毒公约》和《禁烟禁毒计划》，开办戒烟所强制戒烟，村组干部和家支头人也纷纷带头劝导铲烟、上缴烟土。基层党政组织机构的建立，彻底结束了奴隶主统治的历史，确立了党全面统筹的领导优势，形成了政令畅通、上下契合的良好社会治理运转体系和制度机制，为实现党对一切工作的全面领导，为禁毒运动开展及经济、社会、文化事业发展构筑起坚强的组织堡垒。

(三) 农业合作化为乡村全面禁毒奠定了经济基础

民主改革后，彝族群众翻身得解放，获得了生产资料，发自内心地感恩共产党，加之素有互帮互助习惯，很乐于"组织起来"集体经营，接受土地集体所有、实行按劳取酬的集体合作社经济，他们说："土地联并互助劳动好，按劳取酬好算账""两步合成一步走，一步可以走到社会主义。"[①] 农业合作社的建立，从根本上改变了生产关系，打破了依附家支的组织化形式，构建起全新的农民组织架构。实现了集体经济组织对资源和利益分配的全方位掌控，将各个分散的家庭个体紧密捆绑在一起，从而形成了上下贯通、左右联动、集体统一、动员力强的利益共同体，有效促进了农田水利基本建设、农业技术推广、生产条件改善、生活水平提高，增强了基层党政组织凝聚力、号召力、战斗力，为全面开展禁烟行动奠定了坚实的经济基础。

---

① 参见凉山彝族自治州史志办公室. 中国共产党凉山历史：第二卷 [M]. 北京：中共党史出版社，2010.

（四）坚持群众路线为禁毒运动纵深发展铺就了群众基础

群众路线是党的根本工作路线，依靠群众、发动群众，争取人民的支持，"动员人民起来一致行动"是党进行革命和建设的制胜法宝。中华人民共和国的第一场禁烟禁毒斗争是群众运动和人民战争，由于工作队作风硬朗，与群众同吃、同住、同劳动，与群众打成一片，建立了相互热爱信任的情感。通过广泛宣传毒品危害，积极劝导彝族群众铲除鸦片，扶植改种粮食瓜果等经济作物，并给予农具、种子、贷款及技术上的具体指导，让他们自愿地转向农业生产。① 人民群众积极支持、主动配合，有效地推动禁毒运动纵深发展。实践证明，充分发动群众和依靠群众是禁毒的关键环节，群众发动越深入越广泛，禁毒力量就越大，禁毒有效性就越有保证。

（五）赢得彝族上层人士支持为彝区禁毒开辟了有效路径

做好民族工作，最关键的是搞好民族团结，最管用的是争取人心。② 邓小平在中华人民共和国成立初期就精辟指出，少数民族地区所有工作"一定要他们赞成，要大多数人赞成特别是上层分子赞成，上层分子不赞成就不做，上层分子赞成才算数。为什么？因为在少数民族地区，由于历史的、政治的、经济的特点，上层分子作用特别大"③。彝族上层人士在政治上具有极强的控制力影响力，在经济上占有大量的土地，并控制着鸦片种植和交易。禁烟涉及他们的切身利益，操之过急极易引起混乱，甚至加深原本就存在的隔阂，工作就难以展开。人民政府自始至终就非常重视贯彻落实党的民族政策，以尽可能保留头人除土地之外的其他财物，不伤及切身利益为原则；通过建立民族区域自治政权，让部分彝族上层人士参与政府的领导工作，召开民族代表大会，民主协商禁毒事宜等举措，使禁毒工作以符合民族特点的政权形式来组织实施。通过给予看得见的实惠争取人心，赢得了彝族上层人士认同和支持，保障了禁烟禁毒运动的顺利进行。

三、构建凉山彝区禁毒脱贫攻坚新格局的思考

禁毒戒毒是凉山彝区脱贫攻坚中长期的重点和难点之一。禁毒工作最大限度地考验着政府的社会治理能力，抓不好，所有工作成果都会付诸东流。必须站在事关同步全面小康建设的高度，锁定目标、完善机制，以精准有效的举措持续用力，努力走出具有凉山特点的禁毒脱贫新路子，坚决打赢新一轮禁毒脱贫人民战争。

（一）强化领导压实责任，提升禁毒脱贫攻坚执行力

一是强化领导增强攻坚之力。坚定落实"各级党委政府负总责、党政主要领导是第一责任人"的方针，责任担当上从"部门首责"向"党委首责"转变，破解"领导乏

---

① 张文孙. 在禁毒斗争中正确地处理民族问题 [J]. 中共党史研究，1999. 5.
② 习近平在中央民族工作会议上的讲话 [Z]. 2014-9-28
③ 邓小平文选（第1卷）[M]. 北京：人民出版社，1989.

力"难题。各级党委政府要将禁毒脱贫攻坚纳入社会经济发展、社会综合治理的重要内容，同规划、同部署、同推进、同落实、同考核；树立"禁毒＋扶贫＋民生"的底线思维，制订科学合理的禁毒脱贫实施细则或工作方案，分步骤、分阶段、分进度开展工作，形成禁毒脱贫工作常态化和制度化。

二是强化落实压紧攻坚之责。完善"党委书记亲自抓、公安机关全发动、部门联动共担当、社会力量齐参与"的协同机制，突出各级党委、政府"块统"之责和部门"条专"之责，破解公安机关"单打独斗"窘境。公安机关切实发挥"主力军"作用，树牢"打源头、控环节"工作理念，完善与毗邻地区公安机关协作机制，强力压缩当地毒品市场，全力遏制毒品违法犯罪蔓延态势。禁毒委成员单位既各负其责，又积极配合，在吸毒人员治疗、特殊人群收戒、禁毒预防教育、禁毒扶贫等方面加大力度，"无缝对接"，形成齐抓共管、协调联动的攻坚格局，合力推动禁毒脱贫攻坚纵深开展。

三是强化考评确保攻坚之效。以刚性问责追责推动禁毒攻坚各项任务落实到位、落地见效，破解"落实不力"难题。严格执行《禁毒人民战争考核奖惩办法》，完善考评体系，切实转变禁毒工作考核导向。各级党委分别向上级党委签订"责任状"，对各级党政负责人和分管负责人实行捆绑考核，采取月排名通报、州委常委会定期专题调度，排名靠后的县（市）党委书记做整改报告，排名靠后的乡镇、村主要负责人分别到州、县禁毒委诫勉谈话，形成行之有效的压力层层传导机制，倒逼责任落实。

（二）着力发展集体经济，凝聚基层组织禁毒脱贫战斗力

组织功能弱化虚化、凝聚力、号召力、战斗力不强是困扰彝区禁毒脱贫攻坚的"弱项"，而造成村两委组织功能"失灵"的根源是集体经济普遍缺失。村级集体经济是支撑村级组织有效运转的物质基础，没有经济的组织化，就很难有治理的组织化、政治的组织化，也就很难真正有效凝聚战斗力。由于村民们感觉不到村级事务与自己利益是紧密相关的，就很难提升对村两委的认同感。

没有集体经济，就意味着干群之间存在利益链接的组织断层，意味着协商议事和集体行动基础的缺失，导致社会内部缺乏积极有效的正能量导向和刺激振荡，进而弱化村级组织的领导力，造成组织功能的瘫痪，干群整体联动、齐心协力的社会氛围就很难实现。要破解彝区村级组织功能"失灵"困境，核心在于发展壮大集体经济。问题的关键在于，集体经济的培植和发展应该选择什么样的路径？靠谁去组织以及怎样去组织？现有的专业合作经济组织，尽管也能发挥某些积极作用，却存在受益面狭小、牵动力不强、目标取向单一、对农户挑剔等诸多局限，甚至不同程度地产生对贫困户的挤出效应。因此，彝区村级集体经济的培植和发展，必须着眼于村两委组织功能建设。

要把握脱贫攻坚这个最大的发展机遇，利用乡村振兴的有利条件，因地制宜探寻现实可行的本土化路径。彝区一些村寨探索的"集中化""户户联营"等形式，将村两委作为统筹管护主体，注册成立种养殖合作社，引导农民通过土地、现金、技术、投工等方式入股，构建两委主导、全员参与、民主协商、共建共享、全要素合作的利益共同体，形成由村到组到户的上下贯通、左右联动、多层结合、各司其职、互为一体的共赢格局。既有效推动集体经济发展壮大，又让村两委有了用武之地，营造出"村里的事我

关心、集体的事我参与"的良好氛围。不仅显著增强了基层组织凝聚力、号召力、战斗力，而且对有效解决治理涣散、"毒、穷、愚、病"交织滋生、可持续发展等短板问题具有突出的组织意义。

（三）构建基层组织化禁毒体系，强化禁毒工作社会化

禁毒工作从主要依靠行政力量、行政手段、行政资源向社会化转变是治理毒品问题的新方向，解决毒品危害的得力措施。[①] 推进禁毒工作社会化，进一步汇聚各方社会力量，是有效预防毒品犯罪的治本之策，也是打造共建共治共享的社会治理格局的需要。针对严峻复杂的毒情形势，必须健全禁毒工作体制机制，打破条块分割，构建以信息化为支撑，以网格化为载体，以社会化为基础，以法治化为保障的县、乡、村、组四级组织化网络体系，实现跨地区、跨部门、多层次的协作共治，提升系统化治理水平，从而实现治理主体从公安机关"独角戏"向职能部门和社会各界"大合唱"转变，夯实禁毒工作社会化根基。

在基础设施方面，构建"三网合一""三位一体""四级互动"的网格化服务管理平台，实施动态管理，用新理念、新方式、新手段重构组织化禁毒防控的现代体系，实现资源共享、统一指挥、快速反应、协同处置。在制度机制方面，在禁毒委统一领导下，加强统筹、理顺关系、强化督促，制订科学、有效、可行的治毒方案，落实各项任务分工，完善工作机制和目标责任，建成任务明晰、监督有效、考核到位、有章可循、有据可查、奖惩分明的高效集成式网络化运行模式。在戒毒康复方面，推进美沙酮药物维持治疗，加强戒毒康复人员技能培训，强化对社区戒毒康复人员的管理服务，千方百计帮助他们回归社会；整合戒毒机构资源，引导支持社会力量参与开办戒毒医疗机构，不断提高治疗康复效果。在组织队伍方面，充实基层警力，积极搭建社会力量参与平台，加强社工人才和志愿者队伍建设，精心打造一支专群结合、素质过硬的服务队伍，责任落到格、防控形成网、服务精细化；着力建设以党支部为核心，以"禁毒协会"和家支关键人物、积极分子、网格员为骨干的村组防控网络，及时采集、传送、处置信息，零距离实施毒害防控，汇聚形成禁毒攻坚的强大力量，强化基层禁毒社会化工作基础。

（四）深化"支部＋协会＋家族"模式，开创多元共治新局面

乡村禁毒力量严重不足、民间社会资源整合乏力，是彝区禁毒脱贫成效难以巩固、"最后一公里"始终乏力的短板所在。禁毒脱贫的主体是人民，治理的基础和力量在群众。充分发动群众、依靠群众，核心是通过组织化有效地调动群众，进而激活群众自治、自主的能动力量，形成党政主导、全民参与的群防群控格局，发动真正意义上的禁毒脱贫"人民战争"。

民主改革以来，彝区发生了翻天覆地的变化，但家支作为传统文化仍然延续，并在发展过程中积累形成了具有凉山彝族特色的民间组织与治理经验。从以多元主体为核心

---

① 国家禁毒委. 2013 年中国禁毒报告［EB/OL］，http://www.jhak.com/jdzy/zgjdzy/20130407/8341 _ 6. Html.

的当代治理变革背景看，家支治理经验对凉山彝族乡村治理具有历史合理性与民族认同性的价值。因此，彝区乡村治理不能离开对该社会固有传统的扬弃，应当依据其资源特性和现实要求进行创新，对民族文化、族群特性予以尊重与重视，把治理动力安置在彝族社会内部既有的资源基础上，去引导、开发、整合其中蕴含的有益潜能。

彝区乡村探索推行的"支部＋协会＋家族"多元主体共治模式正是具体样本和有效路径。充分发挥家支影响力大、震慑力强的独特优势，通过订立《村规民约》，采取"十户联保"、盟誓等方式，利用家族聚会，全方位开展禁毒预防教育和帮教管控，倡导团结互助、遵纪守法新风尚和"一人吸毒全家帮助，一家吸毒全家支帮扶"的良好家风，实现了全族动员，全天候、常态化对毒情的终端掌控，构筑禁毒攻坚群众参与平台，提升群众参与的深度广度，形成"全民参与"良好氛围，改变了责任主体、职能部门单兵作战的孤弱窘况，在禁毒防艾、依法治村、脱贫奔康等方面取得了显著成效。

"支部＋协会＋家族"模式，既突显了党的核心引领作用，又体现了对彝区乡村客观实际及人民主体地位的尊重，夯实了群众基础，促进了党政力量与民间力量形成合力，缓解了村两委治理乏力的困境，也为彝区健全自治、法治、德治相结合的乡村治理体系提供了有效途径。更重要的是，它搭建起了民众参与社会实践的平台，民间力量得以开发、民间智慧得以汇聚、民间活力得以激发、民间资源得以整合。广大农民在社会实践中增强了"存在感"，提振了"精气神"，唤醒了"主人翁"意识，进而激发内生动力，促进自发生长。这正是"扶志"的价值所在。要深刻认识彝区乡村运行的特殊规律，充分考虑治理"毒、穷、愚、病"的统一性，以"组织化"为导向，把全面深化和推行"支部＋协会＋家族"模式作为重要抓手，作为构建彝乡新秩序和发展新机制的战略性举措来落实，合力开创多元主体共治新局面。

围绕脱贫目标　聚焦后续发展

——对凉山彝区易地扶贫搬迁群众后续发展问题的思考

姚文兰①

2018年2月11—13日，习近平总书记莅临四川视察指导工作。11日上午，习近平总书记专程深入大凉山腹地昭觉县三岔河乡三河村和解放乡火普村，同当地群众共商精准脱贫之策。昭觉县解放乡火普村是易地扶贫搬迁的新村，习近平总书记走进搬迁贫困户的新居，听取了该村推进易地扶贫搬迁、彝家新寨新村建设等情况汇报后指出："这里的实践证明，易地扶贫搬迁是实现精准脱贫的有效途径，一定要把这项工作做好做实。搬迁安置要同发展产业、安排就业紧密结合，让搬迁群众能住下、可就业、可发展。"习近平总书记的一番话给凉山脱贫攻坚注入了强大的动力，为凉山彝区贫困群众精准脱贫指明了方向。

凉山彝族自治州是全国14个集中连片贫困地区之一。州内17个县市中11个县属国家扶贫开发工作重点县，有1821个贫困村，极度贫困村183个，区内贫困村占行政村比例达到74.6%，贫困户占比超过25%。其中约60%的建档立卡贫困人口居住在高山峡谷、交通闭塞的地方，有25.49万群众居住在高寒山区、严重干旱缺水地区和地质灾害多发地区。按照国家《"十三五"时期易地扶贫搬迁工作方案》，凉山州把易地扶贫搬迁工作作为脱贫攻坚战的"头号工程"，"十三五"期间将重点完成23.5477万农村建档立卡贫困人口的易地扶贫搬迁任务。以易地扶贫搬迁为主的移民扶贫，是凉山彝区贫困群众脱贫攻坚的主要举措，是彝区贫困人口"挪穷窝、换穷貌、改穷业、拔穷根"的治本之策。

把易地扶贫搬迁这项脱贫攻坚工程进一步做好做实，让彝区搬迁群众走上脱贫奔康的道路，把搬迁新村建成生活富裕、乡风文明的幸福美丽新村，是凉山脱贫攻坚的重中之重，也是着力实施乡村振兴战略和着力保障改善民生的重要内容。在此，笔者围绕搬迁群众脱贫目标，着重对搬迁群众后续发展做以下思考。

---

① 作者系中共凉山州委党校科研副科长，政治学高级讲师。

一、分析彝区搬迁群众后续发展制约因素

凉山州通过实施易地扶贫搬迁工程，贫困群众的生产生活条件得到了明显改善，摆脱了原来居住在土地贫瘠、高寒山区时饮用水困难、人畜混居、交通不便、靠天吃饭等困境，为脱贫攻坚打下了坚实的基础，也激发了群众改变自身贫穷状况和家乡落后面貌的热情。同时，为妥善解决搬迁群众的长远生计，对搬迁群众实施了一系列脱贫措施，对加快凉山脱贫攻坚进程起到了巨大的推进作用。但是，易地扶贫搬迁是一项复杂的系统工程，再加上凉山州易地扶贫搬迁的人口众多，搬迁任务十分繁重，大量的搬迁群众在摆脱了恶劣的生存环境之后如何进一步摆脱贫困还受一些因素的影响。

（一）资金大多用于前期搬迁，后续发展资金紧缺

目前安排的易地扶贫搬迁项目资金主要用于搬迁对象住房、配套基础设施及公共服务设施建设，产业发展和就业创业资金来源主要为地方财政和其他项目资金支持。而凉山州大多数县财力薄弱，财政自给率平均仅 12.7%，吸引和争取其他资金的能力差，脱贫攻坚资金需求与投入不足的矛盾十分突出，用于搬迁群众产业发展和就业创业的项目和资金有限，致使搬迁群众后续发展工作推进较为困难，后续脱贫力量减弱。

（二）搬迁群众自身发展能力较弱

多数搬迁群众处于深度贫困状态，获得教育、交通、信息、发展的机会相对缺乏，家底薄，缺乏资金资源。大多数群众文化水平普遍较低，有些贫困群众甚至不懂汉语，语言交流存在障碍。贫困群众大多从事简单的农业生产，缺乏一技之长，收入渠道狭窄，即便外出打工、务工也只能从事简单繁重、技术含量低的劳动，收入不高，就业创业受阻。部分群众生产、生活方式在搬迁后没有发生质的改变，仍然从事简单的农业生产，种植一些玉米、土豆维持基本生活，生活水平较低，导致后续脱贫发展中依靠自我发展的能力不足。

（三）有知识技能的农村专业技术人才匮乏，缺乏示范引领作用，发展后劲不足

易地扶贫搬迁地区多数属于深度贫困地区，地理位置、区位交通处于劣势，教育普及程度不足，经济落后，社会服务功能弱，导致既具备一定文化程度，懂技术、会经营，又能长期在本地从事农业生产的农村"乡土人才"严重缺乏。人才引不进来，而稍微有些技术技能的本土人才都纷纷外出谋生，人才留不住成为普遍现象。由于缺少各类专门技术人才，在搬迁后的村子里由政府牵头实施的各种产业发展等技术手段、措施都难以在短时间内被当地群众掌握，导致搬迁安置区贫困群众脱贫的可持续发展能力弱。

（四）自我发展意识不强，内生动力不足

彝区贫困群众由于长期居住在交通不便、信息闭塞的高寒山区，加上受到两千多年

奴隶制社会的禁锢，部分贫困农村精神文化建设缺失，农村基层党建工作薄弱，对群众的教育和引导不力，迷信鬼神、重男轻女、薄养厚葬、高额彩礼、相互攀比的陈规陋习仍不同程度地存在于彝区贫困群众中。极少数贫困群众甚至认为，脱贫攻坚是党委政府的事，与己无关，缺乏参与脱贫的主体意识。存在"等靠要""靠着墙根晒太阳，等着别人送小康"的思想，勤劳致富、苦干脱贫的信心不足，久而久之便只想"获得"不讲付出，缺乏自我发展的内生动力，给如期实现脱贫攻坚目标，以及巩固脱贫攻坚成果埋下隐患。

（五）村级集体经济薄弱，产业持续发展受阻

彝区贫困村长期处于交通闭塞、资源缺乏、人才空缺的状况，资金积累少，村集体经济发展薄弱，制约了村民自治、民主管理等村级行政组织的正常运行，制约了扶贫攻坚等党的各项政策的贯彻落实，也弱化了农村基层组织的影响力、凝聚力，严重影响搬迁后的脱贫致富和发展稳定。多数贫困村在搬迁后除集体土地承包转让收取有限的租金外，合资合营、引资联营、股份合作的经济实体极少，基本没有，集体经济渠道单一、门路少，有的也只是粗放经营，广种薄收，收益率不高，大大地影响了村级集体经济的壮大，不利于后续扶贫产业发展。

二、找准彝区搬迁群众后续发展的着力点

做好群众搬迁后帮扶工作，切实解决搬迁后群众生产、生计、就业等问题。让搬迁群众享有基本公共服务保障，提高易地扶贫搬迁群众的后续发展能力，找到实现"输血"与"造血"，外部支持与内在动力相统一的着力点至关重要。

（一）政策扶持，因户施策，产业支撑，多措并举

第一，政府积极统筹整合财政专项扶贫资金和相关涉农资金，用于搬迁群众发展产业，帮扶易地扶贫搬迁群众的后续发展。金融机构创新方式、宣传引导，通过扶贫小额信贷、扶贫贴息贷款、创业担保贷款等，对符合条件的搬迁贫困群众提供产业信贷支持，为搬迁贫困户稳定脱贫提供资金保障。政府通过采取补贴补助、技术服务、信息发布、示范带动等扶持政策措施，因地制宜地鼓励引导搬迁农户面向市场需求发展产业。对企业吸纳了一定比例建档立卡搬迁人口就业的，给予适当的税费减免政策。相关部门妥善解决搬迁群众户籍、就学、就医、社会保障等问题，使其享有与当地居民同等的教育、医疗、养老、失业、社会救助等各项社会保障政策和支农、强农、惠农政策，解决搬迁对象后顾之忧。

第二，大力发展特色农林业，把产业富民作为核心支撑和主攻方向。首先，立足实际，按照因地制宜、各具特色、产业化经营的思路，宜农则农、宜牧则牧、宜林则林、种养结合。大力发展以核桃为主的"1＋X"生态产业和"果薯蔬草药"农牧产业，通过发展特色种养殖，生态休闲农业与乡村旅游、民俗文化等服务业促进搬迁人口脱贫增收。其次，积极推进规模化、集约化、标准化建设，在安置区培育家庭农林场、专业大

户、鼓励搬迁户成立或加入合作社、培育农业产业化龙头企业，不断健全和完善走"公司＋合作社＋农户＋大户＋金融＋保险"的产业发展模式，把支柱产业的培育、产业深层开发和贫困群众增收相结合，逐步形成"一村一品"特色产业村，建立村民增收的长效机制。雷波县谷堆乡易地扶贫搬迁安置区的发展模式可作为推广范例：根据搬迁地的地理环境和气候条件大力培育发展山葵产业，种植出口创外汇收益增加了村民收入。同时结合发展乡村旅游，把搬迁安置村建成了山葵产业观光旅游体验项目的桥头堡，带领群众稳定脱贫。最后，加大农林业科技培训。相关技术部门对口建立技术示范点，根据各搬迁地区区域优势、特色产业发展需要，确定培训对象、培训项目、培训时间、定期选派专业技术人员现场进行指导。开展农民实用技术培训和各类科技培训，引导群众学技术、用技术，提高搬迁农户的种养技能，增强自我发展能力，加快脱贫致富步伐。

第三，将发展劳务经济作为彝区易地扶贫搬迁群众持续增加收入的主要途径之一。对于依托工业园区、产业基地、小城镇、乡旅游区安置的搬迁人口，根据搬迁地区产业发展，搬迁对象的技能水平，就业意愿和人力资源市场需求，有针对性地组织村民参加就业培训和创业培训，确保有培训意愿和劳动能力的搬迁人口至少接受一次职业培训，掌握一项就业技能，加大对搬迁人口劳务输出的培训投入，努力拓宽就业创业渠道。同时加强劳务输出工作，加强输出地和输入地劳务对接，密切与用人企业的联系，引导搬迁人口就近就业或向其他地区转移就业，促进搬迁户的就业脱贫。

第四，通过发展现代服务业促脱贫。加强搬迁安置地物流服务网络和基础设施建设，加快物流服务业发展，扶持搬迁贫困人口从事农副产品营销、仓储、配送等服务业。积极探索农村电子商务，在易地扶贫搬迁安置点加大电商扶贫培训力度，充分利用电商平台，拓宽特色农产品销售渠道，增加贫困群众收入促进脱贫。大力发展安置区乡村旅游扶贫，依托丰富的生态旅游资源和独具魅力的民族民俗文化旅游资源开发旅游项目，引导有技艺的群众发挥特长，制作民族服饰、彝绣、传统银饰加工等旅游制品，带动贫困群众脱贫增收。

（二）发展壮大村级集体经济，以村集体经济反哺脱贫攻坚

一是积极探索村集体资产的投资增长途径，以集体土地使用权租赁、入股办法、盘活村集体资产。采取集体经营或承包经营的方式，开发集体所有的土地、森林、荒地、养殖水面等资源资产，通过开发收益和入股分红增加集体经济收入。二是对拥有一定旅游资源或民族文化资源优势的搬迁安置区，围绕当地特色资源，采取"企业＋村集体＋贫困户"等方式发展"农家乐"、度假村、民族手工业制品等旅游产业，带动建档立卡贫困户参与特色产业发展，增加村集体的生态资源开发收入和服务经营收入。三是开展集体土地整理、迁出区宅基地复垦、土地流转等，挖掘村集体经济新的增长点。盘活闲置集体资产，通过土地整理和集体建设用地复垦，由村集体经营管理，将集体资产资源集中流向龙头企业、种养大户，实现市场化运作，不断提高集体资产的使用效益。四是确定重点帮扶搬迁安置区，建立党政机关领导和机关干部联系帮扶责任制，由政府提供技术支持、资金援助等措施，因地制宜地落实帮扶项目，联系销售企业，实行"订单化"生产和销售。解决贫困户散种散养、单打独斗的问题，切实增加贫困农户种养殖收

益。在贫困户脱贫之后，扶贫项目形成的资产整体划转村集体进行统一经营，壮大村级集体经济，以村集体经济反哺脱贫攻坚。

三、推动彝区搬迁群众物质精神同步脱贫

（一）加大脱贫内生动力培育力度，激活搬迁群众的脱贫活力

贫困群众既是脱贫攻坚的对象，也是脱贫致富的主体。在进行外部帮扶的同时，充分发挥彝区搬迁贫困群众的主体作用，激活贫困群众脱贫致富的内生动力至关重要。

一是做好精神扶贫工作，坚持扶志与扶贫紧密结合。要立足扶贫对象自身，通过政策宣讲、思想动员、典型示范等各种有效的宣传教育方式方法，打好精神脱贫"组合拳"，激发脱贫致富的信心和意志。通过扶志立志，着力激发贫困群众脱贫致富的积极性，使贫困群众真正树立起自强自立的信心、脱贫致富的勇气和不甘贫穷的斗志，自觉把劳动和脱贫致富作为一种价值取向、一种人生追求，切实克服各种"等靠要"思想和消极畏难情绪，自觉鼓足脱贫致富的精神，转变传统的思想观念和陈旧陋习，实现从"要我脱贫"的被动状态向"我要脱贫""我能脱贫"的强烈愿望转变，自立自强走上脱贫路。

二是坚持"输血"和"造血"相结合，从传统"输血"向持续"造血"转变。积极探索"以购代捐"模式，采用"农户＋基地＋合作社"的方式，发挥合作社的带动作用，帮助农户规模种养殖。组织各级机关、企事业单位和干部职工，采取一个帮扶单位（企业）认购一个或多个贫困村农产品的方式，直接从帮扶联系的贫困村、贫困户家中以略高于市场的价格购买农副产品，有效解决农产品销售难的问题。鼓励当地龙头企业无偿提供种苗、种鸡等，以及相应的技术指导，实行保底收购。也可采取灵活多样的捐款方式，动员各级各部门和社会各界人士的广泛参与，直接购买鸡苗、鸭苗、仔猪等，分发到农户家中，养殖后以高于市场的价格回收。拓宽"以购代捐"的广度，发挥政府主导作用，帮助企业与搬迁村签订"以购代捐"农产品购销协议，长期定点收购绿色生态农特产品。这些举措能够有效地培养贫困群众发展生产的积极性，转变"等靠要"的落后思想，有效地激发贫困群众脱贫奔康内生动力，带动贫困群众脱贫致富。

（二）充分发挥基层党组织战斗堡垒和党员先锋模范作用，团结带领群众脱贫致富

一是进一步拓宽农村基层党员来源渠道，注重从农村致富能手、退伍军人、返乡创业就业人员中选拔培养发展党员，加大在青年农民中培养和发展党员力度，加强党员教育管理，夯实基层党组织。二是农村基层党组织要进一步提升精准扶贫精准脱贫政策熟知度，带头用好党的富民政策，落实好精准扶贫的各项政策举措，结合农村实际提出切实可行的办法解决农村发展难题，树立全心全意为贫困群众排忧解难的意识，在工作方式方法创新上下更大的力气。三是鼓励党员带头发家致富做示范，带头学习技术、带头发展产业、带头脱贫奔小康。鼓励党员主动与贫困群众结成对子，在信息、资金、技术

等方面给予全方位的帮扶，激励贫困群众行动起来，凝聚脱贫攻坚力量。四是通过开办农民夜校等多种方式，党员干部轮流上课，给贫困群众宣讲政策，为贫困户分析致贫原因、找到发展路径，同时聘请种养专业技术人员以及致富能手利用农民夜校或实地操作提高贫困群众的劳动技能，帮助其掌握农业技术、养殖技能。聘请村里受过教育的群众教授普通话，解决部分贫困群众汉语语言障碍。把村党支部建设成为教育、引导农民，带领贫困群众脱贫致富的"火车头"。

（三）树新风、立正气，大力推进移风易俗

第一，引导搬迁群众改变生产、生活方式，尽快融入当地社会。搬迁群众从熟悉的生活环境搬迁到新的居住地，居住环境的改变，谋生方式的转变都将对原来固有的生产、生活方式带来一定的冲击。农村党员、驻村第一书记以及驻村工作组要充分发挥作用，一家一户反复宣传引导，做好搬迁户和原先居民的团结融合。引导群众转变原来"靠天吃饭"的生产方式，依托脱贫政策及措施勤劳致富。教育引导群众在生活环境改善的基础上自觉树立卫生意识、环境意识，养成"洗脸、洗手、洗脚、洗澡、洗衣被"的个人卫生习惯，倡导健康文明的生活方式。

第二，摒弃陈规陋习，移风易俗，树立新风正气。引导贫困群众崇尚科学、抵制迷信、移风易俗、破除陋习，树立先进的思想观念和良好的道德风尚。大力推进遏制婚丧高额礼金和铺张浪费之风，摒弃攀比心理，推进婚育新风、厚养薄葬、爱老敬老风气的形成。采取一些切实有效的措施，完善村规民约，签订村规民约践行承诺书，将改陋习、主动移风易俗作为核心和重心。村组干部组成专门的"移风易俗、倡导文明新风尚"工作小组，发现铺张浪费现象立即制止劝导，加大对铺张浪费行为的监管力度，引导村民互相监督厉行节约。充分发挥"德古"在彝区群众间的影响力，破除陋习，树立新风，促进彝族群众"养成好习惯、形成好风气"。

第三，将民族文化、乡风民俗与社会主义核心价值观紧密融合。将社会主义核心价值观深刻内涵以村民喜闻乐见的形式进行宣传，弘扬传统美德，培育良好风尚。发挥先进典型示范带动作用，在村里开展"勤劳致富家庭""遵纪守法户""文明新风示范户"等先进典型评选活动，采取挂牌并适当给予物质奖励等方法进行形式多样的精神文明创建活动。大力推广美姑县在彝区农村家庭创"四好"，开展"幸涅·硕涅"（勤节俭、知廉耻）主题大讨论等活动方式，让社会主义核心价值观于潜移默化中根植于心，外化为行。在脱贫攻坚的同时推进精神文明建设。

在习近平总书记来四川凉山视察发表的重要讲话精神的指引下，凉山人民倍感振奋，以前所未有的精神面貌投入到打赢脱贫攻坚战这场硬仗中，凝心聚力，把习近平总书记讲话精神的总体要求和"五个着力"重点任务转化为推动凉山经济社会发展的具体行动，不畏艰辛，奋发图强，必将谱写新时代凉山发展跨越新篇章，早日实现各族人民幸福美好生活愿景！

以习近平总书记来川视察重要讲话精神指导
新型农民素质提升工程培训工作

王　凯[①]

在我省全面贯彻落实党的十九大精神，决胜全面建成小康社会、奋力开启现代化建设新征程的关键时期，2018年2月10日至13日，习近平总书记亲临四川视察指导工作，考察脱贫攻坚和经济社会发展工作，看望慰问各族干部群众，特别是2月11日上午，习近平总书记不辞辛劳、不顾高寒缺氧，乘车沿着坡急沟深的盘山公路，往返4个多小时，深入大凉山核心腹地的昭觉县三岔河乡三河村和解放沟火普村看望贫困群众。每到一处他都详细询问贫困家庭致贫原因、发展需求、帮扶措施、孩子上学、产业培育、畜禽养殖、生活习惯等情况，同老百姓共商精准脱贫之策。习近平总书记在视察时，对凉山精准脱贫攻坚、易地扶贫搬迁、特色产业发展、社会事业建设、干部人才培养、基层组织建设等工作做出一系列重要指示，衷心希望"让各族人民过上幸福美好生活的愿景早日得到落实，扎扎实实地落实，不图虚名，不搞形式，真正让乡亲们过得好，真正让他们说好"，并在2月12日主持召开打好精准脱贫攻坚战座谈会。习近平总书记的重要讲话精神对于深入学习贯彻习近平新时代中国特色社会主义思想和党的十九大精神，推动中央和省委决策部署在凉山落地生根，进一步丰富凉山发展总体布局、战略谋划和政策措施，具有十分重要的意义。我们要以习近平总书记来川视察重要讲话精神来指导当前开展的新型农民素质提升工程培训工作，激发贫困群众内生动力，沿着习近平总书记指引的方向不懈奋斗，开启新时代布拖脱贫奔康富民强县新征程，让彝族群众过上幸福美好生活的愿景早日变成现实。

脱贫攻坚，阵地在农村，主体是农民。当前，布拖县脱贫攻坚工作正处在"攻城拔寨""啃硬骨头"的关键时期，贫困人口的文化素质，技术能力和思想道德水平，是脱贫攻坚和全面建成小康社会最本质、最核心的内容，直接关系到脱贫攻坚成败。处于小裤脚地区核心的布拖县由于地处大凉山腹地，山脉纵横，历史上交通闭塞，和外界的来往较少，形成相对封闭的自然地理环境和相对贫瘠的物质生活环境，导致贫困发生率高，同时，由于历史原因，布拖县农村人口接受文化教育的程度低，虽然普及九年义务

---

① 作者单位：布拖县委党校。

教育后，学龄儿童入学率得到大幅度提升，党委、政府也在狠抓控学保辍工作，但当前布拖县农村人口素质仍处在一个低水平，绝大多数农民群众连小学都未毕业，特别是年龄较大的农民群众还有相当一部分为文盲或者半文盲，加之民主改革后，社会形态由奴隶社会一步跨入社会主义社会，文化素质和思想观念还停留在较低水平，与现代文明差距较大，落后的生产技术和低水平的劳动技能与当前的脱贫攻坚不相适应，一些贫困群众参与脱贫的主体地位严重缺失，"蹲在墙根晒太阳，等着别人送小康"的意识还在大部分贫困群众头脑中存在，在脱贫攻坚工作中出现了一些扶贫干部、驻村工作队、帮扶责任人废寝忘食、脚不粘地而贫困群众却在袖手旁观的现象。这些问题已经成为制约布拖脱贫攻坚和全面建成小康社会的最大短板和严重阻碍，如不加以改变，到 2020 年我们将难以与全国、全省、全州同步建成小康社会，就向贫困群众兑现不了我们的庄严承诺。我们在建档立卡贫困户家庭劳动力中开展新型农民素质提升培训，一定要下足"绣花"功夫，将党的十九大精神和习近平总书记来川重要讲话精神贯彻落实到素质提升培训工作中，帮助全县建档立卡贫困群众解放思想、转变观念，进一步提高其文化素质，改变其落后的生活习惯，更好地激发贫困群众内生动力，调动参与脱贫攻坚的积极性、主动性和创造性，引导他们用自己的双手创造幸福生活。从实现社会制度的"一步跨千年"到实现社会文明的"一步跨千年"。

在新型农民素质提升工程培训工作中和脱贫攻坚工作中贯彻落实好习近平总书记来川视察重要讲话精神，凝神聚力狠抓落实。

在素质提升培训中要以党的十九大精神和习近平总书记来川视察重要讲话精神为行动指南来指导培训工作的开展。

作为农民素质提升培训的参与者、组织者、实施者，布拖县委党校上下无论是领导还是一线教师，都要先一步学、学深一层，深入领会和掌握讲话精神的实质内涵和精髓所在，要参透悟透，学习好党的十九大精神和习近平总书记来川视察重要讲话精神，要深刻领悟到习近平总书记的重要指示和讲话，总揽素质提升培训工作全局、指引素质提升培训工作方向。习近平总书记的重要讲话思想深邃、内容丰富，温暖人心、催人奋进，对于全县上下进一步树牢"四个意识"，坚定维护习近平总书记在党中央和全党的核心地位，坚定维护以习近平同志为核心的党中央权威和集中统一领导；对于深入学习贯彻习近平新时代中国特色社会主义思想和党的十九大精神，推动中央和省委部署在凉山在布拖县落地生根；对于进一步丰富布拖县发展总体布局、战略谋划和政策措施具有重大意义。在新型农民素质提升培训工作中，我们要严格按照中央、省委、州委的要求，把习近平总书记来川、来凉山视察的重要讲话精神向学员进行上课时间课堂讲、休息时间座谈讲，组织学员开展讨论，把重要讲话精神讲深、讲透，做到重要讲话精神深入到每一个参加培训的建档立卡贫困家庭劳动力心中，让他们回去后又将重要讲话精神带回家乡，进一步把党和政府对贫困群众的关爱传输到每一位建档立卡贫困群众心中。

在素质提升培训工作中要把调查研究这一党的传家宝运用好、运用深。我们都知道，没有深入细致的调查研究，再好的理论、路线和方针政策也是沙滩流水不到头。县委、县政府决定在全县建档立卡贫困家庭劳动力中开展素质提升工程培训的主要目的就是通过培训要确保更多贫困农户加入、更多贫困人口共享成果，切实做到提升农民思想素质，提高农民文化水平和农民技术技能，改变生活习惯，养成健康文明的生活方式。同时，在素质提升培训中，着重开展"四好"创建教育，特别注重推进移风易俗，革除陈旧观念，培养乡村讲文明、讲卫生的好习惯。因此在培训工作前期，必须深入各乡镇和村寨，进行深入细致的基层调研，要抓好培训对象的摸底调查和组织动员，摸清建卡贫困户培训需求，做到精准锁定培训对象，精心组织教育培训，确保达到底数清、情况明、对象准、目标实的基本要求。同时，结合布拖县实际情况，根据培训需求，以党校教师为主体，针对贫困群众的学习意愿、学习需求，组建专兼职师资队伍，特别是优先选拔懂得民族语言和普通话、熟悉民族地区风俗习惯，有丰富农村工作经验的干部，建立起适合培训实际需要的师资人才库。作为培训工作的组织者要在师资队伍中提倡崇尚实干、力戒空谈、精准发力的精神，并及时组织开展培训教师和管理人员岗前培训，进一步提升教学能力和管理水平，此外，还要根据培训工作中遇到的实际情况，利用乡镇党校、农民夜校组织开展送教下基层活动，让素质提升各项工作任务落实下去，让惠及参训贫困群众的各项工作落实起来。

培训中要以重要讲话精神为指导，盯住抓、抓到底，要列出培训清单、细化培训题目、制订工作方案，排出任务书、路线图、时间表，让政策举措落地"变现"，将党给贫困群众的承诺一一兑现。

将习近平总书记来川视察重要讲话精神融入课堂，让贫困群众参悟透、领会好讲话精神，教育引导贫困群众依靠勤劳双手创造幸福美好生活。

打好精准脱贫攻坚战，是党的十九大提出的"三大战役"之一，对如期全面建成小康社会，实现我们党第一个百年目标具有十分重要的意义，也是习近平总书记来四川、来凉山视察调研的重要内容。农村劳动力素质是农业生产力水平的决定性因素，也是农民发展生产、增加收入的内在要求。目前，布拖县的建档立卡贫困户中，传统的农户个体"粗放式"生产经营仍然占主导地位，农业科技普及率低，现代农业产业化进程滞后，农业比较效益不高。布拖是一个彝族聚居的高寒山区半农半牧县，也是国家扶贫开发工作重点县、乌蒙山连片特困地区的核心区、四川省大小凉山综合扶贫开发重点地区。在素质提升培训课堂中要让广大贫困群众深入学习习近平总书记来川重要讲话精神中要求着力实施乡村振兴战略的重要要求，放眼今后的工作重心，将乡村振兴战略和脱贫攻坚工作紧密结合起来，帮助农村群众掌握更多的现代农业生产技术，增强脱贫攻坚的"造血"功能，助推农业供给侧改革和现代农业产业发展，帮助贫困群众掌握外出务工常识和一技之长，增加其就业机会，力争达到"培训一人、改变一家、脱贫一户"的目标，实现农业增效、农民增收、农村繁荣。同时按照习近平总书记讲话中指出的"你们提出让农民群众住上好房子、过上好日子、养成好习惯、形成好风气'四个好'目标，打造业兴家富人和村美的幸福美丽新村，就是党中央精神的具体化"的指示，在素质提升课堂中，针对学员生活习惯差、良好风气形成难的实际情况，着重坚持在学员中做好"养成好习惯、形成好风气"这两个精神层面的学习，坚持"好房子、好日子"的"物质"与"好习惯、好风气"的"精神"并重，全力打好脱贫攻坚硬仗补齐短板弱项，坚持在脱贫攻坚中扶贫与扶志扶智相结合，治愚、治毒、治病、治超生"四治"并举，以等不得、慢不得、拖不得的责任感和紧迫感，坚决啃下布拖深度贫困脱贫这块"最硬的骨头"，教育引导贫困群众转变思想观念、增强法律意识，加快形成爱清洁、讲卫生，婚丧嫁娶不攀比、不浪费，不酗酒、不赌博、不吸毒贩毒等好习惯、好风气，过上现代文明新生活。把党的扶贫政策、惠民政策宣传到户到人，让贫困群众知道恩从何来，如何感恩。

在新型农民素质提升培训中，还要清醒认识把握打赢脱贫攻坚战面临任务的艰巨性、紧迫性，清醒认识把握在培训实践中存在的贫困群众内生动力不足的突出问题。贫困群众既是脱贫攻坚的对象，又是脱贫致富的主体。通过新型农民素质培训改变贫困群众单纯依靠外界帮扶被动脱贫的思想，让贫困群众认识到脱贫工作要同扶"其志""其智"相结合，不是一味地"给予"，被动接受帮扶，脱贫攻坚中主要是通过帮扶激发贫困群众自身的积极性、主动性和创造性，更多的是激励和引导他们依靠自己的努力改变命运。要让他们认识到党和政府提倡多劳多得的帮扶新方式，在培训过程中营造勤劳致富、脱贫光荣的氛围，引导群众依靠勤劳双手创造幸福美好生活。

以习近平总书记来川视察重要讲话精神
推动脱贫攻坚新跨越

脱贫攻坚已经到了啃硬骨头、攻坚拔寨的关键时期，作为我国最大的彝族聚居区和国家深度贫困地区"三区三州"之一的凉山州，当前和今后一个时期首要的政治任务，就是要认真学习全面贯彻落实党的十九大精神和习近平总书记来川视察重要讲话精神，特别是习近平总书记对凉山在开展精准脱贫攻坚、易地扶贫搬迁、特色产业发展、社会事业建设、干部人才培养、基层组织建设等工作做出的重要指示，为我们打好深度贫困地区精准脱贫攻坚战指明了实现路径和前进方向。

一、深刻领会习近平总书记来川到凉视察重要讲话精神的基本内涵和核心要义

习近平总书记来川到凉视察重要指示特别是在主持召开打好精准脱贫攻坚战座谈会和省委、省政府工作汇报会上的重要讲话精神，具有很强的战略性、思想性、针对性、指导性和实践性。

要让人民过上幸福美好的生活。习近平总书记指出："中国是搞社会主义的，社会主义就是要让人们过上幸福美好的生活，全面建成小康社会一个民族、一个家庭、一个人都不能少。共产党怎么产生的，就是为了劳苦大众过上幸福生活而产生的，我们一直要做这样的事情。"当前，我们要把贫困地区人民群众脱贫致富作为我们的目标，进一步加大彝区的扶贫力度，扎扎实实推进脱贫攻坚工作。社会主义的本质要求就是消除贫困、改善民生、逐步实现共同富裕，这是我们党的重要使命。党除了工人阶级和最广大人民群众的利益，没有自己特殊的利益。党在任何时候都要把人民群众的利益放在首位，党的一切工作必须以最广大人民根本利益为最高标准。要从人民群众关心的事情做起，从让人民群众满意的事情做起，通过全面深化改革，重点解决好凉山贫困地区基础设施、产业发展、异地搬迁、危房改造、医疗救助、子女就学等民生问题，切实帮助困

难群众解决实际困难，让改革发展成果更多更公平地惠及每一个民族、每一个家庭、每一个人。

通过辛勤劳动实现脱贫致富。习近平总书记指出：要注重激发贫困群众内生动力。要把教育抓好抓实，不要让孩子们输在起跑线上。要发展就必须有文化知识，没有文化知识，想做什么都难。贫困群众既是脱贫攻坚的对象，更是脱贫致富的主体。要加强扶贫与扶志、扶智相结合，激发贫困群众积极性和主动性，激励和引导他们靠自己的努力改变命运。要改进帮扶方式，提倡多劳多得，营造勤劳致富、光荣脱贫氛围。要重视发挥广大基层干部群众的首创精神，坚定脱贫致富奔小康的信念，让思想先行、不等不靠、积极作为，靠辛勤劳动改变贫困落后面貌。要注重培养本地人才，认真做好贫困人口的职业教育、务工技能培训和创业培训，引导广大村民学文化、学技能，提高本领，通过开展实用技术培训、致富带头人培训等多种方式，不断提高贫困地区农民文化素质、农业技术水平和劳动技能，不断增强贫困群众的自我发展能力。要把培育发展主导产业作为整体脱贫的主渠道，调整优化贫困村产业结构，因地制宜地发展具有区域特色和比较优势的种植养殖业作为推动脱贫攻坚的根本出路。要移风易俗，养成良好的卫生习惯、生活习惯、自律习惯，摒弃陈规陋习，逐步形成科学的新观念。

要建强基层党支部。习近平总书记强调：打赢脱贫攻坚战，特别要建强基层党支部。村第一书记和驻村工作队要真抓实干，不图虚名，不搞形式，扎扎实实把脱贫攻坚战推向前进。基层党支部是脱贫攻坚战第一线的主力军，是带领贫困群众脱贫致富的先锋队，是能否打好精准脱贫攻坚这场硬仗的关键。要充分发挥贫困村基层党组织的战斗堡垒作用，坚持典型示范带动效应，加大宣传脱贫战线上作用发挥明显的先进基层党支部、先进党员的好经验好做法，切实把广大基层党员干部的积极性、创造力凝聚到脱贫攻坚各项工作中来。要充分发挥驻村第一书记和驻村工作队的帮扶作用，围绕提升基层党组织组织力，提高政治站位，发挥政治功能，增强责任意识，全力履行工作职责和使命，坚持在岗在位、吃住在村，脚踏实地抓落实，创新思路促发展，把群众满意度作为衡量扶贫干部工作的主要标准，为加强基层党组织建设、打好精准脱贫攻坚战提供有力保障。要突出抓好各级扶贫干部的学习培训，重点是提高思想认识，做到能够扎根基层，掌握精准脱贫方法，对贫困实情进行研判，积极出谋划策，提高攻克解决难题能力，努力培育一批懂扶贫、会帮扶、作风硬的扶贫干部队伍。

二、脱贫攻坚工作也面临一些新困境

近年来，随着国家对贫困地区扶持力度的不断加大，特别是对贫困户在看病、子女就学、创业、建房、修圈、外出务工等方面都给予扶持和优惠政策后，产生了一些新困境。一些贫困户误认为自己现在得到国家很多扶持，就可以"坐享其成、不劳而获"了。有的家庭本来自身条件还可以，但是看到贫困户能够得到很多好处，就去争当贫困户，形成了当贫困户光荣的怪圈。有的贫困家庭成员本身是具有劳动能力的，为了得到"贫困户"这顶帽子，把自己的田地荒着，基本不搞生产，产生了"日子过不下去有国家低保兜底"的心态，这给基层扶贫工作带来"破窗效应"。有的贫困户甚至认为脱贫是扶贫干部的事，与自己无关，主观上缺乏脱贫动力，存在"精神贫困"以及"等着政府送小康"的思想。有的贫困户为了"不摘帽"，对第三方来评估调查脱贫成果时，故意隐瞒家庭收入情况，生怕脱了贫之后再也不能继续享受国家政策了，缺乏主动脱贫的思想；有的贫困户之间存在相互攀比现象，看得别家得到帮扶多，自己得到的却很少，心理很不平衡，认为"我是贫困户就应该多给点"，以此来要挟驻村的扶贫干部"我对你工作的满不满意就要看你的表现"等。

从内因上看，有的深度贫困村造血功能弱，贫困户文化素质低、思想保守，看不到通过发展产业致富的希望，动力不足、积极性不高；有的贫困户由于自身条件较差、底子薄，长期贫困失去脱贫的主动性，没有胆识参与产业发展。从外因上看，绝大部分贫困村精神文化生活呈荒漠化状态，思想文化建设的主导地位没有真正树立起来，致使一些贫困户缺乏感恩之心，缺乏积极向上、不怕苦、不怕累的拼搏精神，久而久之就出现只想"获得"、不讲付出、只求利益、不思进取。另外，一些扶贫措施不对症，出现的资源错配现象，明明猪价高村民想养猪偏偏送羊，明明土地适合种花椒、核桃非要种苹果，这些与贫困户的期望背道而驰，必然引起困难群众的反感甚至抵触，不愿意去主动发展致富产业。

为此，习近平总书记在十三届全国人大一次会议闭幕会上明确指出："世界上没有坐享其成的好事，要幸福就要奋斗。"

三、以习近平总书记来川到凉视察重要讲话精神推动脱贫攻坚新跨越

习近平总书记强调：要清醒认识把握打赢脱贫攻坚战面临任务的艰巨性，清醒认识把握实践中存在的突出问题和解决这些问题的紧迫性，不放松、不停顿、不懈怠，提高脱贫质量，聚焦深贫地区，扎扎实实把脱贫攻坚战推向前进。

推动脱贫攻坚新跨越，要坚持问题导向，努力做好应对和战胜各种困难挑战的准备。妥善处理好脱贫数量和脱贫质量的关系、外部帮扶与内生动力的关系，对在扶贫领域出现的松劲歇脚、急躁厌战、弄虚作假、形式主义、官僚主义以及消极腐败等现象要坚决予以制止，加大问责力度，强化监督管理，对扶贫项目安排和资金使用情况一律公告公示，接受群众和社会监督，一定要让扶贫资金用在刀刃上。对脱贫领域腐败问题，发现一起严肃查处问责一起，绝不姑息迁就，确保脱贫质量高效推进。

推动脱贫攻坚新跨越，要进一步创新扶贫方式方法，探索开展深度贫困地区特色产业，运用电子商务、"以购代捐"、股份合作、产业投资等多种形式，加大对苹果、花椒、核桃等产品的宣传推介和产销对接力度，通过产业发展项目增强贫困村的发展后劲，切实提高脱贫质量。

推动脱贫攻坚新跨越，要丰富贫困地区群众精神文化生活，依托"农民夜校""七五"普法宣传以及"文化、科技、卫生"三下乡活动等平台，结合"扶贫、扶智、扶志"，多渠道开展思想道德、政策法规、禁毒防艾、科学知识、实用技术等教育和培训，不断满足贫困群众日益增长的精神文化需求，使贫困群众的思想、道德、行为等观念发生深刻变化。

推动脱贫攻坚新跨越，要加强政策宣讲和正面引导作用，深入挖掘脱贫致富典型，积极开展"四好"家庭创建的评选、推荐、宣传活动，发挥示范带动效应，用榜样的力量引导贫困户树立自强、自立、勤劳、节俭，摒弃"等靠要"等不良思想，增强脱贫致富内生动力，实现物质、精神双脱贫。

推动脱贫攻坚新跨越，要依法依规推进脱贫攻坚工作，严禁出现以数字造假、人员虚报的方式套取、骗取各类扶贫资金，对扶贫对象的确定识别权应该交给同村老百姓，按照现行国家最低扶贫标准来识别谁家才是真正的贫困户，保证贫困户认定的透明公开、相对公平。同时要坚持退出标准，严格验收办法，坚决杜绝"数字脱贫""假脱贫"，真正做到"扶真贫、真脱贫"，确保脱贫工作成效更加取信于民。

推动脱贫攻坚新跨越，要结合党的十九大提出的乡村振兴战略，扎实推进实施贫困村人居环境整治。重点围绕彝家新寨建设、易地扶贫搬迁、农村危房改造，以"三建四改五洗"为突破口，深入开展农村环境综合治理，完善功能设施，美化庭院环境，优化厨房、厕所、畜圈设计，积极推广使用沼气、生物质炉等清洁能源，增加垃圾池、垃圾焚烧炉等环卫设施，广泛开展乡村道路沿线卫生死角、沟渠池塘、垃圾堆放清理行动，着力改善贫困地区生产生活条件，使贫困村的人居环境质量得到较大提升，成为群众安居乐业的美丽家园。

推动脱贫攻坚新跨越，要抓好落实。习近平总书记指出："清谈误国、实干兴邦，一分部署、九分落实。这能力那能力，不落实就等于没能力；这也忙那也忙，不抓落实就是瞎忙。"在抓好落实时，一定要不图虚名，不搞形式，咬定目标、找准放心、抓住重点、明确思路，一锤接着一锤敲，一项一项抓落实，容不得半点虚功，玩不得半点虚活，必须下苦功、做细活，用"钉钉子"精神打好打赢脱贫攻坚这场硬仗。

推动脱贫攻坚新跨越，要按照"把基层党建挺在脱贫攻坚最前沿"要求，狠抓基层党组织建设，结合"两学一做"学习教育常态化、制度化，着力抓好基层"筑底强基、凝聚民心"党建工程，采取乡村月会、半年测评、年度考核方式，进一步激发村级支部活力，不断筑牢底部基础，确保基层党组织战斗堡垒作用、党员先锋模范作用在脱贫攻坚工作中得到充分发挥。

习近平总书记来川到凉视察重要讲话精神立意高远、思想深邃，内涵丰富、指向明确，温暖人心、催人奋进，诠释了全面建成小康一个民族、一个家庭、一个人都不能少的思想精髓，为我们打赢精准脱贫攻坚战，实现从贫困到小康的时代跨越注入了强大动力和必胜信心。我们一定要牢记习近平总书记的嘱托，加强对困难群众的思想发动和教育引导，树立脱贫攻坚主人翁意识，坚定改变贫困落后的信心和决心，自力更生、艰苦创业，用自己勤劳智慧的双手早日实现脱贫致富的美好梦想，同全党全国各族人民一道迈进全面建成小康社会新时代。

贯彻绿色发展理念　推进雷波全域旅游发展的实践与思考

吴顺贤　郑小林[①]

习近平总书记来川视察重要讲话指出：要抓好生态文明建设，让天更蓝、地更绿、水更清，美丽城镇和美丽乡村交相辉映、美丽山川和美丽人居有机融合。要增强改革动力，形成产业结构优化、创新活力旺盛、区域布局协调、城乡发展融合、生态环境优美、人民生活幸福的发展新格局。

贯彻绿色发展理念，对地处大小凉山综合扶贫片区乌蒙山连片扶贫开发区，同时又属于"三区三州"深度贫困地区的民族杂居地雷波县而言，迎来了大有可为、大有作为的黄金机遇期；也对如何突出优势、发挥特色，推进区域全域旅游发展提出了新的课题。

自然生态是民族地区的强大资源优势，大力推进旅游业的优先发展和加快发展，能够更好地发挥旅游业在美化城乡环境，提升县域形象，优化产业结构，拉动经济发展，拓展休闲空间，提升生活品质，繁荣地方文化，加强对外交流与合作，实现城乡交融发展，促进社会和谐等有着巨大的引擎作用。从这一意义上讲，抓旅游就是抓经济、抓产业、抓结构调整、抓开放、抓美丽乡村建设、抓文化、抓投资环境、抓提高地区的知名度和美誉度，实现县域经济社会的可持续发展。

旅游是人们日益增长的对美好生活向往的永恒精神需求，是永恒的"朝阳产业"。凉山州 2016 旅游经济工作会把旅游定位为凉山经济社会创新发展、协调发展、绿色发展、开放发展、全域发展的第一产业、上位产业、上位规划，确立了旅游在凉山全域发展中的重要作用和突出地位。第十三届雷波县委、县政府把"旅游兴县"确定为"十三五"时期县域经济六大发展战略之一。旅游将成为"凉山东大门"雷波"十三五"时期发展的重头戏和经济战略性支柱产业。据相资料关统计，全国与旅游相关的行业、部门已超过 110 个，旅游消费对住宿业的贡献率超过 90%，对民航和铁路客运业贡献率超过 80%，对文化娱乐业的贡献率超过 50%，对餐饮业和商品零售业的贡献率超过 40%，旅游业的发展必然带动相关产业的发展。发展旅游业资源消耗低，带动系数大，

---

① 吴顺贤，凉山州雷波县委党校常务副校长。郑小林，自贡市大安区党校教师。

就业机会多，综合效益好，是扩大内需的优势产业，是调结构、促转型、保增长、惠民生的动力产业，是建设资源节约型和环境友好型社会的绿色产业，是传承、体验和传播文化的文化产业，是推动社会进步和提高人民生活质量的民生产业，是扩大对外开放的窗口产业和形象产业。大力发展雷波全域旅游必将对雷波如期完成精准脱贫、实现全面小康和经济社会的可持续发展将起到不可替代的重要支撑作用。

一、雷波推进全域旅游业的基础和前景

（一）雷波是历史悠久、文化底蕴深厚的人文之乡

雷波县位于四川省西南边缘，金沙江下游北岸，地处川滇两省四市州七县结合部，是凉山的东大门，素有"彝区门户，川滇咽喉"之称，享有"孟获故里""中国彝族民歌之乡"和"中国优质脐橙第一县"的美誉。有悠久的历史、厚重的文化、浓郁的川滇民风民俗、独特的地域特色和民族风情，主要有六大文化品牌。一是以孟获为代表的三国历史文化和民族和解文化。明朝万历年间在马湖金龟岛上修建的全国唯一的孟获庙，是国家工商总局注册的"孟获故里"。二是以彝族民歌为典型代表的民族文化，全县已收集整理彝族原生态民歌5000多首，全国第一位彝族女歌唱家曲比阿乌是雷波飞出去的"百灵鸟"，雷波彝族本土组合"三色索玛""老彝腔"享誉全国。三是以马湖景区双乳峰为代表的母乳文化。四是以巨型水电站溪洛渡为代表的水电文化，溪洛渡大坝是全世界最先进的"数字化"大坝。五是以大熊猫为代表的国宝文化，雷波是大熊猫在世界最南端的栖息地。六是以脐橙为代表的柑橘文化。

（二）雷波是生态优良、环境秀美的山水宜居之乡

雷波山水清丽、生态秀美、环境宁静、精致典雅，有天然林148万亩、草原131万亩、竹林120万亩、核桃65万亩，森林覆盖率达45％，是大熊猫在世界最南端的栖息地，被誉为亚热带动植物基因库。因为雷波地处云贵高原向四川盆地过渡地带，阳光没有高原那么炽热火辣，但光照比四川盆地多而温和，空气比高原湿润而又不如四川盆地潮湿，四季分明，冬季温暖，夏天凉爽，非常适宜人居。洁净的泉水、清新的空气、柔和的阳光、绿色的食品、良好的生态，具有美白养颜养生的特殊功效。据统计，全县90岁以上的长寿老人超过总人口的万分之五，和著名长寿之乡广西巴马相当接近。

（三）雷波是资源富集、特色鲜明的休闲观光之乡

雷波是川西南、滇东北著名的天然地质公园，大江大湖、高山峡谷、森林草原、飞瀑温泉、溶洞奇观分布在2932平方千米的土地上。自然资源东有省级风景名胜区、全国第三大高山深水湖、国家地质公园马湖，以及湖水渗透形成的四个小海和千亩天然湿地；南有"百里绿色画廊"金沙江大峡谷，以及溪洛渡、向家坝库区形成的高峡平湖；西有"南方呼伦贝尔"之称的阿合哈洛27万亩连片大草原；北有麻咪泽省级自然保护

区、西宁原始森林。此外还有雷神洞，诸葛亮南征的藏宝洞，海拔 4076 米的杜鹃花海狮子山，可俯瞰金沙江百里画廊的锦屏山，大小凉山分界线的龙头山。文化遗址有僰人悬棺、彝族向天坟、三国诸葛亮南征古道遗迹等。

二、推进雷波全域旅游发展的困境分析

雷波旅游有以下比较优势：生态环境优越，文化积淀深厚，旅游景点众多，旅游资源丰富；马湖享誉川西南滇东北，国宝大熊猫家喻户晓，休闲文化源远流长；区位条件优越，旅游后发潜力无限。但雷波还存在"两大反差"和"五大矛盾"，如表 1 和表 2 所示。

表 1：两大反差

两大反差	知名的旅游品牌与有限的市场影响
	丰富的旅游资源和薄弱的旅游产业

表 2：五大矛盾

产品上	营销上	环境上	开发上	机制上
大资源小开发	大品牌小市场	大旅游小服务	大规划小步伐	大定位小手段

（一）旅游资源丰富，但资源开发的市场化程度不高

由于基础设施建设滞后，各级干部群众思想观念不统一、认识不一致，雷波虽然有着极为丰富的旅游资源，也有巨大消费能力的旅游市场，但旅游业仍存在着"资源与市场脱节"的现象，没有形成真正的大旅游、全域旅游的市场机制。

（二）旅游产品众多，但产品结构单一且与其他产业的融合度不高

近年来，雷波加大了对各类旅游资源的保护、开发和利用力度，一大批新景点的挖掘、开发，社会反响较好。但产品结构单一的格局仍未从根本上得到改变，特别是缺乏顶级休闲、度假类产品，旅游业尚处于"云深不知处，只在此山中"的自发自然发展阶段，不能满足县内外不同层次旅游者的需求，不能适应由观光型旅游向休闲度假型旅游以及复合型旅游转变的发展理念。

（三）旅游人气很旺，但旅游经济的贡献率不高

目前雷波的旅游景点还停留在单一的马湖周末观光游、游客走马观花式自娱自乐，消费停留在"来去匆匆、两手空空"的境地，刺激旅游消费的产品和手段严重不足。

（四）城乡面貌和旅游配套建设相对滞后，旅游产业链存在脱节

由于雷波是国家级深度贫困县，基础设施建设滞后，城乡面貌变化不大，缺乏特色和亮点，对照全域旅游开发的要求，在交通基础设施、星级酒店、旅游配套设施、综合服务、城乡文明程度等方面还不够匹配。

（五）旅游品牌知名度高，但旅游形象不鲜明，旅游营销和市场开拓力度不够

尽管政府、旅游部门和旅游经营者做了很多旅游宣传促销工作，收到了一定成效，但促销手段不新、旅游形象不鲜明、主题不明显、季节冷热反差大等问题仍较突出。

三、以绿色发展理念为指导，确立雷波全域旅游的目标和任务

（一）目标定位

"十三五"期间，雷波全域旅游的目标应定位为：依托资源发展旅游，依托旅游创造品牌，依托品牌壮大产业，依托产业振兴乡村。应在挖掘雷波本土文化资源的基础上，彰显本土个性，突出历史传承性、民族特色、地方特色。树立全域旅游理念，把雷波建成凉山东部生态度假旅游基地、旅游扶贫示范县、全国生态旅游示范县、四川省旅游大县和川滇结合部"康养度假、养生美颜"旅游集散地。

1. 经济目标

以开发"住马湖、唱民歌、祭孟获、拜乳峰、观大坝、看熊猫、游峡谷、逛草原"八旅游大项目为依托，构建"领略大坝雄姿、畅游金沙峡谷、饱览湖光山色、体验风情文化、观光草原森林、避暑康养休闲"的旅游大格局，打造百亿级旅游业产业集群，加快两湖（马湖、落水湖）4A景区创建，力争到2018年年底把马湖打造成川南康养第一湖，争取到2020年，以旅游业为主的服务业产值达100亿元以上，增加值占全县GDP的40%。

2. 环境目标

以雷波深厚的文化底蕴为基础，依托人文资源和自然资源，打造古典与现代相交融、动感与恬静相匹配、高端与大众相结合的精致旅游产品，结合现代化的康养休闲理念、标准化的休闲设施、个性化的休闲服务，将传统的观光型旅游模式逐渐转变为体验式休闲度假旅游模式，使城乡独特的休闲个性给游客带来更高的幸福感、休闲感、参与感、体验感。

3. 社会目标

充分发挥旅游业的劳动力吸纳能力，有效解决农村"富余劳动力"的就业问题，以更加充足的服务力量回报社会，以旅游业的发展带动相关产业发展，为雷波精准脱贫和全面小康注入新的活力。

4. 品牌目标

大力支持县域内旅游景区、饭店、农家乐、乡村游等旅游行业、企业创立自己的特色品牌，对品牌进行有效维护和营销推广，提高品牌的认知度和美誉度。通过知名旅游企业品牌打造及特色旅游商品品牌塑造，支撑雷波整体旅游形象的打造，把雷波的民族文化、民俗风情和康养休闲的现代生活氛围作为县域名片的亮点，将雷波打造成为美食之乡、休闲之乡、度假之乡、美颜之乡、康养之乡。

（二）五大任务

1. 打造引擎项目

坚持大政策扶持、大体制改革、大资源整合、大文化挖掘、大创意开发、大集团运作、大手笔建设、大作品展现（大项目支撑）、大品牌塑造、大营销推广、大服务引领、大产业集聚、大转型发展、大效益提升。

2. 转变发展方式

在产品开发上逐步实现从观光主导过渡到休闲主体，开发复合型旅游产品；产业业态转化上应从相对独立业态向综合产业转化，即从传统的六要素扩张，通过产业渗透、产业融合与业态创新，延伸到各个相关行业，从而延伸产业链，拓宽产业面；产业功能转型一是要从单纯为生活服务转向为生活、生产共同服务，尤其要大力发展商务旅游，提升商务旅游和创意旅游产业的比重。二是要打造以旅游业为主的现代服务业集散地，使之从景观吸引为主的相对单一的旅游功能转向集聚多种服务的综合性旅游功能。三是要从构建美丽乡村的理念出发，使旅游业从经济性产业转向经济社会性的综合产业，通过旅游的发展，提高人民群众的生活质量。在旅游发展目标上，要从追求"数量型"向数量、质量和效益统一型转变。在产业导向上，要从注重"过境消费型经济"向注重旅游综合型经济转变，并要倡导绿色环保和低碳旅游消费理念，寻求可持续发展。在产业结构上，要从以观光旅游为主向观光旅游、度假休闲旅游复合型结构转变。在产业开发上，要从相对单一依靠"投入拉动"开发景点和注重硬件设施建设向更多依靠资源整合、体制创新、内涵提升和加强服务与环境建设来推动旅游发展的重大转变。在产业竞争上，要从一般性的产品竞争转向更高层次的产业体系竞争，提高旅游产业的总体竞争能力。

3. 创新体制机制

加强市场主体培育，支持旅游新业态、新商业模式的发展；鼓励进行旅游体制改革，支持建设一批试点乡镇，探讨旅游综合改革、专项改革和旅游资源一体化管理等新路子；加强区域旅游合作，解决旅游业长远发展的动力机制。

4. 适应市场需求

适应旅游市场日益扩大和旅游消费需求日益大众化和多元化的发展趋势，增加旅游产品供给，完善旅游产品结构，提高旅游消费满意度。旅游产品开发不仅要注重风景资源的开发，更要注重城镇周边农村与生态环境的开发，开发适应旅游需求的新产品、新业态，构建现代旅游产品体系，建设有竞争力的旅游景区和旅游目的地。

5. 提高服务质量

以游客满意度为基准，全面实施《旅游服务质量提升纲要》；以标准化为手段，健全旅游标准体系，提高旅游标准化水平；以人性化服务为方向，提升旅游从业人员服务意识和服务水平；以质量体系建设为基础，完善旅游服务设施系统和旅游服务质量体系；大力开发"互联网＋"为模式，提高旅游服务效率和旅游信息化服务水平；以质量提升工程为载体，提升旅游服务品牌，促进旅游服务创新；以旅游人才培训和服务监管为抓手，提高旅游从业人员素质和旅游诚信度，强化旅游质量保证。

四、绿色发展理念指导下推进雷波全域旅游理性思考

（一）强化整合，形成大旅游发展格局

在空间布局上，加快"一中心""三区""两环线"构建（"一心""三区""两环"），加快旅游板块的建设，注重资源的整合和开发，形成全域旅游的大格局。即：以县城旅游为"一中心"；以马湖避暑康养度假区、金沙江溪洛渡大峡谷观光旅游区、阿合哈洛大草原—麻咪泽—西宁生态旅游区为"三区"；以县城—金沙江大峡谷—溪洛渡—马湖—县城旅游小环线，县城—溪洛渡—金沙江大峡谷—阿合哈洛大草原—麻咪泽—西宁—马湖—县城县域旅游大环线为"两环线"，大力发展全域旅游业，重点发展以马湖为龙头，溪洛渡高峡平湖、阿合哈洛大草原和西宁原始森林为支撑的全域观光探幽、康养休闲度假旅游业，着力构建结构合理、功能完备、要素配套的旅游产业体系。

（二）突出特色，推进旅游业转型升级

应尽快壮大旅游业规模，优化旅游产品结构，提升产品核心竞争力。在提升现有观光游览产品的同时，重点开发休闲度假和体验性旅游产品。重点开发"一中心""三区""两环线"和"八大旅游项目"（住马湖、唱民歌、祭孟获、拜乳峰、观大坝、看熊猫、游峡谷、逛草原），坚持生态友好型旅游发展模式，重视人和自然的和谐共生与协调发展，重视生态环境的保护，营造一流的生态环境，牢固树立"既要金山银水，更要青山绿水；只有绿水青山，才有金山银山"的理念，依托重点旅游项目形成旅游板块，呈现"城镇即景区"的新格局，突显雷波新形象，使雷波成为名副其实的"旅游强县"，带动全域旅游融合发展。

（三）塑造品牌，增强旅游市场影响力

1. 做精做强已有节庆活动

根据资源条件和社会基础，要继续把现有的四大节庆活动（雷波彝族民歌节、彝族火把节、孟获文化节、中国脐橙节）办好，进一步丰富优化旅游活动项目结构，让游客可观可游，增强影响力。

2. 实现城乡功能旅游化、休闲化

借助彝家新寨建设、易地扶贫搬迁、乡村振兴战略，做到"八化"（乡村园林化、

空间节奏化、功能分区化、产品多样化、场所休闲化、设施景观化、设备人性化、服务优质化）和"四变"（农区变景区、产品变礼品、游览变体验、游客变主人）。

3. 强化整体推广

整合雷波县境内旅游资源，将各种旅游要素围绕节庆主题、民族文化主题加以组织整合，营造浓烈的旅游氛围，形成宣传热点，积极提升雷波的知名度和美誉度。以节庆活动为平台，实现市州县互动合作，构建"区域联动、资源共享、优势互补"的旅游宣传发展体系，提升城镇影响力，扩大城镇影响。

4. 以特色树立品牌

以雷波人文资源为基础，加强策划，重点围绕将雷波打造成美食之乡、休闲之乡、康养之乡、度假之乡、美颜之乡，以特色树品牌，实现一业兴、百业旺。实施旅游文化的全程化渗透，"让历史变得时尚，让文化变得轻松和可以解读"，以时尚文化推动传统文化开发。开发展示性、表演性、参与性（体验性）文化旅游产品，打造文化精品；提升审美情趣（自然美、和谐美、距离美、神秘美），开发相关文化商品与文化旅游活动。

5. 进一步完善优化旅游业发展保障环境

一是政策保障。坚持政府引导和市场运作相结合。进一步加强政府对旅游业发展的宏观调控、行业指导和市场监管，遵循市场经济规律，充分发挥企业的市场主体作用，鼓励各类企业广泛参与，引导各类资本多元投入，形成"政府引导、社会参与、多元投入、市场运作"的旅游产业发展机制。二是机制保障。进一步理顺旅游管理体制，建立健全部门联动协作机制，提升旅游主管部门的综合管理与协调职能，加强部门合作，提高旅游部门的协调能力，强化旅游部门的协调手段。充分发挥旅游管理部门的职能作用。建立市场化运作机制，充分发挥市场对旅游资源配置的决定性作用，促进旅游资源跨地区、跨行业整合。三是组织保障。强化综合部门的领导、组织、协调和监督职能和旅游行政管理部门的行业管理职能。建立旅游工作目标责任制、旅游工作协调机制、旅游工作考核奖惩制度。加强行业管理力度，提高行业权威。促进旅行业有序竞争，健康发展。

（四）优化旅游产品，培育壮大旅游产业

重视旅游产品体系的建设，做到分类、分级、分层次开发，实施"三品"（自然景观精品、文化旅游名品、休闲度假新品）旅游开发策略，调整、完善与旅游产品的主题化开发，推动旅游产品提档升级，以"四化"（资源无限化、项目无限化、空间无限化、市场无限化）、"三理念"（大旅游形象理念、旅游大环境理念、跳出山界外理念）培育壮大旅游产业。推进区域旅游一体化，充分利用县域内民族文化资源，为旅游注入魂，倾力打造好大型历史剧《孟获传奇》。电视剧《木府风云》让丽江享誉全球，电影《五朵金花》让大理蜚声海外，这就是文旅联姻的典型杰作。借助"中国彝族民歌之乡"这块响亮的牌子，打造一台高质量的歌舞晚会，借鉴大理《蝴蝶之梦》、丽江《丽水金沙》、桂林《印象·刘三姐》的创作经验和营运模式，推出具有地方特色和民族特色的民风、民俗、民歌、毕摩特技表演，吸引游客眼球。

（五）塑造雷波旅游形象

以旅游形象驱动全域旅游开发，从单一的旅游产品驱动转向旅游产品与旅游形象的双重驱动；充分探索游客心理，区分游客层次，挖掘和开发旅游者头脑中潜在的旅游需求，塑造旅游形象，提升旅游影响力，学习和借鉴其他地方旅游形象策划的典型案例，比如黄山："感受黄山，天下无山"；杭州宋城："给我一天，还你千年"；九寨沟："童话世界，人间天堂"；周庄："中国第一水乡"；云南："彩云之南"（彩云之南是传说中美丽异常的神话王国）；桂林："桂林山水甲天下"（奠定了桂林山水无与伦比的地位）等。策划、设计好雷波旅游形象和口号，实施"八个一"促销工程（一句好的旅游宣传口号、一个好的旅游徽标、一张好的导游图、一本好的旅游手册、一部好的旅游风光片、一个好的旅游网站、一支好的宣传促销队伍、一个好的主题促销活动），大力提升雷波旅游形象和知名度。

发展雷波全域旅游，要在县域全域，对区域内经济社会资源尤其是旅游资源、相关产业、生态环境、公共服务、体制机制、政策法规、文明素质等进行全方位、系统化的优化提升，实现区域资源有机整合、产业融合发展、社会共建共享，实现从封闭的旅游自循环向开放的"旅游+"融合发展方式转变，形成游客聚集、消费聚集、产业链延伸、泛旅游产业融合、产业集群化发展和旅游核心吸引力，促进县域经济社会大发展。

参考文献：

1. 雷波县人民政府 2015 工作报告［Z］. 2015.

2. 雷波县全域旅游规划［Z］. 2018.

3. 雷波县"十三五"规划纲要［Z］. 2018.

4. 中共四川省委关于推进绿色发展建设美丽四川的决定［Z］. 2018.

北川灾区乡村振兴问题

——"5·12"震后耕居分离农民现状调查及对策思考

党海燕　　陈立华[①]

2018 年 2 月，习近平总书记来川视察并发表重要讲话。他在讲话中指出，四川是"天府之国"，要加快推进乡村产业振兴、推动乡村生活富裕，把四川农业大省这块金字招牌擦亮。"5·12"大地震后的北川，要实现"产业兴旺、生态宜居、乡风文明、治理有效、生活富裕"的乡村振兴目标，较之其他地区面临着更大的困难和压力。北川灾区乡村振兴要解决的问题之一就是如何从根本上保障耕居分离群众的生计问题，并逐步脱离贫困，走向富裕。本文就耕居分离现象进行了实地调研，就耕居分离现象产生的原因、耕居分离群众生产生活现状、政府解决耕居分离群众困难采取的政策措施、耕居分离群众生产生活方式的变化和目前存在的问题和建议五个方面进行了探讨。

一、耕居分离现象形成的原因

（一）恶劣的自然地理环境

北川地处龙门山褶皱断裂十分发育地段，属生态脆弱区。境内峰峦起伏、沟壑纵横、山体破碎，特殊的地质条件和地形地貌决定了北川山体极不稳定，极易导致山体滑坡和水土流失。全县土地面积 4303776.4 亩（国土详查数），农耕地约 17.39 万亩（习惯面积），仅占 7.7%。土壤质地以砾石土为主，次为壤土、黏土，粗骨性很强，耕地质量差。

囿于恶劣自然地理环境，尤其是"5·12"大地震后时有山体破碎，地质灾害频发，特别是多雨季节，极易产生泥石流、塌方、洪水等地质灾害，很多地点都不再适合居住。因此，北川灾民就近找到可重建的宅基地和可供耕种的土地的难度很大。

---

　　① 作者：党海燕，绵阳市委党校常务副校长；陈立华，绵阳市委党校科研处主任科员、助理研究员。电邮：602350979@qq.com.

（二）因灾失地农民数量大、分布不均

北川在"5·12"地震中，受灾极其严重，属极重灾县。北川因灾失地农民主要集中在曲山镇、擂鼓镇、禹里镇、陈家坝乡、漩坪乡。共涉及 11823 户、30484 人，占全县总人口的 13.25％，失地户数占汶川地震灾区因灾失地农户的 20.96％，失地人口占汶川地震灾区因灾失地人数的 15.41％（汶川地震共造成 56401 户农户，197834 人失去宅基地和耕地）。如表 1 所示。由于此次大地震受灾村民众多，又主要集中在几个区域，就近安置显然不现实，异地搬迁成了主要的安置形式。

表 1：震后北川农村失地情况

户数	人口	集中区域	占北川县人口比例	占汶川地震灾区失地户数、人数比例
11823	30484	曲山、擂鼓、禹里陈家坝、漩坪	13.25％	20.96％ 15.41％

（三）以安全为根本原则的安置方式

失地农民，震后余生。对于他们来说，"活着"是最大的幸福，也是他们最大的利益。妥善安置，保证他们的生命安全，是影响北川可持续发展和社会稳定的重大问题，同时也关系到绵阳市甚至四川省因灾失地农民群体的整体稳定。2009 年 7 月 24 日，北川县委召开常委会议，决定将因灾失地农户按照"就地、就近、安全、集中安置与分散安置相结合"的原则进行安置。在这个原则中，安全是根本原则，其他安置地点再好，若存在安全隐患，也必须得舍去。震后，当地政府采取了 5 种安置方式，即本村（社）内进行宅基地调剂安置、"小集中"乡内调剂集中安置、依托乡镇场镇扩容进入乡镇场镇集中安置、县内跨乡安置、投亲靠友异地购房。其中，占比最小的是本村（社）内进行宅基地调剂安置，仅约占所有安置人数的 8％。"小集中"乡内调剂集中安置、依托乡镇场镇扩容进入乡镇场镇集中安置、县内跨乡安置三种相对安全的安置方式占比高达 90％以上。而后三种方式直接促成了独特的耕居分离问题的产生。

二、耕居分离群众生产生活现状

据统计，全县共涉及耕居分离群众共 12053 户、38988 人。按耕地与居住地的距离，5～10 公里的有 5632 户、17120 人，10～20 公里的有 2864 户、9652 人，20 公里以上的有 3557 户、12216 人。按所涉主要村落，曲山有 986 户、3108 人，擂鼓有 1022户、3379 人，禹里有 965 户、2976 人，陈家坝有 1216 户、3813 人，漩坪有 1326 户、4226 人。其他镇（乡）涉及 6538 户、21486 人（见表 2）。

表 2：北川县部分镇（乡）耕居分离地域、人口、户数分布

镇（乡）	行政村（个）	户数	人口
曲山镇	16	986	3108
擂鼓镇	20	1022	3379

镇（乡）	行政村（个）	户数	人口
禹 里	19	965	2976
陈家坝	14	1216	3813
漩 坪	15	1326	4226
其他	106	6538	21486
合计	190	12053	38988

从以上调研数据可以看出，北川5个镇（乡）存在突出的耕居分离问题。以擂鼓镇为例，受"9·24"特大洪涝地质灾害影响，全镇共计21个村1993户6277人因灾失去宅基地无法原址重建，仅有盖头、麻柳湾、茨沟、河道、猫儿石等5个村1634户5548人经地质灾害评估，可原址进行永久性住房建设。对于五星、田坝等21个村1993户6277名因灾失去宅基地群众，采用集中安置、分散安置、投亲靠友、异地建房或购房等方式全面落实；全镇耕居分离共涉及20个村，82个组，1022户，3379人。耕居分离最远的是方早村，群众集中居住在麻柳湾安置点，距离达30公里。耕居分离较近的是龙头村，群众集中安置在龙坪安置点，距离约8公里，其他相距的在10至20公里不等。原居住地生活的群众大量减少，不到原有居民的10%，许多家庭年轻力壮的成员，均外出打工挣钱。在许多迁出地，行走一天，很少能看到一名老乡。如方早村共有居民229人，目前长期生活在山上的人不到20人。双流村共有居民552人，长期生活在山上的不到30人。这主要与擂鼓镇因灾失地农民数量大、地震受损程度高有关。擂鼓镇安置总户数5122户，涉及30个行政村，16388人，占全镇总户数的80.68%，占全镇总人数的90.77%，为做好擂鼓镇受灾群众的安置工作，省国土资源厅先后安排6批专家进村入户选址，确定了37个分散安置点和11个集中安置点。这些选定的安置点主要位于擂鼓公路沿线和地势开阔地带，与耕地距离较远。

耕居分离造成的后果：一是给灾民生产生活带来极大不便的同时也增加了生产成本，诸如交通成本、人力成本和时间成本。在北川山区交通落后的条件下，从居住地步行到耕地，20公里路程也可能耗掉灾民大半天的时间。若耕地需要大量的农用物资，本来1个劳动力可以承运的，也可能增加到2个，甚至更多。二是给灾民基本生计带来严重影响。如果居住地和耕地之间的距离过远，耕地的产出效益低于耗掉的生产成本，那就意味着只能放弃耕种。灾民最基本的生产资料就是土地，放弃耕种，也就失去了基本的生活来源和依靠。

三、目前政府解决耕居分离群众困难采取的政策措施

政府从长远和当前出发，通过多种渠道，一定程度上解决了耕居分离造成的问题，保障了这部分群众的基本生活。

（一）开荒复垦，完善基础设施

"5·12"地震后，为了保证因灾失地群众的正常生活，一方面，县人民政府通过开

荒和复垦土地，保障了群众人均 0.5 亩的口粮田，为群众提供了基本的生存资料，广大群众自力更生，利用有限的土地养活了自己，另一方面，不断完善农田水利交通等基础设施。以擂鼓镇为例：一是完成银定村、田坪村、南华村、郭牛村、楠竹村、元兴村、安治村、爬山村和大安村等水泥路建设 80 余公里，其中爬山村实现了两年不到的时间里由不通公路到修建桥梁 1 座和水泥路 4.5 公里，有效解决了该村历年来的出行困难问题；修建石岩村、茨沟村、麻柳湾村水泥路 6.5 公里，碎石路 7 公里。二是完成茶坊村、爬山村两座桥梁建设，完成五星村桥梁检测和重新修建的勘察设计和花墙院子桥、麻柳湾 6 组桥、田坝苏秦庙 3 座危桥的检测工作；龙头村溜索改桥项目立项、设计、审图、财评、财评和抽签等工作；对茨沟村、坪上村、苏保河、拐拐滩、田坝村、田坪村、龙头村、桥楼村等村河道进行疏浚，对道路等基础设施进行维护。三是修复田坝村约 70 米的水毁河堤，实施楠竹村人畜饮水工程，解决该村饮水难的问题。

（二）出台政策，保障基本生活

为保证因灾失地群众吃饱穿暖，县人民政府实施了失地农民保险制度、农村最低生活保障制度，对因灾失地群众实现了保障机制全覆盖。

对于全部失去土地和人均不足 0.3 亩的群众，政府将他们纳入了失地农民养老保险范畴，以保障基本生活。对有部分土地，但因耕居分离等条件限制，不能正常生活的群众，政府积极出台农村最低生活保障政策，为生活困难的群众提供了强制性政府保障，保证群众"吃得饱、穿得暖"。以擂鼓镇（据 2014 年统计）为例：一是农村低保、五保、优抚。取消农村低保 31 户 78 人，新增农村低保 28 户 55 人，清理不再享受低保户待遇的 315 户，累计发放农村低保资金 87.3277 万元、五保资金 3.75 万元、优抚资金84.7263 万元、定救资金 1.5 万元。二是城镇低保、社会救助救济、民生。完成 2014年度低保复查工作，取消城镇低保 113 户 209 人，新增城镇低保 13 户 20 人，累计发放资金 64.519 万元。三是社会救助、殡葬。发放城镇医疗救助金 52451 元、农村医疗救助金 8.0534 万元、流浪人员救助金 704 元、救助精神病人 2 人、镇级自然灾害救助金10 万余元、县级临时救助金 6 万元、民生应急救助金 3000 余元，减免殡葬（火化）费用 8000 元。四是按照汛期应急预案，调配补充民政救灾物资储备；按照仓库设置要求，制作安装货架规范堆码，并完善各种制度台账；完成 19 个行政村 530 户 1583 人的扶贫人口建档立卡工作。

（三）恢复产业，发展当地经济

产业恢复和发展是解决耕居分离群众生计的根本路径。它主要包括耕种地和居住地两个区域的产业。通过政府的大力扶持，当地种植业、乡镇企业、旅游业恢复较好。这里仍然以擂鼓为例（据 2017 年统计数据），擂鼓恢复最为明显的是中药材种植，全镇种植的各种药材已经超过 50000 亩。有龙头企业支撑的茶叶基地恢复较好，盖头村恢复管护 1050 亩，田坝恢复管护 800 亩，龙头恢复管护 500 亩。擂鼓是震前北川工业基础最好的乡镇，有各种企业 20 多家，已恢复生产的有建诚木业、东辰磁材和几家茶叶加工企业，新建的中联水泥厂，成为全镇工业发展的支柱企业。全镇在当地乡企就业的群众近 500 人，成为耕居分离群众就业的主要去处。旅游业发展势头明显，为耕居分离群众拓展了收入来源。成功创建 AAAAA 级景区，以吉娜羌寨为代表的旅游业正在蓬勃发展，盖头村和楠竹村的旅游正在兴起。休闲度假产业已经起步，良好的生活环境，吸引了 40 多位外地游客在擂鼓敬老院长期居住。

四、耕居分离群众生产生活方式的变化

由于当地政府采取多种政策措施，耕居分离群众的基本生活得到了有效保障，当地产业也得到了较快恢复和发展。的生产生活方式随之发生了较大变化，生产生活水平也逐步提高，具体体现在以下几个方面。

（一）耕居分离群众从原居住地流出到逐渐回流的转变

随着时间的推移，许多年满 50 岁的灾民开始回到原居住地从事种养业，还有一些群众正在尝试或计划回到原居住地。截至 2017 年，方早、爬山、龙头、双流、元兴、大田、茶坊、五星、田坪、田坝、南华、大安、陈山、桥楼、郭牛等村部分村民，已经开始回村搭建工棚，从事农业林业生产。这主要有三个原因：一是交通条件、农田水利等基础设施的改善，为他们返回原居住地从事生产生活提供了方便和有利条件。二是原有的耕地林地在自然状态下得到修复。留下来生活在本地的群众主要是年老者、妇女和儿童，他们长期生活在安置点，留守者基本不靠传统的耕种方式获得生活资料，对生态的干扰明显减少，灾后 6 年来，因为人为干扰的减少，在自然状态下，生态环境修复效果较好。三是生态环境承载能力有所增强。随着生态的自我修复，当初地震损害的森林植被正在恢复，抵抗暴雨、泥石流、地质灾害的能力正在增强，自然灾害所带来的破坏正在减弱，环境承载能力正在恢复。

（二）耕居分离群众从单一的耕种模式向非农方式转变

随着当地产业的发展，耕居分离群众的就业途径、增收渠道发生了显著变化。耕居分离群众，不再完全依赖传统的种植业。一是在集中安置点从事个体经营。在人口较多的安置点，如龙坪安置点（居住居民达到 1100 多人），为耕居分离群众提供了从事商业活动的可能，主要有修理修配、物业维修、零售配送、小餐饮服务、家政服务、代办服务、公益劳务、汽车保洁、种植养殖、再生资源回收利用服务等。二是利用重建机会，承揽重建项目，发展成为承包商。这部分耕居分离群众原本家庭条件较好，有一定资金基础、有一定技能和良好的社会资源。三是务工收入成为家庭的主要收入来源。年轻力壮者（指 60 岁以下的）有一定工作技能的变身为企业职工、打工者，年龄较大的长期生活在安置点，承担起照顾后代的责任。因为耕地和林地的灭失，灾后 2009 年、2010年，基本不能回乡进行生产，许多家庭的劳动力主要在本地务工或者外出打工。本地务工日平均工资达到技工 200 元、小工 100 元。外出打工收入较高的一对夫妻一年可以收入 10 万元，一般也可以收入到 6 万元左右。四是耕居分离群众发展的特色产业发展超越本区域，向外地辐射，对外地经济发展产生一定的带动作用。由于本地的耕地林地灭

失，失去了基本的生存发展资源。为了发展致富，广大群众充分发挥首创精神，方早、五星、双流、郭牛、南华、元兴等村群众，分别到本县的通口、漩坪、小坝、坝底、墩上，甚至走出本县到江油、安县等耕地林地资源丰富的地方，租用土地，发展种植黄连、玄参等中药材。

（三）耕居分离群众由乡村生活方式向城镇生活方式转变

耕居分离群众从震前高山、高半山区迁移到了河谷地带，生活空间发生巨大变化，生活方式随之改变。一是"5·12"大地震前，他们居住分散，有自己承包经营的土地，基本上过着一种自给自足的生活，日常使用的柴火，食用的蔬菜、肉类等基本生活物资，不需要到市场上购买。到安置点后，由于远离耕地，生活物资只能通过市场购买。二是以前是一宅一户的居住方式，有自己的宅院，房间宽大，可以任意放置自己的物品，现在生活在空间有限的居民楼里，不能像过去那样可以随意放置物品。三是震前耕居分离群众生活在熟人社会，他们大多聚族而居，或者不同姓氏多年杂居，相互之间非常了解，也易于沟通交流。目前居住在集中安置点，多个区域或者是行政村的人，混杂居住，归属感、认同感不强，如麻柳湾安置点，就是方早、双流、五星、麻柳湾等村的人共同居住，龙坪羌寨则是由胜利、陈山、桥楼、郭牛、龙头等共计11个村的群众居住在一起。他们相互之间比较陌生，在感情上存在一定的隔阂，族群融合需要一个较长的时期。

调研发现，耕居分离群众的生活水平逐步提高，消费能力明显增强，这主要表现在电视、冰箱、手机、摩托车等基本普及，部分家庭还购置了小汽车。

五、耕居分离存在的问题和建议

耕居分离群众在政府的妥善安置下，已没有衣食之忧。他们的基本生活得到了强有力的保障。但要在保障基本生活的基础上，进一步提高生活水准，丰富他们的物质文化生活，尚存在以下问题。

（一）原住地基础设施总体滞后阻碍灾民回村发展

灾后重建中，基础设施建设的重点主要在集镇和各安置点。因受限于人力、资金、精力和地质条件，原居住地的道路桥梁、水电通信等公共基础设施仍然没有恢复，如方早、爬山、桥楼、大田等村，目前村道仍是土路，连机耕道也不是。地震中，原来的交通、水电、通信等公共设施遭到严重损坏，如今，安置群众想返乡，面临着严重的公共设施缺乏问题。这些问题目前解决起来十分困难，如果现在进行道路、桥梁、水电等基础设施建设和维护，都会是一笔巨大的投资。

要解决基础设施薄弱的问题，必须由政府统一规划，视各区域具体情况，加大投入，不断健全完善基础设施建设。对于地质灾害频发，不适宜人居住的地方，可以减少甚至不予投资。对于地质条件适宜人居住，条件较好的地方，政府应当积极支持耕居分离群众返乡发展。在这样的区域，要集中力量建设道路桥梁、河堤、水电等公共配套，投入资金治理地质灾害。完善基础设施要采取"政府引导、群众参与"的方式进行，充分调动起群众的生产积极性。具体办法是比照目前公路建设的办法，政府出资进行奖补，群众积极投工投劳。地方政府要积极主动向上争取资金来源并编制项目纳入省市县中长期规划项目库，也可以引入投资商投入基础设施建设，政府则按投资额度按比例进行补助。

（二）安置点无法根本解决耕居分离群众的生计问题

安置点的首要考虑因素是房屋建设用地，解决群众的安居问题。在当时急于解决群众安置问题的条件下不可能考虑生产用地、产业发展及其他问题。一方面，安置点一般处于河谷地带，土地总体较少，本地村民耕地本就不足，不可能流转给移居群众，用于农业生产。部分群众，特别是40岁以上的，除耕种土地外，不具备其他就业技能，因而失去耕地后，显得无所适从。为解决这部分群众的就业问题，政府组织了就业技能培训，但由于一些群众年龄大、学习能力差、培训时间相对较少、培训零散不系统等原因，造成培训效果不理想。另一方面，在居住地未能产生良好的商业关系。居住在安置点的群众受地震灾害影响，经济较为困难，生活十分简朴，基本上只限于少数生活用品的交换，不可能因聚居而产生良好的商业往来。

要长远解决根据分离地群众的生计问题，总体上可以从以下三个方面着手。一是做好精准扶贫工作。耕居分离困难群众因疾病、年老等原因致贫的同时，又因耕地等生产要素距离居住地过远而产生的高成本，加剧了贫困程度。对这部分群众，要建立耕居分离群众帮扶脱贫计划，切实制订帮扶方案，确定帮扶联系人，通过指导种养殖业、引导外出务工和就地解决就业等方式给予支持，力争早日脱贫。二是积极发展安置点（居住地）商业经济，促进市场交换，鼓励耕居分离群众经营个体工商业，拓展收入来源，形成良好的商业氛围。三是为耕居分离群众创业提供政策"绿色"通道，帮助耕居分离群众发展种养殖业，特别是在土地流转、盘活林地、土地以及农业产业方面，加快手续办理速度，提供贷款，培训种养殖技术。

（三）原居住地产业发展基本处于停滞状态

原居住地的农业生产经营方式落后、科技含量低，难以形成产业规模和实现产业效益。造成这种局面的原因是多方面的。一是原居住地的农产品，一般是家庭个人小规模生产，无论从量和质上看，与其他地方相比存在一定差距。回乡的群众文化水平较低，主要从事的是种养殖等技术含量较低的产业，生产出来的产品都是生产原料或初加工产品，没有对产品进行深加工，其科技含量很低，出售价格低。二是虽然原居住地特色农产品质量较好、市场需求量大，但缺乏投资商，造成无法规模化种植，难以产生良好的经济效益。三是相对滞后的道路等基础设施建设造成了运输成本上升，农产品损耗率高。加之缺乏中间商、没有专门的销售流通组织，农产品比较分散，形不成整体效益，销售不能得到有效保障。

要解决产业停滞问题，要以产业恢复为重点，开辟就业渠道，增加群众收入。具体思路如下。一是恢复特色产业，鼓励支持五星、禹露、羌山雀舌等茶厂，保障茶农春茶的销售途径；继续夯实冷水鱼养殖、山药种植等现有产业，对其进行种养殖技能培训和指导，并及时给予政策支持；支持建诚木业公司厂区道路建设，解决生产原材进出困难问题。二是在加快特色农业发展基础上，积极发展新产业。如可以发挥山区地理环境优势，新建羊肚菌菌种生产厂，发展鸵鸟、竹鼠养殖业。三是加大特色旅游发展力度，以寻龙山、老北川地震遗址、羌王竹海、吉娜羌寨为重点，打造全域旅游，不断将北川旅游业整体水平提档升级。四是加快土地流转，积极争取引进和储备招商引资项目，如楠竹等农副产品开发和观光农业项目。

（四）生产发展资金投入不足，后续资金跟不上

原居住地恢复生产、发展经济的资金严重不足。这里主要有四个原因。一是"5·12"大地震发生后，耕居分离群众有限的资金主要投入到重建房屋上，有的甚至是举债建房，已无余钱。二是金融机构的贷款优惠政策主要是针对农户房屋重建，很难从金融机构获得生产恢复和发展资金。三是招商引资困难。由于地质条件的限制，林地、耕地不能形成集中成片，不具备大规模投资条件。投资风险太大，林地和耕地的效益难以实现，因而投资商不会轻易投资。四是因缺少合作意识和风险共担思维，依旧保持一家一户的耕作模式，导致返乡发展的群众，依然是单打独斗，难以形成规模经营，抗风险能力很弱。

要解决发展资金短缺的问题，关键在于实现资源优化配置，促进生产要素流通。一是用项目引导生产要素流动。政府可以有意识地利用国家的财政项目、民宗项目、扶贫项目、农业项目、林业项目、水利项目安排使用的引导作用，引导投资者将生产要素向耕居分离地投放，促成耕居分离地的林地耕地资源，集中规范化生产。二是规范林地耕地流转。政府可以改革目前耕地林地的管理办法，支持经营权有效流动。但是，为了保证流转的合法性和流转双方的合法权益，政府可以对流转的行为进行规范，杜绝流转过程中出现群众合法权益受损，引发不良后果，从而不利于产业的恢复发展的现象。三是给予政策扶持，强化龙头企业的带动作用。耕居分离地的产业的发展壮大，只依靠群众返乡单家独户劳动的方式，不能形成规模，无法提升效益。政府应当出台政策，支持龙头企业到耕居分离地发展壮大。四是进一步明确产业基金的使用方向和重点。使用产业基金的发展项目要以带动群众发展致富为目标。产业发展基金的管理和使用要与后期扶持基金统筹使用结合起来。产业发展基金主要用于农副产品加工和种植基地、旅游业及相关服务业、劳动密集型特色产业的有关项目，以贴息和投资补助的方式予以支持。在项目支持上，为了确保受益的群众更多、更广泛，基金应主要支持中小型生产经营性项目，农业产业化项目，对基础设施、社会事业等大型工业项目一律不予支持。

军民深度融合发展的绵阳实践与思考

——基于贯彻落实习近平总书记来川视察重要讲话精神视角

刘仲平[①]

党的十九大报告将军民融合发展战略作为七大国家战略之一，并强调："坚持富国和强军相统一，强化统一领导、顶层设计、改革创新和重大项目落实，深化国防科技工业改革，形成军民融合深度发展格局，构建一体化的国家战略体系和能力。"改革开放以来，绵阳着力破解军民融合发展瓶颈、壮大军民融合产业，成效显著。截至2017年年底，全市军民融合企业达到323家，军民融合产业产值1530亿元，占工业总产值比重达50％；20多条创新做法在全省全国被贴上"绵阳标签"。在贯彻落实习近平总书记来川视察重要讲话精神和军民深度融合发展的"加速期"，总结推广绵阳军民融合发展实践经验，对推进治蜀兴川甚至我国相关工作均大有裨益。

一、与时俱进，不断抢占发展制高点

一个地方、一个行业和一个企业，只有准确把握发展大势、适应发展大势，把创新是动力源泉，才能更好抢占先机。只有把创新特别是科技创新作为内生动力，融入军民融合发展实践中。绵阳军民融合发展，就是根据发展变化新形势，不断在优化政策环境、产业集聚、平台建设和人才培养方面下功夫，真正促进军民、军地互动共振，促进国防建设和国家发展互动共荣。近年，中国空气动力研究与发展中心被习近平总书记批准作为"融通军民攻坚克难的排头兵"，列为全国全军重大典型。长虹集团牵头创新的"应收账款融资服务模式"得到李克强总理批示，全国推广。"绵阳市军民融合整体推进"入选"2016四川十大经济影响力事件"。

"三线"建设时期，国家在绵布局了中物院、中国空气动力研究与发展中心、西南

---

① 刘仲平，中共绵阳市委党校（市行政学院、市社会主义学院）副校（院）长、市委市政府决策咨询委员会副秘书长、四川省军民融合发展新型智库专家。研究方向：党史党章党建理论与实践、公共管理、微观经济、公共管理等。出版《创新发展论》《科学发展在基层的理论与实践》《党的建设科学化在基层》等8部专著，主持完成省部级科研课题14个，先后获全国、省市奖励50多次；多项研究成果得到有关部委、省市领导和专家的肯定、签批或采纳。

自动化研究所、长城特钢等40多国防科研院所和国有企业。1982年邓小平提出"军民结合、平战结合、军品优先、以民养军"国防建设思想后，以长虹为代表的绵阳军工企业开始转民，涪江有线电厂、华丰无线电器材厂、涪江机械厂等先后研发了洗衣机、电风扇、医用B超、共用天线等民用产品。1988年"科技兴绵"战略实施后，绵阳电子产品在国内领先，有的还打入国外市场，长虹机器厂成为全国最大彩电生产基地，涪江机械厂成为中国有线电视系统产品生产基地。1991年，绵阳被列为全国"军转民科技兴市"试点城市。次年，市委、市政府制发《关于大力推进军转民科技兴市的决定》，"科技兴绵"转为"军转民科技兴市"，绵阳主打"3115科技工程"和"名牌工程"，注重军转民和高新技术产业化，长虹、九洲等企业成为全国军转民典型。1998年12月，江泽民同志在中央军委扩大会议的讲话中明确指出"军民结合、寓军于民、大力协同、自主创新"新十六字发展方针。1998年，绵阳经济总量因此列四川省市（州）第2位。2000年9月，党中央确定建设绵阳国家科技城，绵阳注重探索军民结合之路，当年工业产值超5000万元。2004年，胡锦涛同志就国防科技工业贯彻落实科学发展观指示，国防科技工业要"坚持军民结合、寓军于民，促进军民良性互动，协调发展"。绵阳加快了推进国家科技城军民融合发展进程。

2008年"5·12"汶川特大地震后，绵阳及时把握灾后重建机遇，为绵阳军民融合产业发展注入了新活力。投资350亿元的科学新城、空气动力新城和航空新城等"三新城"落户绵阳，全市军民融合产业领域得到拓展，军民融合产业企业近100家后，2010年绵阳市获工信部"军民融合新型工业化示范基地"。2009—2017年，绵阳科技城军转民产业链启动两批21个项目、共投入15.41亿元；涉及新材料及精细化工、核物理和激光技术、机电一体化技术，以及空管和新材料两个领域。2011年6月，国务院批复《绵阳科技城发展规划（2011—2015年）》。到2017年年底，中物院某大型装置建成运行，29基地科研试验新区和624所高空实验基地全面建成。2015年8月，中央把四川确定为全国系统推进全面创新改革试验的8个地区之一，绵阳承担以军民融合为主攻方向的"国家使命"。2017年4月，国务院批复《绵阳科技城"十三五"发展规划》，要求"把绵阳科技城打造成为国家创新驱动发展的试验田、军民融合创新的排头兵和西部地区发展的增长极。"目前，绵阳打造的"四川九洲电器军民融合发展的探索与实践""绵阳国家军民两用技术交易中心的探索与创新""绵阳科技城军转民高技术产业链建设实践""绵阳科博会创新驱动谋发展探索实践"等9个案例，入选四川省军民深度融合发展的"案例选编"。习近平总书记来川视察发表重要讲话之后，2018年绵阳市"两会"提出了"把握世界新一轮科技革命和产业变革大势，深入实施创新驱动、军民融合发展战略，着力蹚出一条军民融合路子，促进科技与经济深度融合"思路。

二、加强制度体系建设，久久为功

一项事业要得到健康有序有效的发展，需要持续稳定的政策环境支撑。在依法治国不断推进的今天，加强制度体系建设，是干好一切工作的根本前提和保障。绵阳市军民融合发展实践，在这方面就有非常切身的体会。多年来，绵阳注重针对制约军民融合产业发展的瓶颈和问题，打破军民两部门间体系壁垒，构建一套能够在军民两个市场之间实现平衡，对有限的资源进行合理配置的一体化协同创新体系，在产业发展、技术研发和转化、资金保障、市场开拓等各个方面，创新制约企业发展的体制机制，形成一份投入、两份产出的效果，推动实现军民深度融合。

（一）以"四种机制"为代表的政策牵引增动力

2000年至今，国务院连续批复了绵阳科技城《发展纲要》和3个《"五年"发展规划》，明确了科技城军民融合产业发展的任务、目标和重点。通过建立完善院地军地联席会议制度，联合开展产学研协同创新活动，初步构建军地互动交流、国防重点保障、军民资源共享、多方联合促进等"四种机制"。近年绵阳制订了《制造业智能化发展行动计划》等7个先进制造业核心竞争力提升行动计划，以及《绵阳市经济建设和国防建设融合发展实施方案》《全面推进大众创业万众创新的实施意见》《改进服务工业企业九条措施》，以及《军民融合企业（单位）认定管理办法》及"细则"、《绵阳科技军民融合高技术产业集聚发展试点》方案等系列政策，科技城已成为西部军民融合发展的"政策洼地"。其中，《绵阳市军民融合企业认定管理办法（试行）》出台，明确三类共10项认定标准，开展系列认定工作，试点经验已在四川全省复制推广。《改进服务工业企业九条措施》明确了"问题清单、责任清单和结果清单"等。

（二）军民融合发展夯实市上"一号工程"

2015年，绵阳市委市政府决定把引进培育高新技术和战略性新兴产业作为产业发展的"一号工程"，把电子商务和"互联网＋"作为现代服务业发展的"一号工程"，军民融合产业发展是其中的重要组成部分。期间推出了系列配套计划。比如，实施"涌泉计划"，培育发展一批军民融合科技型中小企业，并带动全市中小型科技企业发展到近10000家；实施"梧桐计划"，培育打造军民融合产业园区；实施"翱翔计划"，实施军民融合"五大工程"。

（三）重点产业和项目建立专门领导机制

比如建立北斗导航产业发展的领导小组，行业协会、专家委员会、建立联席会议制度，规划建设专业园区，设置专项资金。从第二届科博会开始，先后分别委托中科院成都分院和绵阳工研院组织专家开展评审工作，对科博会参展单位展品进行先进性评审。游仙区出台了《加快推进军民融合产业发展十条扶持政策》，设立军民融合企业落户、科技成果转化、人才引进发展、军工企业和院所改制、企业融资奖等九个方面补贴资金各1000万元；军工资质认证奖励资金500万元。

（四）争取实施中关村有关政策

2014年10月，经科技部、财政部、国家税务总局等国家部委同意，绵阳科技城执行中关村"1＋6"政策中除高新技术企业认定试点以外的各项政策。

三、健全保障措施，做实产业发展

军民融合发展的关键在于"融"与"合"，主要效果在于经济规模的不断扩大和效应不断提升，把实体经济做实做大。绵阳军民融合发展的实践，要特别凸显产业发展的保障和产业效能提升举措。

（一）抓好金融服务保障

积极推动在绵军民融合金融机构创新业务，构建起国内领先的特色化、专业化、市场化军民融合金融生态链，着力解决军民融合企业发展初期规模小、融资难等问题。

1. 设立专门基金

建立军民融合成果转化、产业发展等 5 只基金，以及 1 亿元的高新技术中小企业贷款风险补偿基金、6000 万元人的才发展专项基金。其中，设立全国唯一，规模 20 亿元的军民融合成果转化基金（全国首个）和 5 亿元的军民融合产业发展基金（全省市州首个）。

2. 发展资本市场体系

建成川藏股权交易中心绵阳军民融合分中心、四川军民融合产业担保公司和军民融合小贷公司。成立全省首家军民融合股权交易分中心——中国（绵阳）科技城军民融合股权交易中心。组建川内首家新三板学院，引导成立 60 多家创业投资（基金）公司，累计为 80 多家科技企业和军民融合企业投入风险资本 20 多亿元。牵头打造四川省新四板市场"军民融合板"，目前已推动 203 家企业挂牌。"西南联合产权交易所绵阳分所"已挂牌运营；300 多家军民融合企业在天府股权交易中心成功挂牌。2016 年以来，全市新增上市挂牌企业 8 家、总数达到 31 家。在全国率先开展应收账款融资服务试点，实现融资金额 28.5 亿元。2017 年，中国人民银行成都分行和绵阳市政府联合召开了"央行支持绵阳军民融合及科技金融发展暨货币信贷大数据系统推广运用会"。

3. 成立专营机构

全国首家军民融合银行——绵阳市商业银行军民融合科技支行和保险支公司已挂牌运营，绵阳还成立了 3 家军民融合金融服务中心、2 家科技支行、7 家科技型中小企业信贷服务中心，推出了"军工采购贷"等 20 多个军民融合金融产品和 40 种科技金融产品，全市军民融合贷款超过 200 亿元。

（二）积极搭建平台

1. 产学研平台

目前，绵阳市有省级以上重点实验室 26 个（国家级 8 个）、工程技术研究中心 19 个（国家级 5 个）、工程研究中心（工程实验室）13 个、企业技术中心 154 个（国家级 8 个）、产业技术创新联盟 13 个，建成工业设计中心 4 个，民参军企业获得德国工业设计设计大奖——"红点奖"1 项。全市聚集了专业技术人员 21.7 万人，两院院士 28 人。

2. 成果转化平台

建成军民融合创客、加速器等孵化器近 50 个，面积突破 100 万平方米，新增国家、省级孵化器 9 个；建立长虹－虹云内部虚拟孵化器，着力构建"创业苗圃＋孵化器＋加速器＋产业园区"的全链条孵化载体；建成四川中物技术、西南科技大学国家大学科技园技术转移中心、市农科院技术转移中心等 3 个国家级技术转移示范机构，定期组织在绵军工单位成果转化推进会或对接会。

3. 创新服务平台

建成科技创新服务中心线上"优科服"平台和线下物理平台，推动军地、院地重点实验室、技术中心双向开放。全国唯一的国家军民两用技术交易中心在绵阳运营，实现与全军武器装备采购信息网链接，承接了民参军认证服务。四川军民融合大型科学仪器共享平台（下称共享平台）在绵阳揭牌。该平台通过"互联网＋"模式，有效聚集军民融合资源，到 2020 年，可实现整合仪器资源 10000 台以上，年服务企业 5000 家以上。由九洲集团领衔，中国核动力研究设计院、中航工业成飞公司、四川大学等 58 家单位共同组建的四川军民融合高技术产业联盟成立大会在成都举行。同时，绵阳还建立了国内首个"电子信息军民融合创新实验室"、全省首家军民两用技术再研究中心等。

4. 建设两大省级高技术产业基地

一是建设科技城集中发展区。瞄准新一代显示面板、集成电路、北斗卫星导航、人工智能、新能源汽车等新兴产业领域，推动集中发展区基础设施和产业项目建设，及时建成 5 平方公里启动区，基本形成 30 平方公里核心示范区主体框架，发挥 100 平方公里建成区的效能。二是建设航空发动机产业基地，累计投入 30 余亿元、新建面积 13 万平方米。

（三）形成军民融合发展产业体系

1. "1＋6＋10"产业体系

"1"就是 1 个电子信息作为支柱产业，"6"就是核技术应用、航空发动机与燃机、智能制造、北斗导航、池电材料、精细化工等六大优势产业。"10"就是绝缘材料、高端装备制造、空管、信息安全、新能源、节能环保、广电连接器、电梯、民爆、军需等 10 个特色产业。

2. "8＋N"企业产业集群

依托长虹控股、九洲集团、久远集团、攀长钢集团、624 所、电子 9 所、58 所、东材科技等 8 个重点企业，打造若干产业集团。

3. "1＋10"产业园区

对接国家重点项目（专项），集聚军民两用技术成果转化和企业。"1"就是科技城集中发展区（见图 1），包括"一体"——中央创新驱动区，"两翼"——产业集中发展区南翼、产业集中发展区北翼。

图1：科技城集中发展区

"10"就是发展光电、长虹智慧制造、九洲空管二次雷达、智能制造与信息安全、中航发航空与燃机、中电科磁性材料、中电科智慧能源、中物院核技术应用、中物院化工新材料、通用航空等十个产业园。其中，九洲空管二次雷达等两个产业园已建成。

（四）打造军民融合四种模式

一是"军工自转"。长虹集团组建四川电子军工集团公司，成立军民融合发展中心和国内首个电子信息军民融合创新实验室。九洲集团营业收入近8年增长超过10倍，被党中央、国务院、中央军委授予重大贡献奖，成为全国唯一获此殊荣的地方军工企业。二是"院所自转"。中物院、兵装58所等在绵国防科研院所加速自身成果转化，催生了利尔化学、中物仪器、科莱电梯、维博电子等一大批军转民企业。上市公司利尔化学已成为全国第一、世界第二的高效安全农药生产企业。三是"院企联转"。中物院与九洲集团联合组建九九瑞迪公司，建成我国第一家数字成像仪器中心，产品填补我国工业CT生产空白并已实现产业化。四是"民企参军"。六合锻造、金华洋电器等近200家民品企业成功进入国防军工生产领域。

（五）打造高端特色产业

1. 突出北斗导航产业发展

2013年11月，九洲集团发起成立"四川省北斗导航产业联盟"。2014年绵阳入选国家首批北斗卫星导航产业区域重大应用示范城市。2016年年底，绵阳北斗导航产业企业推动各类北斗车载终端15.3万余套，"智游戏"等终端设备4700套。

2. 建设中国（绵阳）科技城核医学中心

通过军民融合，将核医学专业打造为国家级重点学科，与绵阳市中心医院院本部统筹医疗资源，打造中国科技城优质区域医疗中心和研究中心，建设成立足本地资源、服务西南地区、国内领先、国际一流的以核医学诊疗为特色的三级甲等综合医院。总投资约 29.2 亿，其中一期投资 18.5 亿元，二期投资 10.7 亿元。

3. 促进军工记忆产业化

将朝阳厂、热电厂、川西北地质大队、西南自动化研究所、中国工程物理研究院旧址等一批"三线建设"重要工业遗产纳入保护利用范围。一是改造跃进路历史文化街区。2014 年省政府办公厅出台《关于推进城区老工业区搬迁改造的实施意见》后，绵阳先后实施制定《跃进路历史文化街区保护规划》《跃进路历史文化街区保护利用整体策划及景观提升方案》和《跃进路历史文化街区建筑保护利用概念设计》《跃进路历史文化街区工业遗产普查征集工作方案》等。二是建设 126 文化创意产业园。该园区位于原西南应用磁学研究所（中国电子科技集团第九研究所）旧址，为一处"三线建设"工业遗址，总面积约 100 亩，建筑面积达 2.7 万平方米。目前先后引进了文艺实体 70 余家，已成为工业遗产保护与文化创意产业有机融合的文化创意园区。

四、准确把握全局，着力联动各方资源

注重因时因地施策，拓展路径，促进有胆识的军工企业、民营企业、高校、科研院所等开展多维度的合作，整合社会资源，形成"1+1＞2"的效果，共奏军民融合发展交响曲。国际上通常认为，R&D 经费占比（全社会研发投入占 GDP 比重）达 2.5％时，标志着创新能力基本达到或接近发达国家水平。2017 年，绵阳 R&D 经费占比达到 6.53％，位居全国前列。

（一）激发军工单位和在绵高校活力

1. 联动军工单位打造基地

九洲、长虹、东材等行业骨干企业联合省内、外科研院所、高等院校建立起了空管技术创新联盟、空管系统产业联盟、国家空管监视与通信系统工程技术中心、国家绝缘材料工程研究中心、四川省非金属复合与功能材料重点实验室等产学研协同创新平台。由长虹大数据公司、北青数据技术有限公司、九洲集团、绵阳科技城科技服务公司等联合成立中国科技城产业大数据研究院；由中共绵阳市委发起，联动九院、中航集团国际交流中心成立了"绵阳市两弹一星干部学院"。2018 年 4 月，在绵军工单位牵头成立中国（绵阳）科技城军民融合高技术产业联盟。围绕军民融合高技术产业的重点领域，突出国有大型企业带动、中小企业协同。

2. 西南科技大学成为重要基地

2016 年市政府与西南科技大学联合建立了"四川省军民融合发展研究院"。2016 年，该院组建的中国（绵阳）科技城军民融合创客空间（以下称 9 号院）通过科技部备案，并纳入国家级科技企业孵化器的管理服务体系。2017 年西南科技大学与九院联合建立省级智库——四川省军民融合发展新型智库。目前，市委市政府正协同完善智库专家和发挥服务科技城作用的渠道。在西科大董事单位的支持下，建设了"军民融合创新平台"；在国防科工办的支持下，建立了军民两用技术转移和产业孵化中心；牵头成立中国（绵阳）科技城高教联盟，共同推进军民融合人才培养；依托学校四川省级创新团

队——"四川军民融合产业研究团队",成立了"四川军民融合战略研究中心",承担多项国家、省、市军民融合重大项目研究。

3. 成立工研院

2012 年成立中国（绵阳）科技城工业技术研究院（简称"工研院"）,作为推进科技成果产品化、商品化和产业化的公共服务平台和军民融合发展平台。面向全球高薪招聘总经理和业务副总经理,市委市政府专门设立了年投入 4000 万元发展专项资金,支持工研院从事军民融合新兴产业、主导产业发展战略研究和重要成果转化。

(二) 多渠道凝聚智慧

一是举办（承办）高端论坛。近年来,绵阳先后举办（承办）"四川省第二届博士论坛（军民融合发展）""从三线建设到军民融合发展专家论坛""四川军民融合无人机防控技术研讨会""第五届科博会之国际军民融合创新发展论坛"等活动;承办了"四川省推进军民融合发展暨发展政策宣贯（川北片区）培训会"。其中,从"三线建设"到军民融合发展专家论坛由中共四川省委党史研究室和市委市政府联办,全国各省市区委党史研究室及各大军工企业专家领导齐聚绵阳建言献策。二是推动合作。西南科技大学分别与中国工程物理研究院、中国空气动力研究发展中心、中国航发四川燃气涡轮研究院、中国兵器装备集团自动化研究所、长虹电子控股集团、九洲电器集团等单位签订战略合作协议。三是西南科技大学举办"服务军民融合发展"董事会专题会,进一步商议对策。

(三) 调动县域积极性

1. 游仙区大力建设园区平台

一是建立军民融合产业园。规划面积 50 平方公里。正在形成一中心三园——军民融合小镇（智能制造产业园）、核技术应用产业园、中航发航空与燃机产业园,2021 年产值目标为 500 亿元。二是完善系列平台。举办全市首届"军民融合智能制造（机器人）高峰论坛",建成全省首个地方军民融合专业孵化器——绵阳军民融合孵化器。在第五届科博会上,游仙区军民融合主题馆是唯一一个县区主题馆,举办了区级军民融合专场推介会。游仙区孵化中心还着力打造"军民融合创业苗圃孵化器＋企业加速器"模式。三是组建 50 亿元的军民融合发展产业基金。2017 年全区军民融合企业 51 家,产值 164.1 亿元。

2. 江油市组建 50 亿元基金

其中,江油工业投资集团出资 20％,北京盛世投资管理有限公司、西部优势资本投资集团发展有限公司出资 80％,截至 2018 年 4 月已到位 10 亿元。规划建设 2800 亩军民融合产业园,三年预计实现产值 30 亿元、税收 4 亿元。

3. 安州区产业发展迅速

2017 年底,全区已有军民融合企业 25 家,年产值达到 11.91 亿元,同比增长 20.55％;银河化学已加入四川省军民融合高及时产业联盟。

五、强化人才资源开发，蓄积绵绵之力

建设中国特色社会主义伟大事业，人力资源是最宝贵的资源，优秀人才是事业得以持续推进的重要基础。军民融合发展要聚集人才，人才的集聚是军民融合良性发展的前提。多年来，绵阳特别注重利用自身优势凝聚人才，不断拓展服务军民融合发展的渠道。近5年绵阳投入人才发展专项资金超过2.2亿元，推动各方资金投入156亿元，引进高层次领军人才174人，其中大部分人才活跃在军民融合发展领域。"支持军民融合人才创新创业"做法被赵乐际同志表扬；国务院办公厅秘书三局来绵阳调研，将"加强国防科技工业人才队伍建设"建议吸纳进国务院《关于推动国防科技工业军民融合深度发展的意见》中。

（一）不断配套军民融合发展人才支撑政策

2012年以来，绵阳制定实施了《绵阳科技城"千英百团"聚才计划高层次人才引进实施细则》《关于实施创新驱动发展战略加快绵阳科技城创新人才汇聚地建设的意见》《绵阳市人才发展专项资金资助项目实施办法》《关于深化人才发展体制机制改革全面推动军民人才深度融合发展的实施意见》等配套文件。到2017年年底，绵阳市全创试验暨军民融合人才开发体系确立了三年试验期8个大类17大点改革项目。

其中，给予领办"军转民""民参军"企业的高层团队最高2000万元资助，人才最高500万元科研启动资金。对"民参军"企业研发团队，给予最高100万元配套资助。对在绵高校新设军工专业、军民融合专业，择优给予技术研发型和技能培育型学科（专业）团队最高100万元建设资助。对扶持军民融合人才创业成效显著的金融机构给予最高30万元人才资金奖励；军民融合企业引进大学生住房补贴政策，按本科、硕士、博士最高5万元给予资助。对到绵阳市投资电子信息、汽车、新材料、节能环保、高端装备制造等领域的军工企业，按开工后一年内实际到位资金，给予最高200万元项目团队资助，用于该项目的人才激励等。针对中央12家军工集团来绵阳兴业，按投资比例给予一次性人才团队建设资助；鼓励国内外著名高校在绵阳设立分支机构，共建军民融合大学创新中心；发布全国首份地方院校军民融合学科白皮书；在地方性高校开设军民融合专业；依托九洲技师学院，建成四川省军民融合产业高技能人才培训基地。

实施千英百团·军民融合高层次人才（团队）资助计划，支持"军转民""民参军"人才（团队），资助21个，共1330万元；实施军民融合服务领军团队资助计划，资助31个，共977万元；实施军民融合人才培养项目，支持在绵大中专院校和科研院所培育输送军民两用专业技术和高技能人才，资助4个，共320万元。

（二）系统推进全创试验军民深度融合人才开发体系

1. 营造良好氛围

特别设置"军民融合高层次团队和人才奖"。举办2017年中国（绵阳）科技城人才之夜，军民融合优秀团队和领军人才隆重亮相。

2. 提升特别服务

建立军民融合重大项目引进人才"一对一"咨询服务机制；在清华大学开设四川省首个军民融合企业家培训班；对在绵科研教学机构、学术领导人员因公临时出国（境）进行分类管理，开通审批"绿色通道"；对在绵高校科研人员服务企业由报批改为备案。

3. 建立大型（军工）国企人才自评机制

支持九洲集团等引进专业咨询机构对中层以上干部职位拟提拔人选进行独立测评；设置"技术三师"（设计师、工艺师、质量师），"管理三师"（管理师、财会师、统计师）和"工人技师"，为各类人才铺设多条职业晋升通道。该措施可在全国推广。

（三）不断推进人才合作平台建设

要积极争取省上设立新一轮绵阳科技人才发展专项资金。与中航科技集团共同组建科技城军民融合人才服务公司，中国国际人才市场国家科技城（绵阳）分市场建成运营，全国首个军民融合专业化人才交流服务平台——中国军民融合人才交流服务平台在绵建设启动，支持科创区高起点规划建设绵阳科技城军民融合人力资源服务产业园；引进成立欧盟项目创新中心·科技城分中心和英国剑桥科创孵化园——中国绵阳科技城中心；建立人才信息超过23000条。开展军民融合企业"课题式"引才和社会组织凝聚人才。主要包括绵阳市期刊研究会、绵阳金属协会等，联动军民人才促进事业发展。

（四）打造融合人才品牌

启动建设全国首个军民融合律师人才服务团。在清华大学举办全省首个军民融合企业家培训班. 吸引261名科学家和企业科技人才到在绵高校任职，"支持军民融合人才创新创业"的做法得到中组部主要领导表扬。引进中国人力资源外包10强之一——博尔捷人力资源集团，共建军民融合人力资源产业园。用好"四川省军民融合产业高技术人才培训基地"。

六、着力打造高端品牌，拓展国际交流发展空间

一个产业的发展要形成规模效应、一个地方经济发展要凸显品牌，重要的载体建设必不可少。绵阳军民融合发展长期的抓手是长虹集团、九洲集团，近年还增强了科博会和京东方等特别项目。

（一）打造全球品牌科博会

中国（绵阳）科技城国际科技博览会（以下简称"科博会"）是经党中央、国务院批准，由科技部和四川省人民政府共同主办，国家发展改革委经济与国防协调发展司，解放军军事科学院军民融合研究中心、国防大学国防经济研究中心等单位协办，主要以"军民融合·科技创新·开放合作"为主题（首届主题为"驱动发展·高新技术·军民融合"），每年定期在绵阳举办，聚焦军民融合与科技创新，目前已成功举办五届，连续三次荣获"全国十佳品牌展会"称号，被商务部确定为2015年重点引导支持展会，是

与西博会并列的四川两个重大展会之一。前五届科博会共签约项目 2772 个，签约金额 4564 亿元；累计参展参会国家（地区）56 个（非重复统计），展览总面积 29.4 万平方米，参展单位 3842 家，参展项目 9964 项，吸引观众约 236 万人次，其中专业观众约 36 万人次，绵阳将着力打造其成为"全国军民融合第一展"。

第三届科博会始设主宾国，捷克、美国、以色列先后担任主宾国。第四届科博会首设军民融合馆、轮值主题市（州）开放日活动；联合国工业发展组织首次成为支持单位，美国首次成为主宾国；三一重工、通快（中国）有限公司等企业成为科博会战略合作单位。国防大学发布《中国军民融合白皮书》。2017 年第五届科博会，吸引了 207 家军民融合企业参展，国务院总理李克强和以色列总理内塔尼亚胡发来贺电。

（二）打造长虹、九洲"双子星座"为代表的融合发展企业领头羊

2017 年长虹集团产值突破 1000 亿元，品牌价值达 1319.75 亿元人民币；九洲集团产值超 200 亿元，是党中央、国务院和中央军委联合表彰的为高新工程做出巨大贡献的全国 28 家军工单位之一。其中，长虹、九洲等 10 家企业进入全省制造业 100 强，而且排名比较靠前。此外，绵阳还有京东方（投资 465 亿元、占地约 1200 亩）、野马绵阳公司（2017 年产值 33.67 亿元，全省唯一自主汽车生产企业）等一批企业。

七、推进军民深度融合发展的思考

2018 年 2 月，习近平总书记来川视察讲话时提出了"打造共通共用、共建共享的军民融合示范平台，发挥军工企业技术优势，发展军民结合产业，促进军地、军民融合发展，蹚出一条军民融合，深度发展的路子"的要求，对今后我国军民深度融合发展指明了方向。

（一）明晰军民融合发展的主要难题

思路决定出路，共识促进活力。无论是军工单位，还是政府主管部门，只有思想上重视，观念上认同，才能在军民融合行动上积极。要进一步通过配套措施，在生产要素配置、资源利用上力求军民双方利益趋同和目标一致，真正实现在土地、技术、人才、装备、资本和市场等要素配置的融合与共享。

军民深度融合发展传统难题主要包括军工保密要求、军品生产"许可管理"、军工单位自我封闭、部分"参军"的民营企业信誉度不高等。比如民营企业参与武器装备科研生产的相关资质，需要进行武器装备科研生产许可证、装备承制单位资格、武器装备科研生产保密资质、武器装备质量管理体系认证，称为"军工四证"。这"四证"申请时间至少两年，手续烦琐，增加了办理成本，降低了办理效率。从绵阳实践来看，主要难题还包括：一是体制机制问题。协调不力，政出多门，尤其是军工资源为地方发展服务少，共识较少，激励措施少；地方有针对性服务乏力。二是发展规模小。如 2016 年北斗产业发展中，九洲占 80%，长虹约占 20%，其他中小企业占比不到 1%。三是核

心技术不强。又如北斗产业中，绵阳在最关键的芯片（主要是射频芯片和基带芯片）技术还处于探索阶段。四是高端人才缺乏。绵阳从事北斗导航产业的研发人才仅 300 多人，远低于北斗应用城市平均水平，而且面临成都、重庆、西安等周边地区的竞争，甚至被挖"墙脚"。五是缺乏长远规划。有的融合产业市场没有打开，缺乏专业园区建设的有效配套，无法形成完整产业链条。专项扶持政策迟迟没有出台。

（二）国内外经验借鉴

1. 国外特点

美国的"军民一体化"、俄罗斯的"军民并重"、以色列的"以军带民"、日本的"以民掩军"等模式均值得我们借鉴。美国的国防工业在世界上占有绝对优势，世界防务百强企业中，美国占 45 家，军品收入占到该国百强企业收入总和的 63%，而其五大军工巨头的收入又占百强企业的 35%，这和美国的国防金融政策有直接关联。

2. 重庆市军转民特点

一是举办中国国际军博会（原名"重庆高新技术交易会"，简称"重庆高交会"）。自 1999 年以来，重庆高交会累计展示高新技术项目 10000 多项，成交项目 4700 余项，合同交易额超过 2430 亿元。2016 年第十二届重庆高交会暨第八届国际军博会由科学技术部、工业和信息化部、中国科学院、中国工程院、中央军委科学技术委员会、中国发明协会和重庆市人民政府共同举办，以"军民融合、创新创业"为主题。有 152 个国内外参展参会代表团、1383 家参展企业、56 家高等学校和 107 家科研机构携 2465 个项目参展。二是强化政策保障。2011 年市委、市政府和重庆警备区联合下发《关于推进军民融合式发展的意见》，提出建设 10 个军民融合产业基地，10 个高端技术军民融合研发平台，6 个军地共用物流集散基地等。市政府与中国工程院联建重庆军民融合他新研究院和军民融合协同创新研究院等。三是融合特点。主要包括：利用军工技术和军品工艺生产名牌（运动枪和子弹、猎枪和弹、打雨炮），"技术相通，工艺相近"生产（摩托车、自行车、电扇），利用军工企业技术、装备、工艺条件新开发（越野汽车、空调），轻工技术改造服务（望江机器厂、空压机器厂等），军民两用技术，军民深度融合。建设、嘉陵两大军民结合企业和隆鑫、宗申、力帆三大民营企业共同支撑重庆摩托车格局，2000 多家配套企业。

此外，贵州的遵义、六盘水、都匀等地建设了"三线建设博物馆"，作为当地开放的窗口，也可作为经验借鉴。

3. 全省重点经验

近年来，四川高度重视军民融合发展，在全国率先与 12 家央属军工集团和中物院全面建立战略合作关系，建立航天航空等十大军民融合高技术产业基地，争创国家军民融合创新示范区，推动科技与金融结合。全国首批 13 条复制推广的创新举措中，有 8 条为四川推荐（军民融合占 3 条）。2016 年，四川省军民融合产值已经达 2870 亿元，居全国第二位。2017 年 12 月四川省委军民融合发展委员会第一次全体会议指出："加大与央属军工集团和中物院合作项目推进力度，加快建设航空、航天、信息安全等军民融合高技术产业基地。""谋划实施通用飞机整机、商业航天、集成电路、高端装备、网络信息安全等重点项目，加快建设中国电子8.6代线等重点产业项目，积极发展3D打印、无人机、商业卫星以及新能源新材料等重点产业。""继续争取国家重大专项布局，推进军民融合重大科技项目攻关。"

4. 部分市州亮点

一是成都市亮点。健全产业发展体系、空间布局、政策支持，以及产业基地（园区）、技术支撑、民间投资（军品研制、配套协作）等政策。举办"成都市军民融合产业生态推介会"。2018年，青羊区军民融合公共服务平台上线。2018年，成都高新区发布了《成都高新区加快军民融合产业发展的若干政策措施》。该措施共11条，围绕军民融合企业项目建设、企业壮大、创新投入、能力提升、平台建设、市场开拓、用地用房、人才聚集、金融支撑共9个方面给予支持，企业最高可获500万元补贴。二是德阳市亮点。主要建设金山镇军民融合特色小镇和军民融合产业园区。构建"一核心五半岛七片区"，打造30平方公里军民融合示范产业园。其中，"一核心"即军民融合文化核心，"五半岛"即科研孵化、金融服务、文化创新、运动体育、休闲娱乐等半岛，"七片区"即新材料产业、电子信息产业、装备制造及物流、人才公寓、产镇融合、高端生态、度假娱乐等园区（片区）。截至2018年4月，园区军民融合企业达37家。三是攀枝花市亮点。攀枝花定期举办钒钛产业军民融合技术交流会。建设"中国三线建设精神博物馆"，是目前国内面积最大、陈展最全、藏品最多的"三线建设"主题博物馆。四是华蓥市思路。华蓥市以厂带社、亦工亦农进行民养军、军转民，军地共建共用，实现军地互补、城乡结合。

（三）加速"国家军民融合创新的排头兵"建设思考

要针对军民深度融合中的难点、热点问题，解决好军民两用技术、国防采购市场化、军民人才培养一体化、军队非核心保障任务向地方转移、军工企业所有制多样化等难题。

特别是军工企业要走出"军品是'主业'、民品是'副业'、从事民品产业是权宜之计"等误区，由"要我融"主动向"我要融"转变。

1. 充分发挥融发委作用

绵阳市委市政府正在成立市委军民融合发展委员会（简称融发委），以进一步整合资源，全面推进技术、企业、市场、制度等方面的融合。要注重统筹交通、信息、科技气象等基础设施建设和标准计量体系建设，打造基础领域资源军民共享体系；促进国防科技工业改革、军用技术民用转化，发展军民融合产业，深入推进"民参军"，加强载体建设和金融创新，建设军民融合产业体系；推进军民科技协同创新体系、科技成果转化体系、军民保障社会化体系和国防动员体系建设。同时，在军民融合发展基础较好的县市区，也要及时成立融发委，并将其列入县域全面深化改革的重要内容。

2. 推进科研成果产业化和市场化

军民融合发展的项目，多属于国际国内技术领先的新兴产业项目，具有自主知识产权，实现产业化，对加快产业转型升级有着极大的推动作用。2018年绵阳要做的重点工作主要是：推动中国工程物理研究院某重大装置主体项目按期开工，支持中国空气动力研究与发展中心大型低速风洞加快建设、国家空气动力数值模拟军民融合重大工程项目年内落地开建，推动中国航发四川燃气涡轮研究院国家"两机"重大专项加快实施。积极推进国防科技重点实验室、军工试验设施、大型科研仪器向市场创新主体开放；实施国家军民两用技术交易中心、大型仪器设备资源共享平台等市场化改造。积极争创国家军民融合创新示范区和国家首批军民科技协同创新平台布局绵阳。

3. 加快发展新兴产业

一是大力发展北斗卫星导航、核技术应用、新一代信息技术、航空航天、高端装备制造等军民融合产业。培育壮大长虹控股公司、九洲集团、攀长钢集团、东材科技等军民融合企业集团。二是大力发展信息安全产业。绵阳市较早建立了信息安全产业园。2017 年将 360 企业安全集团引进绵阳。2018 年 3 月，360 企业安全集团安全运营服务总部、网络安全人才培养绵阳基地、网络空间安全军民融合创新中心绵阳分中心等"三大战略中心"正式启动。今后，院、地、企三方共同在网络安全技术攻关、网络安全、产业发展、网络安全人才培养等领域持续开展深度战略合作设立网络空间安全军民融合创新中心绵阳分中心，助力网络空间国防建设。

4. 加强平台建设

目前，四川军民融合在线已上线建立。2018 年 3 月，四川省社会科学院成立了"西部军民融合研究中心"。今后，要联动发挥产业技术创新联盟、工程（技术）研究中心、重点实验室和工程实验室等资源作用，建设民营重点实验室和研发中心，促进绵阳科研院所高端科技创新基地建设。依托在绵高校和科研院所，建设军民共建技术研究中心、科工知识产权和成果转化示范基地、"中国科技城军民深度融合发展"在线。

5. 统筹人才开发机制

一是专业培训。整合西南科技大学等在绵高校，绵阳中学、九院技师学院等资源，利用部队修理场所、生活服务中心、医院等，培育培养军民两用人才。二是学历教育。规范西南科技大学、绵阳师范学院等在绵高校与军工单位合作平台建设，通过举办网络教育学院、在职研究生教育等方式，加强官兵和技术工人学历教育。三是建设专业化的人才服务产业园，为两用人才发展提供服务。四是通过社会组织发展促进军军民人才融合，厚植"融合"基础。

（四）积极贡献"党校力量"

1. 打造全国性军民融合发展干训基地

一是发挥"两弹一星"干部学院作用。目前，绵阳市委党校是市"两弹一星"干部学院的重要依托和组成，市委党校要积极协同承办好与全国十二大军工集团对接的有关会议、承接军工单位专家和职工到绵阳培训，以及联动全国"两弹"基地开展军工单位专项培训，打造全国一流的军民深度融合发展干训基地。二是承接中共四川省委党校和省社会主义学院等方面干训项目，展示绵阳军民融合发展经验，探讨深度融合发展路径。三是开展对外培训。利用绵阳市县党委和有关军工单位阵地，组织开展面向全国的社会培训。同时，党校牵头、加强宣传、规范发展，推动打造一批开展社会培训的民办机构，推荐绵阳军民深度融合发展的线路和项目。

2. 市委党校成立"军民融合深度融合发展研究中心"

绵阳市委党校目前有省级新型智库—四川省军民融合发展智库专家 1 名,教师相关研究成果得到省市有关领导的肯定。下一步,可依托省委党校在绵阳党校成立的智库基地,联动省委党校相关机构和专家,成立"绵阳市军民融合深度融合发展研究中心",加强军民深度融合发展研究以及与省内外专业机构的协作,积极建言献策,贡献"党校智慧";组织精兵强将把研究成果转化为专题,进入主题班和专题班等课题。

参考文献:

1. 四川省人民政府网站. 四川军民融合"万马奔腾"成为经济转型升级新动能 [EB/OL] http://www. sc. gn. cn/10462/10464/10797/2017/318/10416507. shtml.

2. 绵阳市委深改办. 全市全面深化改革工作会议学习资料 [Z]. 2018 (4).

3. 中共四川省委党史研究室,中共绵阳市委,绵阳市人民政府."从三线建设到军民融合发展"专家论坛论文集 [C]. 2017 (1).

4. 四川省科协. 第八届四川省博士专家论坛优秀论文集 [M]. 成都:四川科学技术出版社,2016.

5. 科技城管理委员会军民融合办. 绵阳科技城军民融合发展情况 [Z]. 2017 (12).

推动经济高质量发展
着力建设科技城临港经济发展区

——涪城区深入贯彻习近平总书记来川视察重要讲话精神

谢晓玲[①]

  党的十九大报告按照中国特色社会主义事业"五位一体"总体布局，对经济建设进行了全面部署，提出了"深化供给侧结构性改革、加快建设创新型国家、实施乡村振兴战略、实施区域协调发展战略、加快完善社会主义市场经济体制、推动形成全面开放新格局"6个方面的重点任务。其中深化供给侧结构性改革提出了重大创新举措，提出以供给侧结构性改革为主线，推动经济发展质量变革、效率变革、动力变革。2018年2月，习近平总书记来川视察指导，对着力推动经济高质量发展提出了重要要求。他强调，要加快推动经济高质量发展，解决好产业体系不优、市场机制不活、协调发展不足、开放程度不深等问题，形成产业结构优化、创新活力旺盛、区域布局协调、城乡发展融合、生态环境优美、人民生活幸福的发展新格局。

  四川省委提出"两个跨越"，深入实施"三大发展战略"，坚定贯彻新发展理念，坚定推动经济发展质量变革、效率变革、动力变革，走出具有四川特点的科学发展、加快发展之路，是对习近平总书记"着力推动经济高质量发展"指示精神的重大战略回应。涪城区委专注"全面建设幸福美丽涪城"目标，依托"一二三四五六"总体战略部署，发挥铁路货港和机场空港的产业集聚功能，充分吸收高新区和经开区的产业辐射效应，进一步拓展发展空间，激发经济新活力，按照"一区多园"的空间布局，整合资源，提升优势，在绵阳城市南片区，规划建设的中国（绵阳）科技城临港经济发展区，则是涪城区落实"着力推动经济高质量发展"的重大战略举措。

  临港经济发展区规划面积控制为16.5平方公里。主要范围包含吴家镇、石塘镇、新皂镇部分区域，规划总体结构为"一心一镇两园"（一心：吴家镇工业中心；一镇：126特色小镇；两园：新皂科技物流产业园和高端装备制造产业园）。布局发展新一代信息技术、高端装备制造等"两新"产业和科技物流、智慧物流、电子商务、文化创意等配套产业。

---

  ① 作者单位：中共绵阳涪城区委党校。

一、建设科技城临港经济发展区的重要意义

国务院《长江经济带发展规划纲要》对四川战略地位的规划，对处于长江黄金水道的绵阳而言，是不可复制的机遇。科技城临港经济发展区的开发建设，正是国家战略和绵阳发展战略的重要纽带与载体。临港经济将成为全新的经济增长极，拉动区域经济的增长，有力促进港口与城市的协调发展。

（一）充分发挥临港优势，促进绵阳产业布局更加合理

自 2001 年建成通航以来，绵阳机场定位于服务川西北地区 2000 万人口的区域性次干线机场，保持了快速发展，年旅客吞吐量从 2006 年的 14.6 万人次增长到 2017 年的 350 万人次，平均增长率在 30％以上。立足绵阳、服务川西北的区域性航空枢纽的雏形已形成。形成与成都机场的错位分工，共同构建成都平原城市群中"两主一辅"的多机场体系格局，最终发展成为多机场体系中服务于川西北的区域性航空枢纽。由此带来的巨大的以发展临空产业为核心，包括运输业（客运、货运）、民航综合服务业、配套服务、传统的制造业、物流配送、商务餐饮、住宅开发和高新技术产业等的临空经济效益，对于以机场为中心，以 10～15km 为半径范围内的科技城临港经济发展区影响深远。

同时，以绵阳火车货站扩能改造为依托，打造基础设施配套完善、现代物流特色鲜明、各种资源集聚、信息化程度高、综合服务最优、环境一流并充分融合绿色、科技和智慧元素的大型综合科技物流新城。"一枢纽三中心"的产业布局，即"多式联运枢纽、供应链组织与服务中心、商贸物流中心和产业物流中心"。重点发展供应链物流，推进城市共同配送，同时建设仓储、流通集散、加工增值、信息及电子商务服务、金融服务、综合配套服务等功能，同时延伸到物流配套商业、服务业、金融业、制造业、农产品体验式乡村旅游集聚中心等项目，基本形成布局合理、功能齐全、绿色高效的国家重点物流产业园，最终预计实现固定资产投资约 100 亿元，年均产值约 800 亿元，年均税收约 30 亿元，预计提供关联就业岗位 10 万个。远景规模达到在 35.58km 的区域内逐步建成科技物流产业新城，为绵阳经济社会发展提供重要支撑。

（二）促进绵阳更快更好地融入国家发展战略

长江经济带、西部大开发、成渝经济区等重大国家战略交汇叠加，天府新区、全面创新改革试验、自由贸易试验区等重大国家布局交汇叠加，既是四川发展的重大机遇，也给绵阳科技的发展带来无限的生机。科技城临港经济发展区的规划建设，充分整合辖区内空港、陆港资源，结合涪城区已有的商贸物流城，将形成信息技术、高端装备制造等"两新"产业和科技物流、智慧物流、电子商务、文化创意等配套产业。这对于绵阳集中区的整体规划和产业布局将是有益补充。可以说，涪城临港经济发展区具有创新创造能力和辐射带动能力，能为处于西南内陆地区的四川"三大战略"中的"多点多极支撑"发展战略提供示范，能为内陆城市如何融合到国家发展战略之中提供经验，更能成为绵阳新的经济增长极和产业升级示范区。

（三）对周边区域的发展具有强烈的辐射带动作用

省十一次党代会报告指出，构建区域协同共兴、整体跨越提升的新格局。在区域经济发展大趋势下，赢得竞争优势越来越需要增长极的引领带动和点极之间的协同联动，促进区域内经济布局和要素配置优化，不断增强发展的协调性整体性。要城市带头带动引领示范辐射作用，打造各具特色和支撑的区域经济板块。科技城临港经济发展区位于绵阳市核心区域，建设发展依托科技城人才和资源优势，结合区情和发展区地理位置及设施条件优势，充分利用现有的航空、铁路、公路立体化交通网络，将有效形成具备涪城产业特色的发展区，按照"有核心、无边界"的规划格局，对周边区域的发展具有强烈的辐射带动作用。

（四）将成为绵阳新兴产业技术的主力军和排头兵

省十一次党代会报告指出，必须坚持以新型工业化为主导、新型城镇化为载体、农业现代化为基础，更加注重发挥信息化的聚合、叠加、倍增效应，促进城镇布局与产业布局、经济区与城市群发展有机融合，加快形成具有核心竞争力的现代产业体系、宜居宜业宜商的现代城镇体系和城乡一体的现代城乡形态。涪城临港经济发展区依托火车货港和机场空港，以及二环路、绕城高速、绵中路等重要交通枢纽，布局发展电子信息、智能制造、航空航天等"两新"产业和科技物流、智慧物流、电子商务、供应链管理等现代商贸物流业以及商住、餐饮、娱乐、休闲等配套产业。将使涪城经济发展目标、土地开发目标、投入目标、招商引资目标、两新产业发展目标提升到一个新的台阶，成为涪城未来产业发展的主要空间和载体，是绵阳打造创新之城、活力之城、希望之城的主力军和排头兵。

二、高质量建设科技城临港经济发展区的举措

"一带一路"倡议和长江经济带战略稳步推进，港口、交通、产业都是临港经济发展区建设的重要支撑，中国科技城临港经济发展区将迎来新的更大的发展机遇。

（一）以问题为导向，有效化解发展区建设难题

绵阳作为一个内陆城市，其科技城临港经济发展区更存在诸多需要研究和认真解决的实践问题，只有以问题为导向的建设，才是真正有实效性的建设。首先，要在理性思考层面，从临港经济发展区建设时效上，从科技城临港经济发展区的概念，到与科技城建设、涪城经济发展之间的相互关系，建设过程及其中存在的问题进行系统的分析，从而做到规划和统计有统一目标和认识。认识上有了理论的提升，临港经济发展区的发展才能够可持续。其次，要利用现有的土地资源和政策，全市统一谋篇布局中国科技城临港经济发展区，从规划、土地、产业实现"三规合一"。科技城临港经济发展区要采用"有核心、无边界"的空间布局，规划核心发展区，有序推进临港经济发展区的建设。最后，在临港经济发展区建设目标和发展理念上，按照建设"创新之城、活力之城、希

望之城"的要求，走可持续发展之路，逐步把临港经济发展区建设成为经济实力雄厚、产业结构优化、服务体系完备、基础设施完善、生态环境良好的综合产业园区。科技城临港经济发展区要以促进科技城科技创新、军民融合为根本。

（二）以项目为支撑，致力于与国家战略的衔接

国家三个重大区域战略之一"长江经济带"与绵阳密切相关，覆盖了 11 个城市，面积 200 多万平方公里，为绵阳带来了市场的增进效应，知识的累进效应，效率的改进效应，协同共进效应，这是科技城临港经济发展区建设的机遇。首先，抓住国家战略长江经济带发展机遇，着力临港经济发展区内的基础设施建设，包含道路交通设施、服务娱乐设施、生活配套设施、电力水利设施等。达到改善内部条件，扩大内部市场，进而扩大外部市场的目标，以服务于长江经济带战略为宗旨，使国家新战略的实施增强科技城的内部连接性及其外部连接性，有条件在更大的市场进行接触。其次，按照供给侧结构性改革的经济发展规律，科技城临港经济发展区要转变发展方式，发展一批技术进步的优势产业、新兴产业项目。布局发展电子信息、智能制造、航空航天等"两新"产业和科技物流、智慧物流、电子商务、供应链管理等现代商贸物流业以及商住、餐饮、娱乐、休闲等配套产业。

（三）以机制为保障，确保发展区建设精细化管理

科技城临港经济发展区要努力实现制度在更高层面的系统整合，完善制度，使其系统性的相互作用和实际运行，取得事半功倍的效果。首先，从市级层面建立完善临港经济发展区管理制度。确立领导小组、工作小组、督查小组、牵头部门、责任单位和责任乡镇六级责任体系，明确六级工作职责，确保领导机制完善有效，使市区两级建设过程顺畅。其次，建立上下联动的工作机制。保障园区建设指挥有力、运行通畅的工作机制，形成灵活、快捷、依法的议事规则和办事程序。建立责权一体、一抓到底的责任包干制度；对上负责、上下联动的工作报告制度，细化目标、挂图作战的任务清单制度，研究工作、议事决策的专题会议制度，统筹协调、推进工作的联席会议制度，过程监督、动态考核的督查督办制度和科学衡量、注重实干的绩效管理制度。最后，要对临港经济发展区建设涉及的规划、国土、招商引资、项目管理、拆迁改造等专业系统内的工作做出管理规定，要提出管理办法，确保每一项具体事务能够依法按照科学的程序保质保量完成。

（四）以队伍为根本，落实"四个责任"

习近平强调，领导干部要做政治的明白人，发展的开路人，群众的贴心人，班子的带头人。科技城临港经济发展区建设，既是绵阳发展的机遇，也是一种挑战，队伍建设至关重要。首先，要建好组织管理队伍。临港经济发展区建设是绵阳的重大发展战略，组织管理队伍的政治素质、能力水平、作风形象、精神状态，直接关系到临港经济发展区建设的效果和进度，影响到绵阳发展的全局。组织管理队伍必须是骨干力量，要以高度的政治责任感，去履行临港经济发展区的管理责任和监督责任，不断推进临港经济发

展区建设工作创新。其次，要加强专家智库队伍建设。科技城临港经济发展区建设是一项新事业，具有极大的创新性和创造性。部署的每一项任务、推进的每一项工作，都必须体现在推进转型跨越、科学发展的实际成效上，这是临港经济发展区建设的根本要求，也是衡量建设水平和效果的重要标准。要以本地的专家学者为智库基础，适当充实国内临港经济方面的专家学者到我们的咨询智库队伍中，对建设过程的每一环节做好充分的论证预测和风险防控，确保建设过程顺利推进。最后，要建强人才建设队伍，推进区域人力资源交流合作。采取"走出去＋请进来"等方式，使人才充分交流、融合。要有柔性的人才引进机制吸引发达地区企业家、专业技术人才、高校毕业生到科技城临港经济发展区创新创业，提高资金、技术、人才与科技成果的集聚能力，促进临港经济发展区产业高端化发展。

科技城临港经济发展区建设，是夯实绵阳实体经济、深化供给侧结构性改革、推动城乡区域协调发展、促进绵阳经济高质量发展的重大项目。预计到 2021 年，累计固定资产投入达 300 亿元，新增工业产值 500 亿元，规模工业产值占全区规模工业产值的比例达 90％以上，"两新"产业占全区规模工业产值的比例达到 60％，社会消费品零售总额达到 100 亿元，物流业综合收入突破 100 亿元，新增税金 15 亿元，出口创汇达到 15 亿美元以上。形成产业结构优化、创新活力旺盛、城乡发展融合、生态环境优美、人民生活幸福的发展新格局。

践行新时代好干部标准
推动治蜀兴川再上新台阶
——学习贯彻习近平总书记来川视察重要讲话精神

尤强林[①]

2018年2月，习近平总书记来川视察时明确提出推动治蜀兴川再上新台阶的总体要求和着力抓好党的十九大精神贯彻落实、着力推动经济高质量发展、着力实施乡村振兴战略、着力保障和改善民生、着力加强党的政治建设"五个着力"的重点任务，为新时期做好四川工作提供了根本遵循和行动指南。而"为政之要，莫先于用人""五个着力"重点任务的落实，无一不需要建设一支高素质的干部队伍率先担当，引领落实。因此，认真了解并创新性地践行习近平新时代干部队伍建设思想就显得尤为重要。

一、习近平新时代干部队伍建设思想的来源与发展

习近平新时代干部队伍建设思想，是指习近平从党的十八大以来关于干部队伍系列谈话内容所形成的思想精粹。它主要来源于革命文化、传统文化和领导实践。

（一）党的干部队伍建设思想的继承发扬

中国共产党成立以来，始终高度重视干部队伍建设。早在革命战争年代，毛泽东就提出"任人唯贤"的干部路线、"才德兼备"的干部标准，并依据党的历史经验，提出了"政治路线确定之后，干部就是决定的因素"的重要论断。

改革开放初期，邓小平强调："要在坚持社会主义道路的前提下，使我们的干部队伍年轻化、知识化、专业化，并且要逐步制定完善的干部制度来加以保证。提出年轻化、知识化、专业化这三个条件，当然首先是革命化。"江泽民继承和发扬了邓小平的干部队伍建设思想，并结合新形势的需要在干部队伍建设中提出了"与时俱进"的理念，把干部队伍建设思想作为"三个代表"重要思想的基础。胡锦涛在"科学发展观"的指导思想下，号召全党和领导干部树立正确的政绩观，他强调："贯彻落实科学发展

---

① 作者单位：中共游仙区委党校。

观，需要造就一支自觉实践科学发展观、有能力推动科学发展的党员干部队伍，需要党员干部特别是领导干部都坚持正确政绩观，老老实实按客观规律办事，兢兢业业干好本职工作，做出经得起实践、人民、历史检验的成绩。"这种反对形式主义和官僚主义的干部政绩观归纳起来就是一种"求真务实"观。

党的十八大以来，习近平总书记一再强调，建设中国特色社会主义的关键在于建设一支宏大的高素质干部队伍，并提出了新时代好干部的五条标准、"四有"要求，拓展了党的干部建设思想的深刻内涵。由此可见，从毛泽东的干部"德才兼备"，邓小平的干部"四化"标准，到江泽民、胡锦涛的干部"素质"观、"求真务实"观，以及习近平的新时代干部"四有"标准，党的干部队伍建设的路线、方针一脉相传，并更加具体、明确。

（二）中国传统吏治文化的传承光大

习近平新时代干部队伍建设思想根植于深厚的中国传统文化，尤其是吏治文化的精髓之中。他强调："中国优秀传统文化，领导干部也要学习，以学益智，以学修身。中国传统文化博大精深，学习和掌握其中的各种思想精华，对树立正确的世界观、人生观、价值观很有益处。"习近平对传统吏治文化的传承光大集中体现在以下几个方面。

一是"为政之要，莫先于用人"的人才观。习近平在全国组织工作会议上说："治国之要，首在用人。也就是古人说的：'尚贤者，政之本也'。"他将古训进行了时代转换，把重视贤才的为政之本转换当今党和人民事业的立足之本，是古为今用的经典范例。

二是"大道之行也，天下为公"的道德情怀。习近平十分推崇古人修身立德的崇高品格，他对领导干部说"要不断体会和弘扬先人传承下来的优秀传统"，并列举了"不义而富且贵，于我如浮云""君子喻于义""言必信，行必果""德不孤，必有邻""人而无信，不知其可也"等修身立德名言，他认为这对当今领导干部的"为人处世，安身立命提供重要启示"。

三是"公生明，廉生威"的廉政文化。习近平在主持十八届中央政治局第五次学习时说："研究我国反腐倡廉历史，了解我国古代廉政文化，考察我国历史上反腐倡廉的成败得失，可以给人以深刻启迪，有利于我们运用历史智慧推进反腐倡廉建设。"习近平曾引用顾炎武的"诚欲正朝廷以正百官，当以激浊扬清为第一要义"，以此告诫领导干部要坚持清正廉洁的作风。

（三）习近平长期领导实践的经验总结

习近平曾经长期担任地方领导工作，熟悉基层干部队伍建设的现状，也对干部队伍存在的问题有过深入的思考和广泛的研究。他早年的文集《之江新语》《摆脱贫困》和《干在实处走在前列》，为习近平新时代干部队伍建设思想的形成奠定了坚实的基础。

《之江新语》是习近平在浙江时从2004年4月到2007年3月发表的短论，共计232篇文章，涉及党建、法治、经济、社会、文教、三农、生态等七个方面的内容。其中直接或间接论述干部队伍建设的有65篇，占整个论文集的28%，其中论述最多的是干部思想建设（21篇），其次是干部作风建设（20篇）、领导班子建设（6篇）。党的十八大后习近平对干部队伍建设的重要论述，在这里都能找到其思想原点和形成轨迹。例如，习近平在《用思想武器管好自己》一文中提出，"领导干部要自重、自省、自警、自励"的"四自"要求，与他后来所提出的"四有"干部标准有着深刻的内在联系。又如在《权力是个神圣的东西》一文中，习近平认为："要牢记权力就是责任的理念，用权要接受监督，确保权力行使不偏离正确方向，确保权力行使的神圣性。"这和习近平2013年提出的"把权力关进制度的笼子里"的观点也是一脉相承的。

二、习近平新时代干部队伍建设思想的创新

（一）提出新时代的干部新标准

对于高素质干部的具体要求，习近平在2013年将其概括为"信念坚定、为民服务、勤政务实、敢于担当、清正廉洁"的20字标准，并认为"理想信念坚定，是好干部第一位的标准"，认为"理想信念是共产党人精神上的'钙'，理想信念坚定，骨头就硬；没有理想信念，或理想信念不坚定，精神上就会'缺钙'，就会得'软骨病'"。

2015年，习近平又进一步将好干部标准凝练为"心中有党、心中有民、心中有责、心中有戒"的"四有"干部标准。"四有"标准中，心中有党、心中有民坚持了干部的政治方向和为民服务的精神，这也是习近平历来强调的第一标准。而心中有责、心中有戒则更加重视干部的责任担当和遵纪守法，体现了当前干部队伍建设中重视责任观、权力观的时代要求。正如习近平所说："现在，我们提出政治上靠得住、工作上有本事、作风上过得硬、人民群众信得过等具体要求，突出了好干部标准的时代内涵。"

（二）严格新时代的干部新作风

2013年6月，在党的群众路线教育实践活动工作会议上，习近平列举了干部队伍中存在的"四风"，即形式主义、官僚主义、享乐主义和奢靡之风。"四风"盛行将严重危害党的事业和干部队伍的作风。对此，习近平强调要在干部队伍中树新风，在反腐倡廉中树正气。

对于树新风，习近平提出了"三严三实"的干部新风尚，即要求干部，特别是领导干部要"严以修身、严以用权、严于律己，谋事要实、创业要实、做人要实"。对于反腐倡廉树正气，习近平提出"要坚持用制度管权管事管人，抓紧形成不想腐、不能腐、不敢腐的有效机制，让人民监督权力，让权力在阳光下运行，把权力关进制度的笼子里"。并提出了"老虎""苍蝇"一起打、"有腐必反、有贪必惩""对腐败分子零容忍"等反腐决心。习近平还明确指出，要抓住领导干部这个"关键少数"，教育引导各级领导干部立正身、讲原则、守纪律、拒腐蚀，形成一级带一级、一级抓一级的层级示范效应，营造风清气正的政治生态。

习近平对干部作风的创新主要体现在"严"上。从严治党重在从严治吏，习近平指出："世间事，做于细，成于严。从严是我们做好一切工作的主要保障。从严治党，重

在从严管理干部。"这说明从严治吏是干部管理的重要准则，也是党和国家事业不断发展的必然要求，更是对人民群众负责的集中体现。

（三）构建新时代的干部新能力

习近平早在 2009 年就提出过干部要提高六种能力，即要提高统筹兼顾的能力、开拓创新的能力、知人善任的能力、应对风险的能力、维护稳定的能力、同媒体打交道的能力。其中后三种能力就是结合当今风险社会、网络社会对干部应对能力的要求有针对性地提出的。2015 年，习近平在中央深改组第十一次会议上又结合深化改革的需要，强调领导干部要提高四种能力，即领导能力、谋划能力、推动能力，以及落实改革的能力，四种能力的提出是为了确保改革任务的相互协调、改革进程的前后衔接、改革成果的彼此配套以及改革实施的矛盾化解。2017 年，习近平在中央党校省部级领导干部专题研讨班上进一步明确"党的高级干部要注重提高政治能力"，并将其视为干部的"第一能力"。怎样提高政治能力，习近平总书记给出了四个"定力"及"三不要求"，即增强"政治定力、纪律定力、道德定力、抵腐定力"，要求领导干部始终"不放纵、不越轨、不逾矩"。

（四）重塑新时代的干部新制度

2013 年，习近平把深化干部人事制度改革的原则概括为："各级党委及组织部门要坚持党管干部原则，坚持正确用人导向，坚持德才兼备，以德为先，努力做到选贤任能、用当其时、知人善任、人尽其才。"在此基础上提出了"改革和完善干部考核评价制度""改进竞争性选拔干部办法""改进优秀年轻干部培养选拔机制"等具体制度。尤其是提出了全新的"区分实施选任制和委任制干部选拔方式"，通过合理区分"委任制"干部和"选任制"干部来实行分类选用，有利于干部的政事分开、职位分类、选用方式多样的改革，也有利于干部管理过程中的选用、考核、监督等具体制度的科学化、法制化与规范化。

三、四川践行习近平新时代干部队伍建设思想的路径分析

（一）把握标准，优化干部队伍建设

习近平指出："我们党历来高度重视选贤任能，始终把选人用人作为关系党和人民事业的关键性、根本性问题来抓。"把好选人用人的环节关，就是把握好选人用人的标准，坚持党管干部原则，重品行、重实干、重公认，落实好干部标准，突出政治标准，提拔重用忠诚干净担当的干部，选优配强各级领导班子。

四川要突出干部队伍的政治标准，就要在全省干部队伍中牢固树立"四个意识"和"四个自信"，坚决维护党中央权威，全面贯彻执行党的理论和路线方针政策。要模范遵守党章党规、严守党的政治纪律和政治规矩，为全党全社会做出示范。要继续坚定以习近平新时代中国特色社会主义思想"四川篇"统揽治蜀兴川各项事业，坚定不移地实施"三大发展战略"，奋力开创四川各项工作新局面。

（二）立足政德，强化干部作风建设

习近平说"作风问题本质上是党性问题"，要"把作风建设抓到底"，并将"三严三实"作为干部作风建设的破题之举。反腐倡廉是强化干部作风建设根本性措施。从党的十八大到十九大的五年间，我国反腐斗争取得了重大成果，也为广大干部清正廉洁的作风建设把好了关。

四川面临新时代的新任务，就必须依靠党章、新形势下党内政治生活若干准则以及民主集中制等制度来强化干部队伍作风建设。要在全省干部队伍中深入推进群众路线教育活动，高质量、全方位开展全省"大调研"活动，严格落实领导干部联系指导市（州）和基层、联系指导贫困县贫困村、"走基层"、接待群众来访等制度。要持之以恒抓好中央八项规定精神和省委、省政府十项规定落实，坚决反对特权思想和特权现象，坚决防止"四风"反弹回潮。要坚持把纪律挺在前面，运用监督执纪"四种形态"，让党员干部习惯在受监督和约束的环境中工作生活。

（三）注重培训，加强干部能力建设

根据习近平对干部学习与能力建设的新要求，中共中央颁布了《干部教育培训工作条例》（2015），促进了干部教育培训工作的科学化、规范化与制度化。中央还制定了《2013—2017年全国干部教育培训规划》（2013），使干部教育培训工作有了分阶段、分层次的战略规划。党的十八大以来，我国各地区各部门紧密按照中央"五位一体"总体布局和协调推进"四个全面"战略布局，紧扣"十三五"规划确定的目标任务，举行了各种层次的干部能力培训班，坚持精准化地开展各类专题培训，帮助干部丰富专业知识、提升专业能力、锤炼专业作风、培育专业精神。

在今后很长一段时间内，四川要以学习贯彻习近平新时代中国特色社会主义思想"四川篇"为主题主线，不断强化全省干部队伍的理论武装、专业提能、干部培养、培训帮扶和培训能力保障建设。要持续用力抓好理论教育和党性教育、治蜀兴川重点专题培训项目、新时代治蜀兴川执政骨干递进培养等培训计划。同时要加快推进基层党组织"千名好书记"培养引领计划和10万名村级后备干部培育工程，全面着力抓好培训基础保障建设，尤其是各级党校软硬件设施的提升。

（四）锐意改革，完善干部制度建设

党的十八大以来，我国在干部人事制度上进行了一系列建设工作。一是在干部选拔任用方面，修订了《党政领导干部选拔任用工作条例》（2014年），增加了干部选拔任用的新规定；二是在干部培训方面，制定了《干部教育培训工作条例》（2015年），首次以党内法规形式明确了干部教育培训的重要地位与作用，规定了培训机构和教师的责任义务，强化了从严管理、依法培训的导向；三是在干部考核方面，中共中央组织部印发了《关于改进地方党政领导班子和领导干部政绩考核工作的通知》（2013年），改变干部考核中的"唯票、唯分、唯GDP、唯年龄"，尤其是以GDP增长为决定性指标考核干部的偏差，强调了干部的工作实际成效和群众公认度；四是在干部任用的监督方面，中共中央组织部出台了《关于加强干部选拔任用工作监督的意见》，整治了"跑官要官、买官卖官"等不正之风，同时结合中央巡视组对干部选拔的专项检查，把好了领导干部的"入口关"。中央办公厅印发的《关于在北京市、山西省、浙江省开展国家监察体制改革试点方案》(2016)，揭开了党的十八大以后国家监察体制改革的序幕。2018年3月国家监察委员会正式成立，在制度上整合了反腐败的职能和力量，把监察对象扩大到所有行使公权力的国家公职人员，标志着我国干部队伍法治监督体系的建立。

结合习近平总书记来川视察重要讲话精神，四川要打造干部"选育用管"的全链条，就要认真落实省委组织部出台《关于加强党政领导班子和干部队伍专业化建设的意见》，努力建成一支政治素质过硬、知识结构合理、业务能力精湛、勤政廉政的高素质专业化干部队伍。要加快探索建立专业素养考评体系，实施治蜀兴川执政骨干递进培养计划和专业化干部储备工程，注重培养选拔在基层扎实历练、在关键岗位和艰苦地区经受磨炼、业绩突出的优秀年轻干部。要统筹做好培养选拔女干部、少数民族干部和党外干部工作，认真做好离退休干部工作。要全方位健全和推进领导干部能上能下和容错纠错机制配套办法，制订激励贫困县党政正职干事创业若干措施，落实关心爱护脱贫攻坚一线干部办法。

推进宅基地改革　助力乡村振兴

——振兴乡村战略背景下的农村宅基地制度改革探索

梁胜朝[①]

　　党的十九大和习近平总书记来川视察，都强调了乡村振兴战略。2017 年以来，四川省持续推进彝家新寨、藏区新居、巴山新居、乌蒙新村建设和农村危房改造以及易地扶贫搬迁，农村居住条件得到极大改善。2018 年开始又在全省掀起"消灭土坯房行动"，要在五年内消除全省 269 万户农村土坯房，建设美丽乡村，与全国同步建成小康社会，适应新型城镇化，推进城乡统筹发展，采取更有效更科学的措施，缩小城乡差距，最终消除城乡二元结构，实现共同富裕。推进农村宅基地改革，完善其功能价值，已是势在必行。过去城乡两条住房保障线并行，一是城市居民的房改房、廉租房、经适房和住房公积金等系列制度，二是农村居民"耕者有其地，居者有其屋"的无偿取得宅基地自建房制度。在计划经济时代，无论是城市还是乡村，可以说是"天下寒士俱欢颜"，解决了绝大多数人的生产生计和住房保障问题。城乡差别在不能短时间消除的情况下，不能兼顾公平，就应做到公正，在不违背农村深改"三原则"的基础上，把农民与城市居民的房地产平等对待，同样能发挥其财产性价值，从而增加家庭收入，农村宅基地制度的改革成为当务之急。

一、农村宅基地制度的简要回顾

　　漫长的封建社会，我国一直是土地私有制，"溥天之下，莫非王土；率土之滨，莫非王臣"[②]，大量的土地掌握在以皇帝为代表的统治阶级手中。到了近现代社会，中国共产党成立后，其初心是要消灭私有制，建立社会主义制度。在党的领导下，我国宅基地制度又经历九十年的变迁、发展和完善。

---

① 作者单位：中共梓潼县委党校。

② 出自《诗·小雅·北山》。

（一）1928—1962 年：两权合一，买卖自由

从 1928 年颁布的我国第一部土地法《井冈山土地法》到中华人民共和国成立前，这一段时期，政府认可宅基地及其上面的房屋归私人所有，买卖自由。中华人民共和国成立后的土地改革运动，废除了封建的地主土地所有制，广大农民分得了土地。但是土改并未废除农村土地私有制，只是通过"平均地权"的形式实现了农民"耕者有其田，居者有其屋"的梦想。[①]

（二）1962—1999 年：两权分立，买卖自由

1962 年是宅基地所有权与使用权分离的转折点，八届十中全会通过的《农村人民公社工作条例修正草案》规定，农民对宅基地由原来的所有权转变为使用权。1963 年中共中央颁布的《关于各地对社员宅基地问题作一些补充规定的通知》，第一次使用了"宅基地使用权"这一概念，同时提出了"地随房走"的原则，确立农村宅基地使用权的无期限性。1982 年《宪法》明确了宅基地归集体所有。城镇居民可购买农村房屋，只是在取得房屋所有权时，房屋所占的土地使用权转为国家所有。

（三）1999 年至今：两权分立，买卖受限

1999 年 1 月 1 日施行的《土地管理法》规定，城镇居民不得再申请集体土地建设住宅，宅基地仍归集体所有，使用权人必须是本集体经济组织成员，一户一宅，宅基地使用权不得向本集体经济组织以外的成员转让，禁止城镇居民在农村购买宅基地。这些制度一直延续至今，成为土地制度的基本原则。

二、宅基地制度的现状分析

改革开放 40 多年来，四川省农村的面貌发生翻天覆地的变化。四川属于西部欠发达地区，农村群众增收重要途径就是外出务工，城市郊区建了很多的新村，城镇化率达 51%，边远地区则出现了一些空村，常年在城市居住生活的农民成了事实上的"城里人"，城市规模不断扩大，大量城中村被新型城市淹没，立法滞后追赶不上日新月异的经济发展速度，宅基地乱象令人担忧，主要表现在以下几个方面。

（一）宅基地禁止买卖导致其财产权能丧失

自 1962 年以来，我国农村宅基地使用权与所有权相分离，宅基地严格的身份性，成了一辈子一次性的福利。农民对其拥有的房地产不具有完全的处分权和收益权，财产的真正价值得不到体现。一些进城购房定居的农民，他们通过合法途径取得的农村宅基地却不能公开合法地转让出去，要白白让村社收回，又于心不甘，于是两头奔忙照管，守着金山过穷日子。

---

① 朱新华，陈利根，付坚强. 农村宅基地制度变迁的规律及启示 [J]. 中国土地科学，2012 (7).

（二）宅基地无偿取得制度造成资源上的浪费

人均 20-30 平方米的住宅用地，因无成本的取得制度导致了宅基地浪费现象。一是少批多建。除了房屋的主体工程，晒坝、车库等附属设施占地往往是批建面积的几倍。二是蚕食侵占，圈地谋财。三是"修新不拆旧"和"一户多宅"。因继承关系，出现一户多宅现象。还有就是钻"户"的空子，一家人多个户口本，以各"户"分开申请或办证多占地。五是宅基地隐形交易频繁。现在以成都为代表小产权房已成规模，大量集体所有的宅基地收益进入私人腰包，造成了集体土地资产的大量流失。

（三）宅基地规划缺失阻碍了美丽新村的建设

长期以来，村庄无序建设的现象普遍存在，一个典型就是沿公路、水库等建房。为了政绩形象，有些地方政府把国家资金和项目也安排在主要交通线上，对公路沿线建房加以鼓励扶持，建了许多"白墙"乡村，只见新房子，不见新农村。

（四）宅基地使用功能变化成为不争的事实

近年来，农村住房出现了共建共用，自建租用和"住"改"商"或住商混用的现象：一是建房技术上由地面向空中发展。现在两层以上的农村小别墅随处可见，高层或多层住宅中，多余的房子用于出租和出售。二是城市化进程使城乡人口结构发生变化。城市基础建设取得重大突破，新增绵阳、南充、泸州、宜宾 4 个百万人口大城市。一些人因为读书、当兵、就业和结婚等由农村转入城市成了非农户口，农村的房屋和宅基地仍然存在，城乡通婚非常普遍，形成新时代的"半边户"，城乡户口是你中有我，我中有你，交错并存，这时的宅基地功用当然就不只给"本集体经济组织成员"居住使用那么简单了。三是宅基地的福利保障功能在弱化。计划经济时代，农村生活成本很低，农民的宅基地上的"家"是最后一道生活保障，每个外出创业的人都给自己留了退路，保留着那"一亩三分地"。现在国家富裕程度和养老保障制度日益完善，这种观念正在逐渐淡化，宅基地的福利和保障功能已完成了它的历史使命。

（五）宅基地制度设计缺陷挑战土地管理制度权威

在现行的土地管理法律体系中，宅基地使用权处于一种封闭状态，集体建设用地只有在被征为国有土地以后才能流转。农村房屋既然是农民的私有财产，农民就有自由处分权，而宅基地的所有权属于集体，不准擅自转让；城市居民在农村继承的祖业只能让其自生自灭，不能维修和重建，与宪法的财产保护原则形成了法律逻辑上的矛盾。

三、农村宅基地制度的法律困境

过去的宅基地制度随着社会的发展，已经不能适应新时代经济社会发展的现实需要和人民群众向往幸福美好生活的需求。

（一）立法初衷与客观现实脱节

按照现行《四川省〈中华人民共和国土地管理法〉实施办法》的规定，只有农村村民才能享有宅基地，而客观现实与此不符：一是城市居民购房。1999 年以前购买农村房屋的大量存在，事实上占有了"农村村民"才能享有的宅基地。二是非农户口事实上享有宅基地。因为当兵、提干等农转非后的非农户口，在事实上还保留了原集体土地上的宅基地，2008 年"5·12"地震后，在城市没有住房但在农村有住房的非农户口，很多人选择了与使用原农村宅基地或与农村居民联合重建，得到当地政府的认可。三是继承法律关系存在。非农户口对农村房屋的继承其合法性毋庸置疑。四是失地农民法律关系存在。"农转非"以后，仍然享有村民资格，享有农村房屋及宅基地。五是房地产转移普遍存在。出租和出售农村房屋已普遍存在，并且承租人和购买人大大超出了"本集体经济组织"这个范围。对于表面已经建有房产的农村宅基地来说，不能出租或者出售在实际操作中本身是个悖论。[①]

（二）关键概念缺乏统一执行标准

宅基地是农村居民依法申请、无偿取得、永久使用修建住房及附属设施的集体经济组织所有的建设用地，具有严格的身份性和福利保障性。现行宅基地制度中的"农村村民""一户"和"一宅"这三个关键概念，在实际操作中五花八门，没有统一的执行标准。

一是"农村村民"的概念。"农村村民"是指取得农村户籍的特定的集体经济组织成员。对"坐地户"的认定没有争议，但因结婚、生育、收养、移民和投靠亲友等原因，取得集体经济组织所在地的户籍，其认定程序就非常复杂了，经济发达的农村集体经济组织，为控制外来人口流入，制定了专门的村规民约。如对"多女户"结婚后户口只能留一个；"离婚女"和"入赘男"哪来哪去，不迁走就列入"寄挂户"；否则再婚后"二夫人"户口进不来；很多城中村还做起了"户口生意"，为了购房、就医、上学、找工作、找对象等，很多外村人用钱购买了"寄挂户"资格。

二是"一户"的概念。传统意义上认为"一户"就是农村户籍上的一户。其实户既有法律意义上的元素，也有伦理方面的元素，原则上要"同财共居"。在征地拆迁过程中，想多争取利益的农户穷尽办法多分户，最后拿着公安机关颁发的户口本对抗着政府部门苍白无力的解释，最终胜利多半是农户。因此，户口本上的"一户"与作为宅基地使用权主体的"一户"有着很大的不同。

三是"一宅"的概念。实际生活中，存在范围界定不清、一宅多户和一户多宅等现象。尤其是范围和面积认定有操作漏洞。为了不超标，使用权人办证时往往只以建筑物承重墙的勒角或屋檐滴水为界，而其他附属设施占地是建筑用地的几倍则未记载。但若征地拆迁计算补偿时，宅基地使用人又会要求以实际占有使用面积计算，因不同利益背景有着不同的解释。

---

① 申惠文. 农村村民一户一宅的法律困境［J］. 理论月刊，2015（8）.

（三）深化改革与传统理念博弈

农村村民"一户一宅"是计划经济时代农村的身份福利，不能适应新时代农村现代化建设的需要，现在全国"三块地"试点改革期限去年已届满，但是宅基地制度的市场化机制建设不明显，改革成效打了折扣，所以决定试点延长一年。延期更主要的原因是要完成十八届三中全会"建立城乡统一的建设用地市场"目标。

四、农村宅基地制度的改革探索

十九届中央第一次深改组会议关于宅基地制度改革的基本思路是：在保障农户依法取得的宅基地用益物权基础上，改革完善农村宅基地制度，探索农民住房保障新机制，对农民住房财产权做出明确界定，探索宅基地有偿使用制度和自愿有偿退出机制，探索农民住房财产权抵押、担保、转让的有效途径。[①] 四川省2018年要进一步促进全省住房城乡建设事业高质量发展，全面推进危旧房改造，采取一系列措施，加大宅基地改革改革力度，结合工作实践实际，对宅基地改革提出如下建议。

（一）释放农村宅基地财产价值权能

要振兴乡村，解放农村生产力，首先要激活资源最丰富的农村土地市场，建立交易平台，努力实现"城乡房地产"同价同权，采取调控措施，激活市场和要素，如为了招商引资或引进人才，可给投资一定规模以上的投资人或有一定层次学历愿意来该地工作服务者，匹配一定数量的集有建设用地（包括宅基地）或农房购买指标；对非农户口购买农村宅基地，设置一定前置条件，必须是第一套房，在该县域或该集体经济组织内生活一定年限以上等，对于那些直接买卖宅基地的行为应当予以禁止。

（二）建立农村宅基地有偿取得和使用制度

在实践中区别不同情况对待：对于过去无偿取得的合法宅基地，在出售房屋时，可按一定比例补交土地出让金，"农转非"进城以后，可以享受城市居民的住房公积金等住房保障政策；对于已经存在合法的"一户多宅"征收使用费[②]。对于那些违法乱占乱建依法进行打击处理，该拆除的拆除。对于那些符合条件初次申请农村宅基地使用权的，应当按集有建设用地的基准地价交纳宅基地使用费。这些土地收益归集休经济经济组织，用于公益事业建设。

（三）建立包括农村宅基地自由流转制度

要完善"三块地"的改革，就要建立和完善统一的土地交易平台和交易机制，解除对农村宅基地使用权流转的禁止。我们应重新认识和设计农村住房保障制度和措施，政

---

① 中共中央办公厅，国务院办公厅. 深化农村改革综合性实施方案 [Z]. 2015-11-12.
② 欧阳惠，涂圣伟. 农村宅基地改革试点情况及建议 [J]. 中国经贸导刊，2015 (2).

府可在小集镇或集中的自然村落修建农村廉租房，让那些无钱建房的农户居住使用，拆除原有土坯房宅基地还耕，退出的宅基地补助用于支付廉租房的租金，既解决了贫困农村人的住房保障问题，节约了资源，又盘活了土地，美化了乡村。

（四）加强农村宅基地的全域规划编制

要加快构建四川特色现代城镇体系，推动四大城市群规划实施，改善农村人居环境，着力推进乡村规划全覆盖。推进"宜居县城建设行动"，抓好21个试点县工作，形成可复制可推广的经验，带动辐射全省县城发展。进一步加强风景名胜区、世界遗产地的保护与规划建设管理，力争完成20个省级风景名胜区的规划编制，加大力度推动蜀道申遗取得新成效，从而有计划、有步骤、有特色地逐步改善农村生活和村容村貌。对于经济发达的县城和农村集镇，可建设居民小区。对于边远的乡村，则应规划集中居民点，居住区、种植区和养殖区分片布局，便于实现资源共享，建设"业兴、家富、人和、村美"的文明新村。

（五）建立和健全农村宅基地法律制度体系

要完善住房供给和法制保障体系。坚持房子是用来住的、不是用来炒的定位，加快建立多主体供给、多渠道保障、租购并举的住房制度，为农村宅基地制度改革畅通渠道，大力发展住房租赁市场特别是长期租赁。符合条件的城中村要陆续"村改居"，宅基地使用权相应调整，准许群众尤其是"拆迁户"卖房，要改变房地产开发商作为住房唯一供应者的情况，探索形成以开发商为主体、农村集体、住房合建等多主体提供住房的格局。2015年12月，省十二届人大19次会议已决定攀枝花等13个设区的城市行使地方立法权和一年来的全省"土改砖"活动，对退出的宅基地给予6000元至10000元的补偿，做了有益的尝试，但还需加大创新力度，与时俱进，尽快出台《四川省农村宅基地管理办法》等系列建设管理制度，做到有法可依，有章可循，明晰宅基地的取得、管理、流转和收益分配等问题，振兴乡村，则指日可待。

名词解释：

1. "三块地"的改革：农村土地征收、集体经营性建设用地入市、宅基地制度改革。

2. 农村深改"三原则"：深化农村土地制度改革过程中，必须坚守"土地公有性质不改变、耕地红线不突破、农民利益不受损"三条底线，防止犯颠覆性错误。

3. 一户一宅：一户农村村民在本村只能享有一处合法的住宅建设用地。

4. "农转非"：把原来的农村户口转为非农业户口。

5. "半边户"：通常指家庭中夫妻一方是农村户口，另一方是非农业户口。

6. "寄挂户"：指户籍在本村有农村户籍而没有村民资格的农户。

7. "同财共居"：指有共同的财产、共同居住、共同生活，一个锅里吃饭。

8. "地随房走"：指房屋出售以后，土地使用权随之一起过户给购买人，除了职能部门，土地使用权本身不能单纯流转，包括买卖、赠予等。

乡村振兴战略背景下宜宾县推动移风易俗树立文明乡风的对策思考

陈廷会　黄建军[①]

在四川省全面贯彻落实党的十九大精神、决胜全面建成小康社会、奋力开启现代化建设新征程的关键时期，习近平总书记亲临四川视察指导并发表重要讲话，意义十分重大，四川人民倍受鼓舞。习近平总书记的"要下大气力推动乡村文化振兴，在农村广泛弘扬和践行社会主义核心价值观，传承发展提升农村优秀传统文化，加强农村公共文化建设，深入推进文明村镇创建，开展移风易俗行动，提升农民精神面貌，培育文明乡风、良好家风、淳朴民风，让道德教化回归乡村，不断提高乡村社会文明程度"这一重要讲话是我们做好"推动移风易俗树立文明乡风"工作的根本遵循和行动指南。为了全面深入贯彻落实习近平总书记来川视察重要讲话精神，就"乡村振兴战略背景下推动移风易俗树立文明乡风"这一个主题，本课题组对宜宾县的孔滩镇马乾、兴龙、天堂、白龙等村社区及观音镇古塘村、田竹村，王场镇胜平村，泥南镇合力村、杨家村村民通过涵盖村规民约、基层文明创建、乡风民风评议等8个方面50个问题100份问卷调查、实地走访、座谈等方式开展专题调研，拟对宜宾县不断提高乡村社会文明程度做出一点有益的探索。

一、乡风文明建设现状

近年来，在推进移风易俗、乡风文明建设上，宜宾县坚持以培育和践行社会主义核心价值观为根本，大力推进农村科技文化教育，倡导健康文明的生活方式，营造良好的社会主义农村新风尚。农村社会经济面貌发生了翻天覆地的变化，农村精神文明建设也取得了可喜的成效。

（一）践行社会主义核心价值观，农民思想道德素质不断提高

白龙、胜平、古塘、蔡家等行政村（社区）的党群服务中心打造了一批主题文化墙，采用群众喜欢看、看得懂的格言、故事、漫画等形式，通过彩绘文化墙加强社会主

---

① 作者单位：中共宜宾市委党校。

义核心价值观、公民道德宣传，潜移默化地提升村民文明意识。调动农民建设新农村的积极性，积极投入农村各项工作，着力开展乡风文明建设。把农民群众凝聚起来，强化农民群众对自己生活居住地的认同感、归属感，自觉将个人、家庭的发展与新农村的建设联系在一起，促使广大农民团结和睦、平等互助、共同发展，推进文明乡风的建设。

（二）推进农村科技文化教育，大力培养新型农民

建设社会主义新农村要求培养有文化、懂技术、会经营的新型农民，他们是新农村建设的主体，其知识文化层次的高低，决定着乡风文明建设的水平。为了提高农民的科技素质，农业及科技部门、大专院校等通过"阳光工程"、农民夜校加大了对农民科技培训的投入力度，推广普及农民学得会、用得着的种植、养殖等农业实用技术，提升农民把握新品种、掌握新技术和应用新技术的能力。宜宾县在 2014—2017 年培育新型农民投入资金 230 万元，培育总人数达到 3470 人次。

（三）倡导健康文明的生活方式，逐渐形成文明节俭新风尚

一是倡导健康的文化娱乐方式。文化娱乐活动是解决当前农村文化生活贫乏、内容单一等问题的重要途径。建设文明、健康、科学的农村文化娱乐方式，对乡风文明建设起着重要的推动作用。调研资料显示，截至 2017 年，孔滩镇 28 个行政村 2 个社区完成了 5 个村文化阵地，共计 4200 多平方米；组建 31 个文艺宣传队伍，建成 28 个农村书屋，27 个村级广播站，13 个文化广场；传承"石工号子"等优秀民间艺术节目。二是倡导合理的消费方式。针对农村婚丧礼俗活动中的大操大办、封建迷信以及扰民现象，大力开展婚丧礼俗整治行动，抵制奢侈浪费之风，破除陈规陋习，推动形成文明节俭新风尚。

（四）开展基层文明创建活动，营造良好的社会主义农村新风尚

当前，在农村主要是深入开展社会主义荣辱观宣传教育活动，弘扬"三先"精神、践行"五正"要求、开展"三勤"教育，引导和教育农民群众明是非、辨善恶、识美丑、知党恩，勤劳节俭、奋力争先，逐渐树立品德端正不违法、家庭和睦不拌嘴、孝敬老人不忤逆、邻里互帮不生非、健康娱乐不赌博、移风易俗不浪费等社会风尚，形成了有利于农村发展的良好风气。

二、当前乡风文明建设面临的问题

由于历史和现实的多重原因，乡村建设存在重经济发展、轻文化建设的倾向，乡风文明建设没有得到足够的重视，影响乡村振兴发展。

（一）宣传教育问题

问卷调查资料显示，田竹村、蔡家村、合力村、杨家等 90% 行政村对农民有针对性的宣传教育活动开展内容十分缺乏，形式单调、覆盖面窄、资料有限，有些固有的

"星级文明户"评比活动已经失去了对农民的吸引力。在"您所在村是否有封建迷信活动?"问题中,回答选项"有"占 45%;"婚丧嫁娶大操大办的情况普遍吗?"选"较为普遍"占 51%;"婚丧嫁娶操办中突出问题"选"铺张浪费"占 59%、"攀比严重"占31%。"您对当前农村不良风气严重什么态度"选"非常反感,建议有关部门加强监管"占 86%。"您村是否有忤逆不孝现象?"选"有,少数"占 71%。

(二)资金投入问题

各乡镇由于资金紧张,对乡风文明建设方面的资金投入就愈加减少,造成开展教育活动时没有必要的资金作为保障,使活动难以开展。像泥南镇的合力村、观音镇的田竹等部分行政村没有规范的党群服务阵地,村治所还是 20 世纪 80 年代初修建的比较破旧的二、三间老屋。

(三)活动阵地问题

相当一部分村镇没有一个固定的或完善的村民业余文化阵地,导致活动无法开展,也就谈不上对农民开展思想道德教育。问卷调查在"您休闲时经常参与的活动是"选项中选学习手艺的 2%、选打牌消磨时间的 45%、选体育锻炼的 3%、选跳广场舞的 5%、选看电视的 33%、选其他的 12%。

(四)组织领导问题

有些农村领导干部尤其是村级领导对乡风民风的宣传教育工作在思想上缺乏重视,不作为,这是制约农村思想道德建设的一个重要原因。

(五)制度建设问题

一些乡镇、村的村规民约、卫生管理制度、奖励处罚制度等规范的管理制度建设不健全,在乡风建设上难以形成规范性制度性约束,制约了乡风建设的发展。

三、推动移风易俗树立文明乡风的对策建议

俗话说:"仓廪实而知礼节。"物质文明进步的同时需要精神文明跟上。全面建成小康社会,实现乡村振兴,不仅要有农民增收致富的目标,更需要有乡风文明建设的要求。习近平总书记的深切关怀是宜宾人民干好工作的强大动力,习近平总书记的重要讲话是宜宾人民干好工作的行动指南。

(一)加强宣传教育,强化农村的思想道德建设

第一,全面贯彻习近平新时代中国特色社会主义思想,村(社区)要充分利用广播喇叭、宣传车、黑板报、宣传栏、文化墙、张贴标语等形式进行广泛宣传,重点宣传《婚姻法》《国务院殡葬管理条例》《公民道德建设实施纲要》等法律法规和上级部门的有关政策规定,提高群众法律意识,引导群众崇尚科学、反对迷信。

第二，通过召开党员干部大会、专题座谈会、农民夜校、县委宣讲团成员宣讲等形式给广大党员干部群众进行党的政策理论、中华优秀文化传统的学习宣传教育，强化农村思想道德建设。

第三，狠刹婚丧喜庆事宜大操大办之风，规范婚丧喜庆事宜办事流程，倡导喜事新办、丧事简办、小事不办，引导群众理性节俭办酒。

第四，在村（社区）道德讲堂，将移风易俗教育与社会主义核心价值体系教育相结合，作为必讲内容。注重发挥榜样的导向作用，总结挖掘了部分移风易俗的先进典型，对他们的事迹进行声势浩大的宣传，用身边人、身边事教育了大部分群众，形成移风易俗的良好社会新风尚。

（二）加大资金投入，完善农村公共文化服务体系建设

当前，我国最大的发展不平衡是城乡发展不平衡，最大的发展不充分是农村发展不充分。乡村振兴战略，正是党中央着眼"两个一百年"奋斗目标导向和农业农村短腿短板的问题导向做出的战略安排。乡村振兴战略就是要坚持农业农村优先发展，进一步调整理顺工农城乡关系，在要素配置上优先满足，在资源条件上优先保障，在公共服务上优先安排，加快农业农村经济发展，加快补齐农村公共服务、基础设施和信息流通等方面短板，显著缩小城乡差距。在重视经济建设的同时，不断加强文化建设。各级政府加大资金支持，加强文化基础设施建设，尤其是提高公共文化服务水平。如国家级、省级重点小城镇观音、白花、孔滩、蕨溪、横江等镇应该建立综合文化站，内设图书阅览室、棋牌室、乒乓球室、资源共享室、音乐舞蹈室、书画创作室、培训室等。在此基础上，建设乡镇文体广场，包括篮球场、风雨门球场、百姓大舞台、文化广场、绿化带等设施，成为开展各种文娱活动以及全民健身的好去处。有条件的乡镇文化站可以建设民俗文化馆，民俗文化馆与宜宾县革命老区红色文化紧密结合，突出革命战争年代的特有元素，结合烈士公园、一曼纪念园、一曼公园打造成宜宾县的爱国主义教育基地。观音、白花、蕨溪、横江等镇拥有良好的教育资源及城镇发展基础，应该创造条件打造高标准的图书馆。图书馆的建成将为老百姓提供一个良好的受教育平台，也可以营造一个良好的读书氛围，发挥社会教育、信息服务和文化娱乐的职能，提高群众文化素质。条件一般的乡镇也应该投入资金建立文体活动中心等室内外场所、农家书屋等，面向群众开放，并开展健康有益、丰富多彩的文化活动。

（三）强化文化阵地建设，倡导文明新风

村（社区）在大力倡导移风易俗时，要把堵与疏有机结合起来。在加大专项治理的同时，大力发展群众性文化体育事业，广泛开展生态文明村镇建设、文明家庭评比活动，组织全民健身运动，举办运动会、文艺演出活动，并配合上级部门做好送戏下乡活动，不断丰富群众的精神生活，用先进文化占领乡村的思想阵地。问卷调查"您对农村移风易俗工作有何建议？"选"政府经常开展送戏、送电影、送科技、送卫生下乡活动，丰富农村文化生活"的占48％；选"深化群众性精神文明创建活动，倡导文明新风"的占51％。

（四）加强组织领导，完善制度建设

第一，提高认识。各级领导要高度重视推动移风易俗树立文明乡风的社会主义新农村精神文明建设工作，加强组织领导，完善制度，实现乡村治理有效。乡村振兴不仅是经济的振兴，也是生态的振兴、社会的振兴，文化、教育、科技、生活的振兴，以及农民素质的提升。乡风文明是新农村建设的灵魂，是建设社会主义新农村的重要组成部分，也是发展现代农业的思想基础和平台，具有举足轻重的作用。乡村文明，不仅仅是吃得饱、穿得暖等物质富裕和生活充盈的体现，更要实现生存环境优良、生活环境舒适、业余文化生活丰富等精神上的满足。只有更加注重农村精神文明建设，才能够发展农村、振兴农村，不断提高农村老百姓的获得感和幸福感。

第二，创新制度建设，宜宾县制定下发《关于大力开展移风易俗活动的实施意见》，各乡镇成立由镇长任组长的移风易俗工作领导小组，抽调民政、团委、妇联、公安、工商等部门负责人组成了宣传发动、综合治理、督导考核等工作小组。各乡镇移风易俗工作纳入全县年终目标绩效考核。各乡镇与各村签订了"目标责任书"，把移风易俗工作纳入对村级的年度考核重要内容，作为年终考核等先进的重要依据。同时，认真组织好日常监督检查。坚持每季度调度一次、每半年测评一次，并把结果通报全乡镇，及时掌握和公开移风易俗工作的进展情况。同时，发挥驻村干部的作用，指导所驻村健全《村民公约》《红白理事会章程》等有关配套制度和措施，进一步规范村级广大干部群众的日常行为，培养科学文明、健康向上的生活方式。特别是要采取设立举报箱、召开评议会等措施，进一步促进工作，确保移风易俗工作逐步走上法治化、规范化的轨道。

党的建设的地方实践探索、成效及启示

——以宜宾市翠屏区党建示范先行区建设为例

宜宾市委党校和翠屏区委党校课题组[①]

习近平总书记在党的十九大报告中强调指出："实现伟大梦想，必须建设伟大工程。这个伟大工程就是我们党正在深入推进的党的建设新的伟大工程。"这样的伟大工程，需要以全国各地党建为支撑，共同努力，才能全面实现。目前学术界虽有提出党建示范带[②]、党建示范街[③]、党建示范城[④]等内容，但党建示范先行区尚属空白。宜宾市翠屏区创造性地提出党建示范先行区建设，不仅填补了这一空白，而且经过一年努力打造，翠屏区在建设党建示范先行区方面，进行了一系列有益的探索和尝试。

一、翠屏区党建示范先行区建设主要做法

习近平总书记强调："'打铁还需自身硬'是我们党的庄严承诺，全面从严治党是我们立下的军令状。"翠屏区紧扣政治定力坚定不移、领导班子坚强有力、党员干部实干争先、基层组织全面过硬、政治生态山清水秀、引领发展卓有成效六大目标，统筹"五个先行"措施，扎实推进"三江一路"党建示范核心区建设，发挥党建对全区建设的旗帜性作用和影响，确保全区建设的高速和平稳运行。

（一）先行了解上情下情，做好规划，整体有序推进

1. 深入调研，先行了解上情下情

一是先行了解上情。翠屏区委区政府通过认真学习党的十八大以来中央、省委以及市委在全面从严治党方面的各项方针、政策，准确了解中央、省委以及市委在党的建设

① 作者简介：兰亚宾，男，四川宜宾人，中共宜宾市委党校常务副校长、教授，研究方向：党的建设。（课题组负责人）课题组成员：（1）市委党校：罗若飞、石磊、刘志慧、谢熠、侯刚；（2）翠屏区委党校：高果、王刚、邓胜英。

② 赵振宇. 浙江金华探索党建示范带建设［J］. 共产党员（河北），2015（13）：9.

③ 罗建华. 开启城乡党建一体化新模式［N］. 贵州日报，2013－9－17（12）.

④ 秦见，唐军. 汪清县着力打造"餐饮服务党建示范街"［J］. 新长征，2017（2）：31.

方面的重要精神，印发了《关于2017年加快建设"六个先行区"的实施意见》（以下简称《意见》）《关于加快建设党建示范市先行区的意见》。二是深入调研，把握下情。区委区政府组织专门人员，对翠屏区建设党建示范先行区建设进行内容丰富、形式多样的摸底调研，扎实掌握了翠屏区基层党建的具体实情，为党建先行区建设做好准备。

2. 提前谋划，做好建设规划

党建示范先行区建设是一项关乎全区发展的重要事项，受到区委区政府的高度重视。因此，在市委提出党建示范市建设目标后，翠屏区就紧随其后，着手谋划党建示范先行区建设，在《意见》中明确提出，从思想政治建设、干部队伍建设、基层组织建设、干部作风建设以及党风廉政建设五大方面进行全面规划，并要求全区各级部门增强主体责任，主动认领，确保党建示范区的各项工作切实落地。

3. 统筹兼顾，整体有序推进

一是纵深统筹，让党建先行区建设深入到底。区委区政府对党建示范区建设的五大方面内容进行细化，由区领导牵头，各级部门及党员联动，包括村（社区）、企业党组织以及其每一名党员，责任落实到人，统筹区内各级部门党建工作的协调进行。二是平面统筹，让党建先行区建设拓展到边。

（二）先行创新，分类载体，发挥示范带动作用

1. 先行先试，努力开拓创新

一是工作机制先试，精准党建责任。建立完善了社区党委工作制度、党委会议事规则和"三重一大"等规章制度。形成分工协作的工作格局。完善社区党组织书记双向述职、"三会一课"等一系列规章制度，有力保证各项任务落到实处，取得实效。积极推行"六声"（民居进门有招呼声、服务内容有介绍声、询问问题有解释声、困难求助有帮助声、居民生活有关心声、居民离开有再见声），优化干部工作作风，提升服务水平。二是文化品牌先试，精准党建内涵。强化服务文化，提供优质服务，切实解民困难；弘扬和谐文化，结合群众兴趣爱好，开展群众喜欢的文化活动。

2. 因地制宜，分类别、有针对地打造

坚持因地制宜，分类研究。在农村，突出产业富民，深入推进"四好"基层党组织建设，优化升级"1+6+N"党群服务中心。在城镇社区，突出为民服务功能，着力构建"新型社区治理服务体系"。在机关，突出规范化建设，规范建设党建责任清单、专项督察机制和党建考评体系。在国企，突出构建现代企业制度，大力推进"企业治理现代化"建设；在非公企业，突出"两个覆盖"，加大"红领先锋"选派和对非公企业出资人的教育引导力度。在社会组织，突出政治引领，积极推动社会组织综合党委建设。在学校，突出"抓教育均衡发展，办人民满意教育"目标，开展"教育水平大提升"行动。在卫计系统，突出"建设健康翠屏，打造卫生强区"目标，充分发挥卫计系统党组织的战斗堡垒作用和党员的先锋模范作用。

3. 搭建载体，实现产业主导引领

拓展载体，坚持以"南融北拓、五域领航"为战略布局。通过搭建宜长线农旅融合、环金秋湖绿色现代农业、西部空港物流、东部生态农业、三江城市等载体，将翠屏

区所辖范围内的 13 个乡镇、9 个街道划分为 5 个党建示范片。通过以"五联一做"为载体，实现以农旅融合产业为主导的宜长线党建示范片建设；通过以"五融"为载体，打造以服务业为主导的现代城市基层党建综合体；通过以"双强六好、四个融入"为载体，建设以现代化企业为目标的企业党建示范组织建设；通过以"党建九联"为载体，打造现代化服务型社区。

4. 区域联动，发挥示范带动作用

一是联动考评，落实"三级联述联评联考"制度，推动管党治党责任落实。二是主攻新型利益联结机制，大力推广"三联三带""三建三带"等模式，大力推广"互联网＋"服务模式，推进党建联动建设。三是发挥区域联动优势，突出示范带动作用。长线农旅融合、环金秋湖绿色现代农业、东部生态农业等通过同质化的相互联动，借鉴学习，不断发展自身优势。金沙江社区党建综合体的打造，树立城镇社区党建示范先锋，发挥示范带动作用。

（三）先行塑造典型，多形式、多渠道正面宣传，传递正能量，营造氛围

1. 深入挖掘发现，先行塑造典型

典型对群众产生的羊群效应会促使党建工作的顺利推进。为此，翠屏区认真学习，深入群众，深度挖掘先进事迹和典型人物。一是学习先进，树立榜样。翠屏区认真学习筠连县带领大家致富的王家元，学习"春风精神"，树立"服务群众、实干担当"榜样；学习珙县代家村"代家经验"，树立"勇敢闯、顽强拼、齐奋进"榜样。二是对标先进，挖掘典型。翠屏区对标先进，深入社会群众，挖掘先进。深入社会群众挖掘"代天久精神""道德模范"等。

2. 多形式多渠道宣传，实现舆论引领

典型的辐射程度高度依赖宣传力度。翠屏区在党建示范先行区建设过程中，高度重视对典型的塑造和宣传。一是坚持传统模式与新兴模式相结合方式，广覆盖宣传典型。通过电视新闻、报纸以及宣传栏等传统媒介对先进典型进行大力报道，同时，通过微信、QQ 以及 App 等新兴媒介对先进典型大力宣传，争取在全区宣传覆盖面最大化。二是坚持讲故事与立形象并重，全方位宣传典型。全区掀起了群众满意的"十大好医生"评比报告讲座、道德模范评选等，将好医生故事、道德模范事迹广泛生动宣传，现实对全区党建工作以及社会舆论的正向引领。

3. 传递弘扬正能量，营造党建先行氛围

翠屏区在深入践行社会主义核心价值观的同时，以更加严格的标准来要求和管理党员干部。一是强化干部作风建设，持续深化正风肃纪"9＋5"专项整治，认真落实分级通报曝光制度，强化"阳光问廉""行风政风"等媒体监督。二是加强党风廉政建设。把廉洁文化、党规党纪宣传教育深化延伸至村（社区）一级，深入落实责任清单、"签字背书"、述责述廉等制度，坚持实施无禁区、全覆盖、零容忍的执纪审查。从而净化党风政风，使正能量的传递和弘扬得到机制化保障，营造了党建先行的浓厚氛围。

（四）先行以信息化、规范化、制度化推进

1. 搭建信息平台，畅通交流渠道

翠屏区紧跟时代步伐，利用现代化技术手段和理念，集思广益，不断拓宽交流渠道。一是整合服务资源，搭建"党建＋互联网"的线上智慧党建平台。通过政企合资，建成集民情反应、党员服务、公益活动、宣传引导、商品交易等功能于一体的"翠屏 e 家"综合智能平台，实现民情信息"一网揽尽"、党员服务"一键认领"商品交易"一指搞定"。实现为群众的差异化精细服务。二是凝心聚力，搭建线下活动服务平台。广泛开展文化教育、民俗节庆、群众文体、道德讲堂、志愿服务等活动，为群众搭建各类线下活动平台，引导驻区单位和居民牢固树立以社区为家的理念，紧紧团结在党组织周围。三是深入群众，搭建精准平台。制作《社区民情民意连心卡》《辖区单位双向服务连心卡》，深入各小区、辖区单位、企业、商铺收集"两张清单"，分类整理并建立台账。

2. 明确规范流程，确保有序推进

翠屏区党建示范先行区建设是全面的、系统的，因此，要有明确而又规范的流程。一是机构建设规范。翠屏区成立了党建示范市先行区建设指挥部，由区主要领导担任指挥长。指挥部下设办公室以及 5 个指导组和 6 个工作组，突出区委区政府对翠屏区建设党建示范市先行区重视的同时，确保了先行区建设的人力资源保障。二是职责明晰规范。推进精准化服务责任体系建设，层层传递精准党建责任；落实责任追究机制，确保层层传导压力、层层夯实责任。制定《调动干部积极性激励改革创新干事创业的暂行规定》《区域化党建目标责任书》，为党建示范市先行区建设有序推进提供保障。

3. 健全制度体系，保障有章可循

制度体系以其特有根本性、全面性、稳定性和长期性，为党建示范市先行区建设提供约束力和保障。一是建立健全责任制度体系。健全组织联动体系，分级建立党建联席会议制度，协调推动党建工作。健全责任联动体系，建立明责、履责、问责体系，各负其责，协同发力。健全制度联动体系，常态推进调度通报、动态管理、双向考评、督促检查和跟踪问效。二是健全完善容错纠错等制度体系，筑牢制度笼子。三是建立健全监督体系，推动党委全面监督、纪检组织专责监督、党员民主监督形成合力。这样使得党建示范市先行区建设有章可依、有章必依。

（五）先行提供组织、经费和机制保障

1. 组建工作小组，提供组织保障

一是成立了党建示范市先行区建设指挥部，由区主要领导担任指挥长。指挥部下设办公室以及 5 个指导组和 6 个工作组。指挥部和各小组的权责清晰，指挥部总负责。二是建立区域党建工作机构。在社区建立区域党委，由社区党组织书记担任区域党委书记，具有较高党务素质和工作能力的驻区单位党组织负责人担任委员，统筹和引领区域内各类组织资源有效服务群众、服务社会。

2. 整合资金项目，提供经费保障

一是加大投入，设立专项资金。坚持区乡村整体推进，制定《项目资金整合管理办法》，最大限度地提高资源整合力度和资金使用效应。二是经费共筹。通过财政补贴、党费划拨、单位赞助等方式，设立区域化党建专项经费，统筹使用把各部门关于社区的政策、资金、项目，使得区域化工作经费和活动经费得到多渠道解决。三是坚持资金投入与政策相结合，保障基层党建。整合使用各部门投向城市的政策、项目、资金统筹。用好用活涉及城市基层党建的有关政策，高标准保障社区工作经费、为民服务专项经费、社区工作者待遇等基层党建基本保障项目。

3. 完善工作方法，提供机制保障

一是建立三级联动工作机制。建立区级领导联系社区制度，定期研究解决工作中的困难和问题。区级、街道、社区三个层面分别建立城市基层党建工作领导小组和党建联席会议制度，区级负责对党建工作进行研究谋划、督促落实，街道负责协调推动基层党建工作落实，社区负责联系协调区域内党组织、策划推动区域整体性党建工作以及帮扶指导未建党组织单位党建工作。二是建立定期协调共商机制。区域党委在街道党工委的领导下开展工作，建立定期例会制度，每月听取一次辖区党组织工作汇报，共商涉及区域党建、公益事业、社区治安等重大事项，充分发挥区域党委统筹整合、牵头抓总作用。三是建立双向考核评价机制。签订《区域化党建目标责任书》，明确权利义务和目标要求，对驻区单位党组织参与区域党建工作情况进行定期互议互评，纳入考核各级领导班子、领导干部实绩特别是党组织书记抓党建、述职评议考核的重要内容，驻区单位各类创建活动要征求区域党委意见。

二、翠屏区党建示范先行区建设主要成效

翠屏区通过党建示范先行区的建设，在经济上助推了产业发展，在文化上改善了社会风气，在社会层面提升了社会治理水平，提高了人民群众的获得感，增强了基层党组织的凝聚力和战斗力，产生了较大的社会正面影响，为推动翠屏区新一轮大发展注入了强大动力。

（一）有力推进翠屏区美丽繁荣和谐发展

1. 整合了资金项目，促进了产业发展

翠屏区以党建示范先行区为载体，促进党建工作与经济社会发展深度融合，助推了产业发展。通过"宜长兴农村产业融合发展示范区""环金秋湖绿色现代农业示范带"，将13个乡镇、9个街道分为宜长线农旅融合、环金秋湖绿色现代农业、西部空港物流、东部生态农业、三江城市等5个党建示范片，以党建示范统筹资金项目，引领助推产业发展。在党建示范片引领下，翠屏区先后促成了宜长兴农村产业融合发展示范区翠屏段2万多亩发展酿酒红高粱基地，李庄镇田之星高粱迷宫、宋家镇"五粮液"主题稻画、七彩枫情小镇，牟坪镇橙香园等特色农业产业项目，助推了产业的快速发展。在课题组的问卷调查中，有50%的受访者认为，在党建示范先行区的引领下，所在区域产业"有特色有规模，发展很好"，43%的受访者认为"有一定规模，正在发展"，仅有7%的受访者认为产业"有一定规模，但效益一般"。

2. 优化了文化氛围，改善了社会风气

翠屏区以党建示范先行区为抓手，深入企业、社区、机关等基层党组织，积极打造党建示范文化，引领社会风气走向更佳。例如在党建示范先行区建设的统一领导下，翠屏区非公企业正和集团积极探索以厚植企业文化根基为载体，以党建文化引领企业发展，成了将党建与企业文化相互融合的非公企业先进典型。正和集团通过以精神文化为先导，夯实党建工作的思想根基；以制度文化促管理，提高党建工作的规范水准；以物质文化为支撑，滋养党建工作的文化沃土；以服务文化为载体，体现党建工作的现实成效；以创新文化为驱动，传导党建工作的持续动力；以行为文化为抓手，提升党建工作的实践内涵等六大举措，实现企业文化与党建文化互动发展，将企业发展与社会发展有机统一。既推动企业实现经济效益，又带领企业员工为翠屏区发展尽心服务，形成了良好的企业风气的同时，又带动了社会风气的向好向善。又如翠屏区大观楼社区以社区党建为平台，创新文化品牌，有效引导了社区文化和谐发展。通过强化服务文化、倡导共建文化、弘扬和谐文化、挖掘传统文化与社区党建工作相结合，营造了资源共享、互利共赢的文化氛围，组建了以党员为骨干的宣传队伍5支、共160余人，促进了社区纠纷的调解，文化的繁荣、社会的和谐，创建出了和谐繁荣的社区新气象。课题组通过问卷调查发现，有82%的受访者认为通过党建示范先行区建设，所在区域社会风气很好，18%的受访者认为社会风气较好，没有受访者认为社会风气差。

3. 加强了社会治理，维护了基层稳定

翠屏区以创建党建示范先行区为契机，通过加强基层党组织的建设和社会治理能力，有效提升了社会治理水平。例如大观楼社区通过开展"党员十分钟服务圈""三走进三服务"、社区无职党员"设岗定责"等系列活动，建立党员责任岗56个，基层服务点4个。通过党建引领、社会参与，极大提升了基层的社会治理能力，维护了基层社会的和谐稳定。课题组通过问卷调查发现，有66%的受访者认为在党建示范先行区建设的引领下，所在区域社会治安"明显加强，效果很好"，有34%的受访者认为社会治安"有所加强，效果较好"，没有受访者认为社会治安很差。

4. 增强了引领意识，美化了居住环境

以党建示范先行区建设为契机，通过基层党组织的引领带动，有效改善了人民群众的居住环境。例如翠屏区大观楼社区通过社区精准党建，带动党员对社区进行自我管理，针对辖区老旧楼院多的实际情况，调动党员同志参与居住小区物业管理活动。大力推行小区、单元楼党小组和建立小区物业自管小组，有效解决了老旧小区无人管和脏乱差的问题。课题组通过问卷调查发现，有85%的受访者认为通过党建示范先行区建设，所在区域的居住环境"得到了很大改善"，15%的受访者认为"得到了较大改善"，没有受访者认为"依旧存在脏乱差"。

（二）极大增强了人民群众的获得感

1. 加强建设了基层组织，解决了群众实际困难

翠屏区大力加强基层党组织建设，认真开展"两学一做"学习教育，真抓实干，科学谋划发展，把中央的重大决策部署落实到基层，把党的工作基础打得更牢更扎实，从

而增强为民"底气",提升民众"幸福感"。为此,翠屏区通过党建示范先行区建设,创造有利、有效条件,积极为人民群众解决实际困难,将基层党组织的实际行动切实转化为人民群众的获得感。课题组通过问卷调查询问"通过党建示范先行区建设,您所在区域为群众解决困难的程度如何?"有76%的受访者认为"解决了大部分困难",24%的受访者认为"解决了一些困难",没有受访者认为"没有解决任何困难"。

2. 建立了利益联结,促进了利益共享

通过精准实施党建行动,创新利益联结机制,有效克服了农村、农业、农民,以及基层党组织面临的发展困境,实现了助农增收、推动新型经营主体发展,促进基层党组织作用有效发挥、完善农村社会治理结构的显著成效①。例如,翠屏区牟坪镇、李庄镇、宋家镇等特色农业产业项目,均是在基层党组织的协调引领下,将农民利益放在首要位置,以"企业+农户+村集体",农民土地入股等利益联结方式,保障农民获得产业发展的长期增值收益。既有效推动了农业农村的经济发展,又带动了农民脱贫致富奔小康。

3. 提高了发展本领,增加了群众实惠

翠屏区通过党建示范先行区建设,以党建为引领,积极开展产业探索、招商引资,先后在李庄镇、宋家镇、牟坪镇等地区引进了一批产业项目,既带动了经济发展,又有效促进了辖区居民致富增收,让人民群众获得了真切的实惠。在党建示范先行区的带动下,翠屏区2017年年人均收入增长情况,有22%的群众表示收入增长在3000元以上,18%的群众表示收入增长在2000到3000元,24%的群众表示收入增长在1000到2000元,36%的群众表示收入增长在1000元以下。调查"通过党建示范先行区建设,所在区域脱贫攻坚情况如何"时,有70%的受访者认为"措施有力,总体很好",30%的受访者认为"有些举措,总体还行"。

(三)提升了党组织建设的战斗力与凝聚力

1. 密切了干群本心,增强了凝聚力

一是切实加强了马克思主义群众观教育,严肃党内政治生活,引导基层党组织和党员干部站稳群众立场,把群众当自家人。二是严格遵守了党的群众纪律,规范了党员行为,对于发生在群众身边的优亲厚友、吃拿卡要、执法不公、"村霸"等不正之风和违纪违法问题,切实整治、严肃查处,极大增强了党组织的凝聚力,获得了群众的高度认可,团结了干部群众的关系。

2. 巩固了组织重心,强化了战斗力

随着全面从严治党各项举措的贯彻实施、基层党组织政治生活的逐步规范化,基层党员通过参加"三会一课"、民主生活会等各项活动找到了对党组织的认同感和归属感,找回了精气神。翠屏区通过党建示范先行区建设,翠屏区各级党组织,特别是基层党组织,增强了自身的干事创业的能力,强化了自身的战斗力。

---

① 中共宜宾市委党校和翠屏区委课题组. 以党建为载体构建利益联结机制:实践·作用·启示——以四川省宜宾市为例 [J]. 中共云南省委党校学报,2017,18 (4):88~92.

（四）产生了较大的社会影响，提升了美誉度

1. 充分发挥了先行区示范带头作用

翠屏区积极响应中央、省委、市委关于党建工作的要求，结合市五次党代会加快建成政治坚定战斗力强的党建示范市的要求，积极开展党建示范先行区建设，突出党建引领发展的要义，有效发挥了先行区的示范带头作用，有力助推了宜宾党建示范市的建设发展。

2. 营造了良好的党建互助共赢氛围

通过党建示范先行区建设，强化了党建工作在经济社会发展中的引领作用，促进了党建工作与经济社会发展的深度融合①。翠屏区通过党建示范先行区建设，各级党组织，尤其是基层党组织能力不断提升，作风不断优化，推动了党建与经济社会发展的耦合，一起谋划新时期党的建设与经济社会发展，使党建工作成效在经济社会发展中得到检验。

3. 提供了党建先行引领发展的翠屏方案（范式）

一是形成了一系列推进党建示范先行区建设的工作制度。二是制订了一系列有序推进党建示范先行区建设的科学规划。三是搭建了一个党建与经济社会融合发展的载体。四是探索出了一套凝心聚力的工作方法。五是建立了一个行之有效的考核推进机制。

三、翠屏区党建示范先行区建设的主要启示

（一）党建总要求是引领

党的十八大以来，习近平总书记对新时代党建的重要性、党建的内容、党建的目标等都进行了明确阐述，是指导各地党建的行动引领。要把深入学习贯彻党的十九大精神作为推动党建工作的总纲和主线，坚持强力举措，扎实推进。坚定不移地把学习贯彻党的十九大精神引向深入，将学习党的十九大精神和各地工作实际结合起来，进一步增强学习贯彻的主动性、积极性。翠屏区在推进基层党建中，以习近平总书记系列讲话精神为引导，扎实开展各项工作，将基层党建与精准扶贫、产业发展、改善民生等工作结合起来，取得了显著成效。

（二）创新示范载体是抓手

1. 围绕丰富服务内容创新载体

党建活动应紧密结合经济社会发展的需要，结合群众的需要不断创新服务内容。在农村地区，应该紧紧围绕现代农业发展、农业供给侧结构改革、精准扶贫、农民增收等目标，通过设立农村政策解读和宣传、农村技术推广和普及、农村社会事务调解等岗位，使党建活动内化到各种载体中。在街道可以通过设立就业咨询和服务、纠纷调解、社会服务等岗位，发挥党组织的服务作用。要通过"戴党徽、亮身份、树形象"把党员身份亮出来，结合各个党员的特长，将党员落实到具体的服务岗位上，把党建活动与经

---

① 张晓祁. 浅析党建工作与经济发展的深度融合 [J]. 知识经济，2016（13）：13.

济发展结合起来。

2. 围绕整合服务资源创新载体

翠屏区大观楼社区党委通过将网格区党支部、驻区单位党组织、非公企业党支部统一到社区党委的形式，将整个街道的党员、党建资源集中，实现了资源共享、优势互补、协调发展，初步形成了社区党建工作的新格局。整合服务资源，能够实现点对点、面对面无缝对接，实现人沉沉到底、物沉沉到位、财沉沉到点；同时也能够引导党员领导干部进一步转变工作作风，进一步夯实基层党建工作基础。

3. 围绕转变服务理念创新载体

理念作为行动的先导，决定着党建工作成效。为进一步提高党建成效，翠屏区转变理念，邀请市委主要负责人讲授基层党建工作理念和工作方法，并鼓励各村、各街道党员干部外出参观学习。通过学习，全区党员干部对打造党建示范市先行区有了更新的认识、更好的思路。

（三）以人民为中心是根本

1. 注重群众参与党建工作

党建活动是把党的理论武装转化为鲜活实践的重要工具和载体①。党的建设归根到底是为了更好地满足人民群众的需求。因此党的建设活动必须坚持走群众路线，注重群众参与党建工作。在活动设计和载体建设中要多深入基层调研，了解基层群众的实际需求，了解基层群众最迫切的需求和最实际的困难。同时要因地制宜，针对不同地区、不同类别的群众的不同需求，有针对性地开展为民服务活动，为群众办好事、办实事。同时党建活动要充分征求人民群众的意见，充分发动群众参与到党建活动中，充分汲取群众智慧，这样才能集聚最广大群众的力量。

2. 发挥党建凝心聚力的作用

党的基层组织是体现党组织是否有战斗力的基础，只有不断加强党的基层党组织建设，注重抓基层、打基础、强堡垒，充分发挥党组织战斗堡垒和党员先锋模范作用，才能把党的政治领导核心作用落到实处，起到凝心聚力的作用。开展党建的目的，说到底是为了凝聚最广大人民的力量。

3. 实绩评价体现群众意见

习近平总书记指出："检验我们一切工作的成效，最终都要看人民是否得到了实惠，人民生活是否真正得到了改善。"②党建活动搞得好不好，最终要群众说了算。人民群众是党建工作的见证者和评判者，党的建设的成效交由群众来评判。在开展党建活动中要避免浮在面上、蜻蜓点水式的形式主义，避免将党建活动搞成领导干部的个人政绩工程。党建活动要求实效、办实事，让群众得实惠，要把各项措施落到实处。要扎扎实实办好各类民生实事，切实解决衣、食、住、行、医、学、养等关系到群众切身利益的实

---

① 敖天才. 党建工作要遵循"群众之道"[N]. 重庆日报，2014—3—2.
② 朱松节，朱菲菲. 习近平实干思想及其现实意义 [J]. 内蒙古农业大学学报（社会科学版），2015，17（3）：1~5.

际问题，帮民致富、促进和谐。

（四）突出地方特色是亮点

1. 结合经济社会发展抓党建

当前党建工作已经融入了经济社会发展中，对促进经济社会发展起到了重要作用。如结合当地主导产业发展，将党支部建在产业链上。结合精准扶贫工作，充分发挥贫困村党支部和第一书记的作用，带动贫困村脱贫致富。在加强社会综合治理方面，通过发挥党建的作用，消除社会不稳定因素；有红色文化资源的地方可以充分发挥这一资源优势，打造红色教育基地等。

2. 打造地方党建品牌

翠屏区作为宜宾市的中心城市，大力落实全市打造党建示范市的目标，在全市率先提出了建设党建示范市先行区的奋斗目标。确定奋斗目标后，全区思想先行，成立了党建示范市先行区建设指挥部，在全区营造了"走前列、做示范、当标杆"的舆论氛围。同时紧紧围绕城市党建与农村党建同抓共建的做法，在农村以"新型利益联结机制"为主攻方向，大力推广"三建三带"等模式；在社区，以"数字多元化服务平台"为主要模式，大力推广"党建＋互联网"模式。以多种形式的党建工作打造翠屏区党建品牌。

（五）信息化、规范化、制度化是基础

1. 充分利用大数据的信息化手段

现代信息技术可实现党建工作管理水平的提高。进一步落实中央要求，采用党员基本信息管理系统加强党员信息管理、共享、动态调整。同时借助现代化的"互联网＋"手段为党员提供学习和交流的平台。如翠屏区充分利用现代大数据等信息手段开展党建工作。针对辖区内南城街道面对辖区内老党员多，人户分离多的实际情况，充分利用微信等新媒体手段发展"党建互联网＋"，建立微信公众平台，每周用微信推送党的大政方针、全区党建活动开展情况、辖区党建活动通知等，突破了空间和时间限制，实现了党建的全覆盖。

2. 以规范化建设促进党建工作开展

规范化建设是为了更好地、更有序地促进党的建设。要对"三会一课"、民主生活会等党内组织生活制度进行规范，要求党员干部必须按照规范化的要求落实和执行，确保党建活动的实施效果。同时要注意对软弱涣散的基层党组织加强教育和引导，可以采取上级党组织实地指导和督导的方式，帮助党组织作用发挥得不好的基层党组织逐步规范。对在实际中好的经验和做法，要逐步在更大范围内推广，形成规范化的操作标准。

3. 加强制度化约束

党建活动的效果需要制度约束作为保障，必须加强党建的制度化建设。要继续利用好"三会一课"、主题党日等各种基本制度，并在此基础上延伸，形成党建的制度化载体。同时要按照党建总体目标，逐级、分层落实目标责任，做到岗位、职责、目标的具体化。要将党建工作作为各级、各部门工作的重要考核部分，同时考核结果要与党员的奖励、晋升等挂钩，以结果促过程，防止党建在实施过程中随意化、娱乐化。

着力构建社会治理新格局的路径探讨

朱逢春[①]

2018 年 2 月，习近平总书记来川视察并从落实党的十九大精神、经济高质量发展、乡村振兴战略、民生改善、党的政治建设五大方面为四川发展指明了方向。而社会治理是落实习近平总书记来川视察重要讲话精神的重要方面。"打造共建共治共享的社会治理格局"既是党的十九大报告做出的重要部署，也是营造经济高质量发展、顺利实施乡村振兴战略、推动民生改善、加强党的政治建设的社会环境氛围的需要。为此，深入分析社会治理的难点、系统梳理构建新时代社会治理新格局的具体路径，对于学习贯彻习近平总书记来川视察重要讲话精神、切实学懂弄通做实党的十九大精神具有重要的理论价值和现实意义。

一、构建社会治理新格局的紧迫性

当前，我们正处于全面建成小康社会决胜期，全党全国之力正聚焦此时期的各项战略部署。习近平总书记来四川视察时也再次强调："全面建成小康社会一个民族、一个家庭、一个人都不能少。"为此，我们正视当前社会治理领域存在的突出问题，营造良好的社会发展环境，确保如期全面建成小康社会在当下中国显得尤为重要和迫切。

（一）保障全面建成小康社会的现实需要

全面建成小康社会最突出的短板是农村，有效发挥农村基层党组织和村民自治的功能和作用，对于加快推进几千万贫困人口的脱贫有着重要作用。而构建社会治理新格局对于农村和城市而言，可以有效发挥各个社会治理主体的功能和作用，实现真正意义上的共建共治共享，因此，提升治理水平可以作为助推脱贫攻坚的有力抓手。此外，到2020 年全面建成小康社会之时，社会治理的精细化程度会更高、社会结构和治理形态也会更为进步和优化，如何探索一条符合新时代要求的社会治理格局对于对接全面建成小康社会的社会预期至关重要。

---

① 作者简介：朱逢春，男，湖北洪湖人，宜宾市委党校教务处处长，研究方向：行政管理。

（二）转变原有的社会管理方式的现实需要

近年来，我们政府采取措施推进向社会治理方向的改进，并采取一系列举措强化社会组织、社区单位、企业、公民等主体参与协同治理的功能和作用。但从基层现实情况而言，社会治理仍然以党委和政府管理主体为主导，特别是在宜宾县东西部地区，社会组织的培育和发展显示出较大的不平衡性，社会组织的政策支持和经费保障也存在较大差异，这种发展现状与新时代经济社会发展的不适性较为明显，亟待下大力气解决。

（三）调和多发的社会矛盾的迫切需要

随着改革向纵深推进，牵涉的利益纠纷和矛盾显著增多。一方面，一些历史遗留问题所带来的矛盾仍未消除，尚待继续寻找矛盾纠纷调处的具体途径和方法；另一方面，全面深化改革不可避免地触动一些利益团体的利益，由此带来的矛盾和纠纷也随之出现。调和解决这些社会矛盾和纠纷，需要我们改变原有观念，并真正将中央部署的新战略、新目标、新理念、新思路和新办法贯彻落实。因此，构建社会治理新格局、妥善处理改革中的新矛盾、新问题刻不容缓。

二、现阶段构建社会治理新格局面临的难点

（一）社会管理理念延续，治理理念尚需转化

当前，在全面深化改革向纵深推进的背景下，经济领域、行政管理领域都进行了一系列的改革，取得了一定的成效，原有管控模式下衍生的管控理念也得到了一定扭转。但从现实而言，以往的社会管理的滞后理念仍在延续，"由于传统观念的改变总是落后于所有制的改变，人治的观念形态仍积淀在社会意识结构之中，仍以各种方式残留在一些行政主体的潜意识中"①。这些行政主体都不同程度地对"管控"观念产生心理认同，而这种认同的后果即是在发展社会事业、加强社会治理、完善社会体制过程中仍强调管人，而不是服务人。

（二）治理协调能力不足，治理成本有所增加

当前，少数基层政府的职责分工不明确，主体责任不明晰，各个部门之间缺乏持续性和规范化的沟通协调机制，多头管理、部门分割等现象在一些地方还比较突出，这就导致了社会治理成本不可避免地增加，社会治理的成效也受到影响。在实际工作中，一些社会矛盾往往出现在乡镇的农村和基层社区，矛盾和纠纷的各类问题又往往涉及政府的一些职能部门，而乡镇政府又无力独立解决。在面临群众的利益诉求涌现时，乡镇街道的组织只能向上级职能部门和领导反馈，而无法解决相应的实际问题。当遇到部门之间推卸责任、互相扯皮时，群众越级上访的可能性逐步上升，这种情形就容易牵涉乡镇

① 朱逢春. 改革开放以来行政价值观的嬗变对行政发展的影响 [J]. 哈尔滨市委党校学报，2010（11）.

政府和街道社区的管理者层面。此外，社会组织等其他社会治理主体参与也显得较为滞后。"社会组织管理体制不合理、治理结构不规范，严重制约着社会组织功能作用的有效发挥。"①

（三）社会管理手段单一，调处能力有待提升

在当前社会组织发展环境不浓厚、发育不够成熟的现实背景下，社会治理的主体显得较为单一，主要为政府所承担，即便是某些社会组织发展有所发展的地域，由于其组织规模、行政色彩和活动领域的局限性，其作用仍然滞后。在这种情形下，一些基层政府部门在处理社会事务时习惯于将管理的事项分配给居委会，没有充分发挥社区的自治功能和服务作用。同时在治理方式上，一些基层政府仍局限在管制化的行政手段和处罚式的思维，市场调节的手段和服务方式显得不够充分。此外，一些地方政府不愿意正视社会矛盾的存在，面对土地拆迁、住房保障、司法公正、收入分配、食品安全等因素诱发的矛盾时，能捂则捂、能压就压，忙不迭撇清责任，没有解决矛盾的正确态度和措施。

（四）社会治理法制缺失，公权约束有待加强

目前，随着改革带来利益相关者的日益多元化，社会组织的发展也迎来了良好的发展机遇，对促进经济发展，维护社会稳定，促进社会发展具有重要作用。但与社会组织相关的法制建设与社会组织发展和涌现的速度还不够匹配。一是法律位阶低。当前，除了民政部等部门发布的规范性文件，以及对基金会的管理规定，对社会团体的登记管理法规，对民办非企业单位登记管理暂行条例，对民办非企业单位登记管理暂行办法外，还没有一个针对社会组织管理的法律体系。二是法律制度不完善。财产归属是民办非企业单位比较重视的一个重要问题，而当前的《民办非企业单位登记管理暂行条例》对此缺乏非常准确和规范的界定。此外，《中华人民共和国民办教育促进法》相关条款又没有确立有关民间非营利组织财产不能分配的原则，相反有关条款与此冲突。而这种情况使政府在处理社会问题时面临很多行为合法性的问题，侵民利的公权约束力尚需加强。

三、新时代构建社会治理新格局的具体路径

（一）倡导有限政府和善治理念，促进多元主体共治

管理理念是政府管理主体在长期行政活动过程中，逐渐积淀、升华而形成的反映行政关系的社会意识。传统的管理理念支配下的政府行为忽视政府以外的其他主体的参与。这种管理理念是政府管理主体在传统习惯的影响下形成的，是以往全部价值生活经验的积淀，它一旦形成，就会使管理主体的思想行为倾向表现出一贯性，从而在其分析和调节社

---

① 魏礼群. 全面建成小康社会之时中国社会的景象特征及实现目标任务与路径选择［J］. 社会治理，2016（5）.

会矛盾时会习惯性地保持原有的思维定式和应对方式。但就目前而言，政社分开是当前我国社会管理体制改革中已大力推进的改革领域。因此，应当进一步树立"有限政府"的理念和善治思维，积极推动政府职能转变，加快剥离政府原先所包揽或直接参与的各项社会事务，从而更多地向社会组织下放权力，释放出更多主体共治的公共空间。

（二）明确社会治理主体职责，推进各主体有序参与

社会建设是"五位一体"总体布局的一个重要方面，推动社会建设需要党委政府与社会各方协同合作，使政府管理与社会自治功能有机结合，从而进一步降低社会成本，提高社会治理水平。一是要明确各个社会管理主体职责与功能，对非政府组织、民间组织的合法性及其活动给予制度保障，从而推进政府与社会协同推进社会建设的局面。二是抓好共建共享的共治架构关键，即发挥好党和政府的功能作用，在多元主体合作共治的制度架构中，任何情况下任何社会都无法自发地形成良好的社会秩序供给，更谈不上社会秩序的自我更新。因此，共建共治共享要求的是党和政府、社会组织、社区、民众等各个主体的充分参与，特别是首先要发挥党和政府的主导功能和作用。三是扩大基层民主，夯实社会治理的基础。在农村，要进一步发挥村民自治的作用；在城市，要充分发挥街道基层组织、社区自治组织、市场经济组织在社会治理中的作用，建立群防群治、共治共享的力量队伍。

（三）优化社会共治手段与途径，正视矛盾生成发展

首先，在社会治理方面，要优化协商共治的手段与途径。政府在社会治理的过程中，要继续改变过去靠行政手段通过管、控、压、罚实施社会管理的方式，"为社会主体和市场主体有效嵌入到治理创新过程中创造程序性条件"①，更多地用平等对话的方式解决社会发展过程中出现的社会矛盾和纠纷。其次，要把握社会发展规律，主动正视矛盾的生成与发展。在社会转型、改革攻坚的关键时期，矛盾的涌现、分歧的存在正是多元的利益主体谋求对话和协商的体现。而对话远胜于对峙，正视矛盾远胜于回避矛盾。因此，各级领导干部要正视各种社会矛盾的生成和发展，在解决和调处矛盾中寻求更稳健、更快速地发展。

（四）健全治理新格局法治体系，强化法律刚性约束

构建社会治理新格局离不开强有力的法制保障，创新社会管理就必须不断健全法制体系，强化法律对行政行为与社会行为的约束力。一方面，要切实加快社会治理新格局的相关立法工作，通过完备的法律法规规范政府的行为，推动社会组织等主体朝着有序、规范、健康的方向逐步发展；另一方面，逐步把各项矛盾和纠纷的调节工作纳入规范化法制化的轨道，引导民众学法、懂法、用法，自觉用法律手段维护自身权益，同时，政府要把握新时代中国社会的发展方向和发展规律，适时调整适应社会发展需要的社会政策，弥补社会政策领域的缺失之处，促进社会治理新格局背景下的依法管理、科学管理。

---

① 付建军，张春满. 从悬浮到协商：我国地方社会治理创新的模式转型［J］. 中国行政管理，2017（1）.

一个省级贫困村的涅槃之路
——高县产业扶贫的"大屋经验"

中共高县县委党校课题组[①]

2018 年春节前夕，习近平总书记来到四川省大凉山深处慰问彝族贫困群众。习近平总书记强调："我们搞社会主义，就是要让各族人民都过上幸福美好的生活。全面建成小康社会最艰巨最繁重的任务在贫困地区，特别是在深度贫困地区。无论这块硬骨头有多硬都必须啃下，无论这场攻坚战有多难打都必须打赢，全面小康路上不能忘记每一个民族，每一个家庭。"

高县大窝镇大屋村是"十二五"期间确立的省级贫困村。在新一轮扶贫开发工作中，大屋村紧紧抓住扶贫开发新机遇，在定点帮扶单位中信银行成都分行、宜宾市委宣传部、高县交通局等省市县部门的帮助支持下，短短几年时间，农民人均纯收入从4289 元提升到 13400 元，成为远近闻名的"小康村"和脱贫致富标杆。大屋村的涅槃之路，正是在以习近平总书记为核心的党中央领导下，在这场轰轰烈烈脱贫攻坚战中一个生动的基层案例。

一、背景

高县大窝镇大屋村位于高县北部，南广河下游，地域面积 5.6 平方公里，下有 7 个村民小组，1577 人，409 户。"风扫地，月照床，三石一鼎锅，四石一张床"，高县大窝镇大屋村村民刘天奇回忆过去时，如此自嘲。以前，这个村子经济落后、交通闭塞、人心涣散，2011 年农民人均纯收入 4289 元，贫困人口当时达到 103 户共 358 人，贫困发生率为 23.17%。无论经济还是交通，都闭塞落后，被列为省级贫困村。

在介绍大屋村以前的经济情况时，村支书马六生说道："只能是脸朝黄土背朝天，田地里有点收成，但是要卖点现钱也很难。更谈不上第二第三产业。"马六生在大屋村担任村干部 20 年，对大屋村之前的贫穷状况记忆犹新。"以前大屋村是出了名的穷村，女孩子都不愿意嫁到大屋村来，二十来岁的青年男子，就开始为娶亲发愁。""经济来源主要靠种

传统农作物，上街买东西一去一来就是 1 天，挑着 100 多斤走那烂泥巴路，硬是恼火。"脱贫致富，过上好日子，成为大屋村老百姓的期盼，更成为高县县委政府肩上沉甸甸的责任。

二、做法

（一）规划先行，制订五年发展目标

为确保扶贫工作精准到位、科学有效，2012 年，对口帮扶的中信银行成都分行、宜宾市委宣传部等省、市、县定点帮扶单位，聘请专家，结合大屋村资源禀赋、地理条件，科学制定了《大屋村发展规划（2012—2016）》。《大屋村发展规划（2012—2016）》提出了"三年脱贫，五年致富，再造一个春风村，建成宜宾后花园"的发展目标，明确了"主导产业强村、科技服务兴村、生态家园建村、支部组织带村"的工作思路，提出了"抓规划、抓交通、抓产业、抓帮扶、抓民俗、抓新村"的"六抓"举措，把发展茶园、无公害蔬菜、生态养殖列入农业产业发展重点，把发展特色休闲旅游、老年公寓等项目作为第三产业发展目标。进一步细化了 3 年帮扶重点：硬化村组道路 16 公里、生产便道 20 公里、连户路 5 公里，整治山坪塘 8 口、沟渠 14 公里，建蓄水饮水池 47 口、沼气池 40 口，五建三改 40 户；发展茶园 6000 亩，推行茶园套作水果和花卉；新建村级活动阵地 200 平方米，建设文化广场 2000 平方米；发展乡村生态旅游。

（二）产业富民，生态茶叶破茧成蝶

大屋村海拔 300～700 米，土壤、气候适合茶叶生产，当地种茶已有 40 多年历史，因此，2012 年高县在大屋村扶贫工作中决定首抓茶叶产业。

把茶叶作为大屋村的主导产业，涉及每户村民的具体思想工作，在推进过程中并非一帆风顺。村支书马六生说："以前传统农业，我们这地方有水利灌溉，基本能旱涝保收，要老百姓把全部的田地拿去种茶叶，起初是非常艰难。老百姓根本想不通。村上组织了党员、村组干部，给大家田里放水，你前面挖，后面老百姓就给你堵上。老百姓会想，这个田地全部投入到茶叶种植以后，这几年没得收成，吃啥子？不得不考虑。我们最后想了啥办法呢？就是'以短养长'的机制，主要是发展养殖业，来填补目前这几年没有收入这个问题。这项工作非常艰难，最后老百姓还是认可了。"在 2012 年年底，大屋村平整茶园 4889 亩，全村 1577 人，人均 3.1 亩。2013 年开始大面积种茶。

在大屋村产业发展中，龙头企业四川早白尖茶叶有限公司发挥了很重要的作用，以三项创新性的尝试积极助推精准脱贫工作。一是众筹众创模式。2016 年，早白尖集团将"中国第一红茶庄园"项目建设的服务型内容剥离出来，与贫困户和周边农户共同投资、建设、经营和管理，贫困户将扶贫贷款作为投入资金，实行保息分红；农户将自己的林地、荒地折价投入，实行保底分红。二是利润返补贫困户。早白尖集团向贫困户发放优质茶苗并帮助贫困户建卡管理，进行茶叶种植和管理技术的培训、指导，建立绿色防控体系，保证鲜叶质量安全。贫困户采摘鲜叶后，集团以高于市场价 20％的价格进

行收购，再将鲜叶产出茶叶利润的 12％进行返补，进一步刺激贫困户发展茶叶生产的积极性，力争早日脱贫致富奔小康。三是公益基金扶贫。早白尖集团在大屋村大雁岭基地生产的茶叶，按照每销售一斤提取 0.1 元、2016 年全年共约 20 万元作为扶贫基金，用于支持贫困户发展种养殖业，资助贫困学龄人口读书等。

（三）精准扶贫，帮扶单位竭尽全力

大屋村支书马六生介绍："2012 年年底，宜宾市委宣传部专门成立了一个工作组，游开余部长任指挥长，时任高县县委书记张世炜、县长李康为副指挥长，每个市级部门领导任成员，每个月把进度拿出来说，力度很大。""2012 年年底以来，市委宣传部的干部职工，每周星期五都到大屋村来，利用周末的时间，帮老百姓挖地、种茶叶，给老人孩子们带来衣物书籍，还不吃咱们老百姓一顿饭。虽然说他们对种植不很懂，但是启发了我们老百姓，感动了我们老百姓。他们的精神值得老百姓们反思，激发带动了老百姓脱贫致富的决心。"

在对口帮扶工作中，宜宾市委宣传部首先从制度入手。建立"干部职工包户、县级领导包组、班子成员包片"的工作机制，部机关 103 名党员干部与大屋村 103 户贫困户一对一"结对子"，每名县级领导联系一个村民小组，每名部领导班子负责一个片区，实行责任到人、任务包干。创新建立了帮扶贫困户情况表，帮扶村每户贫困户情况、致贫原因、帮扶措施、落实情况、帮扶成效、收入情况、对口联系帮扶人情况在表上一目了然。建立完善奖惩机制，每名干部职工定期到帮扶户家中走访慰问，每年为帮扶户办 1 件以上实事。将帮扶项目进展情况纳入部机关对各科室的年度目标考核，并与年终评先评优相结合。

"大屋村最大问题是路不通，硬化大赵路（高县大屋村－宜宾市翠屏区赵场镇）是扶贫工作寻求突破口的头道关口。"对口帮扶大屋村的高县扶贫和移民工作局局长周剑一语击中要害。2012 年 10 月，高县投资 680 万元，动工硬化长 7.6 公里、宽 6 米的大赵路；2013 年 7 月大赵路竣工通车，开通宜宾南客站至大屋村的公交车，20 分钟车程，1 小时一班。大屋村成为高县第一个公交车直通宜宾市的村庄，交通劣势变成区位优势。

（四）产业融合，茶旅结合助推发展

在产业发展过程中，大屋村力求做长产业链条，推进产业融合。至 2016 年 12 月，大屋村投资 1000 万元的云锋湖度假村一期竣工，建成 700 平方米的星级农家乐、200 亩生态花卉和生态水果园区、年出栏 400 头的生态黄牛养殖场；投资 6000 万元的林峰休闲园区完成生态养殖场、生态农庄建设，47 幢特色民宿已经建成；投资 20 亿元的黄荆沟水上旅游乐园项目已完成 2000 亩土地租赁，老年公寓群前期工程顺利推进。

2015 年 12 月，位于大屋村的早白尖集团大雁岭基地创建乡村旅游 AA 级景区通过宜宾市专家组验收。2016 年 12 月，大屋村被四川省旅游发展委员会公布为"四川省精品村寨"。2017 年 3 月 19 日，高县政府与四川早白尖茶业有限责任公司共建的一个产业扶贫项目——"茶香花海"启动了开园仪式。在富有层次的茶园中，茶与花卉间种，

"茶香花海"由此而来。该项目已成为早白尖集团中国红茶第一庄园的重要组成部分，也成为大雁岭景区一道靓丽的风景。截至 2017 年 3 月 19 日下午 4 点，大屋村最红火农家乐坐满了 25 桌人，收入近万元。据不完全统计，在开园前几天，每天都有三四千人前来游玩，该项目带动大屋村新增农家乐 10 余户。2017 年 3 月 24—4 月 1 日，早白尖集团大雁岭景区承办了高县首届"两岸一家家亲"忠孝文化推广节"寻根祭祖，问茶高县"活动，通过两岸茶文化的寻源、探访、交流，追溯茶文化历史，促进两岸文化融合发展。

（五）创新载体，共建文明幸福新村

大屋村在新村建设中，一手抓物质文明建设，一手抓精神文明建设。结合"大屋精神"，创新开展"星级农户""星级党员"、孝道红黑榜等评选公示活动，在全村营造评先进、学先进、争当先进的良好氛围。同时，引导村民编制家谱、诵读家训，开设道德讲堂等活动提升村民素质，激发村民主人翁意识。自 2013 年开始，大屋村每年举办春节联欢晚会，平时结合重大节假日和传统文化节适时举行村民文体活动，开展节日民俗、文化娱乐活动，利用重大节庆日如春节、元宵节等节日，采取花灯灯谜、舞狮踩街等群众喜闻乐见的形式进行思想政治教育，弘扬中华民族优秀文化传统。

村支书马六生在介绍时说道："我们在抓口袋的同时，也在抓老百姓的脑袋。如果脑袋瓜子不够用，如何去搞呢？通过这几年的努力和实践，总结了我们的大屋精神，就是富、强、善、美。我们评选大屋精神的代言人，富，找致富带头人，强，找自强不息的村民，用身边人的鲜活例子，这样来影响大家，使好的风气逐渐形成。这几年民风民俗转变比较大。以前村里的人不讲道理的也有，现在上访的情况已经没有了，贫困户都非常满意，都在感谢共产党的政策好。"

（六）旧貌新颜，贫困村成脱贫标杆

2015 年大屋全村有茶园 16000 多亩，农民人均纯收入实现 10826 元，经过验收，大屋村于 2015 年正式脱贫，初步实现了"业兴、家富、人和、村美"的"大屋梦"。2016 年，大屋村农民人均纯收入实现 13400 元。（图 1：大屋村农民纯收入增加情况）

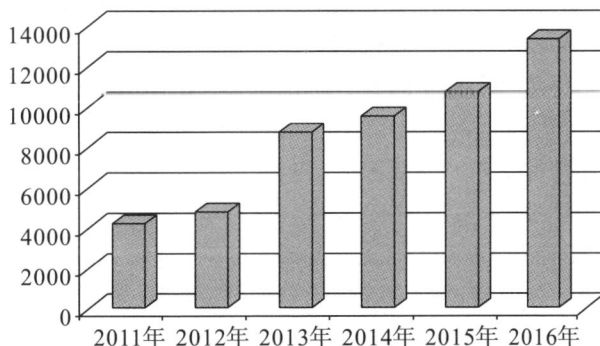

图 1：大屋村农民纯收入增加情况

（数据来源：大屋村党支部　单位：元）

如今，在高县大窝镇大屋村，宽敞明亮的大道，林荫掩映的小洋楼，四通八达的水泥路，小汽车可以直接通向70%的农户家门口。特色民俗依山倚湖而建，生态茶园里鲜花争奇斗艳，周边游客慕名前来。许多茶农的生产生活已经变成这样：在家种茶，可以免费领取茶苗、栽种后有技术支持保证茶苗长势良好、长成后的茶叶能以高于市场价的价格出售；家中富余的土地流转给龙头企业，农闲时间，可以经营自家的农家乐，也可到龙头企业务工，每天有50元—200元的工资收入，妇女、老人们也能笑眯眯地在家门口挣钱。大屋村从一个深山里的穷山村转变为一个远近闻名的幸福美丽新村。

三、启示

一是结合当地资源禀赋做好规划定位。帮扶部门要精准识别贫困村致贫原因，结合贫困村的地理气候条件，立足资源禀赋和产业基础做好规划定位，找准脱贫路子，宜农则农，宜牧则牧，宜工则工，宜旅游则旅游，开辟脱贫增收渠道，做大做强优势产业；大力发展现代农业、现代畜牧业和现代林业，培育发展新型农业经营主体。

二是充分发挥龙头企业的脱贫帮扶作用。由于贫困村信息落后、村民观念陈旧，由贫困户单打独斗的产业发展难以经受市场经济的考验。没有产业化龙头企业的带动，贫困村的产业就很难得到规模和持续发展，贫困户持续增收稳定脱贫就难以得到保障。要以扶贫龙头企业为核心，内向生产基地和广大贫困户延伸，外向市场延伸，形成生产、加工、销售三位一体的较为完整的产业链，推动规模化经营和标准化生产，形成规模效益，增加农民收入。

三是帮扶部门要大力真扶贫、扶真贫。帮扶部门的引导和协助，在脱贫工作中起着关键的作用。要按照习近平总书记提出的"真扶贫，扶真贫，真脱贫"的目标要求，充分发挥政府主导力。帮扶部门要真正协助做好规划、选准产业、引入龙头企业，在帮扶工作中创新机制、落实责任、强化监督，做到心系贫困户，苦干实干，助力村民脱贫梦想，着力增强贫困村贫困户脱贫致富的信心和能力，形成良性循环，防止返贫。

四是选好贫困村基层党组织带头人。火车跑得快，全靠车头带。筠连县春风村及高县大屋村发展的案例，都充分说明了选好基层党组织带头人，是农村脱贫工作的基础和保障。特别是在目前农村村干部待遇偏低的情况下，除了基本素质、工作能力，村干部还需要强烈的责任心和奉献精神。要选好贫困村基层党组织带头人，全面提升他们的思想政治素质和产业发展能力，使贫困村党组织带头人队伍真正成为带领群众脱贫致富的火车头。

五是物质文明和精神文明"两手抓"。在精准脱贫工作中，要使物质文明和精神文明得到协调发展，两手都要抓，两手都要硬。通过经济收入的快速提高、村容村貌的巨大改变、村民素质的不断提升、精神文化生活的逐渐丰富，使贫困村经济状况和社会风气同时得到明显改善，让老百姓过上好日子，为全面建成小康社会打下坚实基础。

筹连县少数民族乡精准脱贫工作的思考

刘敬远①

为进一步助推少数民族脱贫攻坚工作，确保少数民族贫困群众在脱贫攻坚中不掉队，决胜全面建成小康社会，我们深入筹连县少数民族乡、县级相关部门及部分非少数民族乡的少数民族聚居村组走访座谈，收集少数民族乡脱贫攻坚工作情况资料，就筹连县少数民族乡脱贫攻坚情况展开了专题调研。

一、基本情况

筹连县总人口约 44 万人，有苗族、彝族、回族等 26 个少数民族，少数民族人口2.65 万人，占全县总人口的 6％。2016 年贫困人口信息系统动态管理后，全县共有少数民族贫困户 1000 户 3839 人。近几年，筹连县全面落实医疗、教育、低保等保证政策，通过扶持生产、就业、发展、移民搬迁安置、低保政策兜底、医疗救助扶持等"五个一批"扶贫减困，脱贫人口累计达 20269 人，其中少数民族脱贫人口 1676 人。截至2016 年年底，全县未脱贫少数民族人口 576 户 2163 人。总体上看，我县少数民族乡在脱贫攻坚工作上取得了阶段性的成效。

一是基础设施不断完善。自 2014 年开展扶贫攻坚工作以来，有三个民族乡累计完成通村通组公路硬化 45.45 公里，修建党群服务中心、文化广场等 9 个，实施异地搬迁安置 127 户 402 人，极大改善了少数民族群众的生产生活条件。

二是富民产业初具规模。少数民族群众因地制宜，着力发展肉牛、生猪、乌鸡、烤烟、茶叶、竹林、高山蔬菜等富民产业，为贫困群众持续稳定增收奠定坚实的基础。团林苗族乡在发展黑山猪养殖时，探索建立了"养猪还猪"模式，即用产业扶贫资金统一购进母猪免费发放给贫困户饲养，并与贫困户约定在两年内每头母猪还 3~4 头小猪给村集体，滚动发展村集体经济，得到了群众的一致好评和拥护。

三是扶持政策全面落实。实现建档立卡贫困学生"两免一补"全覆盖（免教付费、住校费、补生活费），教育扶贫政策全面落实；在每个村配备乡村医生，加强公共医疗

---

① 作者单位：中共筹连县委党校。

卫生服务，建档立卡贫困人口大病住院县内全报销（除特殊药品外），医疗兜底政策落到实处；及时清理核实低保、五保人员，按照标准做到应保尽保。

四是财政投入持续加大。在重大项目建设、特色产业发展、社会公共事业等方面加大帮扶力度，中央革命老区转移支付、一事一议、县级少数民族扶持项目等资金，都重点安排到少数民族地区。2015年安排三个少数民族乡预算资金1618.3万元，2016年度安排三个少数民族乡预算资金1777.3万元，增幅达10%。

五是少数民族旅游文化蓬勃发展。筠连县先后在高坪苗族乡举办花山节、团林苗族乡举办火把节等节庆活动，加大对苗族蜡染、苗族刺绣、苗族大唢呐、芦笙舞的传承和保护，苗族刺绣和大唢呐已成功申报省级非物质文化遗产。团林苗族乡苗彝风情文化区已初步形成，杉新村苗彝新居已成特色亮点；联合苗族乡已建成颇具特色的格篼坝休闲山庄，正着力打造中药猪、红春腊肉，方竹等特色农产品。

六是电商扶贫成效初显。随着电子商务精准扶贫项目的实施，地处偏远地区的少数民族群众也享受到了电商带来的实惠：肥料、饲料等大宗农资产品可以直接配送到户，为老百姓提供了极大的便利；电商平台部分商品及当地少部分农特产品经过电商渠道销售出去，为当地老百姓带来了经济收益。

二、存在的困难和问题

（一）思想解放不够，脱贫能力不强

1. 思想解放不够

一是脱贫主观意识不强。部分少数民族贫困户仍然存在"等靠要"的思想，期望政府包办一切，对政府的依赖性较大。二是思想保守僵化。县上虽有小额信贷支持贫困发展生产，但大部分少数民族贫困户怕贷款发展生产失败后无力偿还贷款，不敢负债；由于有面子思想或嫌贷款手续麻烦，不愿负债。

2. 脱贫技能缺乏

部分少数民族贫困户缺乏种养殖技能，参与扶贫项目实施的主动性不高，自我发展能力较弱。

3. 卫生习惯较差

部分少数民族贫困户环境卫生意识较差，存在生活垃圾乱倒、牲畜粪便乱排等情况。

（二）基础设施较差，项目实施困难

1. 基础设施建设滞后

少数民族乡村组由于地处偏远，基础设施建设相对滞后，部分贫困村通村通组公路还未硬化或还存在断头路，部分村组饮水困难，个别村组通信信号不畅，发展产业受到限制。如乐义乡少数民族村沙地、河坝两村因"1·28"地震原因，导致水库、管道损毁，缺水情况较为严重；团林苗族乡新阳村因地处偏远，至今通信信号不畅。

2. 脱贫项目推进困难

一是自有资金短缺，不同项目补助差异较大。因少数民族贫困户居住地偏僻，建房、维修成本高，自筹建房租金困难，同时农村危房改造补助标准和易地扶贫搬迁补助标准差距太大，少数民族贫困户不愿实施危房改造项目。二是基建项目劳动力不足，修建通村通组公路、便民路、水库、安装管道等基础设施，均需要群众投工投劳，但现在农村留守家中的大多是老弱病残群体，很多项目因缺乏劳动力而无法实施。三是项目规划与群众需求不匹配。部分项目在规划设计时，没有充分考虑当地气候条件和群众习惯，导致群众对项目意见较大，如团林苗族乡群众反映易地搬迁房屋户型设计不符合当地气候条件；易地搬迁建房面积计算人数最高限额为 5 人，导致部分家庭人口数较多的少数民族群众不愿搬迁。

（三）产业层次较低，持续增收较为困难

1. 产业规模化程度低

筹连县民族乡特色产业中，除肉牛、烤烟具备一定规模外，茶叶、生猪、乌鸡、竹林、高山蔬菜等产业均还处于发展的初始阶段，零星分布的比较多，集中连片的基地少，没有形成产业规模。

2. 产业科技水平不高

在筹连县少数民族地区，除肉牛、烤烟产地集中力量建成一批示范点、示范园，标准、质量较高外，相当一部分产业基地处于比较原始的粗放经营状态，种植管理科学化水平有待进一步提高，经济效益有待进一步增强。

3. 脱贫产业结构单一

三个少数民族乡产业结构上都是以农业为主，没有工业和第三产业作支撑。农业经济结构上，没有农产品精深加工企业，牛肉、茶叶、竹笋、蔬菜等特色农产品还停留在售卖原材料阶段，农产品价格波动极大，极易造成农户增产不增收的情况，贫困户发展还未形成规模效应，三个少数民族乡虽有统一的打造少数民族文化旅游产业发展规划，但道路交通、活动场地、接待能力等还不能适应大规模文化旅游需求，不能持续带动群众增收致富。

（四）机制不够完善，政策不够合理

1. 人才培养机制不健全

一是缺乏系统的操作性强的少数民族干部人才培养机制。由于总体上少数民族受教育程度偏低，少数民族干部、人才处于严重缺乏的状态。很多少数民族聚居村未配备少数民族村干部，双语教师和医生严重缺乏，少数民族儿童学习、民族群众就医困难。二是少数民族文化传承人才缺乏，上级财政没有预算专项资金用于少数民族特色文化传承和保护，没有专门人才挖掘传承苗族传统的吹唢呐、蜡染、刺绣等工艺。

2. 金融扶贫机制不完善

一是少数民族待遇财税分享政策不科学。曾经，省财政厅设定的财政分享基数是筹连县经济最好时期，随着经济下行，2016 年筹连县省级地方财力分成部分为 6222 万

元，在扣除省财政厅核定的 8143 万元（2013 年核定为 7072 万元，2016 年营改增后增加 1071 万元）少数民族待遇县财政基数后，实际留成筠连县的省级地方财力分成部分为－1921 万元，随着经济形势趋势持续低迷，筠连县面临的财政压力将持续增大。二是缺乏针对少数民族贫困户的专项金融扶持政策。县上没有专门针对少数民族贫困户的金融扶持政策，少数民族贫困户和其他贫困户一同享受的小额扶贫贷款政策，由于手续烦琐，部分少数民族贫困户不愿办理贷款。

3．政策宣传整合力度不够

一是扶贫政策制度在设计和实施上不很合理。在教育、医疗等扶贫政策上，现在实行的是脱贫即脱政策，导致群众不想脱贫、不愿脱贫。二是各项惠民政策宣传力度不够，村组干部和贫困户对政策不了解，不知道如何实施。易地扶贫搬迁，医疗卫生、社会救助，金融扶贫等脱贫攻坚政策宣传的广度和深度还须加强。三是个别政策原来标准差距较大，可能造成新的矛盾，实施有难度。如易地搬迁建房附属设施用房取消后，房屋建筑面积变小，且原有的 1 万元附属设施用房补助政策还不明确，导致村组干部不能明确地给贫困户宣传相关政策，老百姓也对一些政策持怀疑态度。

（五）非少数民族乡少数民族聚居村组发展关注不够

全县除了三个少数民族乡外，在其他非少数民族乡还有少数民族村 26 个（少数民族人口占 30％以上），少数民族组有 81 个（少数民族人口占 50％以上），少数民族人口占 1000 人以上的乡 6 个。全县建档立卡少数民族贫困户中，非少数民族乡少数民族贫困户 712 户 2790 人，占全县少数民族贫困户的 70％以上。但从调研了解情况看，尚没有针对少数民族村、组及贫困户的特殊政策，这对非少数民族乡的少数民族聚居村组发展和少数民族群众脱贫带来了十分不利的影响。

三、对策与建议

（一）强化宣传引导，增强脱贫动力

1．加大宣传，正确引导

一是加大对少数民族贫困户的正面宣传教育引导力度，实施"扶志工程"，结合少数民族贫困户的思想现状，增强工作措施，提高其脱贫意识。二是要以送文化、送政策下乡等形式，促进少数民族贫困户转变思想，树立自力更生、艰苦奋斗的正面典型，树立"崇尚致富、脱贫光荣"的理念，充分激发少数民族贫困户脱贫的"内生动力"。

2．抓实培训，增强本领

培训本着"需要什么、培养什么"的原则，围绕家禽、生猪、肉牛养殖，渔业养殖及茶叶、烤烟等经济作物种植三大主要内容开展技术培训，采用专家授课和师生互动交流相结合方式进行，力求使学员能够学以致用、用以促学。在"农民夜校"中组织开展实用技术培训的同时，要借鉴开展能人帮带模式，让种养殖能手与贫困户结对，手把手带领贫困户发展种养殖产业。

3. 养成好习惯，形成好风气

深入开展"四好村"创建，开展好"文明卫生好、勤劳致富好，守法重德好，移风易俗好"四好农家创评活动，通过开展科普知识宣传、卫生知识讲座等形式，引导少数民族群众养成好习惯，加强对《筠连县进一步整治城乡居民乱办滥办酒席的指导意见（试行）》的宣传，引导群众传承勤劳尚俭的美德和形成健康和谐的乡邻关系。

（二）加大财力投入，夯实基础设施

1. 强化基础设施建设

一是要抓住"1·28"地震灾后重建契机，以道路、水利、供电、通信等为主要内容，按照长远规划，为分步实施、适度超前的思路高起点做好规划，统筹安排灾区少数民族村组教育、卫生、文化等农村公共设施建设。二是全面加快少数民族地区及少数民族杂居村组村道、组道、便民路、水池、水窖、沼气池等建设，解决群众出行和饮水困难问题。

2. 加快推进项目建设

一是做好政策宣传，及时兑付项目资金。加大对扶贫项目政策的宣传力度，在安排扶贫项目时，要根据贫困户家庭情况，在充分征求贫困户意见的基础上，合理确定扶贫项目，在保障自己安全和质量的前提下尽量简化手续，严格按照项目资金分期兑付要求，及时组织分阶段验收，便于资金早日拨付到贫困户手中，加快项目建设进度。二是加大基础设施项目投入。在积极向上级争取项目，整合资源、捆绑资源、捆绑使用各种项目资金的同时，积极动员引导社会力量参与少数民族地区道路、水库、管道安装等基础设施项目建设，提高项目建设补助标准，减少群众投工投劳或用务工补助吸引外出务工青壮年回乡参与基础设施建设。三是科学规划扶贫项目，规划扶贫项目时要充分考虑当地气候条件，征求群众意见建议，在严格遵守上级相关要求的情况下体现地方特色，为今后发展留下足够空间。

（三）优化产业发展，促进持续增收

1. 壮大特色产业规模

在坚持土地承包关系不变的前提下，积极探索新的土地规模经营形式，引导和鼓励少数民族地区群众采取转包、租赁、转让、入股等形式，将土地承包经营权向种养大户、合作社和龙头企业转移，推进土地规模经营，不断壮大茶业、肉牛、烤烟、牛猪、林竹、高山蔬菜等特色产业规模，加快特色产业基地建设。如学习借鉴威信县双河苗族彝族乡"公司＋合作社＋农户"的发展模式，在坚持农户自愿的基础上，农户采取土地入股、现金入股的形式加入合作社，合作社与昆明德柏园艺公司对接，该公司负责苗木的栽种和销售；合作社负责组织人员按公司要求栽种和管理苗木，并向务工人员和管理人员发放工资；农户将土地租赁给公司并享有土地的各项惠农政策，按标准领取土地租金、入股分红和务工工资，取得稳定收入。通过这种发展模式，双河乡现已发展绿化苗木 8400 亩，2016 年实现销售收入 1100 万元，农户分红 440 万元。

2. 提升产业科技水平

一是选育适合筠连县少数民族地区发展的优良品种。筠连县少数民族地区大都地处偏远、海拔相对较高，气候环境特殊，需要科技人员在选育茶叶、肉牛、林竹、高山蔬菜等品种上多下功夫，找到真正适合当地种植、养殖的高产、高效优良品种，提高群众发展产业的经济效益。二是加大新技术的推广应用。全县农技专家在包点负责、跟踪指导的基础上，在种植方面，开展测土配方施肥、土壤无害化处理、膜下滴灌、嫁接栽培等新技术的推广应用；在养殖方面，推广科学的肉牛、生猪养殖方法，形成"专家—示范园—示范户—辐射户"的技术推广路子。三是加强与农业院校或农科所合作，邀请他们在筠连县少数民族乡（镇）建立科研基地，打造标准示范园、示范点，辐射带动周边少数民族群众因地制宜发展产业，提高产业科技水平。

3. 延伸产业发展链条

一是要积极打造区域公共品牌。在充分利用筠连县已取得的"筠连红茶""筠连黄牛""筠连粉条""筠连苦丁茶"四个地标品牌基础上，着力打造筠连县区域公共品牌，加大筠连县农特产品推广力度，为筠连县茶叶、肉牛等特色产业发展奠定坚实基础。二是积极扶持发展茶叶、牛肉、竹笋等农产品精深加工企业。采取加大扶贫贴息贷款发放数额和覆盖面及落实有关减免税费优惠政策等措施，加大对扶贫龙头企业的扶持力度，培育扶贫龙头企业的带动能力，引导企业采取"公司＋基地＋农户"的形式解决老百姓"卖难"和"贱卖"的问题。三是加大民族地区全域旅游扶贫力度。民宗局等部门要充分利用少数民族待遇县政策，积极向上争取项目资金，加大对少数民族乡道路、活动场地建设、民族文化传承保护等方面的支持力度；县旅游部门要组织开展对少数民族地区全域旅游的整体规划设计，全域推进建设，打造成特色民族旅游示范区，传承民族文化，提升少数民族文化旅游产业影响力，促进少数民族地区群众持续增收致富。

（四）健全体制机制，整合用好政策

1. 健全人才培养机制

一是形成系统的少数民族干部人才培养机制。在少数民族学生教育上，建议由定水中学、县职业中学等学校开设少数民族班，通过对少数民族学生小升初、初升高给予降分录取、对少数民族初中、高中学生给予生活补助等方式，培养更多优秀的少数民族人才；在招录国家工作人员时，参照叙永县、珙县等县定向招录、降低学历门槛、加试民族语言（主要是苗语）的方式，招录少数民族公务员和双语教师、医生等事业人员。在少数民族村组干部培养上，参照兴文县麒麟苗族乡德应村做法，在帮助少数民族贫困村群众脱贫的同时，注重村级领导班子和后备村干部培养，为贫困村持续发展奠定坚实的人才基础。

二是培养少数民族文化传承人才。支持少数民族语言文字使用，整理苗文、彝文，输送少数民族教师外出学习培训，试点开展双语教学，开办唢呐、蜡染、刺绣等课外兴趣班，让少数民族地区孩子从小就接受少数民族传统文化熏陶，培养一批少数民族文化传承人。依托苗族花山节、彝族火把节等民族节庆，安排一定的民族文化建设工作经费，推广苗族敬酒歌、蜡染、刺绣、唢呐等民族文化。

2. 优化金融扶贫机制

一是设定县级财政动态上解省级收入基数。积极向省上汇报争取，希望省政府制定科学的财税分享政策，实行动态的调整机制，按当年收入确定当年上缴比例和上解省级收入基数或者取消基数。同时，争取其他地区的支持和帮助，统筹协调跨区域办企业税收分享政策的兑现工作，确保中央、省对少数民族地区的扶持政策落到实处。二是探索建立针对少数民族贫困户的专项金融扶贫政策。相关金融部门在进一步简化贷款手续、增加扶贫贷款经办点和经办人员、提高少数民族贫困户产业发展贷款额度的基础上，优化信贷产品设计，探索针对少数民族地区贫困户、产业发展大户、专合组织等产业发展特点，提供更多的金融信贷产品，支持他们发展产业，发挥他们的示范、引导作用，增强少数民族贫困户发展产业脱贫致富的信心。

3. 宣传整合好扶贫政策

一是积极反馈政策执行中存在的问题。及时梳理各项政策在具体操作实践中存在的问题，认真听取群众的意见和建议，积极向上级反馈相关情况。如积极向上级建议在教育、医疗等扶贫政策上，对已脱贫贫困户设立一定时间的过渡期，防止因学、因病返贫。

二是加大政策的宣传力度。村组干部要用好扶贫政策工作手册，学透、弄懂各项政策规定，为群众做好政策的宣传和解释工作。

三是整合运用扶贫政策。在整合用好教育、民政、社保、医保、国土、农林水牧、残疾帮扶、妇女保护等相关政策的同时，灵活处理因政策变动带来的困难和问题，帮助贫困群众出谋划策，为以后的基础设施建设和产业发展预留空间。

（五）加大少数民族聚居村组帮扶力度

在继续加大对少数民族贫困户帮扶力度的同时，筹连县少数民族主管部门积极向上争取政策和资金，加大对非少数民族乡少数民族聚居村组的关注力度，出台专门针对少数民族村、组和少数民族贫困户的特殊帮扶政策，帮助他们加快基础设施建设和产业发展步伐，让少数民族聚居村组在脱贫攻坚中不掉队，让全县少数民族群众都能切实感受到党和政府的关怀。

乡村振兴背景下对南溪区积极培育发展特色小城镇的研究

党的十九大报告指出，要坚持农业农村优先发展，按照产业兴旺、生态宜居、乡风文明、治理有效、生活富裕的总要求，建立健全城乡融合发展体制机制和政策体系，加快推进农业农村现代化。2018年2月，习近平总书记在来川视察讲话中对四川着力实施乡村振兴战略已提出指导性意见。笔者认为，特色小镇建设的本质与乡村振兴"理念"是高度契合的，都是依托优美自然环境，挖掘地域特色文化，通过搭建创新创业平台，培育特色产业，促进要素集聚，发挥比较优势，实现差异化发展，特色小镇可为城镇建设和发展注入创新动力。

一、南溪区积极培养特色小城镇的意义

建设和发展小城镇，是我国实现城市化道路的重要途径，也是解决农业、农村、农民这一事关中国现代化建设根本问题的重大战略举措。发展小城镇，让过剩劳动力实现"家门口"就业创业，不仅有利于解决农村"空心化、空巢化"问题，也有利于解决城市人口过多集聚、过度膨胀问题，缓解城市病。作为城乡经济协调发展的必然产物，小城镇建设对促进农村发展、提高农民素质、优化资源配套等有着重要意义。笔者尝试从南溪区小城镇发展成效入手，通过探寻、发现、分析存在的问题，进而提出相应的可行解决建议。

2018年中央一号文件提出要建设一批设施完备、功能多样的休闲观光园区、森林人家、康养基地、乡村民宿、特色小镇。未来，随着我国大交通格局的完善，城乡融合将进一步加速。大型城市在不断转型升级的同时，城市与乡村之间的资源流动也将进一步加速。城镇化的推进伴随着消费需求的不断升级和多元化，有特色的乡村资源则将成为稀缺品。这时，很多资本就会开始往乡村走，特别是大城市周边拥有丰富旅游资源的乡村，其市场价值将被充分挖掘。因此特色小城镇建设迎来了更大的机遇，打开了更大的发展空间。

[①] 作者简介：李娟，女，单位：中共宜宾市南溪区委党校.

早在 2013 年，针对小城镇数量多、规模小、承载力弱的省情，四川省做出实施"百镇建设行动"战略举措，决定将小城镇建设放到统筹城乡发展、破解"三农"问题的大格局中谋划。三年来，南溪区各乡镇抢抓特色小城镇发展机遇，高度重视和积极推进特色小城镇建设，不断扩大城镇规模，完善城镇功能，丰富城市商业，推进产村相融，为特色小城镇发展提供了强有力的支撑作用，特色小城镇建设取得阶段性成效。目前，大观镇被列为 2016 年全国重点小城镇，江南镇被列为省级重点小城镇，刘家镇、仙临镇被列为市级试点示范镇。

二、南溪区特色小城镇发展初具成效

近年来，各乡镇抢抓特色小城镇发展机遇，高度重视和积极推进特色小城镇建设，不断扩大城镇规模，完善城镇功能，丰富城市商业，推进产村相融，为新型工业化发展提供了强有力的支撑作用，城镇化建设取得阶段性成效。

（一）城镇规模日益扩大

紧扣省委省政府、市委市政府部署，统筹推进"多规合一"规划改革战略，聘请专业团队对南溪区城镇建设进行统一规划，合理安排小城镇的布局和功能，促进城镇规划、新村规划、产业规划、交通规划等多规融合，协调并进。例如江南镇投入资金 147 万元，高标准完成江南镇总规和控规编制，形成城镇优化提升区、田园风光乡村旅游区、特色优质蔬菜产业带、生态种植区、犀牛湖风景旅游区、经济林果生态培育区和山水生态低碳新型社区等 7 个特色鲜明的功能区，构筑了"全域江南"总体发展框架（见图1）。大观镇坚持一张蓝图绘到底，紧扣全国重点小城镇的目标定位，推动场镇建设

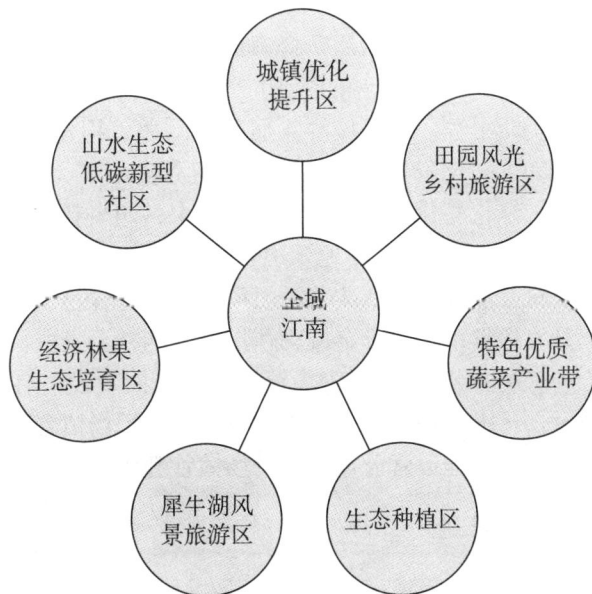

图1："全域江南"总体发展框架

实现高起点规划、高标准建设、高水平管理，深入调查研究，在广泛征求各方意见建议的基础上全面完成场镇总规控规修编工作，并严格规划执行。创新运作模式，适度流转土地，推动生产要素在城乡间合理流动，城镇面积不断扩张，规模日益扩大，吸附力、辐射力和影响力不断增强，吸引了大批劳动力及他们的家人进城定居就业，促进了农村人口不断向城镇集聚，加快了农民转化为产业工人、市民，城镇化概率迅速提升。

（二）产镇相融初见成效

围绕"以新村带产业，以产业促新村"发展思路，采取政府主导、市场运作的模式，统筹推进特色小城镇建设与产业发展。深度挖掘地域特色，大力推进聚居点建设，配套完善水电气、道路交通、健身场等公共基础设施，使农民享受城市社区生活。综合利用宅基地土地指标，适度流转土地，着力招商引资，引进企业主体，建立专合组织，大力发展现代农业和都市休闲观光农业。特别是川南休闲谷、大观镇百里冲现代农业基地和云台山佛教文化康养体验区、"花千谷"旅居花园产业风景区、马家2000亩红豆杉休闲养生基地、江南卢亭坝至犀牛湖特色农业旅游环线、工业原料林基地等项目建设有序推进，走出一条农旅结合、以农促旅、以旅强农、以农兴镇、产镇相融的发展新路，全区初步形成"一村一品、一镇一特色"发展格局。在有工业基础的大观镇，积极争取用地指标和扶持政策，加快完善长信工业园区基础设施，依托丝丽雅大观园酒业公司、长信线业等成熟企业品牌，大力发展以食品工业、绣纱产业为主的现代轻工业。支持蕴织矿业技改投产，培育壮大亮晶晶、三佳纸箱厂等小微企业。推进1000万吨非煤矿山开采，提高矿产资源利用率。开展产业链招商，帮助企业引进共生和补链项目。实施中小微企业成长计划，引导中小微企业进入工业园，打造特色轻工业园。

（三）城镇功能逐渐完善

围绕"美化城镇形象，打造城市品质，提升百姓满意度"目标，配套农资店、便民店、特色农产品市场、健身娱乐广场等一系列生产性、生活性、公益性基础设施。全力推进城市亮化、绿化、美化工程，提升城乡人居环境品质，构建现代化基础设施体系。例如江南镇突出项目带动，强化资金投入，累计使用资金1.15亿元，先后实施了场镇风貌改造、污水处理厂、绿化亮化、市政道路、小农水、四个新村聚居点、果蔬批发市场、镇文化站建设、"三江一路"村级阵地等项目建设，水网、路网及环境设施等场镇功能设施日益完善，农村办学条件不断改善，村民居住条件日趋城镇化，居民文化生活更加丰富。大观镇充分发挥省市财政资金撬动作用，吸纳社会投资，完善场镇综合配套项目，建设"三中心一广场一公园"。完善场镇排污支管网建设，启动场镇路灯升级改造建设，场镇道路建设，污水处理站正式投入运营。建立了场镇管理运行长效机制，探索引入社会力量建立综合性管理运营公司，提升场镇管理水平。

（四）城乡统筹加快推进

通过近年来打基础的工作，南溪区全面完成了农村公路建设，实现了通村路、通校路、产业路等全覆盖，强化农田水利工程建设，"小农水"项目顺利推进，病险水库全面整治，农村综合生产能力显著提升。抢抓农村公共服务运行维护机制建设示范试点机遇，深入探索农村综合配套改革、户籍制度改革、社会保障制度改革，新农合及城乡居民基本养老保险制度全面推进，农村最低生活保障全面提高，教育、卫生、文化等社会事业协调发展，群众精神文化生活日益丰富。例如大观镇不断建全公共服务体系，提升医疗、卫生、教育、文化保障水平，大力实施安居工程和夕阳红产业，推进五险统征工作，扩大社会保险覆盖面。积极争取创业就业扶持政策，全面落实低保、五保等惠民政策，做好残疾人量服工作。劳动保障中心投入使用，省级敬老院、大观社区和长信社区"日间照料中心"正常有效运转，新建牟亭日间照料中心，完成牟亭幼儿园和南五中教师周转房建设。

三、制约特色小城镇发展的困难问题

在新形势下，乡镇作为南溪城镇化建设的重要组成部分，作为南溪转型跨越，加快实现"两个率先"的重要支撑，迎来了前所未有的机遇和挑战。南溪始终坚持速度与质量并进，以新区建设为引擎，辐射带动全区 15 个乡镇（街道）超常推进城镇化。城镇规模不断扩大、城镇业态日渐繁荣、城镇品质不断提升，并且呈现出强劲的发展态势。但取得成绩的同时，各乡镇在城镇化建设中面临一些困难和瓶颈，主要集中在以下几点。

（一）在规划布局上有待优化

随着《宜宾城市总体规划（2009—2020）》的出台，南溪作为宜宾的中心城区，市委市政府对南溪特色小城镇建设提出了更高要求。围绕科学规划，服务大局的理念，全区十五个乡镇（街道）先后聘请了专业机构进行乡镇（街道）整体规划。并且部分区位优势明显、基础条件较好的乡镇已纳入了全区统筹，以高水平建设基础设施和生活服务设施，使之成为南溪中心城区部分功能的疏散地。但在总体势头良好的背景下，还存在两点不足。一是个别乡镇规划趋于保守，存在被动向外延伸的情况，没有兼顾长远利益和坚持服务大局，以人为本的理念有待深化。二是部门联动还须加强，着力突破地域壁垒，多规融合，打造集产业、物流、销售为一体的区域规划。

（二）在特色产业上有待转型

借势特色小城镇建设的推进，地方特色产业呈现强劲的发展势头。各乡镇结合地方基础，着力打造独具特色的产业高端，先后形成了南溪豆腐干、南溪四川白鹅、南溪白酒等特色产业品牌。在区委区政府的统一部署下，加大招商引资，以商招商，成功打造了罗龙工业园、九龙食品工业园等产业集群，大大促进了就业，使农民转化为职业农民、产业工人。生态旅游方面，石鼓乡"川南休闲谷"模式，开启了南溪乡镇市场化运作打造休闲旅游业的新开端，"花千谷"旅居花园产业风景区的建成投入使用使休闲旅游业上了一个新的台阶。农产品经营模式方面，留宾乡充分运用"互联网＋"将茵红李与电商结合，从标准化提升、品牌化打造、电商化营销入手，探索了南溪区第一条"农业公司＋专合组织＋电商平台＋品牌商"的"互联网＋农产品"新模式（见图2），为南溪乡镇特色小城镇建设提供了宝贵经验。但个别领导干部对中央省市的产业规划、方针政策的研究还不够深入，对产业特色、文化特色、自然风光特色、地理区位特色等自身优势的挖掘还不够深入，打造产业高端的思维理念还须加强。

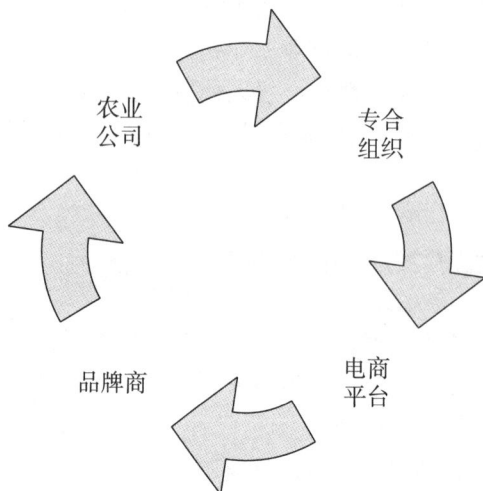

图2："互联网＋农产品"新模式

（三）在基础设施上有待完善

随着南溪新型特色小城镇建设的推进，各乡镇弥补过去工作短板，更加注重以人为本，加大了对基础设施建设投入，加强了人力、物力、财力的保障。全区15个乡镇（街道），特别是部分重点乡镇，住房、医疗、卫生、教育、绿化等配套设施得到较快发展，如罗龙镇恒旭日间照料中心、实验小学、实验中学等配套项目先后竣工投入使用，大观镇文化广场、电梯公寓等建设项目先后落成，城镇配套设施日趋完善，居民生活满意度得到了很大提高。但在整体设施推进的背景下，个别乡镇配套设施建设相对滞后，依旧停留在粗犷式的增长模式，政务服务环境、生产性基础设施、人居生活环境等配套服务还有待优化。

（四）在要素保障上有待提高

新形势下，市委市政府要求南溪特色小城镇建设必须超常推进，加快构建宜宾百万人口大市城市格局。全区十五个乡镇（街道）统一思想、高位求进，克服自身底子薄、家底浅的困难局面，特色小城镇建设取得了显著成绩。但随着南溪特色小城镇建设的突飞猛进，要素瓶颈日益突出，已经成了制约南溪乡镇特色小城镇建设的最大阻力。一是土地资源匮乏，征地拆迁工作还需加强。城镇发展空间不足，土地集约利用水平不高，有限的用地指标与城镇扩建用地需求矛盾越发凸显，城镇推进严重受阻。二是筹资渠道单一，资金集聚难。由于投融资渠道不畅，创新理念、市场意识不够，缺乏吸收社会资本投入城镇建设的有效机制，导致部分小城镇的建设资金过于依赖上级财政拨付支持，而民间资本融资困难，难以转化为城市建设的助推力。三是人才资源缺乏，管理能力有待提升。缺乏与特色小城镇推进相配套的管理、经贸、信息技术等各类专业人才，导致城镇规划管理水平跟不上发展需要，加之农村工作复杂，失地农民自身具有特殊性，社区管理难度加大。

四、加快特色小城镇发展的对策建议

特色小城镇是一个涵盖人流、物流、信息流、能量流、资金流等基本要素的综合发展体系。在发展区域经济中，推进特色小城镇建设，不仅仅是人口的集聚，更是人口、产业、科技、文化、教育、生态、政府等诸多因素协调发展、共生演化的发展历程。加快特色小城镇建设，必须用科学发展观来统领一切工作，切实解决好突出地域特色、完善城镇功能、就地转化农村劳动人口、统筹城乡协调发展的问题，从而推进南溪区经济社会全面协调可持续发展，率先实现崛起、率先实现小康。

（一）注重理念创新，进一步转变思维模式

思想决定行动，理念决定出路。加快推进特色小城镇建设，首先要从理念创新上着力，以"敢拼敢闯敢为先、创新创优创未来"的南溪精神，切实转变思维模式，先行先试、探索路径，扎实推进特色小城镇跨越发展。

一是转变思维模式。凡是成功的战略都是以打破思维定式为起点的。加快推进特色小城镇建设是南溪当前面临的最大课题，迫切需要我们强化世界眼光、战略思维，跳出乡镇看大局，深入解读特色小城镇的内涵与发展方向，敢于打破传统思维模式，开阔工作视野，转换工作思路，努力推动特色小城镇建设上水平、上层次、上境界。

二是增强干部能力。加快推进特色小城镇建设，每一次谋划都需要干部队伍费尽心思，每一项举措都需要干部队伍竭尽全力，每一次跨越都需要干部队伍增强本领。必须不断强化对"南溪铁军"的锤炼，加大对干部队伍的培训力度，学习考察先进地区的城市建设模式和路径，结合自身实际探索特色小城镇发展之路，切实引导干部队伍把所有心思、全部精力、过硬本领集中到开创特色小城镇建设新局面上。

三是提升居民素质。针对部分农民虽然逐渐走进城市成为市民和产业工人，但很难主动融入城市生活的问题，政府要积极统筹农村基础教育、职业教育、继续教育、学历教育，加快制订农民教育培训中长期规划，大力开展农村夜校、新型职业农民培训等各种形式的培训，从根本上转变他们的思想认识，使农民从经验型向知识型、从单干型向组织型、从被动型向能动型转变。

（二）注重全域统筹，进一步完善城镇规划

规划是发展的灵魂。要加快推进特色小城镇建设，就是要以战略规划为先导，坚持高起点、高水平编制乡镇特色小城镇发展规划，切实强化规划的战略性、前瞻性和导向性，充分发挥规划的龙头和引领作用，指导特色小城镇建设实践。

一是顶层设计健全规划体系。加快推进特色小城镇建设，首先需要切实推行"十三五"

总体规划、城乡发展规划、产业发展规划、城镇总体规划、土地利用总体规划、生态建设规划、社会保障规划等的相互衔接、多规融合，以破除城乡二元结构为突破口，把城市和农村作为一个整体放到区域经济发展大局中进行科学定位、统筹规划，统筹做好镇区建设和村庄建设规划，加快城乡规划、产业发展、基础设施、公共服务、就业社保、社会管理"六个一体化"步伐。

以江南镇为例，可以按打造"通达江南"的思路，依托仙源大桥建设机遇，加快启动宜叙高速联结公路建设。推进长江生态综合治理项目江南至李庄段项目建设，形成李庄—江南—南溪古街—花千谷旅游环线。围绕产业核心区打造产业联结通道，形成休闲农业观光环线。同时，开通江南农村观光旅游线路，推动城乡交通一体化（见图3）。

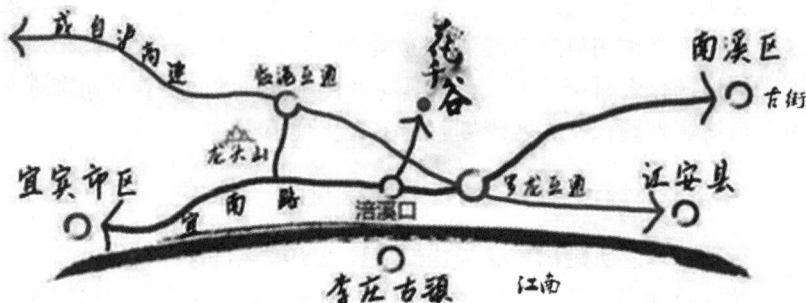

图3：李庄—江南—南溪古街—花千谷旅游环线

二是因镇制宜发挥规划作用。因人而异、因势利导，各乡镇区情的不同，说明了特色小城镇建设不可能有固定的模式。必须结合本乡镇发展实际，聘请高资质、高水平的规划设计队伍，因镇制宜地制订发展规划，合理确定沿江、丘陵、山区等不同地区具体的建设标准、聚居度和水平，充分发挥科学规划的龙头和先导引领作用，科学定位、发挥优势，充分体现区域特色、风土人情、产业现状、资源禀赋等，打响擦亮特色城镇名片，将生活条件与生产功能、田园风光与农家情趣、现代文明与民族风格有机结合起来，形成富有个性特色的集镇村庄。

以江南镇为例，可以合理利用现有文化资产，以打造"民俗江南"的思路，深入挖掘弘扬江南特色民俗文化，恢复仙源湖龙舟赛等传统习俗，对传统舞龙及"吃龙肉"祈福等民俗活动进行包装推广，申报非物质文化遗产。利用江南原生态村落，对川南民俗特色加以展现式发扬，使江南成为川南民俗、民宿、乡貌、乡愁洼地。

（三）注重产村相融，进一步增强综合实力

产业兴则城镇兴，产业强则城镇强。当前，南溪特色小城镇建设虽然初具规模，但部分丘陵、山区乡镇发展水平还比较低，多数农户家庭仍以外出务工收入和农业收入为主，农民增收困难。

一是推进产业集群集聚。产业集群发展会产生积聚力量，吸引外部的技术、资本、劳动力向产业集群集中，将有力地提升地区综合经济实力，提高地区特色小城镇发展速度。有条件的沿江乡镇，应该大力支持工业集中区发展，着重发展乡镇企业，引导产业向园区集中、人口向城镇集中、土地适度向规模经营集中。条件较差的丘陵和山区乡镇，应该加快"产村相融"步伐，大力培育新型农业经营主体，鼓励农民兴办专业合作社和股份合作社等多元化、多类型合作组织。

二是推进产业特色发展。统筹推进种植业与养殖业、农产品生产与加工、生态观光农业与旅游业、农业产业化与农村城镇化，坚持特色效益的方向，各镇立足自身区位资源、产业、人文等优势，学习借鉴"川南休闲谷"市场化运作模式，在现代农业园区规划先行的基础上，狠抓项目开发，优化农业内部结构，努力形成一村一品、点面互动的良好发展态势，确保农业增效、农民持续增收落到实处。

以江南镇为例，可以按打造"产业江南"的思路，以发展生态农庄为载体，专注芦亭坝生态、绿色、有机蔬菜种植，打造宜宾人放心的"菜园子"。以琴山水果专合社基地为载体，建设长江一号柑橘登高坪示范园，打造宜宾人高品质的"果园子"。

三是推进产业提档升级。当前阶段，乡镇特色小城镇建设仍以农业产业为主。必须跳出农业抓农业，促进农业产业向前、向后延伸，逐渐延伸产业链条，鼓励发展为农民生产服务的农村运销服务业，大力发展乡镇商贸、餐饮休闲、农村观光旅游等生活性服务业，不断促进农业与第二、三产业融合发展，努力形成现代农业产业体系，实现农业效益的最大化。

以江南镇为例，可以按打造"康养江南"的思路，整合一山（琴山）、一庙（观音寺）、一湖（仙源湖）、双塔（镇南塔、映南塔）资源，着力打造国家 AAAA 级休闲旅游度假景区，利用江南片区丰富的森林植被，引进安邦保险等投资企业，规划打造宜宾乃至川南地区高端的生态康养基地。同时以琴山陡峭山脉及高森林覆盖率为基础，开发建设徒步、攀岩的户外活动基地，打造宜宾人健身的后花园。

（四）注重以人为本，进一步提升城镇品质

特色小城镇建设的价值目标是以人为本，其核心任务是实现人的城镇化、差异化。城镇应成为劳动生产率更高、生活条件更好、社会更和谐、文化更丰富、环境更适宜、安全更有保障的居民聚居地，而且能够以其强大的实力带动城乡发展一体化。

一是突出城镇特色。李克强总理在全国"两会"上强调："如何防止新型城镇化建设重复造城运动，是至关重要的。"要强化精品、特色意识，根据城镇规模、区位条件、资源禀赋及在区域经济发展中的定位，大力挖掘并彰显不同城镇特有的历史文化内涵，集中、集聚建设新型农村社区，就近就地转移农村人口，使广大农民不离土、不离乡，实现"就地城镇化"。

二是完善城镇功能。要立足承载园区生活功能的实际，围绕"宜居、宜业、宜游"，科学确定场镇功能分区。适度提前规划和加快建设与场镇规模、容量相匹配的基础设施，充分考虑住房、教育、卫生、文化等公共服务需求，着力培养与场镇居民消费相适应的现代服务业，提升场镇综合承载力。

三是强化城镇管理。坚持建管并重，深度研究新形势下的城镇管理，积极开展城镇精细化管理工作，发挥群众主体作用，创新城镇管理制度机制，构建政府主导、社会协同、公众参与的城市管理新格局。深入开展城乡环境综合治理工作，集中整治乡村"脏、乱、差"的环境，改善小城镇人居环境。

（五）注重改革创新，进一步夯实要素基础

必须充分发扬南溪富于改革和创新的精神，破除破解特色小城镇发展的瓶颈制约，构建充满活力、富有效率的体制机制，集聚各方资源，增强特色小城镇建设进程活力，在更大范围内释放红利。

一是着力推进机制创新。要认真落实好中央和省市制定的改革措施，加快推进农村综合配套改革、社会保障制度改革等，强化土地、资金、信息、能源等要素配套，积极争取政策支持，加强土地规划和整理，创新市场运作模式，推动要素保障新突破。

二是着力推进科技创新。坚持走"产学研"合作发展之路，突出以科研项目为载体，以优势产业为支撑，以市场机制为衔接，深化与科研院所的合作，依托"专家大院"、农科所等，"借脑、借智"发展，不断完善现代农业技术体系，转变现代农业生产方式。

三是着力推进开放合作。深入实施"开放合作"战略，站在全区的角度，客观分析自身以及周边乡镇的优势和劣势，尽可能地相互利用资源、资金、技术、市场，按照优势互补、资源共享、互利互惠、共同发展的原则，坚持抱团发展、借力发展、连片发展，不断壮大农村集体经济力量、推进农村产业化进程。

以习近平总书记来川视察重要讲话精神为根本遵循 努力提升区县党校科研咨政水平

王刚　邓胜英　肖雄文[①]

习近平总书记来川视察重要讲话强调指出："突出党的政治建设的统领地位，是党的十八大以来全面从严治党的经验总结，必须把这一成功经验运用好。"科研咨政工作是党校事业发展的一项基础性、支撑性工作。党校科研咨政工作要体现出把党的政治建设摆在突出位置的根本性要求，才能提升党校科研咨政水平和影响力。

宜宾市翠屏区委党校坚持党校姓党根本原则，立足自身实际，从服务中心、专家引领、资源整合、健全机制等方面着力，在区县党校如何提升科研咨政水平的有效路径上进行了积极的探索和尝试，在较短时间实现了党校科研咨政水平大幅提升，近两年仅省市科研咨政立项结项课题达 39 项，获奖课题 12 项，成为全市党校系统课题立项多、结项率高、获奖比例大的单位，连续两年均被市委党校评估为科研咨政工作"特别突出单位"，全市十区县排名位居前列。

一、围绕中心大局确定科研咨政研究方向

翠屏区委党校认真学习贯彻党的十九大精神和习近平新时代中国特色社会主义思想，把服务于区委区政府中心大局工作、服务于全区经济社会发展作为科研咨政研究方向，围绕各种热点、难点问题确定科研咨政选题，积极主动为区委区政府领导决策提供有价值的建议参考，努力成为思想库和智囊团，仅 2017 年区委区政府主要领导肯定性批示转化科研咨政成果 17 项，有力助推全区经济社会又好又快发展，翠屏区连续 9 年被评为四川省县域经济"十强县"。

（一）围绕重大会议精神和重要安排部署选题

按照中央、省、市、区的重大会议精神和重要安排部署，翠屏区委党校认真组织学习领会上级精神，并以此作为科研咨政课题切入点，近两年全校提出的近 40 个研究课题涉

---

① 作者单位：中共宜宾市翠屏区委党校。

及党的建设、干部管理、城市建管、脱贫攻坚、基层治理、生态环保、电子商务等多方面重要领域，课题研究方向得到区领导的肯定和认可。党的十八大以来，按照中央、省、市、区农村工作会议的精神，区委党校以《翠屏区精准脱贫攻坚创新调查》《翠屏区精准脱贫中金融政策应用情况的调查研究》《翠屏区美丽新村环境综合治理机制》《翠屏区推进新型城镇化建设的调查研究》《社会治理视角下翠屏区农村道路交通管理调查研究》《翠屏区农村党员干部党性教育的问题与对策》等课题，从不同角度对农村有关问题进行系列课题研究。党的十九大召开后，翠屏区委党校迅速响应，第一时间召开十九大报告专题学习会、备课研讨会，认真学习领会党的十九大的新思想、新部署，及时将党的十九大精神纳入区委党校干训课程体系，积极思考提出了"翠屏区实施乡村振兴战略的调查与思考""翠屏区大力发展农村集体经济的实践与探索"等2018年课题研究方向。

（二）按照主要领导的重点安排选题

翠屏区委党校及时了解区委区政府主要领导关心的问题，选取恰当的切入点及时安排相应的科研咨政课题深入调研，及时提供科研成果，以供领导参阅决策。2016年按照市委推进"三江一路"党建示范群建设的安排，翠屏区委确定了建设"三江一路"党建示范核心区的翠屏目标，区委主要领导多次在大会上强调和安排此项工作。针对这一重点工作，翠屏区委党校确定了《实施精准党建行动创新利益联结机制的成效与启示》重点课题，由区委书记和区长任课题组组长，区委党校、区委组织部等部门在市委党校指导下开展课题研究，顺利形成课题成果报送市、区领导参阅，得到市委领导、区委主要领导肯定批示，并发表在《宜宾市委党校论坛》《中共云南省委党校学报》。

（三）坚持问题导向选题

翠屏区党校在科研咨政工作中坚持问题导向，在深入调研的基础上提出破解问题难题的建议。2017年，市委做了建设党建示范市和宜长兴农旅融合发展示范带的重大安排，但是工作安排后推进较为缓慢，特色、成效上不够鲜明和明显，区委党校立足翠屏区作为全市中心城区的站位，提出了《关于加强城市社区党建综合体建设的建议》《关于宜长兴农旅融合发展示范带面临的突出问题及对策建议》咨政课题，并上升为市级重大咨政课题，在市委党校领导的牵头下，顺利进行了课题调研、课题撰写和课题结项。

二、依托专家引领提升科研咨政水平

翠屏区委党校现有14人，其中50岁以上教师占50％，年轻教师又多为新进人员，科研咨政水平急待提升，人员结构情况与多数区县党校情况较为相似。为尽快提升教师素质和科研咨政水平，翠屏区委党校多方式、多渠道向专家行家学习，努力提高全体教师特别是年轻教师的业务能力，提升科研咨政的影响力和水平。

（一）"请进来"指导课题研究

科研工作上没有领路人、带头人，课题研究很难深入，质量也难以保证。翠屏区委党校一方面大量订阅《学习时报》《四川党校报》等科研咨政方面的报刊资料，购置科研咨政的书籍充实校图书室，把无声的老师请进学校，供党校教师随时借阅学习；另一方面，发挥翠屏区作为宜宾市中心城区的区位优势，坚持"市区一体"工作理念，依托市委党校、宜宾学院、市社科联等专家教授资源，邀请他们指导或参与区委党校科研课题。市委党校兰亚宾教授、罗若飞副教授、唐锐副教授、石磊副教授等多名专家多次深入翠屏区调研指导，给区委党校科研咨政工作很多示范和启发。在专家的引领指点下，区委党校的教师在科研上的思路、方法很快得到改进，科研课题撰写水平得以不断提高。2017 年党校系统省级、市级课题全部结项，在全市区县党校 13 个优秀课题中翠屏区委党校占 31%。

（二）"走出去"学习先进经验

翠屏区委党校积极选派教师参加各类外出学习、培训、研讨，开阔眼界，拓展科研咨政工作思路，学他人之长补己之短，增强了教师抓好科研咨政工作的紧迫感和自信心。通过外出主体班、专题班等学习培训机会，对全校教师实行轮训，有意识加强与上海、成都、延安等地方的高校和党校系统的对接和联系，了解学习他们科研咨政工作的先进做法和经验；积极参加四川省贯彻落实"四个全面"战略布局研讨会、省委党校党建党史学会学术年会、市委党校举办的学科教研组研讨会等省、市各类研讨会，力求教师尽可能多了解掌握前沿理论；加强与其他市州及区县党校学习交流，近两年来与都江堰市委党校、自贡市大安区委党校、宜宾市南溪区委党校等 10 余所党校开展工作学习交流。

（三）开展联合科研，在实践中学习提升

为切实掌握科研咨政课题调研、撰写的方法技巧，翠屏区委党校积极与市委党校、高校开展联合课题研究。近两年来，每年与市委党校有关专家联合开展 1 个重点课题研究；2018 年 7 月，牵手中国人民大学博士生服务团农村产业融合发展课题研究组共同调研宜宾农村产业融合发展课题。在经验多、水平高的专家和学术带头人的带领和示范下，面对面指点，零距离学习，区委党校教师科研咨政业务能力快速提升。近两年来，在中央、省、市刊物发表论文 44 篇，科研成果实现咨政转化 60 项次。

三、注重资源整合，构建科研大平台

翠屏区委党校针对人手少、基础薄的实际，坚持科研、咨政、干训"三位一体"思路，整合多方资源，积极推动科研咨政工作纵深发展，构建科研大平台。

（一）整合广大学员的力量

翠屏区委党校创新建立"四个一"干训模式并不断深化，即在各类培训班中，要求每名学员撰写 1 篇工作建议、每名学员在本单位上 1 次学习分享课、每个学习小组完成 1 篇咨政课题、每个培训班评选 1 批优秀学员，把提升学员科研水平作为每一期培训的

重要内容，每个培训班确定2—4个重点课题，分组负责，结合学习培训内容，在党校老师指导下，高质量地完成一篇调研文章或咨政文章。近两年来，培训班学员完成《翠屏区插花贫困户产业持续增收难题的调查思考》《关于推进赛事与节会经济发展的建议》等课题17项，其中12项课题获得区四大班子主要领导肯定批示，并转有关部门办理。

（二）整合区级部门的力量

翠屏区委党校积极与区内各部门开展科研课题协作，建立与区委区政府相关职能部门的密切联系，围绕区委区政府关注的重点，进行联合立项攻关。近年来，区委党校把区四大办、区委组织部、区纪委、区委宣传部、区委区府研究室、区统计局等部门的相关人员作为党校课题组成员，增强课题组力量。同时积极参与区政协、区人大、区组织部、区政研室等相关部门的课题调研。2017年仅参与区政协重大课题研究和撰写就达到7个。

（三）"老带新"培养年轻队伍

区委党校结合当前平均年龄两极分化、老同志科研咨政工作经验丰富的实际，在党校内部实行"以老带新"的"一带一""一带多"的科研咨政课题研究组模式，充分整合党校自有行家资源，让老同志在具体的课题研究中引领党校新人尽快掌握科研咨政的门道，快速将青年教师培养为科研咨政能手。2017年，3名年轻教师承担的课题全部结项，1篇被评为市级优秀调研课题，2篇科研成果在市级以上刊物发表。

四、健全机制，调动教师工作激情，确保科研咨政质量

系统、高效的科研咨政管理机制是推动科研咨政工作开展的必要条件，建立激励和约束并重的机制，既能体现以人为本的管理理念，又能调动教师的工作积极性，确保每一项科研咨政成果质量。

（一）建立考核奖惩机制

翠屏区委党校建立完善以《年度绩效考核办法》为重点的制度体系，将科研咨政工作纳入对全体教师的绩效考核管理。此项工作最大拉开3000元的年终绩效考核差距，激发教职工工作积极性，实现了每名教师至少承担并完成1项科研咨政课题，构建了全校专兼职教师全员参与科研咨政工作格局。为防止闭门造车、网上调研等情况出现，确保每个课题知实情有实感出实策，翠屏区委党校要求每个课题组教师深入一线调研5天，并把深入开展调研作为机关作风建设的重要内容，定期不定期督促检查，了解课题教师深入调研情况、存在问题和课题进度，及时协调解决相关问题，确保课题研究落到实处。

（二）建立工作保障机制

区委党校要切实加强对科研咨政课题研究工作的经费保障，对课题调研的相关资料、咨询、专家指导、差旅等费用予以充分保障，省、市获奖课题按文件要求需配套课

题经费的全额兑现，用于课题研究保障经费 2016 年 5.4 万元、2017 年 8 万元。为切实增强科研咨政项目的针对性和实效性，年初及时将市、区相关文件、会议精神汇编成册，发放每名教师，及时组织召开科研咨政课题研讨会，共同讨论研究方向和研究思路。

（三）建立评审把关机制

翠屏区委党校加大科研咨政课题文本审核把关力度，成立区委党校科研咨政课题评审组，课题成果初稿形成后，课题评审组成员分别提出修改建议，特别要审查是否符合政治要求和上级文件要求，由科研组汇总后反馈给课题负责人，课题组综合各方意见再调研、修改，有的课题甚至反复修改完善五六次，最后统一审核通过后正式报送，确保课题成果质量。2016 年、2017 年省、市课题结项率均达到 100％。在 2017 年全市县（区）党校工作评估中，翠屏区委党校综合得分和科研、咨政单项得分均位居第一。

对发展深度贫困地区红色文化旅游的思考

刘 辉^①

一、黑水县旅游资源概况

黑水县位于四川省阿坝藏族羌族自治州中部，面积 4356 平方公里，总人口 6 万余人，藏族人口占 92.8%，是一个典型的以藏族为主的少数民族聚居县，属于深度贫困地区。县城芦花镇海拔 2350 米，距省会成都 280 公里，距州府马尔康 176 公里。红军长征曾 3 次途经黑水境内，党中央在县城所在地芦花召开过著名的"芦花会议"，红色文化资源丰富。

（一）人文景观

黑水素有"圣洁冰山·多彩黑水""雪域画廊"和"多彩的民俗生态世界"的美誉，是大九寨国际旅游环线上一颗冉冉升起的明珠。境内汇集了国家 AAAA 级景区达古冰山、省级风景名胜区、中国苔藓泉华世界—卡龙沟、亚洲最大的彩林世界—黑水彩林以及极地大本营—三奥雪山、中国嘉绒藏族第一寨—色尔古藏寨、国家级森林公园—雅克夏等。"卡斯达温"粗犷豪放，单声部、多声部民歌曲调优雅，民族服饰绚丽缤纷，咂酒文化引人欲醉，民居建筑质朴典雅。红色文化走廊、藏羌文化走廊在此交汇，独特的民族地域文化异彩纷呈。

（二）红色文化资源

1. "三进三出"黑水

1935 年 6 月至 1936 年 8 月，中国工农红军一、四方面军和红二方面军右路纵队之一部近 9 万人次，先后 3 次途径黑水。1935 年 6 月至 8 月，红军经黑水翻越雪山北上。1935 年 9 月至 10 月，由于张国焘的分裂主义，错误地命令红四方面军停止北上，令已

---

① 作者简介：刘辉，男，汉族，出生于 1964 年 2 月，1984 年 7 月参加工作，在职大学本科学历，现任中共黑水县委党校副校长，高级讲师。热爱民族地区教育事业，教育教学经验丰富。目前致力于党建、黑水县情研究，其撰写的《对少数民族地区农村寄宿制教育的思考》《对少数民族地区农村环境卫生综合整治的思考》《少数民族地区电大师资队伍建设现状及对策》《黑水县学习型党组织建设的六大举措》等理论文章分别发表于《成都大学学报》《阿坝论坛》《现代职业教育》《阿坝发展》《阿坝党史》等多家刊物，有一定的社会影响力。

过草地的部分红军按原路撤回南下，经毛儿盖、黑水去金川。1936 年 7 月，张国焘分裂失败，南下红军再次北上，经马尔康、黑水过草地。红军长征中翻越的 5 座大雪山有 3 座在黑水境内，分别是：雅克夏雪山（又称长板山或马塘梁子）海拔 4443 米，是红军长征路上翻越的第三座大雪山；昌德雪山，海拔 4283 米，是红军长征路上翻越的第四座大雪山；达古雪山（又称拖罗岗）海拔 4752 米，是红军长征路上翻越的最后一座大雪山。毛泽东、周恩来、朱德及邓小平、叶剑英、李先念、彭德怀、徐向前、聂荣臻等老一辈无产阶级革命家带领着这支无坚不摧的"红色"队伍与大自然进行着顽强的抗争，在黑水这片雪域高原留下了他们光辉而又悲壮的足迹。现在，雅克夏雪山、昌德雪山、达古雪山是游客登山、滑雪、探险的理想极地。

2. 苏维埃政府旧址

1935 年 7 月，路经黑水的红军在瓦钵梁子一带帮助藏民建立了区、乡苏维埃政权和"游击队"武装组织，给灾难深重的藏族民众指出了光明道路。苏维埃政府和游击队成了红军的有力支柱，使红军在黑水期间的统战、筹粮工作得以顺利开展。红军到达黑水后，共有 9 万人次驻扎和过往，逗留时间约 150 天，是红军长征中进出次数最多的地区。在黑水期间，红军共筹集粮食约 710 万斤，熬制土盐约 5000 斤，筹集了大批牛毛、羊毛、畜皮、兽皮等御寒物资，为红军翻雪山过草地提供了坚实的物质保障。如今瓦钵梁子区苏维埃藏族人民革命政府、徐向前指挥哨所旧址巍然屹立，红军长征精神永远激励着黑水人民向前迈进。

3. 芦花会议会址

芦花会议会址位于黑水县芦花镇中芦花村，距县城 2 公里处，交通十分便利。1935 年 7 月中共中央政治局在该会址召开了著名的芦花会议，与会的有毛泽东、周恩来、朱德、徐向前等老一辈无产阶级革命家，主要内容是解决红军统一指挥组织问题，是毛尔盖会议的前奏。芦花会址为石木结构的三层藏式民居建筑，硬山式屋顶，抬梁式架构、通高 8.5 米，面宽 14.9 米，进深 13.3 米。现有部分中央红军领导用过的日常用品在室内展出。2004 年又添置了镜框图片 56 幅和红军简介，是青少年爱国主义教育基地，现为国家级文物保护单位。

4. 黑水剿匪战役

1952 年 6 月 20 日，中国人民解放军打响了解放中国最后战役——黑水剿匪战役。国民党反动派将黑水作为反攻大陆的最后一个基地，被称为"陆上台湾"。境内共有残匪近 2000 人，士兵 5000 人，在台湾当局出动飞机空投特务、电台以及枪支弹药、药品、罐头等食物和假人民币 50 亿（旧币）、金砖、金条等物资的配合下，妄图反攻人民政权。中央军委为了迅速消除黑水匪患，消剿残匪，决定西南军区部队在黑水打一场剿匪战役。黑水剿匪战役中，黑水各族人民积极支前，展现了军民联欢、军民共同生产劳动、军民联合剿匪的局面，共歼敌 3635 人，其中将级军官（匪首）15 人，缴获各种枪支 3990 件，争取受蒙蔽的少数民族 109 人，7 月 24 日，黑水胜利解放。对此，黑水剿匪作为与抗美援朝、进军西藏齐名的重大战役，得到了贺龙司令员"军政双胜"的高度评价。后来，"八一"电影制片厂将这次战役拍摄成电影《猛河的黎明》。黑水战役总指挥郭林祥将军也亲笔撰写了《"陆上台湾"覆灭记》，中央电视台将该书拍摄成 12 集电视剧《雪震》，并获"五个一工程"奖。电视剧《雪震》拍摄基地芦花官寨、雅克夏国家原始森林公园、达古雪山等也因此成为著名的红色文化旅游景点。

5. 红军石刻

在黑水境内许多乡镇和村民还保存有许多完好的红军石刻标语和红军借粮借肉票据，这些都是研究红军长征历史的极好材料。

二、黑水县红色文化旅游发展现状

黑水县旅游于 1992 年起步，1993 年卡龙沟风景区被列入省级风景名胜区，2003 年州委、州政府做出将达古冰山打造成国际一流精品旅游景区的重要决定，2010 年 5 月 1 日达古冰山正式对外开放。历届县委、县政府将旅游产业作为县域经济发展的支柱产业进行精心培育，全县交通、通信等基础设施极大改善，城镇、村寨面貌焕然一新，达古冰山、卡龙沟、色尔古藏寨、芦花会议会址等景区景点基础设施、配套设施全面完善提升，民俗文化、历史文化、红色文化得以深入挖掘、整理和提炼，旅游资源得到了优化整合和配置，旅游产业加快发展具备了较为成熟的基础。近年来，黑水县旅游工作紧紧围绕县委确立的"紧盯一个脱贫奔康目标、破解交通水利两个瓶颈、补齐教育卫生精准脱贫三块短板、拓展生态效益农业绿色循环工业生态文化旅游业现代服务业四大路径、建设活力法治生态开放幸福五个黑水"的总体发展思路和"一三互动，以旅带农，文旅相融，以文促旅"的旅游发展思路，深度融入九环红原机场旅游经济圈，加强旅游基础设施和配套设施建设，创新宣传促销，不断提升旅游服务质量，全力打造生态旅游增长极，生态文化旅游实现突破发展。仅 2017 年全县全年共接待游客 127.92 万人次，实现旅游收入 10.43 亿元。其中，长征干部学院黑水分院承接来自全国各地各类培训班 100 期，培训学员 3998 人次，红色昌德旅游收入达 50 余万元，老百姓在改革发展中的获得感明显增强。

（一）科学谋划，完善全域旅游发展规划

为实现富民强县目标，黑水县近年来编制完善《黑水县全域全时旅游发展规划》及《黑水县红色文化旅游发展规划》，确立打造"黑水·冰山彩林国家公园休闲度假旅游目的地"目标，明确"圣洁冰山·多彩黑水"的形象定位，制订"一心两带三区"的旅游发展空间布局，即以县城芦花镇为红色文化旅游集散中心的"一心"，卡斯达温乡村旅游风情带和音乐彩林风情带的"两带"，冰山彩林度假区、藏族民俗风情度假区、音乐彩林休闲度假区的"三区"。同时围绕"特色更特、优势更优，做强一季、带动全域"的旅游工作思路，加快推进"三微互动、三态融合"，打造洛哩措、雅麦湖等红色文化旅游节点，不断延伸景观"串珠"，全面完善旅游布局。

（二）加大投入，加强旅游基础设施建设

一是投资 1415 万元，全面实施 G347 色尔古—雅克夏段和渔卡路沿线观景平台、公共厕所、停车场、购物点、红色文化旅游等 27 个旅游服务网点建设；二是依托幸福美丽村寨建设，投资 2000 余万元，对羊茸、三达古、谷汝、色尔古等精品旅游村寨进行提升建设；三是投资 1450 万元，完成达古冰山景区、红色文化旅游沿线、红叶观景台、休息亭、栈道维修和水毁路段等项目建设；四是投资 1900 万元，实施色尔古生态防洪设施、安全饮水、150 亩洞渣改造等工程建设；五是更换"圣洁冰山·多彩黑水"灯柱广告 300 余套和主题户外广告 6 处，完成红原机场—黑水红色文化旅游导示系统建设，旅游基础设施得到不断提升和完善。

（三）创新形式，加大旅游宣传营销力度

一是在成渝两地举办专场推介会，全面展示黑水丰富的旅游资源和成熟的旅游产品，发放黑水旅游指南、红色文化旅游宣传画册等宣传资料 30000 余份。二是积极与旅行社合作，推出旅行社组团梯级优惠政策，带动黑水旅游人气提升。三是积极协助重庆电视台，《大陆寻奇》《爱的新绿色》摄制组等媒体进行采访活动。四是全面更新旅游公路沿线旅游宣传标示牌 22 处。五是以"5·19"中国旅游日为契机，开展芦花会议会址、卡龙沟景区、色尔古藏寨免门票游景区和系列宣传咨询活动。六是成功举办 2017 年第五届黑水·达古冰山"冰雪消夏之旅"自行车挑战赛。七是全力筹办 2017 年四川红叶生态旅游节暨第五届四川黑水冰山彩林节。"圣洁冰山·多彩黑水"对外知名度得到进一步提升，黑水红色文化旅游氛围更加浓厚。

（四）立足村寨，推动红色文化旅游发展

为实现全面建成小康社会目标，紧紧依托金融支持文化旅游产业发展的优惠政策，结合幸福美丽新村、藏区新居、精准脱贫等项目建设，坚持推动乡村旅游与红色文化旅游协调发展，积极引导卡龙镇才盖村、俄寨村，色尔古镇色尔古藏寨、色尔古新藏寨、芦花镇谷汝村、三达古村、泽盖村，红岩乡红岩村，瓦钵乡约窝村，沙石多乡羊茸村、奶子沟村、马河坝村等旅游重点村寨，加大风貌塑造和旅游接待标准化建设，采取以奖代补方式培植乡村旅游示范户，提升旅游服务质量，激活全民兴旅的积极性，拉动旅游产业链从中心城镇向村寨延伸，极大地促进了广大农牧民致富增收。

（五）强化监管，有效提升旅游服务质量

一是以红色文化、黑水美食、职业道德等内容为重点，全面实施乡村旅游从业人员培训，仅 2017 年举办县城宾馆饭店及芦花镇、沙石多乡、卡龙镇、知木林乡、色尔古镇乡村旅游从业人员培训班 10 期，受训人员达 1000 人次以上。二是切实加强旅游执法队伍建设，充分发挥好本县旅游市场综合治理领导小组的牵头作用，加强联合执法，坚持一月一次的旅游市场综合执法检查和节前安全执法大排查，严厉查处无证照经营、宰客、强买强卖、假冒伪劣等违规违法经营行为，确保旅游市场规范有序。三是摸清全县接待现状，做好应急预案。全县现有床位 9500 张左右，其中县城宾馆饭店床位 5500 余张（具有 50 个以上床位的宾馆饭店 30 余家，床位数 4500 余张），乡村接待床位 4000 余张。四是加大对卡龙沟景区管理局、色尔古藏寨管理局和红色文化旅游的经营管理，完善景区服务能力，提升景区品质。

三、黑水县红色文化旅游存在的问题

近年来，黑水县旅游发展取得了明显的成效，尤其是"五一""七一""十一"期间游客如织，秩序井然；观赏彩林的季节，前往黑水的游客车辆特别多。但由于黑水县旅游产业基础差、底子薄，加之交通不便、旅游要素不全、全民兴旅意识不浓、乡村旅游接待能力差等因素的影响和制约，红色文化旅游在发展过程中还存在诸多问题和不足，严重影响乡村振兴战略的实施。

（一）旅游形象定位不够合理

一是缺乏统一的宣传定位。游客在不同的宣传渠道常常看到不同的形象标语，对红色文化旅游标语不统一，甚至同一个景点就有不同的名字和定位，不利于黑水旅游发展；对红色文化旅游的推介力度不大，致使宣传的有效性大打折扣。二是旅游文化挖掘不足。目前黑水旅游基本上以自然生态观光为主，对红色文化、民俗文化、宗教文化的挖掘和打造严重不足，没有开发出吸引游客体验的红色文化、民俗文化活动，留不住客人。三是红色资源整合力度不够。许多红色景点未能很好地与冰山、彩林、田园、民俗、宗教文化相结合，削弱了其经济利用价值。

（二）旅游产业业态不够健全

一是旅游要素不完善。"吃、住、行、游"四大要素承载能力较弱，"购、娱"两大要素严重滞后，农牧民就近就业创业难。景区游览项目开发不够，游客逗留时间短、消费低。二是旅游相关产业发展滞后。目前全县专业的旅游服务企业只有一家，带动作用不明显，农牧民就近就业创业机会少；乡村酒店数量和质量不能满足旅游接待的需要，全县乡村接待床位仅4000余张；田园观光业几乎为零，跟不上乡村振兴战略的步伐。三是资源开发单一，缺少新意。黑水红色文化旅游还停留在遗址参观、简单的图片和物品展示阶段，游客在游览红色景点时均以参观为主，缺少参与。目前仅体现在"有名气无市场"和"有品牌无效益"，未把资源优势转化成商品优势。此外，通过灾后重建政策维修后的徐向前遗址、芦花会议遗址等红色文化旅游设施基本处于闲置状态，甚至有的设施出现了损毁现象，未得到有效的管理开发和利用。

（三）旅游基础设施不够完善

一是干道公路存在安全隐患。毛尔盖电站库区绕坝公路改造不彻底、不到位，山体垮塌、飞石时有发生，安全隐患大。二是景区配套设施亟待健全。全县住宿接待能力有限，硬件设施条件薄弱，乡镇电力供应不稳定，时常出现旅游旺季停电的现象；芦花会议会址、瓦钵梁子区苏维埃藏族人民政府等提示引导标志不明显，进出藏寨通道较小，存在安全隐患。公路沿线砂场混乱、电线密布，严重破坏了自然美景的观赏度。三是红色文化旅游环线还未形成。县内旅游资源主要分布在"四区一带"，即分别以奶子沟、卡龙沟，三奥雪山为代表的雪山彩林区和以色尔古藏寨为代表的民俗产品旅游区，以及卡斯达温民俗产品供应带。红色文化旅游的公路环线还未形成，影响游客的全域旅游，制约全县旅游整体发展。

（四）旅游体制机制不够通畅

一是全县统筹旅游发展的合力不够。全县各部门在发展旅游的共识上交流不多、合作不多，部门联动的机制尚未建立，融合发展的思路亟待形成。二是景区管理局建设还需加强。县内成立了卡龙沟景区、色尔古藏寨、红色文化旅游，但景区经营管理、资金运行、营销发展等方面还存在诸多问题，需要进一步理顺关系和增强自身创新、开发、管理能力。

四、对红色文化旅游发展的思考

为深入实施乡村振兴战略，确保 2020 年与全国同步全面建成小康社会，针对黑水县红色文化旅游的特点、基础设施、机制体制建设等的现状和问题，现提出如下对策建议。

（一）全力推进《黑水县全域全时旅游总体规划》的组织实施

1. 全力组织实施《黑水县全域全时旅游总体规划》

以习近平新时代中国特色社会主义思想为引领，按照科学发展的要求，坚持"合理开发、科学管理、严格保护、永续利用"的原则，积极开发建设旅游精品和特色旅游产品，并依据生态文化旅游建设要求，不断完善规划内容，适时进行修编。按照环线景观打造要求和差异错位发展理念，以达古冰川、色尔古藏寨、卡龙沟、三奥雪山、红军峡温泉、红色旅游为核心，分区域规划打造冰川、雪山、草甸、湿地、海子、石林、湖泊、彩林、田园、村寨，形成"既有月亮又有星星"的立体视觉景观；将红色文化、藏羌文化、宗教文化、演艺场所、旅游购物点进行科学布局和打造，实现观光型单一旅游产品向养生度假、避暑休闲、极地探险、民俗体验复合型旅游产品转变。陆续完成色尔古藏寨、卡龙沟、三奥雪山、热水塘温泉、嘉绒藏羌文化走廊、红色文化走廊的控制性规划和专项规划。

2. 全力推进旅游项目包装管理

以旅游发展规划为指导，以实施乡村振兴战略为重点，精心编制旅游项目，建立红色文化旅游项目储备库。争取和整合涉旅产业项目和基础设施项目，有重点、分步骤，稳步推进旅游产业整体开发。严格按照基本建设程序，加强旅游项目的建设管理和规划实施、监督，防止盲目开发和低水平重复建设，强化多规衔接，全面改造、整治旅游景点、集镇及幸福美丽村寨建设，促进全域旅游发展。

（二）全力推进旅游基础设施和配套设施建设

1. 加快核心旅游产品的提档升级

紧紧抓住全面落实十三五规划的大好机遇，积极争取政府性投资和充分调动社会投资，加快芦花会议会址、瓦钵梁子区苏维埃藏族人民政府等红色文化旅游景点基础设施和配套设施的提升建设，重点抓好红色文化旅游景区的停车场、漂流、三达古购物点、快餐中心、厕所改造等项目建设和营运，进一步完善景区服务功能，丰富景区文化内涵，提升红色文化旅游品质。同时加大招商引资力度，启动三奥雪山、热水塘温泉、雅克夏国家森林公园的开发建设，打造多姿多彩的生态观光、文化体验、自驾天堂的精品旅游区，形成鲜明的"圣洁冰山·多彩黑水"的旅游目的地形象。

2. 加快安全便捷的交通体系建设

一是在现有道路的基础上，全力提升建设茂县飞虹桥—红原壤口、红岩—扎窝、扎窝—松潘毛尔盖、卡龙—松潘红土公路，全力以赴抓好毛尔盖电站绕坝路治理，尽早打通黑理隧道、红扎隧道，提高安全保障和畅通能力，构建与相邻县茂县、松潘、红原、理县"4个1小时"旅游交通经济圈，切实加强通乡公路建设，确保红色文化旅游沿线畅通。二是着眼构建环保便利的交通游览系统。从道路、景观、文化和标志四大方面全力提升，进一步完善观景亭、停车场、加油站、汽车维修点、旅游厕所、土特产销售点规划建设，完善设置规范的旅游标识标牌、交通安全设施、交通标志、标线和景区导示牌，为游客提供最人性化、最温馨的智慧旅游服务。

3. 加快旅游服务体系完善建设

一是加快旅游中心城镇配套设施建设。以芦花、沙石多、色尔古、知木林、卡龙、瓦钵等旅游集镇为重点，加大城镇电网、水网、客运站、停车场、医疗救援点、导向系统、游人服务中心、旅游厕所、汽车维修点等旅游配套设施建设，打造让游客舒心满意的旅游综合服务平台；加强光纤网络、移动通信、网络平台等基础设施和终端建设，不断扩大覆盖面，构建方便快捷的旅游电子商务服务体系；加强河道治理，建设美丽黑水，营造人与自然共生的旅游环境。二是全面加强旅游信息平台建设。坚持政府主导，整合全县景区、酒店、餐饮、演艺等市场主体和资源，建立县级旅游资源信息平台，统一管理、及时发布景区道路、天气、红军长征故事、民间传说等信息，建立面向市场的网上票务系统，构建游客自主选择消费的环境和平台。

4. 加快旅游村寨提升建设

以实施乡村振兴战略为契机，整合精准脱贫民生项目建设资金，紧扣川西北经济生态区主题，构建发改、财政、旅游、扶贫、农业、环林等部门联机制，充分调动群众的主观能动性，围绕"一村一品"旅游特色，加大生态文明建设力度，加强村容村貌优化升级，强化田园观光、农副产品生产体系和经营体系建设，注重红色文化、民俗文化展示，提升建设好沙石多乡奶子沟村、马河坝村、羊茸村、昌德村、甲足村，芦花镇谷汝村、三达古村、西布里社区，色尔古镇色尔古村、麻都社区，知木林乡维多村、知木林村，卡龙镇达安村、俄寨村、才盖村，红岩乡红岩村，瓦钵乡约窝村，打造一批星级农（牧）家乐、乡村酒店，夯实乡村旅游发展基础，拓宽群众就业创业增收渠道，不断延伸目的地旅游产业链。

（三）全力推进旅游市场拓展

1. 区域合作，构建特色旅游产品

立足差异化战略，以达古冰山为主打产品，主动与周边县及景区对接合作，实现区域产品的互补联动，重点打造"汶川/茂县/黑水"为主线的藏羌文化走廊旅游产品、

"黑水/红原/若尔盖"的大冰山大草原生态旅游产品、"黑水芦花会议会址/毛尔盖会议会址/红原"的雪山草地红色文化旅游产品、"黑水三奥雪山/理县米亚罗"国家彩林公园旅游产品,形成资源共享、客源互流、彼此促进的大旅游格局。

2. 整体联动,设计精品旅游线路

一是以红原机场为原点,立足成熟景区产品,设计高品质旅游线路,融合好大环境旅游产品,串联好区域成熟旅游产品。二是以游客个性化需求为切入点,将县内景区、景点、村寨有效分类串联,形成藏家风情体验游、红色文化互动游、冰山彩林观光游、养生避暑生态游、雪山探险徒步游、田园采摘情趣游等内环精品线路,满足游客的多元化需求。

3. 加大投入,精准宣传营销

以交通部对口支援阿坝藏族羌族自治州、浙江省海宁市对口支援黑水县为契机,积极争取"一带一路"重点建设项目,尤其要紧扣红色文化旅游主题,结合"春观山花夏赏冰、秋品彩林冬抚雪"的全时特点,把握成渝一级核心客源市场,陕甘、长三角、珠三角二级拓展客源市场,东南亚三级机会客源市场精准开展营销。在继续利用好平面媒体、固态广告等传统营销手段的同时,重点以网络平台、电视媒体等现代手段和举办冰山彩林节、红歌会、民族文化艺术节、红军峡漂流、冰山自行车挑战赛等节庆活动开展营销。同时完善景区捆绑销售机制和景区门票让利政策,刺激旅行社(商)的组团积极性,扩大团队游市场份额。

(四)全力推进产业融合发展

1. 文旅相融,提升旅游产品品质

一是依托"卡斯达温"艺术团以及文化传习所,对独特厚重、丰富多彩的红色文化、民间民俗文化进行深度挖掘、整理和创新,并积极探索引入市场化开发经营机制,实现文旅相融互动,让优秀的文化艺术成果得以展示,为游客亲身参与体验红色文化、民间民俗文化提供平台。二是建设以声乐、舞蹈、表演为主的大型演艺中心,演艺中心集综合演艺、艺术展示、时尚娱乐和旅游观光为一体,使之成为游客观光、体验、互动、休闲度假的集散中心。三是以现有的农(藏)家乐为基础,注入红色文化内涵,大力发展生态环境良好、红色文化厚重的乡村旅游。

2. 农旅相融,延伸旅游产业链

按照黑水"沟域经济"布局,分区种植特早实核桃、中华寿桃、红脆李、青豌豆、土豆、苦荞和淡季蔬菜,因地制宜地发展特色生态畜牧业,满足外来游客求鲜、求奇、求健康的需要,努力实现旅游富民目标。

3. 加强旅游商品开发,丰富旅游内涵

壮大绿色、生态、有机食品深加工,打造"黑水藏香猪""黑水凤尾鸡""双溜索大蒜""银丝粉条"等特色旅游农副产品,建设"爱集市""色尔古综合体"等销售网点。开展优秀旅游商品征集、评比和展销活动,支持地域特色旅游商品申请产品认证和国家地理标志保护,积极创建特色红色文化旅游商品体系。

（五）全力提升旅游服务质量

1. 加快旅游标准化体系建设

结合《旅游法》的实施，制订和完善规范性文件，建立旅游安全风险提示、旅游保险管理、旅游景区价格、最大承载量控制、红色文化旅游管理等制度，推进旅游餐饮、住宿、交通、景区、旅行社、导游、购物、演艺等应急管理体系建设。积极引进知名品牌，以其先进的管理标准引领黑水县旅游向标准化管理迈进。

2. 加快市场秩序规范

切实加强旅游执法队伍和执法装备建设，规范旅游经营秩序，净化旅游文化市场。大力推进旅游行业诚信建设，建立旅游企业信誉等级评估、公告体系和违规记录公示制度，进一步规范和约束旅游从业人员行为，营造绿色旅游、透明消费、文明旅游的良好市场环境。

3. 加强旅游安全、救助管理

制订和完善旅游应急管理预案，建立健全旅游突发事件联动响应机制，组建专（兼）职应急救援队伍，定期开展应急演练和救助技术培训，确保突发事故得到有效处理，着力提升红色文化旅游服务质量，奋力推动实施乡村振兴战略。

参考文献：

1. 黑水县史志办. 黑水县志［M］. 黑水：黑水县史志办，2010.

2. 黑水县史志办. 红色丰碑，猛河变迁［M］. 北京：党史出版社，2008.

3. 黑水县史志办. 中国共产党黑水县历史［M］. 北京：党史出版社，2013.

发展森林康养产业　推动巴中乡村振兴

蒲　俊[①]

春节前夕，习近平总书记来川视察时指出，四川是"天府之国"，农业大省这块"金字招牌"不能丢。我们要坚定把实施乡村振兴战略作为新时代做好"三农"工作的总抓手，把发展现代农业作为重中之重，把生活富裕作为中心任务，加快推动四川由农业大省向农业强省跨越。巴中作为革命老区、秦巴山区、贫困地区"三区叠加"的特殊区域，要着力实施乡村振兴战略，必须突出产业兴旺重点，坚定生态优先、绿色发展路径，充分利用生态资源优势，大力发展森林康养产业，奋力推动山区农业农村现代化。

一、准确把握森林康养发展概况

森林康养是指依托优质的森林资源，将医学和养生学有机结合，在森林里开展康复、疗养、休闲等一系列有益人类身心健康的活动。基本内涵是以人为本、以林为基、以养为要、以康为宿。森林康养发源于德国，流行于美国、欧盟、日本、韩国等发达国家和地区。19世纪40年代，德国创立了世界上第一个森林浴基地，形成了最初的森林康养概念。如今，森林康养在全世界方兴未艾。

森林康养产业是以健康管理为基础，包括优质森林康养环境培育、森林疗养、养老养生、康复、休闲和森林体验、森林康养产品的研发与生产等内容的新型健康产业。它以林业为主体，涵盖医药、卫生、农业、工业、旅游业、商业、体育和健康服务业等相关产业，是林业与旅游业、健康服务业融合发展的新业态。自2015年四川首次提出发展森林康养产业以来，全国以四川、湖南、贵州、新疆、广东、广西、河北、陕西、甘肃等省和自治区为主体推进森林康养的超过50%。根据国外经验，发展森林康养产业将有助于带动其他产业发展，并能有效减少国家医疗费用总支出。预计到2025年将形成一个超万亿元的新型产业链，带来数百万个甚至上千万个就业机会。

[①]　作者系中共巴中市委党校综合教研室主任，高级讲师。

二、深入认识巴中森林康养产业发展现状

（一）优势

1. 森林资源富集

巴中处于秦岭—淮河南北分界线地带，森林面积1070万亩，森林蓄积量4068万立方米，森林覆盖率58.5%，去年成功创建为国家森林城市。拥有光雾山—诺水河世界地质公园和15个国家AAAA级旅游景区，有米仓山、镇龙山、天马山、空山4个国家森林公园和章怀山省级森林公园，有大小兰沟、五台山猕猴、驷马河国家湿地公园等7个动植物自然保护区，保护区面积18.9万公顷，占全市土地面积15.4%。国有林场17个，经营面积99万亩。境内有各类植物2000多种，野生动物400多种，菌类200多种，自然资源十分丰富。其中，云豹、巴山水青冈等国家Ⅰ、Ⅱ级保护动植物65种，药用野生植物1400多种，药用野生动物218种，矿物性药材20多种，是四川盆地北部边缘山地重要的生物基因库。南江被誉"中国红叶之乡"，通江被誉"溶洞之乡"。丰富的生态资源，奇特的地形地貌，为发展森林康养产业奠定了良好的基础。

2. 生态环境优美

一是生态质量优良。境内森林茂密，柏树、马尾松、香樟等树种广布，能提供丰富的氧气和负氧离子，是名副其实的天然氧吧和神州"绿肺"。在光雾山、空山等重点林区，每立方厘米空气中负氧离子含量超过3万个。森林中不仅有优美的山川河流、花草树木，还有温泉、矿泉、中药材等丰富的疗养资源。研究表明，当人们在森林中活动时，能缓解焦虑、忧郁、紧张等不良情绪，减轻心理压力，促进身心健康；能改善睡眠状态，降低调节血压、血糖；具有提高免疫细胞活性、增加抗癌蛋白数量等作用。

二是环境洁净静谧。森林中工业污染源少、空气洁净度高、噪声小。2016年，市域环境空气质量优良天数比达90.8%，PM10年平均浓度仅为61微克/立方米；市内主要河流出境断面水质稳定达到地表水Ⅲ类标准，饮用水水源地水质达标率一直保持100%；各功能区噪声达到规定标准；全市3类土壤利用类型均为清洁安全。

三是气候舒适宜人。巴中属亚热带季风气候，四季分明，雨量充沛，光照适宜，气候温和。年均气温17.4℃，年均降雨量1198.9mm，年均日照时数1470.6小时，夏秋两季气候凉爽宜人，特别适合保健养生、休闲度假。巴中属盆周山区，山地占90%，境内地势，北高南低，平均海拔1000m左右，是最适合人类生存的海拔高度。空山、光雾山等康养基地，平均海拔1200~1500m，夏季平均气温24℃左右，年均空气湿度40%~60%之间，人体感觉比较舒适，是避暑的绝佳胜地。

3. 文化底蕴深厚

巴中的传统文化源远流长。在新石器时代，巴中就有人类活动，迄今设建制长达1900多年。悠久的历史沉淀了厚重的文化，如巴人文化、三国文化和汉唐文化影响深远。穿越其间的米仓古道，距今约3500年，始于秦末，兴于汉，纵贯秦巴山区，北上三秦下通巴渝，是我国最早的国道，2015年已成功进入蜀道申遗世界预备名录。目前，

巴中的摩崖造像有 100 余处，其中南龛摩崖造像是全国十大石窟之一，被誉为"巴中盛唐彩雕全国第一"。巴中人杰地灵，孕育了宋代天文学家张思训、现代平民教育家晏阳初、早期无产阶级革命家刘伯坚等杰出人物。

红色文化绽放光华。巴中是川陕革命根据中心和首府，素有"红军之乡"的美誉。革命遗址遗存遍布全市，共有 908 处。全国重点革命文物保护单位 2 处 13 点，省级革命文物保护单位 6 处，县级革命文物保护单位 132 处，可移动革命文物 3 万余件，其中珍贵文物 3051 件，革命文物总量及规模居红军时期各根据地之首。此外，还有全国爱国主义教育示范基地 4 个，省级爱国主义教育基地 2 个。"川陕苏区"被列入全国 12 个重点红色旅游区，红四方面军总指挥部旧址纪念馆、川陕革命根据地红军烈士陵园、巴山游击队纪念馆、刘伯坚纪念馆、川陕革命根据地博物馆 5 景区被列入《全国红色旅游经典景区名录》。

4. 绿色食品丰富

巴中是省级农产品质量安全监管示范市，各县（区）均为无公害化产地。优良的生态环境和适宜的气候条件，孕育了丰富的绿色食品和高品质的中药材资源。有以通江银耳、黑木耳、香菇为代表的特色耳菇，以南江黄羊、青峪土猪、空山黄牛、巴山土鸡为代表的生态畜禽，以恩阳芦笋、南江核桃为代表的特色果蔬，以翡翠米、龙头面、空山马铃薯为代表的优质粮油，以罗村茶叶为代表的巴中云顶茶叶，以川明参、金银花为代表的地道巴中特色药材等农产品，种类繁多，绿色富硒，品质上乘，为开发高品质的森林康养食品提供了充足的原料。目前，全市累计争创无公害、绿色、有机食品和农产品地理标志 380 多个。

5. 基地创建良好

巴中的"十三五"规划提出，加快建设现代康养产业，大力培育以绿色生态为核心竞争力的新兴增长极，做大做强绿色生态产业。2016 年市委市政府出台了《关于大力发展森林康养产业的意见》《巴中市森林康养产业发展总体规划（2016—2025 年）》等文件，率先在全省、全国提出市域整体推进森林康养发展，确定打造"中国最佳森林康养目的地"战略目标。2017 年推出 26 个康养精品项目，吸引了海航、东方园林、川旅等大型企业投资。目前，已建成米仓山、空山、唱歌石林等省级森林康养基地 4 个，章怀山等市级森林康养基地 8 个，南江长滩村等县（区）级森林康养基地 30 个。米仓山、唱歌乡森林康养基成功入围第二批全国森林康养基地试点建设单位，平昌县镇龙山国家森林公园、三十二梁景区入选第三批全国森林康养基地试点建设单位。2017 年，全市以森林康养为特色的生态旅游产业收入 51.7 亿元，绿水青山正在转变为金山银山。

（二）劣势

森林康养作为一种新产业新业态，在巴中处于起步阶段，发展中面临一些困难和问题，必须高度重视。

1. 思想认识存在偏差

森林康养才刚兴起，很多人对其内涵、功能、作用不了解，把森林康养简单地理解为呼朋唤友、游山玩水、享受美食，认为森林康养就是旅游，或者等同于养老，普遍存在认知不足的问题。专家认为，森林康养首先是创新医学思想，在森林中进行生理与心理的康养，让人心情愉快、心灵放飞、心旷神怡，起到陶冶情操、修身养性的作用。如果不能认识森林康养的根源意义——深刻的医学意义，所培植出来的产业一定没有生命力，也无法达到森林康养的初始目的。

2. 基础设施存在短板

一是路、电、水、通信等综合基础设施建设不完善。尤其是交通瓶颈仍未打破，大通道不完善、主干道不顺畅、内循环不衔接问题突出。高速路网尚未形成，铁路等级低、时速慢、动力弱，恩阳机场仍未通航。巴中到成都、重庆、西安三大城市的时间距离仍在 3 小时以上，到周边市（州）如达州、南充、汉中等地也需 2 小时左右。全市森林康养产业发展规划的核心地带如光雾山、诺水河、空山、唱歌等地，交通路网并未形成，通行难问题没有根本解决。部分康养基地水、电承载能力弱。二是景区内住宿餐饮档次低，设施简陋，接待能力弱，在旅游旺季，个别景区一房难求、一餐难寻的情况时有发生；卫生厕所、停车场、垃圾污水收集处理等不配套。三是医疗、休闲、娱乐等服务设施缺乏，服务项目开发不够，配套服务能力、质量和水平亟待提高。

3. 发展合力凝聚不强

一些人认为，森林康养是林业部门的事情，辖区、行业领域缺乏系统规划建设，统筹协作不够，合力凝聚不强。森林康养涉及多个行业多个部门，如森林康养项目既需要按照民政部门的养老项目进行立项和建设运营管理，又要按照卫生部门的健康服务项目相关管理要求开展工作，慢性疾病康复、自然教育、户外运动等每个行业都有不同的要求，需要合力推进。但目前主要是林业部门唱主角，部门互动性不够强。

4. 康养产品开发滞后

现有的森林康养产品单一，优质、精品项目少，适合不同季节、不同群体需要的康养产品开发不足，可供消费市场选用的森林康养产品总体不够，产品体系还未形成，可供选择的范围十分有限；康养主题不鲜明，特色不突出，知名度和吸引力不强。

5. 行业人才严重短缺

一是专业人才奇缺。基地规划、管理、康复、保健、护理、养生、户外教育、自然教育等专业人才缺乏。有资格证的康养师、疗养师在全市寥寥无几。二是队伍建设滞后。从业人员基本未经过专业培训，文化素质不高，专业水平低下，服务方式单一。目前没有正规的行业人才培养机构，规划设计人员、管理人员、森林讲解员和康养师等培训体系还未建立。

6. 发展资金投入不足

一方面，作为贫困山区，政府财力困难，支持森林康养的专项资金十分有限，或无力配套。另一方面，社会力量参与性不强。鼓励社会力量投入的政策不健全，机制不灵活，社会资本投入的积极性不高，吸引力不强，森林康养项目招商引资难度较大。

三、充分挖掘森林康养产业发展潜力

2018 年中央一号文件提出，实施休闲农业和乡村旅游精品工程，建设一批设施完备、功能多样的休闲观光园区、森林人家、康养基地、乡村民宿、特色小镇。这为森林康养产业发展指明了方向，确立了重点。

（一）强化宣传，提升康养认识

推进森林康养产业健康有序发展，必须加强森林康养普识教育，提升公众认知水平，增强森林康养发展新理念，营造良好的发展环境。要充分利用电视、广播、报刊、网络等媒体宣传森林康养知识，解读森林康养政策，报道森林康养工作进展、动态、举措和成效，提高大众对森林康养的认知度、认同度、激发民众的参与体验欲望，共同推动森林康养事业发展。要将"森林康养"纳入干部培训重要内容。通过培训，把握相关理论政策，学习借鉴先进经验和做法，用科学理论指导建设工作，避免决策操作的盲目性和随意性，增强发展的科学性。

（二）夯实基础，完善配套设施

构建现代交通网络体系。要以世界眼光系统谋划大通道和内循环，积极争取过境高铁建设，力争早日融入全国高铁路网，搭上发展快车道。创新融资机制、建设模式、组织方式，破解资金、技术、人才等难题，坚定不移实施交通先行战略。以"148"交通项目为重点，突出"加密、联网、升级"主攻方向，全面构建"6631"（即6纵6横3环1航）综合交通体系，建设外快内畅、便捷高效的川东北综合交通枢纽，彻底扭转先天区位劣势，助力森林康养产业大发展。

加强配套服务设施建设。一是加强水、电、通信、标识标牌、停车场、卫生厕所、垃圾处理等公共基础设施建设；全面开通市县城区到重点康养基地定线旅游客运班车，提高车辆档次和服务水平。二是提档升级食宿条件。以康养基地和巴山新居为依托，加快建设一批中高端酒店、经济型酒店、自驾车野营露宿基地、乡村旅馆，鼓励引导景区居民投资改造住房发展特色民宿。推进标准化建设，规范化管理，优质化服务。三是配套建设休闲设施。加快建设购物、娱乐、健身等设施，积极开发特色优质养老养生服务产品，满足消费者休闲需要。四是改善疗养环境。加强乡镇卫生院和疗养机构建设，配备现代医疗设备设施，加强康复保健专业人才培养，大力开展健康管理、健康体检、美容养颜、康复疗养等医疗健康服务。鼓励有条件的市县医院与康养基地联合，开设康养服务点，开展健康服务。

（三）部门联动，推进协同发展

森林康养产业是一个跨部门、跨行业、跨学科的系统工程，也是一个对资源、人才、技术、资金要求高的产业。发展森林康养产业，必须打破部门界限，完善统筹协调机制，建立多部门协同的森林康养政策体系。林业部门与卫生、交通、旅游、体育、教育等部门进行高效对接，发挥各自优势，加强深度融合。如光雾山、空山森林康养基地建设，既是在旅游胜地又是在国家地质公园内开展，林业、旅游、国土等都有部门发展规划和要求，只有加强合作，系统谋划，协同建设，才能使各种资源发挥乘数效应，朝着建设国家风景名胜区、国家森林康养胜地和世界地质公园的目标奋进。

（四）需求导向，打造康养精品

森林康养，既包括"康"，也包括"养"。"康"主要指疾病的治疗和身体的康复，"养"主要指疾病的预防和身体的颐养。因此，开发森林康养产品，要以满足消费者多样化养生需求为导向，坚持因地制宜、差异化发展的原则，着力构建主题突出、特色鲜明、层次多样、品质优良的森林康养产品体系，使良好的森林生态环境真正成为人们的养生天堂。

一是以森林、地质公园等景观为依托，大力培育游憩型康养产品。充分利用森林、溶洞、动植物资源丰富的优势，着力培育观赏、休闲、体验、养生等康养产品。如：米仓山森林康养基地，可充分利用森林植被茂盛的优势，发挥森林中含有大量具有杀菌作用的芬多精，以及森林负氧离子浓度高的特征，在林间建设森林步道，增设木制平台，设置吸氧长廊、芳香疗养项目，开发瑜伽、太极等康养运动项目，使游客和森林亲密接触，达到保健养身目的；开发赏景项目，如观云海、看日出、赏红叶等，增加观养产品，达到赏美景、怡性情的效果；开发体验项目，如在鸟类资源丰富的地方，设置听鸟步道，动听的鸟语，悦耳的虫鸣，让体验者感受大自然的野趣，忘却心中的烦恼，放松心情；增加休闲项目，设置森林茶馆，增强康养服务功能。

二是以特色产业为依托，着力开发疗养型康养产品。依托现代农业产业基地，大力发展核桃、银耳、茶叶、芦笋、南江黄羊、巴山土鸡、空山黄牛、青峪土猪等特色产品，推进特色产品精深加工，大力开发具有地方特色、符合食物疗法要求的森林食品和康养营养套餐，延长森林康养产业发展链条。如：空山森林康养基地，可充分利用丰富的道地中药材资源，设置中草药主题园，园内开发中草药种植园、生态步道、中医养生馆、养生体验馆等，开设针灸、按摩、推拿、足浴及刮痧等传统中医理疗项目，提升养生系统整体功能；大力研发天麻、银杏、板栗、核桃、银耳等特色药膳食品，增加饮食型康养产品供给，将养生、亚健康调理和森林美容融为一体，打造疗养胜地。

三是以巴山新居为依托，着力开发户外运动型康养产品。巴山新居既是农民的居所，又是乡村亮丽的风景，还是民宿发展的重要载体。深入挖掘巴山新居资源，开发森林徒步、登山运动、自行车、自驾游等康养运动项目，融合发展乡村旅游、乡村美食、森林民宿产业。让消费者在大山深处，享受田园美景，牢记乡音乡愁，强身健体。如平昌以驷马水乡、三十二梁、南天门等巴山新居为依托，大力培育休闲度假、山地运动、森林民宿产业，推进森林康养与体育事业、乡村旅游、易地扶贫搬迁等深度融合，带动当地经济繁荣发展。

四是以历史文化资源为依托，丰富康养特色文化产品。森林康养产品，文化是灵魂，特色是生命。充分挖掘三国文化、汉唐文化、红色文化资源，结合独特的民俗风情，丰富森林康养文化产品。如：空山森林康养基地，是红军入川首次胜利——空山坝战役所在地，又紧邻红军入川第一镇——两河口镇，红军遗迹遗存丰富。设置重走红军入川路、自做铁罐饭、传唱红军歌等体验产品，让消费者既享受天然氧吧，又接受红色文化熏陶，传承红色文化基因。

（五）强化培训，壮大人才队伍

大力发展森林康养产业，关键要造就一支复合型森林康养人才队伍。一是制定优惠政策，广辟引才渠道，有计划、有步骤地引进康养专业人才。二是依托巴中职业技术学院、中等职业学校、职业高中等本地院校，设立森林康养专门学科，加强护理、康复、保健、治疗、管理、教育等专业人才培养；依托林业干部学校、各类高校、科研院所及专业培训机构，定向培养森林康养师、森林体验师、森林讲解员等专业人才及实用技能型人才。三是把森林康养知识纳入职业技能培训重要内容，加强从业人员技能培训，打造一支熟悉掌握森林医学、健康保健和旅游服务等专业知识的复合型人才队伍，提高森林康养服务水平。

（六）多元投入，破解资金难题

坚持"政府引导、市场主体、社会参与、共建共享"的发展机制，广泛吸引社会资金建设森林康养产业。一是加大财政补贴力度。整合林业、旅游、民政、涉农等资金，壮大森林康养发展专项资金，对有发展前景的森林康养基地、森林康养项目给予扶持。二是积极争取国家支持。深入研究《林业发展"十三五"规划》《关于开展森林特色小镇建设试点工作的通知》《关于启动全国森林体验基地和全国森林养生基地建设试点的通知》等文件精神，结合《川陕革命老区振兴发展规划》，精心编制森林康养项目，争取国家支持。三是制定支持政策，广泛吸引社会资本投资森林康养项目建设。

党的十九大提出，实施乡村振兴战略和建设健康中国战略。发展森林康养产业，充分体现了以人民为中心的发展思想，顺应了人们回归自然、追求健康的新要求，反映了人民对美好生活的新期待。大力发展森林康养产业，要深入挖掘生态资源潜力，把握黄金发展机遇，全力打造国家森林康养目的地，促进森林康养产业在巴中乡村振兴的伟大征程中发挥更大的作用。

参考文献：

1. 陶智全. 森林康养 [M]. 成都：天地出版社，2016.
2. 五彩巴中打造森林康养新名片 [N]. 四川日报，2016－11－1.
3. 森林康养呼唤科学导航 [N]. 中国科学报，2017－7－15.
4. 刘拓，何铭涛. 发展森林康养产业是实行供给侧结构性改革的必然结果 [J]. 林业经济，2017（2）.
5. 邓三龙. 扎实推进湖南森林康养产业发展 [J]. 林业与生态，2016（8）.

"道德超市"，乡风文明建设的好抓手

——平昌县白衣镇长岭村加强乡风文明建设助推脱贫攻坚的实践与启示

牟陶　杜文礼　孟圣贤[①]

党的十九大做出的乡村振兴战略，是新时代"三农"工作的总抓手。乡风文明建设作为乡村振兴战略的一项重要内容，更是要铸就"乡村振兴之魂"。平昌县白衣镇长岭村在实施脱贫攻坚、推进乡村振兴进程中，以探索建立"道德超市"为抓手，把无形的道德观念化为有形的量化和激励，着力解决群众思想道德"最后一公里"问题，有效促进乡风文明根本好转。

一、建立背景

长岭村距白衣场镇 6 公里，辖 6 个农业社，254 户 1010 人。该村属典型旱山村，"晴天一身灰、雨天一脚泥"，基础设施差，农业生产力低下，青壮年常年外出务工，老弱病残留守人员以种地为生，人均年纯收入不足 2200 元，2014 年被评为建档立卡贫困村。共有贫困户 61 户 166 人，贫困发生率 17.8%。该村被列为 2018 年实现整村脱贫摘帽村之一。按照脱贫规划，该村需要硬化村社道路 20 余公里、易地扶贫搬迁和危房改造 70 户、发展产业 2000 亩。同时还有任务繁重的水、电、通信、广电等基础设施建设任务。

脱贫攻坚任务艰巨，如何破题成为村党支部村委会一班人以及挂联帮扶该村的县人民政府办公室的最大难题。

人心齐才能泰山移。面对如此多的攻坚任务，必须干部同心、干群同心，必须大家心往一处想、劲往一处使。县人民政府驻村帮扶组组织村两委及党员群众代表通过认真研究讨论，发现长岭村最大的问题还在于一些村民集体观念淡漠、个人利益至上、"等靠要"思想严重、不配合支持镇村干部的工作，不懂得感恩党和国家的政策支持和县乡村干部们的真心帮扶。在一些人的心目中，认为精准脱贫是天上掉下的馅饼。该自己投

---

① 作者单位：中共平昌县委党校。

的工不投，该自己出的资不出，该自己承担的活计不干。张口要政策，伸手要条件，"靠着墙角晒太阳，等着干部送小康"。

二、基本做法

凝聚人心方能凝聚力量。凝聚人心必须以一致的价值认可为基础。结合县委县政府对脱贫攻坚要实行感恩教育的要求，长岭村感恩教育从"德化"入手，探索建设"道德超市"，引导群众"积小德为大德""积小善为大善"，择善而从，见贤思齐。

建立"道德超市"。依托村淘宝商店，由村集体经济拿一点、社会爱心人士捐一点、党员干部群众自发出一点、帮扶部门及帮扶干部筹一点，设立"道德基金"，购买群众生产生活实用物品投放于村淘宝商店。根据道德积分标准，设置道德积分兑换商品底线分值 10 分，超过 10 分以上的得分，根据分值兑换道德积分分值相对应的牙膏牙刷、洗衣粉、洗发水、米、面、油等日常生活商品。

开展积分活动。按照"户/人"层次，分别开展系列道德积分活动。一是开展"十星"（遵纪守法星、孝敬老人星、子女教育星、家庭和睦星、邻里关系星、环境卫生星、生活习惯星、志愿服务星、勤劳节俭星、自强发展星）道德积分活动。实行一月一考核评比，每评定"一个星"，积道德分 2 分。二是开展"五个示范户"（守法示范户、文明示范户、卫生示范户、勤劳示范户、诚信示范户）和"五个好"（好公婆、好夫妻、好媳妇、好妯娌、好儿女）道德积分活动。实行一季度一考核评比，每评定"一个示范户"，积道德分 5 分；每评定"一个好"，积道德分 3 分。三是开展"三比"（比个人衣冠整洁、比室内整洁、比院落整洁）道德积分活动。实行一月一考核评比，评定为一等次的积道德分 5 分，评定为二等次的积道德分 3 分，评定为三等次的积道德分 2 分。四是开展"好人好事"道德积分活动。根据"助人及好事"的大小程度及影响力，每一次积道德分 2 至 5 分。五是开展"绿色环保"道德积分活动。将自家及户外废弃物品袋及垃圾主动捡拾，定点投放。根据投放数量多少，每一次积道德分 2 至 3 分。六是开展"热心公益事业"道德积分活动。每一次积极投工投劳，积道德分 2 至 3 分。

严格考核评比。探索总结出"中心院户长"挂包农户，村干部挂联中心院户长工作机制。由村"两委"商议推荐，群众代表大会确认 15 户中心院户长，每户中心院户长挂包 9 至 22 户农户，每位村干部挂联 2 至 3 户中心院户长。中心院户长的主要职责是：督促农户开展系列道德积分活动，调解邻里纠纷，沟通信息，掌握社情民意，宣传党的政策。在督查考核评比中，先培训村干部、院户长及党员，引领示范；再由村干部、院户长及党员动员培训各家各户，让其知晓考核评比规则及道德积分标准。由县房管局派驻工作组、第一书记、村干部、党员及群众代表组成督查考核评比组定期对系列道德积分活动开展情况进行督查考核评比。现场考核，现场点评，现场指导，限期整改。考核评比后，将各家各户及村民的道德积分情况在村政务栏公示，并在乡音小喇叭上通报，以此激励村干部、党员及院户长开展挂包挂联工作，激活群众广泛深入参与道德积分活动。

三、主要成效

长岭村通过开展系列道德积分活动，重新构建道德高地，激发了德治活力，唤醒了村民内心的真诚、朴实、善良和感恩思想，培育了文明乡风，呈现出干群同心同德聚力脱贫攻坚的良好氛围。

村容整洁环境美。错落别致、干净整洁的院落，宽阔畅达的村组道路，日渐成荫的行道树，沁人心脾的空气，花香蝶舞惹人醉，稻花香里说丰年，一派田园风光，一览无遗。"村里环境明显得到了改变，村民改掉了乱丢乱扔的坏习惯，这让我的工作轻松了不少呢！"村文书靳富康如是说。

精神充实生活美。村民良好的生产生活习惯日渐形成，农作之余，村民也学城里人到村文化广场跳跳广场舞，打打乒乓球，健健身；在文化活动室翻阅书刊，敲个鼓打个锣，写写字；在党员活动室，全神贯注地听远程教育科普知识讲座；在日间照料中心，轻松看看电视；在村史馆，走走停停，忆苦思甜，对比知足，接受感恩教育。在蓬勃向上的精神氛围里，人们的心情愉快了，个人的恩怨泯灭了，邻里和睦了，精神生活充实了。"精神美则生活美。我们用'道德积分'活动解决了群众存在的'思想荒芜、习俗荒芜、道德荒芜'问题，现在群众生活陋习逐渐根除，精神面貌彻底改观，内生动力不断增强，长岭村确实变样了！"村支部书记李光林这样说。

村强民富产业美。长岭村按照农旅结合的总体思路，以发展乡村旅游为轴线，以特色农业为主导，以培育集体经济为突破口，用好用活土地使用经营管理方式，实现主导产业带动，集体经济示范，全村整体发展脱贫致富。2017年51户138人脱贫，2018年整村脱贫摘帽。村第一书记赵志坚说，2017年通过"回引创业"、招商引资，种植柑橘1380亩，溪沟水产养殖1000亩，年产值50万元的村集体企业秸秆碳化厂落户长岭；2018年引进服装加工厂。村民们顺势而为，大力发展黑猪、山地鸡、羊、干果及庭院经济，共同合力为全村农旅起步、产业发展连户成片打下坚实基础。

知恩感恩心灵美。以前部分村民对扶贫工作不认可，随着本地基础设施的不断完善，很多人住进了新居；找村社干部麻烦的人少了，负面宣传的人没有了，人们争做遵纪守法的好村民，活动的开展提升了村民的政策意识，感恩思想日渐凸显，村民都感恩党和国家的政策好，感恩县乡村干部的辛勤付出。

四、启示

习近平总书记指出，形成扶贫长效机制，把脱贫攻坚同实施乡村振兴战略结合起来，要以产业兴旺为重点、生态宜居为关键、乡风文明为保障、治理有效为基础、生活富裕为根本，推进农业全面升级、农村全面进步、农民全面发展。长岭村在实施脱贫攻坚和乡村振兴过程中以乡风文明为魂，以"道德超市"为抓手促乡风文明建设，通过积分量化兑现实物，让无形变有形、让无声变有声、让先进带后进，为脱贫攻坚、乡村振兴提供了坚实的保障。其启示如下。

乡风文明建设必须把紧时代脉搏，赋予其新的内容和内涵。长岭村把乡风文明建设置于乡村振兴和脱贫攻坚的时代要求之下，紧扣县委县政府提出的做"感恩奋进、自立自强"的平昌人，结合本村的实际情况，把新时代乡风文明建设与脱贫攻坚相结合，与老百姓的获得感和幸福感相结合，让老百姓有了主动参与的内生动力和激情。

有"德"必有"得"的激励机制建设，不是道德物化的庸俗表现，而是乡风文明建设中的新的价值肯定和激励。长岭村把新时代思想、道德、行为规范，分值量化后，对应一定的生活用品兑现给老百姓，把空洞乏力的说教引导变成一种触手可及的生活用品，让老百姓每天触摸、使用、感知，感受到道德是有价值的，在潜移默化中行为习惯得到一点一点改变，思想得到一点一点升华。

乡风文明建设必须依靠新的载体和有效手段。长岭村通过建立"道德超市"，在全村开展"十星""五个示范户""五好"评选和"三比"等活动，充分调动每家每户的积极性、主动性，每个村民在评比量化的过程中进行自我教育、自我管理，从点滴小事做起，自发提升整个村的道德文明程度，实现了整村风气的根本性转变，正能量得到彰显、负能量得到削减，大家都向善向美，心态明显转变，弘扬了主旋律和社会正气，培育了文明乡风、良好家风、淳朴民风，焕发出乡村文明新气象，对脱贫攻坚的认可度也显著提高。

乡风文明是助推脱贫攻坚和乡村振兴的强大思想动力。通过"道德超市"培育的文明乡风，促使全村人民思想观念得到根本转变，村民投身脱贫攻坚、乡村振兴的积极性和主动性明显增强，激发了内生动力，由"要我富变为我要富"。贫困群众既是脱贫攻坚的对象，也是脱贫致富的主体，尤其通过"道德超市"的积分量化考核，他们改掉了陋习，都懂得了要勤劳致富、光荣脱贫。

乡风文明可以有力促进党的基层组织建设和留住人才。"火车跑得快，全靠车头带。"长岭村村两委以前属于软弱涣散基层组织，2016年换届后重新选举了两委带头人，他们认真践行县委提出的基层党建八大行动中的"实施乡风文明提升行动"，以"道德超市"为载体抓基层组织建设和文明乡风培育，基层组织坚强有力，模范带头作用充分彰显，各项工作取得了显著成效。农村基础设施建好了，面貌改善了，通过大力宣传，招商引资，引导更多真正把农业当事业来干，愿意搞农业、又热爱自己家乡的人"回乡创业"，让其收入比进城务工还要高，农村就会更有吸引力，就会有更多的人当"绿领"，让农民成为体面的职业，就会留下和引进更多的人才。

政治建设是"党的建设"的可靠保证和行动指南

——浅谈习近平总书记来川视察重要讲话精神的现实意义

李红艳①

中国共产党在几十年的革命中，取得全国胜利的法宝主要是三个：党的建设、武装斗争和统一战线。中国共产党能在全国范围取得新民主主义革命的彻底胜利离不开这三个法宝。在这三个法宝中，第一个是党的建设。在革命战争年代，条件艰苦，斗争尖锐，每个革命者都必须具备坚定的信仰和坚强的意志，而这些，除了长期革命实践的锻炼，就是思想意识的净化与提升，或者说是思想的改造，这是党的建设的职责范围。那时，党的建设包含的内容比较单纯，除了思想建设，就是作风建设。随着革命队伍的庞大，就有了组织建设。中华人民共和国成立后，党的建设随着形势的变化增添新的内容，这样就有了作风建设、制度建设和反腐倡廉建设。习近平总书记提出"政治建设"的问题，属于"党的建设"的理论范围。

党的建设是马克思主义建党理论同党的建设实践活动的高度统一。自中华人民共和国成立以来，以毛泽东和邓小平为代表的中国共产党人，把马克思列宁主义建党学说同中国社会的实际相结合，形成了一整套具有中国特色的毛泽东建党思想和邓小平建党理论，成功地实施了党的建设的两次伟大工程。改革开放以来，新时期党的建设在"三个代表"重要思想和科学发展观理论指引下有了新的发展和实施内涵，这是和毛泽东与邓小平的建党思想一脉相承的，是站在马克思主义的立场的高度继承和发展。

马克思主义建党学说是党的建设的指导原则。世界上任何事物的发展，都是从简单到复杂的过程。党的建设也不例外。在革命战争年代，党员人数在革命队伍中所占比例很少，但他们站在共产主义信仰的高度，把代表中国反动恶势力的帝国主义、封建主义和官僚资本主义这三座大山推翻了。这是党的建设强化的结果。那时党的建设不外乎就是组织建设、思想建设和作风建设。但是随着共产党在全国取得胜利，成为执政党以后，党所面临的内部建设问题依然是艰巨的。随着物质生活的丰富和和平环境的到来，贪图享乐的思想也就应运而生，这就给党的建设增加了难度，这样党的建设不得不扩大范围，于是就有了制度建设、反腐倡廉建设等工程。

---

① 作者单位：中共达州市委党校。

在 21 世纪的今天，中国改革开放已经四十多年了，习近平总书记提出"政治建设"的号召，绝不是偶然的，而是大势所趋，形势所迫。党的建设是马克思主义建党学说在实践中的应用。马克思主义建党学说作为马克思主义的重要组成部分，是无产阶级政党建设的指导原则和理论武器，所以党的建设在任何时期都是一项必不可少的重要工程。2018 年 2 月 10 日至 13 日，习近平总书记在时任四川省委书记王东明、省长尹力陪同下，到凉山彝族自治州、阿坝藏族羌族自治州、成都市等地。他们深入当地村镇、企业、社区，考察脱贫攻坚和经济社会发展工作情况。习近平总书记强调，党的十九大把党的政治建设摆在突出位置，强调党的政治建设是党的根本性建设，这是有深远考虑的，也是有充分理论和实践依据的。要坚持党中央权威和集中统一领导，增强"四个意识"，做到党中央提倡的坚决响应、党中央决定的坚决照办、党中央禁止的坚决杜绝。要认真学习贯彻党的十九届二中全会精神，教育引导广大党员、干部牢固树立宪法意识，带头尊崇宪法、学习宪法、遵守宪法、维护宪法、运用宪法。要严格执行新形势下党内政治生活若干准则，全面加强和规范党内政治生活，涵养积极健康的党内政治文化，营造风清气正的良好政治生态。

习近平总书记提出的"政治建设"是在马克思主义建党学说在实践应用中体察出来的，是当今中国社会之所需，之必须。改革开放四十多年来，中国社会在经济上发生了翻天覆地的变化，这是无可争议的事实。但是不利的因素也随之产生并有蔓延的趋势。在政治思想上，有的党员对共产主义信念产生动摇，世界观、人生观、价值观严重扭曲，政治素质不高、全局观念差、思想混乱；在组织观念上，有的党员党性观念不强、组织观念淡薄、纪律松弛、软弱涣散、革命意志衰退、缺乏凝聚力和战斗力；在行动作风上，拉帮结派、培植亲信、任人唯亲、回避矛盾、推卸责任、奢靡之风盛行……这样发展下去，中国共产党建党近百年的初衷，新中国七十年的光辉业绩，建设中国特色社会主义的宏伟大厦，将令人担忧。所以，习近平总书记站在马克思列宁主义的立场上，提出了"政治建设"是党的根本性建设的理论。

纵观习近平总书记来川视察的重要讲话，他提出的"政治建设"应该是两个方面内容。一个是"政治思想"的建设，另一个是"执政能力"的建设。思想是行动的先导，思想没有搞通，认识不到位，肯定会影响行动。所以加强思想教育，仍然是一个十分重要的课题。在革命战争年代，论物质条件，要什么没什么，要什么缺什么，但是由于广大党员具有坚定的共产主义信念，能够克服各种艰难险阻，哪怕是牺牲自己的生命。结果是，一个处于危机四伏而又险象环生的社会环境的党的团体，却从小变大，从弱变强。中国共产党之所以能从小到大、从弱到强，在革命战争年代、还是和平建设时期，一个重要原因就是始终把政治思想摆在首要地位，通过有效的政治思想建设统一思想、凝聚力量，为党和国家的事业发展提供强大的精神力量。这里要强调的是，思想必须从属于政治。

"不忘初心，牢记使命"是党的十九大提出的重要理念。不忘初心，这个"初心"应该是中国共产党人最初的建党理念。1921 年 7 月 23 日，中国共产党第一次全国代表大会在上海和嘉兴南湖两地召开，明确提出了党的最低目标和最高目标，党的最低目标是推翻帝国主义、封建主义和官僚资本主义，建立新中国，党的最高目标实现共产主义，这就是党的"初心"。所以，不管社会环境如何变化，广大党员都不应该忘记这个初心，牢记自己的使命。换句话说，你是信仰共产主义理想，才加入共产党组织这个队伍中的。如果不是抱着这个动机而来，那就是别有用心，那就是投机分子，在共产主义事业的熔炉，就不会熔炼出一块钢来，而最终会被毁灭。

不忘初心，还要牢记使命。共产党人的使命是实现共产主义，这是最高目标。这个目标看起来还十分遥远，但我们不能忘记我们奋斗的方向。我们的奋斗方向应该是和实现共产主义一致的，就目前而言，就是中央的"精准扶贫，脱贫攻坚""全面建设小康社会"的战略目标。实现共产主义这个目标远大而宏伟，不是一天两天就能完成的，它需要我们一代又一代人的努力。"不忘初心，牢记使命"，就是要牢记我们党从成立起就把"为实现社会主义、共产主义而奋斗"确定为自己的纲领，牢记共产主义远大理想，坚定中国特色社会主义共同理想，一步一个脚印，向着美好未来和最高理想前进。

党的"政治建设"另一个方面应该是"执政能力"的建设。在革命战争年代，中国共产党所建立的农村革命根据地就进行过建立政权的伟大尝试。由于那时物质条件艰苦，许多革命者都具有坚强的革命信念，"一切行动听指挥"不光在军队起作用，在政府里也同样起作用。中华人民共和国成立以来，中国共产党成了全国的执政党，带领全国人民取得了巨大的成就。但是中华人民共和国成立以来，人们都处于和平环境中，与敌人拼杀的日子好像越来越远了，意志的坚定性也就不知不觉开始淡化，特别是改革开放以来，由于"解放思想"，有的人就误认为纪律可以违反，制度可以松弛，这样就出现了各种形形色色的自由散漫现象。特别是近年来，一些干部只想当官，不想干事，只要权利，不负责任，不敢担当、不思进取，消极应对、得过且过。这样的人如果成局成片，形势就非常严峻了。

我们知道，在革命战争年代，共产党之所以取得革命的最终胜利，那是因为与人民群众的血肉联系。换句话说，没有全国老百姓的支持，共产党在物质条件极其艰苦，敌人极其强大的情况下，是不能取得胜利的。所以，党的十八大以来，中央向全党提出的"四个意识""四个全面""四个自信"等一系列要求，是完全正确的。这"四个意识"是政治意识、大局意识、核心意识、看齐意识；"四个全面"即全面建成小康社会、全面深化改革、全面依法治国、全面从严治党；"四个自信"指道路自信、理论自信、制度自信和文化自信。能够做到以上要求，就是"执政能力"的有力提升。

在四川考察期间，习近平总书记强调要坚持党中央权威和集中统一领导，增强"四个意识"。政治意识是指政治主体所具有的政治认知、政治态度和政治信仰，它既包括民族和个人的政治心理（政治文化），又包括社会阶级集团的意识形态。对一个政党来说，政治意识的体现应该是党员的精神世界、党员的追求和党员的奋斗目标。共产党员的政治意识是什么？应该是对共产主义的坚定信念。在革命战争年代，中国共产党能走过艰难历程，完全是靠这个信念一直走下去的，所以一旦遇到了困难曲折，他们都能克服和战胜。在改革开放的今天，共产党员的政治意识是什么呢？笔者认为，在坚定共产主义信念的同时，具体应该做到：不为诱惑所动，保持政治本色；不为名利所累，严守政治纪律；不被暗流所扰，站稳政治立场；不为压力所困，坚定政治信仰。

共产党人的政治本色，是具有共产主义思想的情操和气节，具体表现在为人民服务、求真务实、开拓创新、清正廉洁、艰苦奋斗等方面，这些都是党的历史传统流传下来的政治本色。每一个党员都要通过党性的修养、锻炼，来保证做到面对诱惑不动心、不变质。共产党人的政治立场，应该是"不忘初心，牢记使命"。由此我们面对国内外的一切享乐主义思潮，包括文化虚无主义、历史虚无主义等，必须坚持道路自信、理论自信、制度自信、文化自信。共产党人的政治纪律，应该是不为个人的名利所动心。共产党员要看淡名利，追求踏踏实实做事，明明白白做人。不搞小圈子、不打小算盘。共产党人的政治信仰，应该坚定不移。世界上任何事物的发展都不是一帆风顺的，所以毛泽东同志曾经说："前途是光明的，道路是曲折的。"中国共产党人所选择的道路，是前无古人；所设定目标，是志存高远；所服务的对象，是亿万人民。因此在前进的道路上一定会遇到困难，一定会遇到阻力，一定会遇到极大的压力。只要我们坚定信仰，坚持理想，任何困难都不会吓到我们，都不会阻止我们前进的步伐。

大局意识是善于从全局高度、用长远眼光观察形势，分析问题，善于围绕党和国家的大事认识和把握大局，自觉地在顾全大局的前提下做好本职工作，所以习近平总书记说："必须牢固树立高度自觉的大局意识，自觉从大局看问题，把工作放到大局中去思考、定位、摆布，做到正确认识大局、自觉服从大局、坚决维护大局。"为什么要服从大局？因为大局是全貌，它具有根本性、决定性和方向性的因素。在现实生活中我们不难发现，任何局部的东西都不能说明整个全局，也解决不了全局的问题，所以我们要维护大局。所以我们每一个党员，一要正确认识大局，二要自觉服从大局，三要坚决维护大局。一方面，要自觉遵守党的政治纪律；另一方面，在涉及局部与全局、个人与整体、当前与长远的利益时做出正确选择，始终以党和人民的根本利益为重。

核心意识是具备组织观念、重视群体团结。团结才有力量，核心起着凝聚性作用。综观历史，无论是西方国家还是东方国家，国家崛起的过程中都有一个规律性前提：政治慢慢地权威化并形成治理或领导核心。中国近现代的发展实践表明，正是有了中国共产党这样一个坚强的领导核心，中国人民才有了坚强的决心，中华民族的复兴伟业才一步步前进，并不断迈向辉煌。

看齐意识是不能出现偏差与失误，一旦出现就要纠正。中国共产党之所以从小到大、从弱到强、不断从胜利走向胜利，重要的原因就是全党上下有着很强的看齐意识，有了偏差就喊改正，就自觉改正。现在，中央政治局给全党做出了表率、划定了标杆，全党就要向党中央看齐，以中央政治局为标杆，层层看齐、层层表率，正如习近平总书记所言："经常、主动向党中央看齐，向党的理论和路线方针政策看齐。"

"四个意识"具有丰富的时代内涵和实践价值。它们是相互联系、相互支撑的有机整体。政治意识是根本，它确保方向和立场的正确坚定；大局意识是基础，它确保局部和整体协调一致；核心意识是关键，它确保全党的集中统一；看齐意识是保证，他确保队伍的力量集中。在深化改革开放的今天，不管是协调推进"四个全面"的战略布局，还是践行"五大发展"理念，不管是啃下深化改革的硬骨头，还是打赢扶贫脱贫、供给侧结构性改革等攻坚战，都要求从政治上考量，在大局下行动，围绕核心聚力，向党中央看齐。

"四个意识"是我们决胜全面小康、实现中国梦的思想基础，是推进伟大事业和伟大工程的强劲动力。围绕正在全党开展的"两学一做"学习教育，不断增强"四个意识"，必将进一步坚定广大党员的马克思主义立场，使我们党始终成为有理想、有信念的马克思主义政党。

从来川视察重要讲话看习近平的人民情怀

蒲东恩①

"民可近，不可下；民惟邦本，本固邦宁。"一个珍视人民的国家也必将兴旺发达。习近平总书记心中时刻牵挂的，正是最广大的人民群众。在一次次的基层调研中，习近平率先垂范，2018年2月习近平总书记来川视察，无论是深入大凉山看望贫困群众、在汶川考察地震灾区发展振兴，还是在成都考察军民融合产业，在郫都区乡村振兴战略，在这些生动的细节里，无不体现习近平总书记的人民情怀。深入学习贯彻习近平总书记来川视察重要讲话精神作为一项重大政治任务，把习近平总书记的鼓励鞭策作为进一步做好工作的强大动力，以更加奋发有为的精神状态，推动中央和省委重大决策部署落到实处、落地见效。② 本文拟以习近平总书记来川视察期间重要讲话为素材，感受和分析习近平总书记的人民情怀。

一、以行动践行把人民放在心中最高位置

到大凉山看望贫困群众，一直是习近平总书记的一个心愿。一年前，习近平总书记参加十二届全国人大五次会议四川代表团审议，向来自凉山州的代表了解彝区脱贫攻坚进展情况。习近平总书记说："全国集中连片特困地区，我绝大多数去过了，还没有走到的吕梁和凉山，我会尽快去。"

一路风雨兼程，始终坚持人民至上。到大凉山千里迢迢，山高路远。习近平总书记特意把凉山之行安排在党的十九大之后，春节前夕，既作为考察脱贫攻坚的第一站，又作为春节慰问的重要活动。从西昌出发前往大凉山腹地，乘车往返4个多小时，走到最贫困的地方，习近平总书记用脚步践行走遍全国所有深度贫困地区的承诺。

考察期间，习近平总书记主持召开了打好精准脱贫攻坚战座谈会，为打赢深度贫困

---

① 作者简介：蒲东恩，男，湖北利川人，中共达州市委党校科研部副主任、讲师，主要从事党的建设理论研究。邮箱：pudoen@163.com.

② 本报评论员. 不折不扣落地落实——八论深入学习贯彻习近平总书记来川视察重要讲话精神［N］. 四川日报，2018-3-2.

地区脱贫坚中之坚的硬仗把脉定向，强调提高脱贫质量，聚焦深贫地区，扎扎实实把脱贫攻坚战推向前进。一路上习近平总书记对同志们讲"我一直牵挂着彝族群众"，并向四川省负责同志详细了解大凉山经济社会发展和脱贫攻坚的情况。习近平总书记一路翻山越岭、长途跋涉，从省道到蜿蜒崎岖的山间小路，终于来到大凉山深处的昭觉县三岔河乡三河村。

深入群众生活，拉近与人民的距离。三河村是典型的彝族村落。地处海拔 2500 米的山梁之上。家家户户的院墙和房屋都用泥土垒成，一道道裂缝让人揪心。2017 年才铺好的一条石板路，让人觉得是村里唯一结实的设施。习近平总书记步行走进村子，沿着一段上坡路，深一脚浅一脚地来到一户人家。习近平总书记弯腰，经过低矮的院门。院门，就是在土墙上开的一个门洞，一根木头担在两个立柱上作为过梁，门扇由几块木板拼接而成。

习近平总书记察看了院子里的鸡笼、猪舍，仔细阅看挂在门口的贫困户帮扶联系卡，了解一家人的基本情况、致贫原因、发展需求和帮扶措施。屋里的陈设非常简陋，墙面地面裸露着黄土。当地的土坯房没有窗户，尽管房顶上垂下两盏白炽灯，仍难以照亮整个房间。地面上的火塘里，烧着几块木柴，既用来取暖，也可架锅煮饭。当地政府免费提供了彩条布，覆在屋顶和墙面上挡风御寒。尽管如此，这个季节在屋里穿着棉衣仍感觉到寒气袭人。

习近平总书记关切地掀开床褥、摸摸被子，看看够不够厚实。抬头看见挂在房梁上的腊肉，询问家里的吃穿怎么样。群众给习近平总书记算起了自家的收入账：这几年，享受精准扶贫政策，他用村里无息的产业周转金，购买了两头品种优良的西门塔尔牛、1 头能繁母猪，还种植了马铃薯和花椒，加上自己到西藏昌都做架线工，去年全家人均收入 4300 多元。"今年，村子要易地搬迁，自己出 1 万元，就能住上 100 平方米的新房。我们很快就可以脱贫了。"

给群众以鼓舞，人民领袖真情流露。得知吉好也求 10 岁的女儿吉好有果喜欢唱歌，习近平总书记问她："要不要唱一首啊?"小姑娘爽快地回答："要!"话音刚落就唱起在学校学的《国旗国旗真美丽》。"国旗国旗真美丽，金星金星照大地，我愿变朵小红云，飞上蓝天亲亲您。"纯真的歌声打动了在场的人们。习近平总书记带头鼓掌，称赞她唱得好，发音很准。

习近平总书记对吉好也求一家人说，我一直牵挂着彝族群众，看着你们生活一天一天好起来，很高兴，希望孩子们都能过上幸福生活。"来，给我们照张相。"临别时，习近平总书记主动提出同吉好也求一家人合影留念，并嘱咐工作人员，一定要记得把照片送给他们。[①] 习近平总书记没有特别重要的讲话和指示，一路走、一路问、一路看，用极其平实的语言带给人鼓舞和希望，用行动践行了把人民放在心中最高位置。

---

① 霍小光，杜尚泽. "脱贫攻坚战一定能够打好打赢"——记习近平总书记看望四川凉山地区群众并主持召开打好精准脱贫攻坚战座谈会[EB/OL]. http://www.sohu.com/a/222848202_118570.

二、推进脱贫攻坚要"以人民为发展中心"

历史的关联并非巧合。44 年前，在梁家河担任大队支部书记的习近平曾带队到四川学习沼气技术，回去之后，带领村民建成了陕西省第一口沼气池，为乡亲们带来了福祉。近半个世纪后，作为党的总书记，习近平几次到四川，主题仍都是为人民谋幸福。

走最崎岖的山路，到最贫困的地方。还记得，党的十八大后，习近平总书记到河北阜平看真贫的场景。也是山大沟深，也是满目贫瘠。习近平总书记说，不怕路远，哪怕一天只看一个点，也要看到真贫。只有看到中国贫困的真实状况，我们才能做出正确的决策。

倾听基层的声音，彰显担当和忠诚。习近平总书记在成都主持召开打好精准脱贫攻坚战座谈会，同身处脱贫攻坚主战场的省、市、县、乡、村五级党组织书记，一起研究深化精准脱贫之策。这是党的十九大之后，习近平总书记又一次主持召开的脱贫攻坚专题座谈会。10 位发言者全部来自基层。他们结合本地实际，畅谈脱贫攻坚工作的心得体会，提出打好脱贫攻坚战的意见和建议。

习近平总书记认真听取大家的发言，不时询问具体情况。回顾党的十八大以来脱贫攻坚的伟大实践，习近平总书记做出"取得了决定性进展，创造了我国减贫史上最好成绩，谱写了人类反贫困历史新篇章"的评价。盘点中国脱贫攻坚的宝贵经验，习近平总书记娓娓道来。讲话中，在谈到全社会扶贫合力时，他提到了前不久的一封来信。

中铁隧道局集团参加成昆铁路扩能改造建设的 20 多名青年党员给习近平总书记写了一封信。信中说，50 多年前，他们很多人的父亲、爷爷参与了成昆铁路难度最大的沙木拉打隧道建设，把天堑变成了通途。今天他们接过前辈的旗帜，承担了新成昆铁路全线最长、难度最大的小相岭隧道建设重任，立志使铁路早日成为沿线人民脱贫致富的"加速器"……"他们的来信让我感受到青年一代对祖国和人民的担当和忠诚，读了很欣慰。春节将至，我向他们和向所有奋战在贫困地区重大工程建设一线的同志们致以节日的祝福。"

饱含深情的祝福，承载厚望的嘱托。针对脱贫攻坚中存在的问题，习近平总书记语气严厉地强调："脱贫攻坚工作中的形式主义、官僚主义、弄虚作假、急躁和厌战情绪以及消极腐败现象仍然存在，有的还很严重。"他要求各级党委和政府必须认真查找和解决这些突出问题。

接续前行，不停顿、不懈怠。擘画今后的路线图，习近平总书记强调，要把提高脱贫质量放在首位，聚焦深度贫困地区，扎实推进各项工作。加强组织领导、坚持目标标准、强化体制机制、牢牢把握精准、完善资金管理、加强作风建设、组织干部轮训、注重激发内生动力 8 条要求清晰明确。

这是深厚的人民情怀，这是决战决胜的豪迈宣言。"打赢脱贫攻坚战，中华民族千百年来存在的绝对贫困问题，将在我们这一代人的手里历史性地得到解决。这是我们人生之大幸。让我们共同努力，一起来完成这项对中华民族、对整个人类都具有重大意义的伟业。只要全党全国各族人民齐心协力、顽强奋斗，脱贫攻坚战一定能够打好打赢。"[①]

三、产业发展要让人民群众有更多获得感

大凉山有丰富的水能、风能、太阳能资源，优良的种植养殖条件，独具特色的旅游文化，自然条件得天独厚，本该是一片富饶之地。为什么这里的彝族群众生活仍旧贫困？这里的脱贫工作该如何精准施策？习近平总书记一路走一路看，向当地干部群众问需问计。

习近平总书记了解到 20 世纪 50 年代，凉山州实行民主改革，世居在这里的彝族群众，从奴隶社会一步跨入社会主义社会，成为"直过民族"。住房、道路、产业等看得见的贫困，与思想观念、内生动力等看不见的贫困，交织叠加，相互影响。围坐在村民节列俄阿木家的火塘边，习近平总书记同这家人，还有村民代表、驻村扶贫工作队员用拉家常的方式，召开了一场别开生面的小型座谈会。

座谈会上一名回乡创业的大学生，向习近平总书记汇报说，自己有两个梦想：一个是大学梦，改变命运；一个是致富梦，摆脱贫困。大学毕业后，到重庆一家企业工作，每次把家乡土法制作的腊肉带给同事们都广受好评。受此启发，他 2014 年回乡创业，组织了 110 多户乡亲做起了腊肉生意。他向习近平总书记报告："党的十九大提出了乡村振兴战略。我一定尽自己最大努力，带领乡亲们脱贫致富。"习近平总书记对这位年轻人的实干和抱负，投以赞赏的目光。

大家你一言我一语，对习近平总书记诉说着自己的脱贫心声，诉说着党和政府对彝族群众的关怀关爱。习近平总书记对大家说，我们搞社会主义就是要让人民群众过上幸福美好的生活，全面建成小康社会一个民族、一个家庭、一个人都不能少。我们党从诞生之日起，就以为民族求解放、为人民谋幸福为己任。让人民群众脱贫致富是共产党人始终不渝的奋斗目标。

最深的牵挂，最大的担当。火塘边的暖心话，谋划出了脱贫的路子。习近平总书记为当地脱贫攻坚工作开出了良方。继续加大易地扶贫搬迁力度，让住在大山深处的彝族同胞搬进安全舒适的新居，解决他们交通出行的难题；发展适合当地生态条件的种植养殖业。随着基础条件改善，乡村旅游也可以发展起来；加强对村民的实用技术和职业技能培训，让大家掌握一技之长，能够通过发展生产和外出务工稳定增加收入；最重要的是，教育必须跟上，绝不让孩子输在起跑线上。

习近平总书记强调，我国经济已由高速增长阶段转向高质量发展阶段，建设现代化经济体系是我国发展的战略目标。要夯实实体经济，深化供给侧结构性改革，强化创新驱动，推动城乡区域协调发展，优化现代化经济体系的空间布局。[②] 要抓好生态文明建设，让天更蓝、地更绿、水更清，美丽城镇和美丽乡村交相辉映、美丽山川和美丽人居

[①]　本报评论员. 无论这场攻坚战有多难都必须打赢——四论深入学习贯彻习近平总书记来川视察重要讲话精神 [N]. 四川日报，2018-2-26.

[②]　张占斌，孙飞. 建设现代化经济体系引领经济发展新时代 [J]. 中国党政干部论坛，2017 (12).

有机融合。要增强改革动力，形成产业结构优化、创新活力旺盛、区域布局协调、城乡发展融合、生态环境优美、人民生活幸福的发展新格局。

四川是农业大省，乡村地域广、面积大、人口多，农村工作面临繁重任务。当前，农业农村发展的内在动因和外部环境已发生重大而深刻的变化[1]，历经千百年历史变迁的古老乡村迎来了加快全面振兴的重大历史转折，开启了迈向农业农村现代化的新征程。新时代、新征程、新目标，只有不断强化实施乡村振兴战略的自觉性、坚定性，协调推进农村经济、政治、文化、社会、生态文明建设和党的建设，才能推动农业全面升级、农村全面进步、农民全面发展，才能把四川农业的"金字招牌"[2]越擦越亮。

四、告诫党员干部要"时刻心系人民群众"

习近平总书记指出，民生问题就是民心问题，要以人民群众忧乐为忧乐，以人民群众甘苦为甘苦。特别是习近平总书记视察期间深入村镇、企业、社区，每到一处都与基层干部群众拉家常、问冷暖、听心声，把党中央的关怀带到了千家万户，习近平总书记深厚的为民情怀使各族群众倍感温暖和振奋，习近平总书记所到之处，各族群众都发自内心地以各种方式表达对习近平总书记的感激之情。

习近平总书记强调，打赢脱贫攻坚战，特别要建强基层党支部。村第一书记和驻村工作队要真抓实干，不图虚名，不搞形式，扎扎实实把脱贫攻坚战推向前进。"共产党给老百姓的承诺，一定要兑现！"[3]掷地有声，语重心长。

习近平总书记指出，党的十九大指明了党和国家事业发展前进方向，为中国这艘承载着13亿多人的巨轮前行立起了新航标。全党全国全社会要把党的十九大精神参悟透、领会好，更好把握党的十九大各项战略部署的整体性、关联性、协同性，把学习贯彻党的十九大精神同把握党的十八大以来我们进行伟大斗争、建设伟大工程、推进伟大事业、实现伟大梦想的实践贯通起来。要多调研、摸实情，盯住抓、抓到底，崇尚实干、力戒空谈、精准发力，让改革发展稳定的各项任务落下去，让惠及百姓的各项工作实起来。

习近平总书记在成都市主持召开打好精准脱贫攻坚战座谈会指出，我们加强党对脱贫攻坚工作的全面领导，建立各负其责、各司其职的责任体系，精准识别、精准脱贫的工作体系，上下联动、统一协调的政策体系，保障资金、强化人力的投入体系，因地制宜、因村因户因人施策的帮扶体系，广泛参与、合力攻坚的社会动员体系，多渠道全方位的监督体系和最严格的考核评估体系，形成了中国特色脱贫攻坚制度体系，为脱贫攻坚提供了有力制度保障，为全球减贫事业贡献了中国智慧、中国方案。

① 陈晖. 走出一条具有四川特色的农业农村改革之路——专访省委农工委副主任毛业雄 [J]. 四川党的建设，2017（16）.
② 把牢乡村振兴这个"三农"工作总抓手——五论深入学习贯彻习近平总书记来川视察重要讲话精神 [N]. 四川日报，2018-2-27.
③ 习近平. 扎扎实实把脱贫攻坚战推向前进 [EB/OL]. http://www.tjjw.gov.cn/html/toutiao/2018/0214/36123.html.

习近平总书记要求各级党政干部特别是一把手必须以高度的历史使命感亲力亲为抓脱贫攻坚，确保到 2020 年现行标准下农村贫困人口全部脱贫，消除绝对贫困；确保贫困县全部摘帽，解决区域性整体贫困。稳定实现贫困人口"两不愁三保障"，贫困地区基本公共服务领域主要指标接近全国平均水平。既不能降低标准、影响质量，也不要调高标准、吊高胃口。

要求落实好中央统筹、省负总责、市县抓落实的管理体制。市县抓落实，就是要从当地实际出发，推动脱贫攻坚各项政策措施落地生根。要改进考核评估机制，根据脱贫攻坚进展情况不断完善。要继续完善建档立卡，精准施策要深入推进，扎实做好产业扶贫、易地扶贫搬迁、就业扶贫、危房改造、教育扶贫、健康扶贫、生态扶贫等重点工作。

要求强化监管，做到阳光扶贫、廉洁扶贫。要增加投入，确保扶贫投入同脱贫攻坚目标任务相适应。要加强资金整合，防止资金闲置和损失浪费。要健全公告公示制度，省、市、县扶贫资金分配结果一律公开，乡、村两级扶贫项目安排和资金使用情况一律公示，接受群众和社会监督。对脱贫领域的腐败问题，发现一起严肃查处问责一起，绝不姑息迁就。

要求突出抓好各级扶贫干部学习培训。对县级以上领导干部，重点是提高思想认识，引导树立正确政绩观，掌握精准脱贫方法论，培养研究攻坚问题、解决攻坚难题能力。对基层干部，重点是提高实际能力，培育懂扶贫、会帮扶、作风硬的扶贫干部队伍。要吸引各类人才参与脱贫攻坚和农村发展。要关心爱护基层一线扶贫干部，激励他们为打好脱贫攻坚战努力工作。

要求贫困群众既是脱贫攻坚的对象，也是脱贫致富的主体。要加强扶贫同扶志、扶智相结合，激发贫困群众的积极性和主动性，激励和引导他们靠自己的努力改变命运。改进帮扶方式，提倡多劳多得，营造勤劳致富、光荣脱贫的氛围。

五、乡村振兴要让人民生活更加幸福美满

习近平总书记指出，我们搞社会主义，就是要让各族人民都过上幸福美好的生活。全面建成小康社会最艰巨、最繁重的任务在贫困地区，特别是在深度贫困地区，无论这块硬骨头有多硬都必须啃下，无论这场攻坚战有多难打都必须打赢，全面小康路上不能忘记每一个民族、每一个家庭。

习近平总书记指出，要采取针对性更强、覆盖面更大、作用更直接、效果更明显的举措，解决好同百姓生活息息相关的民生问题。这充分体现了习近平总书记深厚的为民情怀，体现了我们党的初心和使命。我们必须把人民群众对美好生活的向往作为奋斗目标，坚持以人民为中心、为人民谋幸福，不断增加民生福祉。继续把脱贫攻坚作为全省头等大事，念兹在兹、唯此为大，把提高脱贫攻坚质量放在首位，锁定"两不愁、三保障"，聚焦藏区彝区深度贫困地区，牢牢把握精准要求，下足"绣花"功夫，坚决打赢精准脱贫攻坚战。特别注重扶贫同扶志、扶智相结合，大力办好农民夜校，深化感恩奋进教育，激发贫困群众内生动力，打造一支规模宏大、留得住、能战斗、带不走的人才

队伍。坚持既尽力而为又量力而行，切实解决好教育、就业、医疗卫生、社会保障等民生问题，同时继续抓好灾区恢复重建、藏区依法治理、彝区禁毒防艾、扫黑除恶专项斗争等工作，让城乡群众日子越过越安逸。[①]

要求把实施乡村振兴战略作为新时代做好"三农"工作的总抓手，把发展现代农业作为重中之重，把生活富裕作为中心任务，坚持农业农村优先发展，让农民群众"住上好房子、过上好日子、养成好习惯、形成好风气"[②]。坚持走产业振兴、质量兴农之路，深入推进农业供给侧结构性改革，念好"优、绿、特、强、新、实"六字经，继续抓好建基地、创品牌、搞加工等重点任务，促进农村一二三产业融合发展。扎实推动城乡融合发展，推广"小规模、组团式、微田园、生态化"[③]模式，加快建设业兴家富人和村美的幸福美丽新村。加强乡风文明建设，扎实推进"四好村"创建，开展移风易俗行动，健全乡村治理体系，确保农村社会和谐稳定、长治久安。

① 王东明. 继续深入学习习近平总书记来川视察重要讲话精神［EB/OL］. http://my. newssc. org/system/20180225/002369137. html.

② 张道平. 治蜀兴川的宝贵经验接续奋进的不竭动力［J］. 四川党的建设，2017（12）.

③ 王东明. 牢记习近平总书记重托推动治蜀兴川再上新台阶［EB/OL］. http://www. xinhuanet. com/2018-03/15/c_1122540767. htm.

深刻认识习近平以人民为中心的发展思想

——学习贯彻习近平总书记来川视察重要讲话精神的思考

李开界①

2018 年春节前夕，习近平总书记来川视察并就着力保障和改善民生提出重要要求。深入学习贯彻习近平总书记来川视察重要讲话精神，是当前和今后一个时期的重大政治任务。党的十八大以来，习近平总书记发表了一系列重要讲话，形成了习近平新时代中国特色社会主义思想，提出了许多富有创新意义的新观点、新论断、新要求。不管是从顶层设计的角度提出民族复兴的总目标"中国梦""五位一体"的发展总布局、"四个全面"改革发展战略、"两个一百年"奋斗目标等新思想奠定了我党治国理政的新格局，还是在具体的实践中提出的包括"让每个人都享有人生出彩的机会""创新、协调、绿色、开放、共享"的发展理念及"小康不小康，关键看老乡""让人民有更多获得感"等，都深刻蕴含着习近平以人民为中心的发展思想。我们广大党员干部必须要深刻认识和牢固树立以人民为中心的发展思想，常怀忧民、爱民、惠民之心，采取针对性更强、覆盖面更大、作用更直接、效果更明显的举措，解决好同老百姓生活息息相关的教育、就业、医疗卫生、社会保障及社会稳定等民生问题，不断增强人民的获得感、幸福感、安全感。

一、习近平以人民为中心的发展思想的形成及其内涵

坚持以人民为中心是中国共产党人不忘初心、牢记使命的鲜明表达，是不断丰富与发展着的中国共产党人民观在新时代的理论集成创新。在新时代坚持和发展中国特色社会主义必须全面践行以人民为中心的发展思想，首要的是全面深刻把握其内涵，并由知向行，促进其全面实践。

（一）深刻认识以人民为中心的发展思想的核心要义

以人民为中心的发展思想是以习近平同志为核心的党中央在继承中国共产党人民观的基础上，在治国理政的长期实践与思考中逐步形成和完善的。新民主主义革命时期，以

---

① 作者单位：中共大竹县委党校。

毛泽东同志为主要代表的中国共产党人将全心全意为人民服务确立为党的根本宗旨，并依靠人民群众这一铜墙铁壁赢得了革命与建设事业的辉煌胜利。在开启与推进改革开放与中国特色社会主义事业进程中，邓小平同志指出："人民拥护不拥护、人民赞成不赞成、人民高兴不高兴、人民答应不答应，是全党想事情、做工作对不对好不好的基本尺度。"1981 年 2 月，他满含深情地写道："我是中国人民的儿子，我深情地爱着我的祖国和人民。"伴随着改革开放的不断深入和社会主义市场经济逐步发展，江泽民同志提出"三个代表"重要思想，特别强调中国共产党要始终代表中国最广大人民的根本利益。面对我国发展中出现的诸如唯 GDP 主义、"见物不见人"等倾向，胡锦涛同志提出科学发展观并指出其核心是以人为本。党的十八大以来，习近平总书记反复强调"人民对美好生活的向往就是我们的奋斗目标"，形成了习近平以人民为中心的发展思想。早在 2013 年 8 月，习近平总书记在全国宣传思想工作会议上就提出"要树立以人民为中心的工作导向"。2014 年 10 月，他在文艺工作座谈会上强调"坚持以人民为中心的创作导向"。2015 年，党的十八届五中全会提出着力践行以人民为中心的发展思想。在党的十九大报告中，习近平总书记多次提到"以人民为中心"。2018 年 3 月，习近平总书记在十三届全国人大一次会议闭幕会上指出，必须始终坚持人民立场，坚持人民主体地位，并高度赞扬中国人民是具有伟大创造精神、伟大奋斗精神、伟大团结精神、伟大梦想精神的人民。

（二）全面把握以人民为中心的发展思想的丰富内涵

习近平以人民为中心发展思想是对新时代坚持和发展中国特色社会主义根本目的、根本动力、根本方法、根本价值的深刻探索。这一重要思想不限于经济发展领域，也涉及政治、社会、文化、生态、党建、军队、外交等各个方面，是中国特色社会主义事业全部实践的中心内容、整体要求。

1. 在经济建设方面

作为习近平新时代中国特色社会主义经济思想主要内容的新发展理念集中体现了以人民为中心。新发展理念既将人民作为发展的出发点和落脚点，又将发展作为契合出发点和落脚点的第一要务。通过创新发展，激发亿万群众的创造活力，提高发展的质量和效益，以更好更多的发展成果造福人民。通过协调发展，筑牢人民群众根本利益一致性的基础。通过绿色发展，为人民群众创造良好生产生活环境。通过开放发展，用好国际国内两个市场、两种资源，为人民群众生活水平提高夯实基础。通过共享发展，使全体人民在共建共享发展中有更多获得感，使全体人民朝着共同富裕方向稳步前进。

2. 在政治建设方面

习近平总书记强调，人民当家做主是社会主义民主政治的本质特征，用制度体系保证人民当家做主。发展社会主义民主政治就是要体现人民意志、保障人民权益、激发人民创造活力。扩大人民有序政治参与，保证人民依法实行民主选举、民主协商、民主决策、民主管理、民主监督。

3. 在文化建设方面

习近平总书记指出，满足人民过上美好生活的新期待，必须提供丰富的精神食粮。要坚持以人民为中心的创作导向，把满足人民精神文化需求作为文艺和文艺工作的出发点和落脚点，在深入生活、扎根人民中进行无愧于时代的文艺创造。把人民作为文艺表现的主体，把人民作为文艺审美的鉴赏家和评判者，把为人民服务作为文艺工作者的天职，繁荣发展社会主义文艺。

4. 在社会建设方面

必须以保障与改善民生、加强和创新社会治理为重点，让改革发展成果更多、更公平地惠及全体人民，使人民的获得感、幸福感、安全感更加充实、更有保障、更可持续。要坚决打赢脱贫攻坚战，确保到 2020 年我国现行标准下农村贫困人口实现脱贫。要实施健康中国战略，为人民群众提供全方位全周期健康服务。要通过推动社会治理重心向基层下移，发挥社会组织作用，打造共建共治共享的社会治理格局，弘扬生命至上、安全第一的思想，保护人民人身权、财产权、人格权。

此外，以人民为中心的发展思想还体现在生态文明建设、党的建设、军队建设等多个方面。比如在生态文明建设方面，习近平总书记指出，良好生态环境是最公平的公共产品，是最普惠的民生福祉。在党的建设方面，习近平总书记指出，人民群众反对什么、痛恨什么，我们就要坚决防范和纠正什么，把党建设成为始终走在时代前列、人民衷心拥护、勇于自我革命、经得起各种风浪考验、朝气蓬勃的马克思主义执政党。在军队建设方面，习近平总书记指出，建设一支听党指挥、能打胜仗、作风优良的人民军队，是党在新形势下的强军目标。

二、习近平以人民为中心的发展思想的理论逻辑

（一）人民史观的历史逻辑

马克思主义唯物史观的基本原理认为，人民，只有人民才是历史的创造者。广大劳动人民是人类社会赖以存在和发展的物质资料的主要生产者，支撑着人类实践活动的物质基础。正如马克思所言："创造这一切、拥有这一切并为这一切而斗争的，不是'历史'，而正是人，现实的、活生生的人。'历史'并不是把人当作达到自己目的的工具来利用的某种特殊的人格。'历史'不过是追求着自己目的的人的活动而已。"客观世界并不能自然地满足人，人决心以自己的实践活动改变世界，人类文明因此诞生，人类历史由此前进。中华人民共和国的建立，更加掷地有声地证明了人民才是历史的真正创造者，是社会主义的真正建设者。习近平总书记强调："群众是真正英雄的历史唯物主义观点不能丢。"中国共产党的历史观建构，始终是以人民为中心。如人民英雄纪念碑的设计建立落成，特别是碑身四侧浮雕的符号意义象征，更直接表明了人民才是中华人民共和国的创立者，是社会主义制度真正的英雄。

（二）人民立场的价值逻辑

清末民初，面对空前深重的民族危机，为救民于水火，各种政党竞相迭起，不同主义粉墨登场。但都因其价值立场未能与人民利益相一致，而只能以失败收场。价值立场表现着价值主体的原点与归宿。坚守一定的价值立场，对一个政党而言实属根本，关乎

其政治命运。在马克思主义中国化进程中诞生的中国共产党，自成立之日起就始终以人民为中心，秉承人民立场。毛泽东深刻指出："从四万万五千万人民的利益出发……讨论其他任何别的问题，就是这个出发点，或者叫作立场。还有什么别的出发点、别的立场没有？没有了。为了全党与全国人民的利益，这就是我们的出发点，就是我们的立场。"以人民为中心，的确必须时刻回应人民诉求，代表人民利益，实现人民期待。马克思主义本质上就是为了实现人的自由而全面的发展，达到一种没有剥削、没有压迫的彻底解放状态。中华民族数千年来的政治文明传统亦是以民为本。中国共产党自成立之日起，就秉承了马克思主义的理论精髓和中华政治文明的文化基因，始终不忘初心，牢记使命，为人民谋幸福，为民族谋复兴，它是激励共产党人不断前进的根本动力。正如习近平总书记所言："人民立场是中国共产党的根本政治立场，是马克思主义政党区别于其他政党的显著标志。"我们党除了人民的利益，没有自己的特殊利益。我们党始终以人民为中心，把人民放在价值追求最高点，全心全意为人民服务，顺应人民对美好生活的向往，始终不渝带领人民实现幸福生活。

（三）人民参与的制度逻辑

《中华人民共和国宪法》开篇即言："中华人民共和国的一切权力属于人民。"这不仅是中国共产党人郑重的书面承诺，也的确是体现于国家的政治制度设计中。伴随着解放战争的胜利和中华人民共和国的建立，如何落实以人民为中心、为主体的国家权力建构和制度设计就迅速摆在了中国共产党人面前。中华人民共和国成立之初，考虑到解放战争还在进行，各种政治改革还未系统开展，经济仍在恢复，人民代表大会制度立即实行的条件还未成熟，就把政协会议通过的《共同纲领》作为临时宪法，保障人民的主体地位和制度参与。一直持续到1954年第一届全国人民代表大会的召开，我国才真正建立并实行人民代表大会制度。当时宪法就明文规定："人民行使权力的机关是全国人民代表大会和地方各级人民代表大会。"接着又不断完善增补了："人民依照法律规定，通过各种途径和形式，管理国家事务，管理经济和文化事业，管理社会事务。"在我国由于党和人民这种血肉相连的特殊关系，党的领导、人民当家做主、依法治国的确做到了有机统一。党的领导是人民当家做主和依法治国的根本保证，人民当家做主是社会主义民主政治的本质特征，依法治国是党领导人民治理国家的基本方式，三者统一于我国社会主义民主政治伟大实践。人民代表大会制度是符合国情的优良制度，摒弃了旧式政党制度囿于党派利益、阶级利益、区域和集团利益决策施政导致社会撕裂的弊端，体现了最广泛、最真实、最管用的人民民主，必须长期坚持和不断完善，由制度保障以人民为中心、为主体的权力逻辑。

（四）群众路线的实践逻辑

中华人民共和国成立前，我们党紧紧依靠人民，团结人民，坚定不移地走群众路线，在艰苦卓绝的伟大斗争中赢得了革命胜利。群众路线是以人民为中心的实践逻辑。但其实在早期的革命实践中，我们党并没有十分清晰地认识到人民这个概念在中国语境中的特殊内涵。按照马克思列宁主义，工人无产阶级是革命斗争的主要力量。但近代以来，中国工业革命并未得以全面开展，导致无产阶级队伍并未发展壮大，所以必须充分重视农民这个人数最多、范围最广、受压迫最深重阶级，由此鲜明打出"中国工农红军"旗号，计划组建"工农共和国"。但随着中日民族矛盾迅速尖锐，并上升为主要矛盾后，我们党适时调整了路线方针，依靠谁、为了谁的对象逐渐从"工农"话语变成"人民"话语。在长期丰富的革命斗争实践中，毛泽东对人民概念做了集中阐释："人民是什么？在中国，在现阶段，是工人阶级，农民阶级，城市小资产阶级和民族资产阶级。"我们党紧紧依靠人民团结人民，取得了社会主义革命、建设、改革的伟大胜利。历史与实践反复证明，我们党的最大政治优势是密切联系群众，党执政后的最大危险是脱离群众。无论是革命、建设还是改革开放，人民的力量、人民的智慧都是无穷的，群众路线是党的生命线、人民的幸福线，党的路线、方针、政策必须以此为准，向其看齐，不能丝毫偏离。我们党之所以能够成功面对复杂多变的国内外问题，不断调适，实现自我革命，以人民为中心的群众路线实践逻辑是其重要的政治密码。

三、习近平以人民为中心的发展思想是新时代中国特色社会主义思想的价值取向

党的十八届五中全会首次提出以人民为中心的发展思想，彰显了人民至上的价值取向，强调全面推进创新发展、协调发展、绿色发展、开放发展、共享发展的五大理念，提出坚持发展为了人民、发展依靠人民、发展成果由人民共享，使全体人民在共建共享发展中有更多获得感。

"水能载舟，亦能覆舟""得民心者得天下"。习近平总书记在第十二届全国人民代表大会第一次会议上讲话时强调："我们要随时随刻倾听人民呼声、回应人民期待，保证人民平等参与、平等发展权利，维护社会公平正义，在学有所教、劳有所得、病有所医、老有所养、住有所居上持续取得新进展，不断实现好、维护好、发展好最广大人民根本利益，使发展成果更多更公平惠及全体人民，在经济社会不断发展的基础上，朝着共同富裕方向稳步前进。"我党历来以全心全意为人民服务为根本宗旨。习近平总书记始终从中国的历史和实际出发认识中国、发展中国、解决中国问题，提出治国理政新思想。习近平总书记重要讲话是党中央治国理政新理念、新思想、新战略的最集中体现。在省部级主要领导干部学习贯彻党的十八届五中全会精神专题研讨班上，习近平总书记指出："以人民为中心的发展思想，不是一个抽象的、玄奥的概念，而要体现在经济社会发展各个环节。要坚持人民主体地位，顺应人民群众对美好生活的向往，不断实现好、维护好、发展好最广大人民根本利益，做到发展为了人民、发展依靠人民、发展成果由人民共享。"当前要坚持以人民为中心发展，体现了马克思主义的精神实质，把以人民作为中心的思想贯穿于经济社会发展的各个环节，加快了实现现实的、具体的、每个人的最终解放的步伐。习近平总书记在十三届全国人大一次会议闭幕会上指出："一切国家机关工作人员，无论身居多高的职位，都必须牢记我们的共和国是中华人民共和国，始终要把人民放在心中最高的位置，始终全心全意为人民服务，始终为人民利益和幸福而努力工作。""波澜壮阔的中华民族发展史是中国人民书写的！博大精深的中华文明是中国人民创造的！历久弥新的中华民族精神是中国人民培育的！中华民族迎来了从

站起来、富起来到强起来的伟大飞跃是中国人民奋斗出来的!"习近平以人民为中心的发展思想的价值立场与人民利益是一致的,中华民族的伟大复兴一定能够实现。

四、认真贯彻落实习近平总书记来川视察关于着力保障和改善民生的重要要求

习近平总书记来川看望慰问群众,就保障和改善民生提出重要要求,充分体现了习近平总书记以人民为中心的发展思想在四川落地生根,以人民群众的忧乐为忧乐、以人民群众的甘苦为甘苦的真挚情怀,体现了我们党的初心和使命。当前,我国社会主要矛盾已经转化为人民日益增长的美好生活需要和不平衡不充分的发展之间的矛盾,这对新时代新形势下做好保障和改善民生工作提出了新的更高要求,也对我们各级党员干部提出了新的更大挑战。必须清醒认识到,当前民生发展总体水平还不能完全满足人民需要,"择校热""看病难、看病贵"等问题还没有根本解决,贫困地区基本公共服务发展滞后,区域之间、城乡之间、群体之间保障还不平衡。针对这些问题和挑战,我们广大党员干部必须切实行动起来,紧扣社会主要矛盾的变化,把握群众的新期待新要求,扎实做好保障和改善民生各项工作。习近平总书记指出,以人民为中心的发展思想,不是一个抽象的、玄奥的概念,不能只停留在口头上、止步于思想环节,而要体现在经济社会发展各个环节。践行以人民为中心的发展思想,首先必须树牢为民情怀,坚持以人民为中心、为人民谋幸福,这是前提和基础。其次,要把思想、观念、情怀转化为实际行动,聚焦民生重点、热点、难点甚至痛点,采取更有针对性、更具有效性的举措,努力办好民生实事,让人民群众享有更稳定的工作、更满意的收入、更好的教育、更高水平的医疗卫生服务、更可靠的社会保障、更舒适的居住条件、更优美的自然生态、更公平的社会环境、更丰富的精神文化生活,日子越过越安逸。在此过程中,要坚持普惠性、保基本、均等化、可持续原则,既尽力而为又量力而行,不开空头支票,防止吊高胃口、失信于民,让群众得到看得见、摸得着的实惠。问政于民方知得失,问需于民方知冷暖,问计于民方知虚实。

我们广大党员干部一定要把思想和行动统一到习近平总书记来川视察重要讲话精神上来,践行习近平以人民为中心的发展思想,始终把人民呼声作为第一信号,把人民需求作为第一要务,把人民向往作为第一目标,把各项民生工作做得更细致、更扎实,努力使人民的获得感、幸福感、安全感更加充实、更有保障、更可持续。

参考文献:

[1] 张晓林. 坚持以人民为中心的发展思想 [N]. 经济日报, 2015-12-16.

[2] 李纪恒. 学习习近平总书记以人民为中心的发展思想 [J]. 求是, 2017 (3): 17.

[3] 张城. 以人民为中心的理论逻辑 [N]. 学习时报, 2018-4-4.

[4] 袁北星, 黄家顺. 着力践行以人民为中心的发展思想 [N]. 光明日报, 2016-6-12.

[5] 郭广银. 全面把握以人民为中心的发展思想 [N]. 光明日报, 2018-4-2.

以习近平总书记来川视察重要讲话精神为指导
推动甘孜州经济新发展

汤红蒂①

2018 年春节前习近平总书记来到四川视察工作，这是他在党的十九大后外出调研的第一站，也是他到中央工作后十年间第五次来到四川视察工作。在三天的行程中，他特别安排到四川边远民族地区：到凉山州昭觉县三岔河乡三河村和解放乡火普村，视察精准脱贫情况；到阿坝州汶川县映秀镇，考察地震灾区发展振兴情况。这一行程一方面体现了总书记注重基层调研工作、坚持以人民为中心思想的落实行动；另一方面也饱含着习近平总书记对四川省，特别是省内边远民族地区今后发展的殷殷期望。领会并按照习近平总书记来川视察重要讲话精神，进一步提升四川经济质量是我们今后面临的重要现实问题。

党的十九大报告中提出，我国经济已经从高速增长阶段转向高质量发展阶段，四川发展也站在一个新的起点上。四川省处于长江经济带的枢纽地位，是"新丝绸之路经济带"的重要节点，在全国经济格局中占有重要地位。党的十八大以来省内各项事业取得了巨大成就，但人口多、底子薄、欠发达、不平衡，发展不足仍然是最突出的问题。要更好地满足人民日益增长的美好生活需要的要求，必须转变经济发展方式，调整优化经济结构，转换加强增长动力，推动四川经济转型升级。按照高质量发展的要求，推进供给侧结构性改革，打好防范化解重大风险、精准脱贫、污染防治三大攻坚战，促进经济社会持续健康发展。

甘孜州地处四川西部，是青藏高原与四川盆地连接地带，属横断山系川西高原区，面积 15.3 万平方公里，下辖 1 个市和 17 个县，2017 年户籍人口总数为 110.11 万人。由于自然环境限制，全州资源开发程度较低，经济社会发展相对缓慢，加之处于国家限制开发地带，甘孜州经济发展一直滞后，位于全省末位。据 2017 年统计数据，全州

① 作者单位：甘孜州委党校
职务职称：高级讲师、科研科副科长
主研方向：区域经济学
通信地址：康定市子耳路 40 号甘孜州委党校
电子邮箱：251483053@qq.com

246

GDP261.5亿元，同比增长9.1%，为全省增速最快。第一产业增加值61.29亿元，增长4.4%，第二产业增加值103.82亿元，增长16.1%，增速均在全省首位。第三产业增加值96.39亿元，增长5.3%。三次产业分别拉动GDP增长1.1%、5.9%和2.1%。三次产业增加值占GDP的比重分别为23.4%、39.7%和36.9%。分析内部结构：第一产业还是以传统农业为主，现代农业规模较小；第二产业以资源加工型和劳动密集型产业为主，大多工业仍然处于产业链低端；第三产业以生活性服务业为主，现代服务业发展滞后。这种发展现状显然不能达到人民群众的美好生活期望，而总是依靠国家支援"输血"并不是长远之计，必须结合实际，以习近平来川视察重要讲话精神为指导，加强党对经济工作的领导，充分调动各方抓好经济工作的积极性，努力走出一条符合藏区实际、具有甘孜特色的经济发展新路子。

一、以新发展理念为指引，破解甘孜州经济发展难题

针对经济总量小、基础设施建设滞后、产业发展水平低、市场经济发育不足、自我发展能力不足这些现实情况，甘孜州经济发展必须以"创新、协调、绿色、开放、共享"五大发展理念为指引，立足实情、审时度势、充分发挥后发优势，不断吸收周边地区经济发展的经验教训，走出适合州情的可持续发展之路。州第十一次党代会提出，甘孜最大的资源是生态，最缺乏的是市场主体，最主要的依靠是投资拉动，最优的路径是全域旅游。进一步提出要扭转发展落后的现状，必须紧紧围绕同步全面建成小康社会这一目标，突出脱贫奔康和长治久安两个关键，统筹抓好发展民生稳定三件大事，补齐基础设施滞后、民生水平不高、法治基础薄弱、人才队伍不足四大短板，夯实长治久安思想基础、物质基础、民心基础、法治基础、组织基础五大基础，精心组织实施扶贫攻坚、依法治州、产业富民、交通先行、城乡提升、生态文明建设六大战略，用新发展理念谋划推动甘孜州经济工作。

二、以高质量发展要求为统领，确立甘孜州经济发展路径

党的十九大报告中强调，我国经济已由高速增长阶段转向高质量发展阶段。虽然甘孜州经济基础薄弱，但在发展过程中，却不能重蹈覆辙，走低水平、低效率、高污染之路，必须高起点、高规划、高要求，以高质量发展为纲领，更加注重提升经济质量和效益。具体做法：要以保护生态为基础，以特色景区为带动，以全域规划旅游发展，大力发展最具特色的旅游产业，形成支柱产业；建好百公里产业发展示范带，以此为基础，进而塑品牌、搞加工，推动现代特色农牧业、汉藏药业等特色产业提质增效；突破地域限制，以飞地园区建设为契机，吸引外部资本，提升特色资源产品附加值；以"山顶戴帽子、山腰挣票子、山下饱肚子"的产业发展思路，加快发展生态矿产业和特色农牧业，推出高质量、高性价比、高度品牌化的高原特色产品。

在发展策略上，还需立足本地的资源优势，发展比较优势，采取非均衡发展战略。州内地域跨度大、产业基础、资源特色、基础设施、生产力要素各不相同，虽然整体上

相对落后，但具体而言，区域发展不平衡，也有发展势头良好的县域片区经济，因此，甘孜州不可能均衡发展，也不能采取均衡的经济发展战略。制定东部更快、南部加快、北部追赶的非均衡梯度发展战略，让那些市场前景广阔、产业基础好、环境保护能够达标的优势产业和地区优先发展起来，才有可能最终实现民族地区的均衡发展。

三、以全域旅游为龙头，构建优势产业体系

按照四川省的规划，产业调整主要是推进产业迈向中高端，改造提升传统产业，培育壮大新兴产业，做大做强"双七双五"产业。而甘孜州由于经济基础差，发展相对落后，上述产业均不占优势，甘孜州的优势在于天然优质的资源禀赋上，包括大量富有特色的旅游资源和丰富独特的农牧业产品、汉藏药材、水电、太阳能、矿产等资源，因此，坚持生态经济、绿色产业富民的发展理念，大力发展全域旅游业、生态矿产业和特色农牧业，实施工业强州战略、打造特色产业发展是甘孜州的必然选择。

旅游资源是甘孜州最大的优势资源。甘孜州地处青藏高原东部、横断山脉，拥有世界级的自然人文生态资源，许多旅游资源具有唯一性、独特性和不可替代性。目前，全州拥有世界自然遗产和世界非物质文化遗产3个（大熊猫栖息地、色达彩绘石刻、德格雕版印刷）、联合国教科文组织"人与生物圈"保护区网络单位1处、国家级重点风景名胜区10处、国家5A级旅游景区一个（海螺沟）、4A级旅游景区2个（木格措、稻城亚丁）、国家级自然保护区4个、国家森林公园5个、全国重点文物保护单位6个、国家级非物质文化遗产23个，已开放的藏传佛教寺庙和伊斯兰教、基督教、天主教等各类宗教活动场所500余处。全省尚未开发的世界级旅游资源50％集中在甘孜州，极具开发价值。州委、州政府在科学总结和分析的基础上，于2012年在全省首提"全域旅游"发展战略，2016年2月，甘孜州被确定为国家首批"全域旅游示范区"创建单位。有了这样的发展基础，优先发展旅游业是大势所趋。必须着眼全域布局，通过旅游带动其他产业发展，加强旅游同第一、二、三产业的融合度，真正实现旅游对整个经济和社会发展的龙头带动作用，以建设世界旅游目的地和全域旅游示范区为目标，推进经济创新高。另外，根据经济学工业化阶段理论，伴随着一国人均GDP的提高，服务消费需求必将更加旺盛，未来大有可期。结合州情，现代服务业应是今后甘孜州长远发展方向。

四、以生态文明建设为根本，严守生态红线

甘孜州拥有丰富的自然资源，资源优势就是未来发展的最大潜力。保护好资源，才有资格谈及下一步的发展。自然风光优美，人文资源、民族文化积淀深厚、特色显著，这是推动以旅游为首经济发展的重要支撑。但是由于所处地理位置限制，州内自然地质条件差，生态脆弱，又处于地震活跃带，易发生泥石流、滑坡等自然灾害，也面临着草原退化、水土流失等现实问题，生态环境保护刻不容缓。必须以科学发展观为指导，以保护生态资源为根本，严守生态红线不逾越，走大力发展生态经济的道路，通过生态与

农牧业、旅游、养生、文化等跨界融合形成新业态新模式，增加附加值与竞争力，在保护良好生态环境的同时，给州内群众带来更多增加财富、提升幸福感的机会。

五、破解交通瓶颈，夯实经济发展基础

甘孜州目前最大的发展瓶颈就是交通，虽然已建成康定机场和稻城机场，甘孜机场2017年也正式开建，极大地改善了交通条件，但由于地广人稀、辐射面小，加之气候寒冷和地理条件限制，航班少、成本高，机票价格相对偏高，虽然提出了"飞机＋"的发展理念，但是飞行带来的旅游经济效益还十分有限，目前交通出行还是以公路为主。省内21个地市州中，甘孜州高速公路建成最晚，目前唯一的雅康高速公路2018年年底才通到州府所在地康定市。除了交通，其他民生基础设施建设也相对滞后。好在这些年特别是精准扶贫行动开展以来，在国家大力扶持下，水、电、通信等基础设施建设有了长足发展。截至2017年，行政村宽带通信覆盖达到63.9％，"互联网＋"基础设施建设步伐加快。下一步还迫切需要推进交通先行、城乡提升战略，加快水电通信等基础设施建设、持续推进生态文明建设战略。

六、以脱贫攻坚为突破口，实现全面小康目标

甘孜州是全国14个集中连片贫困地区和全省扶贫攻坚"四大片区"的重要组成部分，甘孜州贫困人口"点多、面广、程度深"，扶贫任务极其艰巨繁重，全州18个县（市）均为国家片区贫困县（其中石渠、色达、理塘、德格、甘孜5县是国家扶贫开发重点县），建档立卡的贫困村1360个，贫困户4.8433万户、贫困人口19.7464万人，分别占全州农牧区2679个行政村和93.97万农牧民人口总数的50.77％和21.01％。经过几年努力，甘孜州扶贫攻坚工作取得了良好成效。2017年基本完成泸定县脱贫"摘帽"、366个贫困村退出，11787户、4.8524万人脱贫的年度目标，为今后的脱贫攻坚工作做出了有益的探索，奠定了坚实的基础。

甘孜州是扶贫攻坚重点地区，应以脱贫攻坚战为抓手，贫困群众按期脱贫致富，促进民生和社会事业得到新改善。坚持扶贫与产业发展相结合，根据各地实际情况，厘清优势资源，主抓产业项目开发，培育贫困群众增收的新增长点。通过鼓励和扶持经营主体、贫困户组建合作社发展生产，不断完善"政府＋公司＋农户""公司＋基地＋农户""公司＋农户""合作经济组织＋公司＋农户"等模式，促进产业化经营、乡村旅游与扶贫开发有效对接，精准发力、精准施策，实现产业转型升级，构建脱贫致富的坚实支撑。

七、不断改革开放，增加商品有效供给

要持续稳定发展，必须坚持改革开放，破除体制机制障碍，以深入推进甘孜州供给侧结构性改革为主线，营造良好环境，增加消费产品有效供给。一是通过新型城镇化规划建设，选取商贸基础好的康定市、甘孜县、理塘县等地建立商品集散中心，集中管

理、降低物流成本、提高商品品质。二是向成都等先进地区学习经验，建立重要农产品追溯制度，让消费安全得到保证。加大宣传力度，拓展消费市场，促进农副产品与市场对接，扩大产品销路。三是进一步开放市场，放宽市场准入，简化审批程序，破除地方保护主义，实现企业自主经营、平等竞争，旅游等各类商品与要素自由流动、平等交换，营造透明、开放、公平的消费环境。四是鼓励大众创新创业，创造良好创业空间，吸引各类人才，激活经济增长内生动力。通过创新产品服务，以及已有产品的更新换代、提质增效来满足消费者需求，高质量推动甘孜州经济发展。

学习习近平总书记来川视察重要讲话精神
依法大力加快推动甘孜藏区生态文明建设

成 飞①

习近平总书记在来川视察重要讲话中强调，要抓好生态文明建设。他特别指出：四川自古就是山清水秀的好地方，生态环境地位独特，生态环境保护任务艰巨，一定要把生态文明建设这篇大文章写好。生态文明建设是久久为功的事情。要牢固树立和践行绿水青山就是金山银山的理念，坚持把生态文明建设放在突出地位，把建设长江上游生态屏障、维护国家生态安全放在生态文明建设的首要位置，扎实推进节能减排、资源节约和综合利用、污染防治、国土绿化、生态建设，让四川天更蓝、地更绿、水更清，美丽城镇和美丽乡村交相辉映、美丽山川和美丽人居有机融合，充分绽放四川独特的自然生态之美、多彩人文之韵，谱写美丽中国的四川篇章。这里，为我们指明了新时代治蜀兴川的生态重任，更为我们甘孜藏区加快推动生态文明建设指明了方向。因为我们甘孜藏区地处青藏高原东南缘，是长江上游重要生态屏障和水源涵养地，全州生态环境的好坏，既关乎我们的生存环境，也关系整个长江流域的生态安全。所以，抓好甘孜藏区的生态文明建设显得尤为重要。我们一定要学习好、贯彻好、落实好习近平总书记来川视察重要讲话精神，依法大力加快推动甘孜藏区生态文明建设。

一、依法大力加快推动甘孜藏区生态文明建设是符合党中央战略部署的

甘孜藏区自然环境脆弱，生态修复难度大。党中央历来高度重视青藏高原的生态建设与环境保护，在天然草地、森林、生物多样性保护方面取得重大成就，在水土流失、防沙治沙工作中效果显著。党的十八大报告指出，要树立"尊重自然、顺应自然、保护自然的生态文明理念"。党的十八届四中全会《关于全面推进依法治国若干重大问题的决定》指出："党员干部是全面推进依法治国的重要组织者、推动者、实践者，要自觉提高运用法治思维和法治方式深化改革、推动发展、化解矛盾、维护稳定能力。"中央第六次西藏工作座谈会提出，要"坚持依法治藏、富民兴藏、长期建藏、凝聚人心、夯

---

① 作者系四川中共甘孜州委党校高级讲师。

实基础的重要原则"。党的十九大报告提出，要在21世纪中叶建成富强民主文明和谐美丽的社会主义现代化强国；同时指出："发展不平衡不充分的一些突出问题尚未解决，发展质量和效益还不高，创新能力不够强，实体经济水平有待提高，生态环境保护任重道远。"当前正值全面推进依法治国的关键时期，甘孜州委、州政府提出的依法治州战略是国家治藏方略的组成部分，甘孜藏区作为长江上游重要的生态安全屏障和水源涵养地，生态环境建设是发展的前提和基础。习近平总书记强调，保护好青藏高原生态，就是对中华民族生存和发展的最大贡献，而甘孜藏区是青藏高原的组成部分，它位于"三江源"地区，是长江上游生态保护屏障和"中华水塔"的重要组成部分。特殊的区位，以及广袤的森林、草地、湿地，是长江上游重要的水源涵养地和水质保障区。所以，甘孜藏区的党员干部必须以习近平新时代中国特色社会主义思想为引领，依法积极加快推动甘孜藏区生态文明建设。

二、着力把党的十九大精神全面贯彻落实在甘孜藏区大地

习近平总书记来川视察重要讲话中，对学习宣传贯彻党的十九大精神提出了3个方面的重要要求：一是要参悟透、领会好；二是要多调研、摸实情；三是要盯住抓、抓到底。在这里，习近平总书记就是要求我们要坚定不移地扎扎实实地抓好党的十九大精神的贯彻落实。所以，我们甘孜藏区一定不能辜负习近平总书记的期望，特别是要在生态文明建设上下功夫。甘孜藏区生态文明建设是落实"五位一体"总体布局的基础性工程。党的十九大报告指出，我们统筹推进"五位一体"总体布局，党和国家事业全面开创新局面。"五位一体"总体布局是以习近平同志为核心的党中央对"实现什么样的发展、怎样发展"这一重大历史命题的科学回答。党的十八大将生态文明建设纳入"五位一体"中国特色社会主义总体布局，这是生态文明建设的历史性进步。生态文明建设是经济建设、政治建设、文化建设、社会建设的基础，必须融入各项建设之中，必须坚持生态红线不得触碰。目前，我国的森林覆盖率仅占世界平均水平的2/3，与发达国家的差距巨大。此外，土地沙化、水土流失、草原退化等生态问题越加显现，全国生态文明建设面临挑战。甘孜藏区作为高原地区，生态环境异常脆弱，一旦被破坏将很难恢复。甘孜藏区农牧民居多，牧区是广大牧民生存的基本保障，一旦草原退化势必影响发展和稳定。因此，生态甘孜文明建设是落实"五位一体"总体布局的基础性工程，是实现科学发展和长治久安的必然选择。

甘孜藏区生态文明建设是五大发展理念的应有之义。党的十九大报告指出，发展是解决我国一切问题的基础和关键，发展必须是科学发展，必须坚定不移贯彻创新、协调、绿色、开放、共享的发展理念。近年来，甘孜藏区牢固树立绿水青山就是金山银山的理念，在发展过程中坚守生态安全底线，有力地保护了生态环境。生态文明建设是加快转变经济发展方式、实现绿色发展的必然要求。生态甘孜建设就是要做到绿色发展。绿色发展是科学发展、持续发展的前提和保障。

甘孜藏区生态文明建设是全面建成小康社会的重要标志。党的十九大报告指出："从现在到2020年，是全面建成小康社会决胜期。"小康社会是经济持续健康发展的社

会，是环境友好型社会。要做到经济持续健康发展，实现环境友好型社会，生态文明建设是保障。全面小康不仅表现在人民经济生活水平的提高，同时体现在人民生活环境的改善。当前，人民对生活环境的改善有了更高要求，环境问题已经成为突出的民生问题。生态环境恶化已经成为全面建成小康社会亟待解决的问题。甘孜藏区的生态环境总体向好，但随着产业化进程的不断推进，生态环境面临风险和挑战。所以，要使甘孜藏区真正实现全面小康，必须抓好生态文明建设。

甘孜藏区生态文明建设是建设美丽生态和谐小康甘孜的必然要求。党的十九大报告提出："到 2035 年在全面建成小康社会的基础上，再奋斗 15 年，基本实现社会主义现代化。"要确保"生态环境根本好转，美丽中国目标基本实现"。这次，习近平总书记来川视察时也强调：要"充分绽放四川独特的自然生态之美、多彩人文之韵"。这为"圣洁甘孜、魅力康巴"的建设指明了方向，设定了奋斗目标。要实现这个目标，必须加强生态文明建设。甘孜藏区是广大甘孜藏区人民的精神家园。甘孜藏区之所以能成为全国乃至世界著名的旅游胜地，除了独特的康巴文化、淳朴的民俗风情，还有更重要的原因，那就是甘孜拥有良好的生态环境和美丽的自然风景。我们正在推进美丽甘孜、绿色甘孜、圣洁甘孜建设。经济的发展对于提高人民的生活水平至关重要。美好的生态环境是更高层次的美丽生态甘孜的内在要求，更是促进全域旅游发展的动力，是经济发展的不竭源泉。在发展建设过程中，只有保护好生态环境，倍加呵护大自然赐予的无限美丽风光，才可能实现建设美丽生态和谐小康甘孜的目标。

三、以习近平新时代中国特色社会主义思想指导甘孜藏区生态文明建设

习近平总书记来川视察重要讲话中强调："在纪律法律范围内活动，领导干部才能履好职、尽好责。"这就要求党员干部在当前和今后一个时期，要深入贯彻落实习近平总书记"坚定推进依法治理"的重要指示，坚持治蜀兴川重在厉行法治，坚定把四川各项事业纳入法治化轨道，进一步巩固发展法治良序。要用最严格的制度、最严密的法治保护生态环境，形成环境保护依法治理新局面。当前，在全面推进依法治国的背景下，要实现甘孜藏区的现代化，要满足人民对优美生态环境的需要，必须以习近平新时代中国特色社会主义思想为引领，妥善处理生态文明建设中遇到的困难和问题。

建立科学完善的生态环境保护法律体系，为甘孜藏区生态保护提供法律保障。目前，我国关于生态环境保护的专门性法律不多，这就直接限制了生态环境执法的有效性。即便是有一些零散的生态环境法律保护制度，但对破坏生态环境的惩罚力度不够，震慑力也不足。在生态环境法律立法中，可以通过立法将更多破坏生态环境的行为纳入刑法规制范围，并对直接责任人予以严厉的刑事处罚。要坚持严格执法，对环境违法行为零容忍，做到查处一个、震慑一批、教育一片。要强化生态环境保护法律的宣传和绿色发展理念的教育，建立健全监测网络和监管平台，完善组织和监督体系，严格管控，不留死角。此外，要加大环境保护监管立法，鉴于甘孜藏区生态环境的脆弱性及甘孜藏区生态在全国的战略意义，加大生态保护立法尤为重要。习近平总书记在来川视察讲话中，要求广大党员干部要牢固树立宪法意识，带头尊崇宪法、学习宪法、遵守宪法、维

护宪法、运用宪法。因此，甘孜藏族自治州人大及政府应结合生态环境的特点，充分利用宪法赋予的自治权积极制定更多符合州情特点的环境保护的地方性法律法规，从而为生态保护提供强有力的制度保障。

坚持以合法性为底线，确保甘孜藏区生态保护在法制轨道上运行。我国社会主义法律体系已经基本建成，形式上完备的法律为全面建成社会主义法治国家提供了制度支撑。如何在现有环境保护的法律框架内保证法律的有效实施，是当前的首要任务。习近平总书记将坚守合法性确立为党员干部谋划处事的底线。党员干部既是甘孜藏区生态文明建设的领导者，也是参与者，必须做到以上率下，为群众树立知法、信法、守法、用法的表率。在执法上，要严格做到法律有明确规定的必须严格按照法律执行，法律没有明确授权的行为，行政部门不得实施。对破坏生态环境的行为要做到执法必严，违法必究。严格贯彻环境保护一票否决制，在企业的准入门槛上容不得任何例外，绝不能以牺牲生态环境为代价谋求短期的经济发展，切实做到对环境违法零容忍。

坚持政府决策的公开透明原则，以程序正义促进甘孜藏区生态文明建设。程序正义是实体正义的保障，是看得见的正义。坚持程序正义要求政府部门在决策时公开透明，做到信息公开。阳光是最好的防腐剂，让权力在阳光下运行，可以避免权力寻租，减少腐败发生。对市场准入有严格限制的行政许可事项，要充分发挥市场主体的平等地位，确保公平的竞争环境。此外，我国已经建立了相对完善的立法、执法听证制度，这将在很大程度上提高政府决策的科学性、行政执法的公正合理性。坚持落实环境影响评价制度，让群众特别是利益相关人参与其中，及时了解决策过程，对甘孜藏区的发展和稳定具有重大作用。

强化公正司法，为甘孜藏区生态环境保护保驾护航。目前，我国已经建立了环境公益诉讼制度。公正司法不仅要求诉讼过程中无偏私，也要求公民具有适当的提起诉讼的权利。虽然我国法律及司法解释扩大了起诉主体的范围，但公民个人不具备主体资格，难以提起诉讼，这对环境保护的监督起了限制作用。从结果来看，环境公益诉讼侵犯的是社会公共利益，诉讼成本应当由社会承担。

完善领导干部生态责任考核制度。目前，我国很多地区已经建立领导干部生态责任考核制度，把生态环境保护作为考察领导干部的一项重要指标。建立体现生态文明要求的指标体系，就要把资源消耗、环境损害、生态效益纳入经济社会发展评价体系。要结合对甘孜藏区的生态战略的定位和自身生态环境的特征，对造成生态破坏的项目严格遵循禁止开发的原则，强化法律和政策的执行力，对破坏生态环境的行为零容忍，营建行政执法与刑事司法衔接机制，提高违法成本，加大处罚力度，减少违法犯罪行为对生态环境的危害。对环境影响暂时无法估量的项目要坚持暂缓开发的原则，待做出科学评价后再稳步推进。对已经开发的符合标准的项目要严格做好监督，优化开发区域，确保生态效益。领导干部作为生态建设的直接责任人，要通过建立生态责任考核制度，依法加快推动绿色甘孜、美丽甘孜的发展。

落实习近平总书记来川视察重要讲话精神
推动德阳发展再上新台阶

柯萍 苏亮①

习近平总书记2018年来川视察指导并发表重要讲话，针对四川经济社会发展实际，从着力抓好党的十九大精神贯彻落实、着力推动经济高质量发展、着力实施乡村振兴战略、着力保障和改善民生、着力加强党的政治建设五个方面提出了具体要求，对于德阳全市上下进一步牢固树立"四个意识"，推动党的十九决策部署在巴蜀大地落地生根，推动德阳发展再上新台阶，具有十分重大的意义。

一、德阳经济社会发展现状

作为古蜀之源、重装之都的德阳，与习近平总书记的渊源很深。早在 1974 年，习近平总书记在梁家河村当知青的时候，先后两次到四川学习办沼气，德阳县（今德阳市）是参观考察的一个重点。当年的德阳，在改革开放进程中也走在了全国前列，广汉向阳在全国最早摘掉了人们公社的牌子，开始了基层行政体制的改革；还有不为大众所知，但早于安徽小岗村的农村土地承包改革——广汉西高镇的包产到组和金鱼公社凉水村的分田埂。1978 年 3 月，广汉率先对金鱼公社进行了"分组作业、定产定工、超产奖励"的联产承包责任制试点。曾经敢为人先的德阳，经过 40 多年的改革开放，经济社会稳中向好的同时，仍然面临不少挑战。

面对复杂的经济形势和艰巨的改革发展任务，德阳经济社会各项工作稳中向好，全市经济社会发展保持稳中奋进、进中向好的良好态势，但仍然存在不少困难和问题：发展不平衡不充分问题较为突出，发展质量和效益有待提升；重大产业项目引进少、落地难，投资营商环境有待改善；服务业"短板"明显，新兴产业支撑力不足，出口仍在下滑，创新能力有待提升；城市对人口特别是人才的吸引力、聚集力还不够强，城市功能品质仍需提高；资源环境约束日益趋紧，污染防治任务艰巨；财政持续增收面临诸多困难；市民文明素质有待提高；医疗、教育、养老等方面与群众期待还有差距；个别部门

---

① 作者单位：中共德阳市委党校。

和少数干部仍存在贪安不为、拖沓推诿等现象。尤其是作为传统支柱的工业经济，面临着现代社会的严峻挑战。一是产业布局不尽合理。全市产业规划布局缺乏刚性约束，各县（市、区）普遍存在产业趋同、发展同质现象，主导产业集中度较低，形成小规模、高成本、低收益的产业格局。二是结构调整任务艰巨。2016年，全市全社会固定资产投资对经济增长的贡献率（106.2%）仍高于最终消费（61.2%），工业税收收入同比下降16.2%，一些产能过剩行业仍然在扩张，节能减排长效机制尚不健全。传统产业比重过高，产业层次低、产能过剩，比如受建设国家大熊猫公园、关停磷矿开采影响，化工行业将面临磷矿石成本上升、产业萎缩等压力；建材行业仅占全市工业的8%，规模太小难以形成核心竞争力。三是龙头带动引领不强。据统计，2016年全市119户骨干企业工业总产值占全部规上企业的53.2%，工业增加值同比仅增2.2%，低于全市工业7.5个百分点。20户龙头企业完成产值占全市30.4%，同比下降2个百分点，二重、东电、东汽对全市装备制造产业引领不足，剑南春对白酒行业的带动力偏小。2017年一季度，龙蟒集团工业总产值同比下降64.4%，东汽工业总产值同比下降22.9%。四是缺少后续重大项目。全市2017年计划建设203个总投资2000万元以上重大工业项目，同比少27个，比泸州少91个；项目年度计划投资93.6亿元，同比减少1.8亿；10亿元以上大项目少2个。重点项目受建设资金缺口较大、土地指标获取困难、征地拆迁难等因素影响，项目推进缓慢。五是融资难问题比较突出。部分企业效益下滑，付款周期变长，配套企业应收账款、呆账坏账增多，企业资金回笼困难，资金周转紧张。装备制造产业面临银行"一刀切"，抽贷惜贷问题突出，贷款申请困难，有技术、有市场的企业也难以获取贷款。为此，习近平总书记这次来川视察重要讲话，对德阳市探索如何解决难题、迎接挑战及开拓新局面，意义重大。

二、深刻领会习近平总书记来川视察重要讲话的精神实质和核心要义

习近平总书记首先对四川工作给予了肯定，就推动治蜀兴川再上新台阶进行了部署，并就如何做好四川工作提出了具体要求。

（一）关于着力抓好党的十九大精神贯彻落实的重要要求

四川要深入贯彻党的十九大精神和新时代中国特色社会主义思想，全面落实党中央决策部署，坚持稳中求进工作要牢固树立和自觉践行新发展理念，统筹推进维稳，协调推进"四个全面"战略部署，打好"三大攻坚战"，扎实解决发展不平衡不充分，全面做好稳增长、促改革、调结构、惠民生、防风险各项工作等。习近平总书记强调指出，党的十九大指明了党和国家事业发展前进方向，为中国这艘承载着13亿多人的巨轮前行立起了新航标，有了好的决策、好的蓝图，关键在落实。习近平总书记进一步从三个方面就如何贯彻落实党的十九大精神提出了具体要求。一是要参悟透、领会好。不是看一两遍、记住一些概念就可以了，不能把"好经"念歪了，更不能南辕北辙，要"好学深思，心知其意"。二是要多调研、摸实情。没有深入细致的调查研究，再好的理论和路线方针政策也是沙滩流水不到头；领导干部要亲自开展调查研究，到车间码头，到田

间地头，到市场社区，亲自察看、亲身体验，把本地区本部门的实际搞清楚。三是要盯住抓、抓到底。这能力那能力，不落实就等于没能力；这也忙那也忙，不抓落实就是瞎忙；尤其是我们基层的工作，更要有真抓的实劲、敢抓的狠劲、善抓的巧劲、常抓的韧劲。

（二）关于着力推动经济高质量发展重要要求

四川是经济大省和人口大省，在全国经济格局中占有重要位置。要加快推动高质量发展，解决好产业体系不优、市场机制不活、协调发展不足、开放程度不深等问题，形成产业结构优化、创新活力旺盛、区域布局协调、城乡发展融合、生态环境优美、人民生活幸福的发展新格局。对于德阳而言，以上问题都存在，尤其是德阳工业经济，面临着发展转型的巨大挑战。关于如何推动经济高质量发展，习近平总书记从夯实实体经济、强化创新驱动、推动城乡区域协调发展、抓好生态文明建设及增强改革动力五个方面做了具体安排。

（三）关于打好脱贫攻坚战的重要要求

2018年2月12日下午，习近平总书记在成都市主持召开打好精准脱贫攻坚战座谈会，同身处脱贫攻坚主战场的省、市、县、乡、村五级党组织书记，一起研究深化精准脱贫之策。并发表重要讲话。这是党的十九大之后，习近平总书记又一次主持召开的脱贫攻坚专题座谈会，提出了脱贫攻坚的总要求——提高脱贫质量，聚焦深贫地区，扎扎实实把脱贫攻坚战推向前进。在此基础上，习近平总书记提出了八项具体要求：加强组织领导；坚持目标标准；强化体制机制；牢牢把握精准；完善资金管理；加强作风建设；组织干部轮训；注重激发内生动力。进一步坚定了"脱贫攻坚战一定能够打好打赢"的决心和信心。

（四）关于着力实施乡村振兴战略的重要要求

四川是农业大省，乡村地域广、面积大、人口多，三农工作面临繁重任务。四川是"天府之国"，农业大省这块金字招牌不能丢。实施乡村振兴战略是新时代做好"三农"工作的总抓手。第一，要加快推动乡村产业振兴。产业兴旺是乡村振兴的物质基础，农业资源丰富，要把发展现代农业作为实施乡村振兴战略的重中之重，质量兴农。第二，要加快推动乡村生活富裕。促进农民增收既是乡村生活富裕的根本途径，也是脱贫攻坚的根本之策。生活富裕不只是物质上的富裕，也要有精神上的富裕，要下力气推动乡村文化振兴。培育文明乡风、良好家风、淳朴民风，让道德教化回归乡村，不断提高乡村社会文明程度。第三，要下大力气改善乡村生活条件，抓好路、水、电、沼气、危房、人居环境等工程，实现乡村美丽宜居。

（五）关于着力保障和改善民生的重要要求

民生问题就是民心问题，要牢固树立以人民为中心的发展思想，坚持既尽力而为，又量力而行，坚持底线、突出重点、完善制度、引导预期，不但满足人民日益增长的美好生活需要，不断促进社会公平正义。结合四川实际，习近平总书记提出具体要求，要发挥义务教育在扶贫中的重要作用，扶贫先扶志，治贫先治愚；要坚持就业优先战略；要加快推动汶川地震、芦山地震等灾区发展振兴，在产业发展、民生改善等方面继续发力；要贯彻党的民族政策，深化民族团结教育，促进各民族共同团结奋斗、共同繁荣发展；要贯彻党中央关于在全国开展扫黑除恶专项斗争的重大决策部署。

（六）关于着力加强党的政治建设的重要要求

党的十九大把党的政治建设摆在突出位置，强调党的政治建设是党的根本性建设。党内存在的很多问题都是因为党的政治建设没有抓紧、没有抓实、没有抓好，突出党的政治建设的统领地位，是党的十八大以来全面从严治党的经验总结，必须把这一成功经验运用好。坚持党中央权威和集中统一领导，是加强党的政治建设的首要任务。要增强四个意识、牢固树立宪法意识、尊崇党章、提高政治能力。

三、切实推动习近平总书记来川视察重要讲话精神在德阳落地落实

为切实推动习近平总书记来川讲话精神在德阳落地落实，德阳必须继续把学习宣传贯彻党的十九大精神作为首要政治任务，把思想统一到党的十九大精神上来。按照习近平总书记提出的要求，学习要再深一层，宣传要再深一层，调研要再深一层，落实要再深一层，深刻领会习近平总书记来川视察重要讲话精神的实质和核心要义，掀起学习热潮，并结合德阳工作实际和工作重点，以重要讲话精神为指引，推动全市各项工作走在前列。

要聚焦聚力推动经济高质量发展。围绕市委确定的 GDP 增长 8.5％以上、全社会固定资产投资增长 15.5％以上等预期目标，持续深化"项目年"工作，聚力实施"十大重点工程"，加快建设"三高三优"经济强市。"三高三优"即发展水平高、科技贡献高、产业层次高，经济结构优、资源配置优、区域协调优。"十大重点工程"为全面创新改革、成德同城化、全域城市提档升级、环保攻坚、"五环多轴"交通体系建设、优质教育健康城建设、"八江十湖"生态建设、中欧班列德阳现代物流港建设、锦绣天府国际健康谷建设、乡村振兴工程。

要聚焦聚力打好"三大攻坚战"。一是要打好防范化解重大风险攻坚战。目前德阳工作的重点在于坚决打击违法违规金融活动，坚决守住不发生系统性区域性风险的底线。推动解决非法集资、退役军人群体不稳定、西部国际商贸城……等问题。二是打好精准脱贫攻坚战。发起"春季攻势"，确保圆满完成 6434 户 13469 名贫困人口年度脱贫目标；援藏援彝工作，做到不脱贫不撤退。三是打好污染防治攻坚战。重点做好沱江流域水污染治理，成都平原雾霾整治，聚焦中央环保督查反馈问题深度整改。

要聚焦聚力推动乡村全面振兴发展。按照"产业兴旺、生态宜居、乡风文明、治理有效、生活富裕"的总要求，围绕"四个好"目标，大力发展"三高两优"现代农业。编制乡村振兴战略规划，实施乡村振兴"十大行动"。提质升级乡村旅游，发展现代度假农庄、创意观光牧场、高端精品民宿等新业态，争取"田园综合体"省级试点，打造

一二三产业融合发展示范园区 10 个，拓宽农民增收渠道。尤其要注重加强懂农业、爱农村、爱农民的"三农"工作队伍建设，探索建立新型职业农民制度。

要聚焦聚力推进高标准完成对口帮扶工作。深入推进藏区彝区对口帮扶，援藏援彝工作扎实开展，援建项目顺利推进。扶贫与扶志相结合，重点扶持发展无公害蔬菜、食用菌、畜产品深加工等特色产业项目，大力发展"德阿生态经济产业园区"。帮助其解决脱贫难、饮水难、上学难、就业难等问题。

要聚焦聚力增进民生福祉。要按照习近平总书记的要求，抓住群众最关心、最直接、最现实的利益问题，既尽力而为，又量力而行，不断满足人民群众日益增长的美好生活需要。继续实施十大民生工程，精心办好民生实事。打好精准脱贫攻坚战，聚焦"两不愁、三保障""四个好"目标，加大财政保障力度，下足"绣花"功夫，提高脱贫质量。深入推进"平安德阳"建设，着力打造共建共治共享的社会治理新格局。

要聚焦聚力优化政务服务。扎实开展"不忘初心、牢记使命"主题教育，坚定理想信念，永葆共产党员为人民服务的本色。深化"互联网＋政务服务"，力争让群众办事只跑一趟。推进政务公开、信息公开，畅通信箱、热线、微博等民意诉求渠道。完善政府绩效管理，健全激励和容错机制，从严整治不作为、慢作为、乱作为。

要聚焦聚力推进全面从严治党。深入贯彻落实全面从严治党新要求，巩固拓展落实中央八项规定精神成果。把党的政治建设摆在首位，扎实开展"不忘初心，牢记使命"主题教育活动，持之以恒正风肃纪，坚持无禁区、全覆盖、零容忍，整治群众身边的腐败问题和作风问题。深化"一诺三清"制度，深入开展走基层"清风行动"，强化行政权力监督，突出发挥"大数据"在监督中的作用，大力营造风清气正、干事创业的良好氛围。

以文化振兴推动乡村全面振兴

——学习贯彻落实习近平总书记来川视察重要讲话精神

袁　琳[①]

实施乡村振兴战略，是党的十九大做出的重大决策部署，"产业兴旺、生态宜居、乡风文明、治理有效、生活富裕"20字的总要求点明了乡村振兴战略是包含了"经济、生态、文化、社会、科技"的全面振兴。习近平来四川视察指导时也强调，党的十九大提出实施乡村振兴战略，提出要实现让农民群众住上好房子、过上好日子、养成好习惯、形成好风气"四个好"目标，具体落实就是要加快推动乡村生活富裕。而生活富裕不只是物质上的富裕，也要有精神上的富裕。"文化兴则国运兴，文化强则民族强"，乡村振兴战略的实施过程中，文化将起到十分重要的作用。广安市作为西部贫困地区，在农村基层文化建设上做了一些积极有益的探索和尝试，从而助力当地乡村的全面振兴。

一、广安在推动乡村文化建设方面的特色做法和表现

（一）在基础建设上下足功夫

习近平总书记在视察四川乡村振兴时指出，要加强农村公共文化建设。物质基础决定上层建筑，做好农村的公共文化基础设施建设是实现乡村振兴的基本保障，广安六个区县均为贫困县，针对基础设施薄弱的问题，近年来广安在新建省定468个贫困村文化活动室的基础上，不吝经费投入，大力做好基础设施配套建设，成效显著，目前共建成了512个文化室。另外，贫困村电视"户户通"建设任务从2015年前的3.7万户增加到现在的6.6万户，建设农村阅报栏450个。除此之外，各个区县乡镇都建成了综合文化站、多功能活动室、书报刊阅览室、农家书屋、文化信息资源共享服务室等公共场所，并且免费向公众开放。应该说，保证了各个村落实现了农家书屋和社区书屋的全覆盖，各式各样的书报免费借阅。在基础设施建设方面，当地政府一是积极响应国家脱贫

①　袁琳，女，中共广安市委党校、邓小平城乡发展学院教师、讲师，硕士，研究专长：伦理学，传统伦理思想及其现代转化。

攻坚号召，"扶贫先扶志，治穷先治愚"，大力投入文化设施设备建设；二是充分依托现有扶贫政策，大刀阔斧补齐农村文化阵地建设短板。

（二）在亮点打造上下足功夫

习近平总书记视察四川乡村振兴的关键落实问题时指出，要下大气力推动乡村文化振兴，在农村广泛弘扬和践行社会主义核心价值观，传承发展提升农村优秀传统文化。广安在打造本土特色文化上做出了一些有益的尝试，以笔者调研的武胜县为例：一是武胜剪纸独树一帜。武胜剪纸是省非物质文化遗产项目，目前武胜充分利用这张"非遗王牌"，建成剪纸特色文化学校 3 所。二是竹丝画帘独具魅力。习近平总书记提道："四川是产竹大省，要因地制宜地发展竹产业，让竹林成为四川美丽乡村的一道风景线。"而竹丝画帘是武胜县的传统文艺珍品，充分将农村的第一、二、三产业进行融合，工匠艺人制造出来的竹丝画帘工艺品远销美国、日本、东南亚等国家和地区。三是乡村文化独具特色。依托自然优美的乡村田园风光，武胜挖掘传统农耕文化资源，成片打造 50 平方公里的白坪——飞龙新农村示范区，该园区投资规模超过 10 亿，以花椒、柠檬、柑橘、柚子为特色，形成了十余个特色的文化院落，再现了酒坊、面坊、豆腐坊等传统手工作坊，开发了武胜甜橙、渣渣鱼、麻辣牛肉等地方特色美食，被评为四川省十大（区市县）旅游目的地。

除此之外的其他区县，也都在强化文化内涵上下功夫，深挖当地文化资源。例如"曲艺之乡"岳池，就进行了诸多特色的文化创新和尝试，将文化院坝打造成广安市文化新名片，目前广安市已建成 420 个特色文化院坝。近年来，广安市还积极组织"科技文化卫生三下乡""文化惠民扶贫"和以藤椒等农产品为主题的农村文化系列活动，丰富了广大农村群众的文化生活，举办了广场舞系列大赛、"喜迎十九大"文艺会演、书画摄影展等系列群众文化活动，吸引了众多人参与，充分调动起当地群众参与的积极性和热情。2017 年，广安市共有 15 个贫困村被评为全省文化扶贫示范村。

（三）在基层人才队伍建设上下足功夫

习近平总书记在视察四川重要讲话中提到，要着眼长远加强人才培养和招才引智，营造拴心留人良好环境，打造一支规模宏大留得住、能战斗、带不走的人才队伍，为贫困地区脱贫奔小康和发展振兴提供人才支撑。以笔者调研的广安岳池县为例，岳池县的 43 个乡镇目前共有民间职业演出团队 54 个、业余表演团队 252 个、川剧座唱组 42 个，这个庞大的群体都是当地文化活动的主要担当和力量。苟角镇早在 20 世纪 80 年代就已成立了书法协会，2015 年苟角镇被省文化厅命名为四川省民间文化艺术（书法）之乡。岳池的坪滩镇还积极组建了曲艺团、杂技团、川剧团，2015 年坪滩镇被省文化厅命名为四川省民间文化艺术（杂技）之乡。面对如此庞大的艺术工作群体，必须要有足够的服务力量。岳池县近两年共招募了村文化志愿者 827 名，配备到全县 827 个行政村，从而在人事队伍上有效保障了农村群众文化权益，促进了村级公共文化设施的运转高效。

另外，广安从市一级的行政层面把公共文化服务体系建设纳入各区县的经济社会发展规划，相继出台《关于加快构建现代公共文化服务体系的实施意见》《广安市基本公共文化服务指导标准（2015—2020）》《关于推荐政府向社会力量购买服务工作的实施意见》等一系列政策文件，从而在制度层面强化了对民间文艺团体的指导。

（四）在文化产业转型上下足功夫

习近平总书记强调，产业兴旺是乡村振兴的物质基础，要把发展现代农业作为实施乡村振兴战略的重中之重。广安市以岳池县为例，一直在尝试实现乡村第一、二、三产业的融合发展，积极发展相关文化产业。目前拥有各类文化经营单位 764 家，年总产值达 7.3 亿元，其中，文化娱乐、新闻出版、广告创意产业占比 88%，年产值达 1000 万以上的企业两家（广电网络有限责任公司、田园包装有限公司），年产值达 500 万元以上的企业 13 家。岳池县在近三年内完成了固定资产投资 2.58 亿万元，新引进项目 26 个，完成了招商引资 5.8 亿元。实现了对紫光国际、声纳娱乐中心、大都会娱乐城、天羿娱乐城等企业的转型升级。文化娱乐、网络服务、婚庆演艺等文化产业群体遍布全县 43 个乡镇，近几年对经济贡献率达到 1.9%。

另外，为深入贯彻落实党的十九大提出的聚力脱贫攻坚、实施乡村振兴战略、实现美丽中国愿景的精神，岳池县在 2017 年完成了辐射 3 乡（镇）、29 村、52 平方公里的岳池农家生态文化旅游区规划。未来计划在三年内建成国家 AAAA 级旅游景区、中国农家文化旅游目的地。同时，依托"中国农家文化"和"中国曲艺之乡"两张名片，在景区核心区规划建设集智慧旅游中心、文化产业孵化中心、曲艺文化交易中心、文化娱乐中心、名特商品展示中心、特色餐饮街区等于一体的中国曲艺大观园，实现一、二、三产业的融合发展。

二、目前广安在推动乡村文化振兴中存在的短板

（一）在公共文化服务体系建设方面

首先，乡镇综合文化站普遍存在管理上欠规范，文化阵地、设施等存在被挤占、挪用现象，文化站工作人员"占编不在岗、专干不专职"等问题较为显著。其次，优秀文化产品总体供给不足，虽然广安市广泛开展文艺下乡活动，但总体仍然供给不足，精致度不高、时代气息不浓，形式单一、内容单调，对群众缺乏吸引力，少数乡镇文化站、村文化室以及农家书屋建成后不重视日常管理，免费开放流于形式。最后，农村人少，人气不够，在当前农村"空心化"背景下，广安作为欠发达地区也不例外。村子里的青壮年外出务工，留在农村更多的是老人、妇女和儿童。无论是哪个层面的"振兴"，都需要大量的人员来做保证，乡村振兴根本上还是人的振兴。

（二）在新文艺组织方面

第一，活动形式普遍较为单一。广安一些农村地区部分文艺队表演形式缺乏创新，满足不了人们更高层次的文化生活需求，表演形式和内容也有待进一步优化。第二，缺乏有效组织。有的民间文艺团队还处于自由发展阶段，表演节目雷同，缺乏专业指导和

培训，在管理服务方面较为滞后。第三，艺术深度不够。部分文艺队伍普遍存在艺术修养不高现象，哗众取宠现象也未能杜绝。第四，场地经费紧张。大多数文艺团队未从事商业盈利活动，平时培训、排练所需场地和经费一般自给自足，导致队伍整体水平不高。

（三）在乡村传统文化和文化力量方面

第一，在社会大繁荣大发展的时代背景下，古村落未得到保存而逐渐被拆除，农耕文明赖以承继的载体不复存在。第二，部分村镇干部对文化工作不够重视，积极性不高，认为文化工作是务虚，对文化工作的重要性缺乏深刻认识，认为做不做无关紧要，而"火车跑不跑得快，关键就看车头怎么带"，领导的文化思维直接影响着文化工作的发展进程。第三，专门的文化人才相对匮乏，尊重知识、尊重人才、尊重创造的氛围不够浓郁，文化人才青黄不接，尤其是传统剧本创作人才更少。

三、广安推动乡村文化振兴的逻辑维度

（一）在公共文化服务体系建设方面

1. 要将公共文化服务纳入对党委政府的绩效考核

全面建成小康社会要以全面依法治国为保障，目前，《关于加快构建现代公共文化服务体系的实施意见》的通知（广委办发［2016］4号）、《中华人民共和国公共文化服务保障法》成为新时期广安市公共文化服务的基本遵循。广安相关机构可制定具体可行的制度或者提出意见，将公共文化服务体系建设和《公共文化服务保障法》落实情况纳入对下级党委政府的年度绩效考核中。

2. 规划建设一些地标性基础文化设施

市级层面可增加建设群众公共文化服务设施，县级建设歌舞剧院，迁建或标准化改造一批县级图书馆、文化馆，镇级建设电影院等，实施固定设施与流动设施、数字设施有机结合和相互补充。

3. 加强文化产品市场建设

政府层面可加大向社会购买产品服务力度，扩大非公有制文化企业准入领域，建立开放的、多层次的文化市场。

（二）在新文艺组织工作方面

1. 在充分调研的基础上摸清情况

相关文化部门继续做好加强联络组织和引导，把基层文艺爱好者、从业者凝聚起来，进一步摸清新文艺组织团体队伍数量、人数以及每年演出场次以及产生的经济效益等，为后期规范管理做铺垫。

2. 在摸清情况的基础上找准问题

例如，找出一些具有典型性的民间团体在开展演出活动过程中遇到的问题，演出队

伍年龄结构问题、节目的导向和指导等。

3. 在吃透问题上提供服务，提高演艺水平

各级文化部门开展文艺志愿活动，通过"走出去"形式开展文艺创作指导培训，通过"请进来"形式提供日常活动场所，采取政府购买等方式开展文艺下乡活动。持续加强对新文艺组织的思想引领，充分利用"思源艺术角"展演平台，从2018年开始，实施"思源广场文化演出季"工程，以春、夏、秋、冬为时段，以不同种类演出形式为内容，不断提高新文艺组织团队水平。

4. 振兴乡村文化可以采取"两核三主"的方式推动

文化建设的根本在于意义建设和体验建设，其核心方式在于把农民有效组织起来，核心方向一定是向着治理现代化，坚持党政主导，社会主办和农民主体，党政主导在于政府层面主导方向而不主导内容，社会主办在于还文化于社会，与其送文化下乡不如"种"文化在乡，农民主体在于发挥农民的主体作用，充分调动农民的积极性，增强农民文化自信。

我们要全面贯彻落实党的十九大精神和习总书记来川视察重要讲话精神，打好四川的"农"字招牌，实施乡村振兴战略。然而乡村振兴是大战略，不可能一蹴而就、毕其功于一役，需要各地锲而不舍地努力。作为乡村振兴根基和灵魂的文化振兴更要戒骄戒躁，练好本地内功，其中最重要的就是尊重当地农耕文明发展规律，夯实文化发展基础，着力以农民为核心，通过文化的方式让村民组织起来，着力培养一批懂感恩、有礼仪、有技艺的乡村农民，从而构筑乡村文化发展的内生动力，共同推动乡村的全面振兴。

道德教化回归乡村作用探析

朱世权　邓万琼[①]

2018年2月，习近平总书记来四川视察指导工作，在讲到实施乡村振兴战略、加快推进乡村生活富裕时深刻指出，生活富裕不只是物质上的富裕，也要有精神上的富裕；要下大力气推动乡村文化振兴，在农村广泛弘扬和践行社会主义核心价值观，加强农村公共文化建设，深入推进文明村镇创建，开展移风易俗活动，提升农民精神面貌，培育文明乡风、良好家风、淳朴民风，让道德教化回归乡村，不断提高乡村社会文明程度。习近平总书记这段话鞭辟入里、意味深长，指明了乡村文化振兴的方向，提出了"让道德教化回归乡村"的重大课题。

一、道德教化回归乡村，能使人们对社会规范的遵守由他律变得自觉

一个人的行为，是由"心"决定的。心里怎么想的，就会有什么样的行为。当然，不是心里想的都必然表现为行为，但心里没那样想，一定不会有那样的行为。道德教化，就是通过各种形式，将社会规范内化于心、外化于行，从而使人们对社会规范的遵守，变成是一种自觉行动而不是一种外在强制。

道德一旦融入人们的心灵、变成人们的信仰，就有巨大的力量。

中国一直是重视道德教化的国家。孔子说："道之以政，齐之以刑，民免而无耻；道之以德，齐之以礼，有耻且格。"孟子认为，善政不如善教。《孟子·尽心上》说："善政，民畏之，善教，民爱之。善政，得民财，善教，得民心。"虽然他们都把道德教化作为治民的一种手段，且对道德的作用有拔高之嫌，但却包含着合理的部分。我们要继承其合理部分，不能一概加以否定。

乡村治理有三种形式：自治、德治、法治。1982年宪法规定，村、居委会是基层群众性自治组织。自此以后，各地村、居委员会用现代民主思想来进行乡村治理，取得了重要成效，但由于封建小农思想在乡村还比较深厚、村民的现代性发育不足，一些

---

① 朱世权，邻水县委党校高级讲师、原副校长，县社科联兼职副主席。邓万琼，邻水县委党校副校长、讲师，县社科联兼职副主席。

村、居委会基层组织不作为、乱作为，使得一些地方的选举变成宗族帮派斗争，或贿选，或黑恶势力操纵，有的村级组织腐败滋生，小官大贪等。因此，对村、居委会基层组织要加强监管和问责，整治不作为和乱作为，提高治理效能。

在乡村治理中，除了加强自治，还要处理好道德与法治的关系，充分发挥道德的作用。

道德，是人们内心的一种规范，是一种自律，它主要靠社会舆论来调整人们的行为，实现社会治理。很多社会关系都是由道德和法律共同调整的，而有些社会关系只能由道德进行调整，不能只用法律手段。如恋爱关系、思想上的先进与落后的关系、公交车上年轻人是否给老年人让座，都是道德领域的问题，最好由道德教化来解决。

道德是法律的基础和滋养。法律是将某些道德提升到法律层次，是最低的道德。尽管如此，但由于道德缺乏外在强制性，所以，对于社会治理来说，基本的治理方式不是道德而是法治。法律规定了人们不应做什么，以及做了之后将受到何种处罚，具有国家强制性、稳定性和广泛的适用性，这就决定道德不能取代法治，法治更具根本性。

虽然法治是现代治理的基本方式，但并不能由此否定德治的作用。法治和德治是相辅相成的。我们既不能忽视法律的独特功能和作用，把该由法律来调整的社会关系变成由道德来调整，也不能把该同道德自身调整的社会关系变成由法律来调整，将一切社会关系法律化甚至刑法化。当人们出于内心对道德原则的认同、信仰时，法律在现实生活中的遵守和执行就会成为自觉的行动。

现实生活中，乡村出现的一些乱象固然与法治不彰有关，但也与道德教化弱化、虚化、边缘化有关。所以，在乡村治理中，不可轻视道德教化的重要作用，要把道德教化和法治有机结合起来。

在这种道德教化中，要吸收传统道德的精华——仁义礼智信，同时，要与市场经济所需的信用制度、合作精神、法治精神、诚信理念、契约精神结合，消除"仇富妒邻、小富即安、不患寡而患不均、宗族宗派、人情胜法"的小农意识，让农民与市场、国家、国际接轨。

这种道德教化过程还必须与宪法和法律相协调，不得做出与宪法和法律相抵触的规定。有的地方为倡导公交车上年轻人给老年人让座，规定不让座者，给予50元的处罚。这些规定的法律依据是什么？上位法是什么？显然都没有。这些规定，把本来不属于法律调整的社会关系当作法律来调整，把"孔融让梨"的道德问题上升为法律问题。

二、道德教化回归乡村，能培育文明乡风、良好家风、淳朴民风

乡风、民风、家风具有不同的内涵。

乡是与城相对而言的。乡风，是指乡村的风俗、习惯。乡村与城市相比，由于人口居住、生产生活条件、文化传承等不同，因而具有不同习俗和风尚。乡风具有历史性，不同历史时期，对乡风有不同的要求。新时代我们要培育的乡风是文明乡风。这一概念早在2005年党的十六届五中全会中就已提出，是作为新农村建设总体要求（生产发展、生活宽裕、乡风文明、村容整洁、管理民主）的一个方面提出的。党的十九大报告提出的乡村振兴的总体要求，同样把乡风文明作为一个重要方面。文明乡风，侧重点是"乡

风"，落脚点是"文明"。具体讲，就是要在乡村形成崇尚科学、抵制迷信、移风易俗、破除陋习，树立先进的思想观念和良好的道德风尚，实行科学健康的生活方式和绿色环保的生产方式。

家风，又叫门风，是指家庭或家族世代相传的风尚和作风，是家庭伦理的集中体现。家风，蕴含着对传统的继承。它作为家庭文化和传统，表现的是一个家庭或家族的道德风尚、价值准则和气质，反映了一个家庭或家族与其他家庭或家族的不同之处。中国古代家风的核心精神是"孝、悌、忠、信、礼、义、廉、耻"。新文化运动后，家风概念发生了变化，以儒家伦理为基础的家风变成了以优秀中国传统文化和西方教育理念相融合的家风，其典型代表是梁启超和傅雷的家书。同时，出现了以马克思主义为基础、吸收中国优秀传统文化的红色家风。

家庭是社会的细胞，家是最小国，国是千万家。家风的好坏，对于家族的兴旺、社会的和谐、国家的强盛，都是非常重要的，故古人言："一家仁，一国兴仁；一家让，一国兴让。"

新时期，我们所要培育的家风是良好家风。这种良好家风，是在充分继承传统优秀家风的基础上进行创造性转换创新性发展，具有时代精神和生命力的家风。首先，要充分继承传统家风中的优秀部分。如浙江临安钱氏家风——"利在一身勿谋也，利在天下必谋之""利在一时固谋也，利在万世更谋之""心术不可得罪天下，言行皆当无愧圣贤"。再如，《朱子家训》中"黎明即起，洒扫庭除，要内外整洁""一粥一饭当思来之不易，半丝半缕恒念物力维艰""莫贪意外之财，莫饮过量之酒"。《颜氏家训》中"巧伪不如拙诚""积财千万，不如薄技在身"。这些，都是传统家风中的瑰宝，要充分继承。其次，要根据新时代要求，对传统家风进行创造性转换、创新性发展。比如，在家庭中植入男女平等的观念、自立自强的观念、民主讨论的观念、团结和睦的观念、真情至爱观念、尊古而不泥古的观念、为大家舍小家的观念、艰苦奋斗的观念。没有这种创造性转换创新性发展，不融入时代精神，也是不好的。

民风，是指民间的风俗、习惯，是与官风、政风相对而言的。这种风俗、习惯是一个地方、一个民族在长期历史发展中积累并延续下来的，是民族间、地区间区分的重要标志。民风具有地域性。常言道，百里不同俗，千里不同风。不同地域具有不同的民风。如不同地域的人在饮食习惯、生产习俗、礼仪习俗、精神特质等方面都有较大差别。正是由于不同地域具有不同的风俗、习惯，才体现出文化的多样性和丰富性。民风具有历史性。不同时代有不同的民风，比如，《诗经》中所反映的民风与今天有很大的不同。民风具有民族性。不同的民族有不同的民风。但不论怎样，民风如何，从总体上能反映一个国家社会风气。

过去常讲官风重要，对民风起决定作风，所谓"君子之德风，小人之德草，草上之风必偃"。这是对的，但也并不是说民风一点不重要。其实，民风对社会治理、对人的成长，乃至对政风都有重要影响。民风构成个人和家庭的外部环境。人们说，近朱者赤，近墨者黑，就是讲的环境的影响。当然，也有个别人出淤泥而不染，但毕竟是个别，而不是普遍现象。民风不正，可能将个人和家庭"包围"，使其受到熏染，从而摧毁个人和家庭的正能量。

新时代要培育的民风是淳朴民风。所谓淳朴民风，就是待人以诚、童叟无欺、敬老爱幼、邻里友好、勤奋劳作、乐于助人、夜不闭户、路不拾遗等。

"三风"的培育离不开道德教化。道德的真正存在形式是道德教化，通过道德教化，才能将抽象的道德理论转化为人们的内心信念、意志情感、行为方式。否则，道德就是天下虚文。在"三风"培育中，要根据乡村特点，运用好乡贤、家训、乡史、村史，采取适合乡村居民的形式。

在"三风"培育中，尤其要处理好"一"与"多"的关系。

这个"一"，就是一个核心价值观。国家层面的价值内核——富强、民主、文明、和谐（根据党的十九大要把我国建成富强、民主、文明、和谐、美丽的社会主义现代化强国），社会层面的共同理想——自由、平等、公正、法治，公民层面上的价值要求——爱国、敬业、诚信、友善。这个核心价值观，是人们价值的最大公约数，是人民的精神家园，是凝神聚气强基固本的基础工程。无论城市还是乡村，无论是思想道德建设还是文化建设，都应当是统一的，都要弘扬和践行。

这里的"多"，就是指乡风、家风、民风具有多样性。各地各民族都要秉承自己的传统，在围绕核心价值观的前提下，发展具有民族特色、地方特色的乡风、家风、民风。没有这种百花齐放，"三风"的园地也会显得单调。

三、道德教化回归乡村，能为乡村振兴提供强大动力

道德教化回归乡村不仅在于乡村治理，使乡村有序，而且在于乡村振兴，使乡村充满活力。

乡村振兴包括两个方面，一是物质振兴，二是精神振兴、道德的振兴。这两方面振兴都很重要，不可或缺。

一方面，物质是基础，物质发展到什么程度，总体上决定着精神和道德发展到什么程度。正如马克思在《〈政治经济学批判〉序言》中所说："物质生活的生产方式制约着整个社会生活、政治生活和精神生活的过程，不是人们的意识决定人们的存在，相反是人们的社会存在决定人们的意识。"我们是历史唯物主义者，任何时候都要看到物质生活的生产方式对人类历史对社会生活、政治生活、精神生活的决定作用。邓小平理论之所以伟大，就在于它恢复了历史唯物主义的基本原理，认为马克思主义的基本原则就是发展生产力。"不发展生产力，不提高人民的生活水平，不能说是符合社会主义要求的。"正是因为物质的基础性决定性作用，所以习近平总书记在四川考察时强调，实施乡村振兴战略，要把发展现代农业作为重中之重，把生活富裕作为中心任务。显然，离开物质振兴，拔高精神振兴、道德振兴的作用，是片面的。

另一方面，精神和道德振兴对物质振兴具有重要的反作用。虽然物质是基础，起决定作用，但并不是说精神是完全被动的、消极的、无所作为的。历史唯物主认为，在物质决定作用的前提下，精神对物质具有能动的反作用。也就是说，精神反过来对社会物质生活产生重要影响。从积极方面看，是对社会物质生活进程的促进或加速；从消极方面看，是对社会物质生活进程的阻隔或延缓。这种反作用不是自然而然产生和实现的，

而是通过人的实践活动实现的。"思想根本不能实现什么东西，为了实现思想，就要有使用实践力量的人。"根据历史唯物主义这些原理，我们可以得出这样的结论：乡村振兴，物质振兴重要，但不是唯一，精神振兴、道德振兴同样不可缺少。物质振兴和精神振兴、道德振兴，如同车之两轮鸟之双翼，缺一不可。缺了一个，乡村就难以振兴。事实确实如此。我们在乡村扶贫调研中发现，没有精神振兴、道德振兴，有的地区和人群，连脱贫能否继续都成问题，更别说乡村振兴。一些贫困群众"等靠要"思想严重。一些人为了争得贫困户，将七八十岁的父母分开，要求政府纳入贫困户帮其赡养。这些情况说明，乡村精神和道德失衡，会严重阻碍乡村脱贫进程和发展进程。这些情况不改变，何谈乡村振兴？

概括起来，道德教化回归乡村，对乡村振兴作用表现在以下五个方面。

第一，它能重构乡村秩序。井然有序的秩序是乡村振兴的前提。

第二，它能重构乡村道德，为村民提供精神家园。

第三，它在培养有理想、有道德、有文化、懂农业、爱农村的新型农民过程中有重要作用。

第四，它能为乡村振兴提供精神和道德支撑。没有这种精神和道德支撑，乡村振兴就不会有内生动力。

第五，它能引导人们树新风、除陋习。这种树新风、除陋习的过程，本身就会促进乡村振兴。

习近平总书记现代思维方法研究

——深入学习习近平新时代中国特色社会主义思想及其"四川篇"

李成保[①]

当前，深入学习贯彻习近平新时代中国特色社会主义思想及其"四川篇"是摆在广大党员干部面前的一项重要的政治任务。"深入学习"作为超越"面上学习"的更高阶段，要求我们必须深入理解并实际贯彻习近平新时代中国特色社会主义思想及其"四川篇"的精神实质、核心要义、思维方法和指导价值等方面。党的十八大以来，在治国理政的伟大社会实践中，习近平总书记坚持马克思主义基本立场观点方法，把马克思主义基本原理与当代中国实际相结合，形成了习近平总书记治国理政的现代思维方法。它是习近平新时代中国特色社会主义思想的重要内容，在"四川篇"中也有充分体现。我们必须深入研究，让党员干部真正实现"内化于心"和"外化于行"的有效结合。

一、方法与现代思维方法

（一）相关概念

一般而言，方法是指为解决理论、实践、日常生活等特定任务所采用的途径、手段、方案和办法，如思维方法、认识方法、工作方法、管理方法、领导方法等。其中思维方法是主体观念性地把握客体的一种认识中介系统，是保证思维活动正确运行的规则、线路和手段。哲学上研究的思维方法指的是理论思维方法，以揭示事物的本质和规律为目的，当属世界观和方法论层面。这一方法是一种比其他学科方法更深层、更理性的认识方法，是其他一切方法的基础和核心。哲学思维方法为我们认识世界和改造世界提供基本的思想原则和有效的"钥匙"。

当然，思维方法不是纯粹的客观知识，而是依据主体需要而形成的思维规则、工具和手段，是内化于人的头脑中的对事物本质和客观规律的认识。

---

① 作者简介：李成保，男，河南固始人，中共广元市委党校副校长，哲学博士，主要研究方向：马克思主义中国化，社会发展理论与社会发展战略。

（二）思维方法的特点

思维方法的最重要特征是中介性。通过中介性，思维主体与思维客体、主观与客观相互联结、相互贯通，从而搭起主体客体化和客体主体化双向互动的桥梁。在此，主体客体化指的是主体通过实践使自己的本质力量转化为对象物，从而达到改造世界的目的，这是人的本质力量自我实现的重要体现。客体主体化指的是主体在改造客观世界的实践活动中，不仅产生了新意识，拓宽了新视野，发展了新智慧，而且增长了才干，磨炼了意志。思维方法还具有客观性。内化在人脑中的客观规律和实践活动转化为思维活动的规律，如辩证思维是客观辩证法与主观辩证法的统一。此外，思维方法还具有层次性，诸如哲学思维方法、具体学科的思维方法和现代科学的思维方法等。前者与后两种是一般与个别的关系，哲学思维方法处于基础和核心地位。

作为人类认识工具的思维方法是沿着"自己构成的自己的道路"① 发展的。所以，一定的思维方法总是一定历史时代的产物，是在一定的历史实践上形成和发展的，具有一定历史时代特征。恩格斯说："关于思维的科学，和其他任何科学一样，是一种历史和科学，关于人的思维的历史发展的科学。"② 从这个意义上说，现代思维方法根植于现代社会实践，体现着现代社会及其发展的基本要求和特征。他还说，"推动哲学家前进的，主要是自然科学和工业的强大而日益迅猛的进步"③，这说明，科技革命及其工业化等现代社会特征和发展要求是现代思维方式的理论和实践的现实基础和根据。

另外，现代思维方法还具有系统性、创新性、实践性和科学性等特征。系统性是其本质内容，本身已构成层次清楚、内容丰富的系统，形成的系统思维方法具有高度辩证特性；创新性是其核心内容，形成的创新思维及其方法，体现了思维的求异性、多向性和综合性；实践性和科学性是其重要内容，只有通过实践才能合理有效运用它，并进一步发展它。部分现代思维方法是基于科学方法发展起来的，如系统论、控制论、协同学、耗散结构论等。④

（三）马克思主义经典作家论方法

黑格尔说，哲学就是哲学史，因为哲学是一种历史性的思想。我们回顾马克思主义发展史中几位经典作家的相关论述，就可以发现，在理论生长和革命实践过程中，他们是非常重视哲学的社会功能及其方法的重要作用的。

马克思根据父亲意愿，一开始学的是法学。1837 年他却给父亲写信说，从私法的结尾看到了全部体系的虚假，"这又一次使我明白了，没有哲学我就不能前进"⑤。后来，在《政治经济学批判》的序言里，马克思回顾自己的专业选择和学术转向时说："我学的专业本来是法律，但我只是把它排在哲学和法学之次当作辅助学科来研究。

---

① 中央编译局. 列宁全集（第 55 卷）[M]. 北京：人民出版社，1990.

② 中央编译局. 马克思恩格斯文集（第 9 卷）[M]. 北京：人民出版社，2009.

③ 中央编译局. 马克思恩格斯文集（第 4 卷）[M]. 北京：人民出版社，2009.

④ 张维真. 试论现代思维方法的特征 [J]. 中共天津市委党校学报，2006（4）：25～28.

⑤ 中央编译局. 马克思恩格斯全集（第 40 卷）[M]. 北京：人民出版社，1982.

1842—1843 年间，我作为《莱茵报》编辑，第一次遇到要对所谓的物质利益发表意见的难事。"[①] 他认为，面对纷繁复杂的经济问题和社会现实，哲学是一种能够影响世界的积极力量和方法。马克思为此付出艰辛的理论探索，和恩格斯一道创立了"新唯物主义"。恩格斯明确指出，现代唯物主义把 2000 年来哲学和自然科学发展的全部思想内容以及历史本身加到旧唯物主义的持久性基础上。这种世界观不应当在某种特殊的科学的科学中，而应当在各种现实的科学中得到证实和表现出来[②]。在与各种非马克思主义思潮的论战和澄清人们对马克思主义的曲解时，他反复强调，马克思的世界观不是教义，而是方法[③]。列宁是马克思主义发展史上的唯物辩证法大师，他在《谈谈辩证法问题》中指出，"统一物之分为两个部分—对它的矛盾着的部分的认识"是辩证法的实质。[④]正是由于正确地把马克思主义基本原理与俄国当时的实际情况相结合，无产阶级革命第一次取得一国的胜利。

在马克思主义中国化进程中，我们党的领导人也很重视哲学方法的运用。毛泽东同志认为，系统和实际地掌握马克思列宁主义，就会大大提高我们党的战斗力，可以加速战胜日本帝国主义。[⑤] 在《改造我们的学习》一文中，他反对片面地引用马克思主义经典作家的个别词句，而应该"运用他们的立场、观点和方法，来具体分析研究中国的现状和中国的历史"[⑥]。中华人民共和国成立后，他仍然强调哲学作为方法的重要性，"哲学是一种方法，是一种架子，不懂得这个架子，办事情就要差一些，想问题就要差一些；哲学如果不运用于具体工作，就是没有用的"[⑦]。他还曾经把领导干部完成任务比喻成过河，其中的船和桥就是领导干部的思想方法和工作方法。邓小平同志在 20 世纪50 年代末，提出"要按辩证法办事"，曾受到毛泽东同志的高度赞扬。改革开放之初，他提出的"两手抓、两手都要硬"就是辩证思维的体现。邓小平曾经指出，我们领导干部队伍中一些人不大懂得哲学，很需要从思想方法、工作方法上提高一步。甚至晚年的南方谈话中，他还在谆谆教导我们，"学马列要精，要管用的"；"实事求是是马克思主义的精髓"[⑧]。

二、"历史的倒转"与"创造性转换"

英国著名科技史学家李约瑟用大量事实表明，在 16 世纪之前，无论在科技上，还是在思维方式上，中国都走在世界前列。然而 16 世纪之后，中国却落后于欧洲，1840年之后更为突出。他把这一现象称为"历史的倒转"。李约瑟甚至提出疑问，尽管中国

①　中央编译局. 马克思恩格斯文集（第 2 卷）[M]. 北京：人民出版社，2009.
②　中央编译局. 马克思恩格斯文集（第 9 卷）[M]. 北京：人民出版社，2009.
③　中央编译局. 马克思恩格斯文集（第 10 卷）[M]. 北京：人民出版社，2009.
④　中央编译局. 列宁全集（第 55 卷）[M]. 北京：人民出版社，1990.
⑤　毛泽东. 毛泽东选集（第 2 卷）[M]. 北京：人民出版社，1991.
⑥　毛泽东. 毛泽东选集（第 3 卷）[M]. 北京：人民出版社，1991.
⑦　毛泽东在天津会议上的讲话 [Z]. 1960.
⑧　邓小平. 邓小平文选（第 3 卷）[M]. 北京：人民出版社，1993.

古代对人类科技发展做出了很多重要贡献，但为什么科学和工业革命没有在近代的中国发生？这一问题被世人称作李约瑟难题。针对这一难题和中华民族近代以来的历史颓势，有无数人去寻求答案，更有无数志士仁人进行探索与抗争。

近代以降，处于"天朝上国"迷梦中的中国人并不具备现代思维方式。一开始，人们认为中国技不如人，提出"师夷长技以制夷"，开展洋务运动，后因中日甲午战争失败而破灭。继而又有人提出制度不如人，搞君主立宪的戊戌变法因保守派反对，也以失败而告终。20世纪初，又有人提出科技救国、实业救国，虽因列强忙于第一次世界大战而有一定进展，但还是处于夹缝中生存的状态，也没有从根本上改变中国的命运。以孙中山为代表的资产阶级革命派，虽然推翻了封建帝制，但因为没有正确的理论指导，没有唤起民众，还是失败了。与诸多尝试不同的是，中国共产党一经成立就选择了马克思主义，选择了先进理论的指导，最终取得新民主主义革命的胜利。这说明，理论的指导和思想的觉醒是多么重要。从而进一步说明，社会现代化与人的现代化是并行不悖的。衣食住行的现代化是物质层面的，思维方式的现代化是精神层面的，后者往往带有根本性和持久性。正如恩格斯所说的："一个民族要想站在科学的最高峰，就一刻也不能没有理论思维。"①

轻视理论指导和思想的引领，是国内外有些人认为马克思主义过时论的重要因素。如果不深入了解马克思主义文本，就责怪马克思没有回答当代问题，从而对它不屑一顾，这是一种认为它能"包治百病"的教条式理解，也是对马克思主义"本性"的无知。法国哲学家德里达说："地球上所有的人，所有的男人和女人，不管他们愿意与否，知道与否，他们今天在某种程度上说都是马克思和马克思主义的继承人。"他认为，当今资本主义世界发生重大变化，仍然是其新阶段，"满目皆是黑暗、威胁与被威胁"，并揭示和批判了当代资本主义的十大"祸害"。他还批判福山的"历史终结论"是西方主流意识形态的虚伪性和欺骗性，根本无法消除"物欲"的现实苦难和精神痛苦。有人用宗教给心灵以慰藉，但马克思主义却一直主张用现实的手段争取现实的幸福。② 另一位法国哲学家萨特在《辩证理性批判》中说："马克思主义非但没有衰竭，而且还十分年轻，几乎是处于童年时代：它才刚刚开始发展。因此，它仍然是我们时代的哲学：它是不可超越的，因为产生它的情势还没有被超越。"③ 他认为，只要马克思所提出的问题还没有解决，马克思主义就是不可超越的。即便是我们身处信息时代，现代化程度空前提高的同时，贫富差距、环境污染、各种冲突等全球性问题一个也没有减少和削弱。这说明，即便身处新一轮科技革命时代，生产和贸易的社会化甚至国际化，并没有根本改变它与生产资料的私人占有的矛盾。世界上大部分国家走的是资本主义道路，但多数国家没有根本解决自身的诸多问题，反而成为资本主义世界的附庸，这是不争的事实。美国学者弗里德里克·杰姆逊就明确指出："庆贺马克思主义死亡正像庆贺资本主义取得

① 中央编译局. 马克思恩格斯文集（第9卷）[M]. 北京：人民出版社，2009.
② 德里达. 马克思的幽灵 [M]. 何一，译. 北京：中国人民大学出版社，1999.
③ 萨特. 辩证理性批判 [M]. 林骧华，等译. 合肥：安徽文艺出版社，1998：24.

最终胜利一样是不能自圆其说的。因为马克思主义是关于资本主义的唯一科学。"①

马克思主义的革命性和科学性都已经指明，真正的共产党人要始终关注变化着的实际，总结出新的实践经验，发展出新的理论。我们要按照这一要求，在继承和创新的基础上，实现马克思主义"创造性转换"，即马克思主义中国化。其中一点是反思，即关照历史，它是"理解过去的钥匙"，包括反复思维和反省思维；另一点是预见，即把握未来，"预示着未来的先兆，变易的运动"②，包括综合性思维和整体性思维。习近平新时代中国特色社会主义思想及其"四川篇"就实现了这一转换。他以高度的理论自信和实践自觉，面对资本和市场带来的问题，在重视道德建设的同时，全面依法治国；顺应生产力发展要求，全面深化改革、全面从严治党，调整不合理的生产关系、社会关系和利益关系。其中蕴含的现代思维方法既是习近平新时代中国特色社会主义思想的重要内容，也是实现新时代中国特色社会主义现代化伟大征程的根本指针。

三、习近平总书记现代思维方法的基本内核与形成路径

（一）主要内容与理论基础

从哲学视阈看，习近平新时代中国特色社会主义思想及其"四川篇"中蕴含着丰富的现代思维方法。我们可以比较明确地把这些方法归纳为求是思维、辩证思维、系统思维、战略思维、实践思维、法治思维、底线思维、历史思维、创新思维和人本思维等十大思维方法。这些现代思维方法最主要的理论依据是马克思主义哲学的辩证唯物主义和历史唯物主义中的基本原理和方法论。

第一，求是思维要求我们在工作中一切从实际出发。它的理论基础是辩证唯物论中的世界物质统一性原理。这一原理告诉我们，必须坚持彻底的唯物主义立场，"按照事物的真实面目及其产生情况来理解事物"③，也是我们党实事求是思想路线的理论依据。所以，求是思维本质上是面对现实探索规律的精神，即"求实"精神，也是对真理的追求并为之奋斗的精神，即"求真"精神，统称为"科学精神"。

第二，辩证思维、系统思维、战略思维的理论基础是唯物辩证法，或者说有着密切关联。（1）辩证思维要求我们在工作中坚持问题导向。它本身就是一种世界观，以变化发展的视角认识事物，是唯物辩证法在思维中的运用。（2）系统思维要求我们在工作中坚持统筹兼顾。任何事物都存在着系统和要素两个方面，系统是事物联系的基本形式，是各要素相互联系的有机整体。（3）战略思维要求我们在工作中做好顶层设计。它把事物看成是包含矛盾、系统和过程的综合体。事物的全局，就是由诸多矛盾、诸多要素和诸多阶段构成的有机整体。战略思维是关于实践活动的全局性思维，本质是通过正确处理实践活动的各方面、各阶段的关系，达到实践整体和长远的最佳效果。

① 弗里德里克·詹姆逊. 论现实存在的马克思主义［J］. 王则，译. 马克思主义与现实，1997（1）：45～51.
② 中央编译局. 马克思恩格斯全集（第46卷上）［M］. 北京：人民出版社，1979.
③ 中央编译局. 马克思恩格斯文集（第1卷）［M］. 北京：人民出版社，2009：528，97，193，502.

第三，实践思维要求我们在工作中抓好落实。它的理论基础是认识与实践的关系原理。我们面对的是一个逐步被我们认识和改造的世界，在主客体相互作用中，其桥梁就是实践。在抓落实上，要处理好部署和落实的关系。正如习近平总书记所说的，一分部署，九分落实，发扬钉钉子精神。

第四，人本思维要求我们在工作中坚持以人民为中心的思想。其理论基础是唯物史观的人民是历史创造者原理。习近平新时代中国特色社会主义思想及其"四川篇"，贯穿其中的基本立场是人民立场，基本观点是群众观点，基本方法是走群众路线，基本价值取向就是定位于人民利益的实现上。

另外，这些现代思维方法有着严密的内在逻辑，即：想问题、干工作，都要从客观存在的一切实际出发；遇到问题、困难、矛盾，既要坚持问题导向进行辩证分析，又要运用系统方法对各方面统筹兼顾，找到解决问题的办法后，要具有战略眼光做好顶层设计；就要扎实推进、认真落实；同时，需要秉持法治思维和底线思维，继承传统、开拓创新，依靠群众、引领群众，最终实现人民对美好生活的向往。

（二）形成路径与综合创新

从时代课题看，"哲学乃是社会生活与政治生活的一个组成部分：它并不是卓越的个人所做出的孤立的思考，而是曾经有各种体系盛行过的各种社会性格的产物与成因"①。那么，习近平总书记的现代思维方法"不像蘑菇那样从地里冒出来的"，也不是"从天上掉下来的"②。这些方法作为习近平新时代中国特色社会主义思想的重要组成部分，是与时代同频共振的，因为"一切划时代的体系的真正的内容都是由于产生这些体系的那个时期的需要而形成起来的"。作为当代共产党人集体智慧的结晶和21世纪的马克思主义，习近平总书记的现代思维方法就是"在思想上反映出来的时代内容"③。正像其他马克思主义中国化理论成果一样，该方法的形成，同对时代课题的实践探索和理论解答是密切相关、融为一体的，体现了鲜明的时代精神。

从马克思主义理论视角看，习近平总书记的现代思维方法同时是对马克思主义哲学方法的继承与发展，体现的是马克思主义的科学方法论，如求是思维、辩证思维、实践思维和人本思维，其中蕴含的基本原理和方法论包括世界物质统一性原理、唯物辩证法、认识与实践的关系原理、实践观点和人民是历史的创造者原理等。

从传统文化视角看，习近平总书记非常重视传统优秀文化的传承，这些方法中许多都根植于中国传统文化，体现鲜明的中国特色和中国精神，如"天行健，君子以自强不息""斯命维新""苟日新、日日新、又日新""民惟邦本、仁者爱人、守望相助"等。

另外，通过现代科学方法和其他社会学科方法的吸收、消化和再创造，这些方法体

① 罗素. 西方哲学史（上）[M]. 何兆武，李约瑟，译. 北京：商务印书馆，1963.
② 毛泽东. 毛泽东文集（第8卷）[M]. 北京：人民出版社，1999：323.
③ 中央编译局. 马克思恩格斯全集（第1卷）[M]. 北京：人民出版社，1995：219，220.

现的是科学精神。恩格斯就曾指出，"科学和实践结合的结果"就是"社会革命"①。马克思也认为，"自然科学却通过工业日益在实践上进入人的生活，改造人的生活，并为人的解放做准备，尽管它不得不直接地完成非人化"②。从历史运动中，"排除掉自然科学和工业"③，就不可能达到对现实历史的认识。这些方法中的系统思维、创新思维就来自现代科学的系统论、协同学和创新理论，历史思维来自历史学，法治思维和底线思维与法学密不可分。

四、学习研究的现实维度与价值维度

（一）迫切任务：增进党员干部的理论自信和实践认同

马克思主义哲学之所以实现革命性变革，是因为它不仅做到了解释世界，即发现人类社会发展规律，而且立志于彻底"改变世界"，其价值导向是工人阶级实现人类解放。从现实维度看，目前，全党全国都在深入学习贯彻习近平新时代中国特色社会主义思想和党的十九大精神。如何深入？对此，习近平总书记强调，学习贯彻党的十九大精神，要学懂、弄通、做实。他指出，在学懂上，要坚持马克思主义立场观点方法；在弄通上，要与马克思主义基本原理贯通起来。④ 习近平总书记来川视察重要讲话也强调要参悟透、领会好，多调研、摸实情，盯住抓、抓到底。中央要求全党"两学一做"常态化，特别强调，读原著、学原文、悟原理。党中央和习近平总书记之所以反复强调，就是因为一个时期以来，部分党员干部甚至是高级干部对马克思主义理论和中国特色社会主义实践的态度动摇了，这种理想信念的动摇是那些腐败干部最显著的共性问题。党的十九大为全党全国各族人民擘画了新时代中国特色社会主义伟大征程的美好未来，习近平总书记要求我们新时代要有新气象，更要有新作为。我们必须在增加党员干部理论自信和实践认同上下功夫，这是实现中华民族伟大复兴中国梦的重要精神动力。

（二）最新要求："用学术讲政治"

学习贯彻习近平新时代中国特色社会主义思想和来川讲话精神有四个层次，即学、思、践、悟。从知到行，需要一个桥梁，就是如何把党的理论内化为思维方法，在此基础上转变成工作方法。既然习近平新时代中国特色社会主义思想是马克思主义中国化的最新成果，那么，就有一些问题：它与马克思主义的内在关联是什么？如何体现一脉相承？对此，如果党校老师讲不透彻，就不能做到习近平总书记强调的"理直气壮"；同时，作为党员干部特别是领导干部，如果对党的理论理解不深入，我们党正在从事的中国特色社会主义伟大事业就会缺乏解释力，党的十九大的决策部署就会缺乏执行力。最终结果，理论工作和实际工作都会缺乏底气。最近，中央党校要求该校教师，要用学术

---

① 中央编译局. 马克思恩格斯文集（第1卷）[M]. 北京：人民出版社，2009：528，97，193，502.
② 中央编译局. 马克思恩格斯文集（第1卷）[M]. 北京：人民出版社，2009：528，97，193，502.
③ 中央编译局. 马克思恩格斯全集（第2卷）[M]. 北京：人民出版社，1957：191.
④ 习近平. 决胜全面建成小康社会夺取新时代中国特色社会主义伟大胜利 [M]. 北京：人民出版社，2017.

讲好习近平新时代中国特色社会主义思想和党的十九大精神，有三点基本要求：一要坚持问题导向，习近平新时代中国特色社会主义思想及其"四川篇"有哪些思维方法对武装我们的头脑更直接？二要找准学术接口，党校系统的教学与科研所的学术底蕴如何与政治有效对接？三要构建学理框架，我们在跟学员讲授习近平新时代中国特色社会主义思想时，用的是哪个学科视角及理论基础作为支撑？为了积极响应并努力实现这一要求，必须努力尝试在以上三个方面"用学术讲政治"。这样，才能让党校的课堂充满理论性和现实感，远离简单的灌输和空洞的说教，才能使马克思主义及其中国化的理论成果更有解释力，真正闪耀出真理魅力和理性的光芒。这也是学习研究习近平总书记现代思维方式现实维度的一个方面。

（三）实践价值：理论联系实际的中间环节

从价值维度看，如果说马克思主义是中国共产党人的理论标识、思想基因，那么，马克思主义哲学就是基因密码。它的革命性变革，马克思的一句话最为明了："哲学家们只是以不同方式解释世界，而问题在于改变世界。"[①] 这句话意在表明，新唯物主义与一切旧哲学在理论与实践关系上的原则区别，这是马克思主义哲学的阶级实质和历史使命。但是，在实际学习运用中，马克思主义哲学如何改变世界呢？恩格斯曾经指出：观念同自己的物质存在条件的联系，越来越错综复杂，越来越被一些中间环节弄模糊了。[②] 所以，我们必须把知识层面的科学的世界观和方法论，即把习近平新时代中国特色社会主义思想及其"四川篇"转化为我们的思维方式、思维方法，进而形成工作方法，才能为真正做到理论联系实际提供"中间环节"，才能实现马克思主义哲学"改变世界"这一基本功能。习近平总书记在党的十九大报告中要求，我们党既要政治过硬，又要本领高强。[③] 新时代，认真学习掌握习近平总书记的现代思维方法是提高执政本领的关键。作为中间环节，它是习近平新时代中国特色社会主义思想及其"四川篇"在党员干部头脑中的"内化"；而工作方法是这一思想的"外化"表现。"内化"的目的必然通过"外化"的结果——工作实践来实现，这才是真正意义上的"改变世界"。把握好这一中间环节，是实现理论与实际相结合的有效途径。虽然我们概括的习近平总书记十大现代思维方法的内容已经很丰富了，覆盖面也很广泛了，但是面对正在进行中的习近平总书记的治国理政实践，这些方法还要进一步发展和完善。

很多党员干部都非常重视改造客观世界，与马克思主义哲学的本真精神是一致的。同时，执政一方，要政绩、要绩效，也无可厚非。但个别领导干部往往忽视对自己的主观世界的改造，不懂规律、漠视方法、蛮干盲干，只追求冰冷的数字和业绩，不考虑人民的获得感和幸福感。这是很严重的现实和价值的扭曲。既然是新时代，我们就应该按照习近平新时代中国特色社会主义思想及其"四川篇"的新要求，改变过去错误的思想和做法，跟上新时代步伐。这正如习近平总书记在十九届中央政治局第一次集体学习时

---

① 中央编译局. 马克思恩格斯文集（第1卷）[M]. 北京：人民出版社，2009：528，97，193，502.
② 中央编译局. 马克思恩格斯文集（第4卷）[M]. 北京：人民出版社，2009.
③ 习近平. 决胜全面建成小康社会夺取新时代中国特色社会主义伟大胜利 [M]. 北京：人民出版社，2017.

所说的："新征程上，不可能都是平坦的大道，我们将会面临许多重大挑战、重大风险、重大阻力、重大矛盾，领导干部必须有强烈的担当精神。领导干部不仅要有担当的宽肩膀，还得有成事的真本事。"①

---

① 习近平. 切实学懂弄通做实党的十九大精神努力在新时代开启新征程续写新篇章 [N]. 北京：人民日报，2017－10－29.

学习习近平新时代中国特色社会主义思想及"四川篇"需念好"八字经"

文凌云[①]

四川省委书记彭清华同志在全省市厅级主要领导学习贯彻习近平新时代中国特色社会主义思想和习近平总书记对四川工作重要指示精神读书班开班式上的讲话中要求："这次读书班对习近平新时代中国特色社会主义思想'四川篇'进行全面梳理，大家要带着信念、带着感情、带着使命、带着问题学，全面掌握丰富内涵和核心要义，真正用以武装头脑、指导实践、推动工作。"讲话是推进治蜀兴川再上新台阶的纲。习近平新时代中国特色社会主义思想及其"四川篇"，博大精深，要学懂弄通，参悟透，领会好，非下一番苦功不可。没有滴水穿石的韧劲、秉烛求真的激情、乐在其中的境界、功成不必在我的胸襟，是断然达不到学懂、弄通、做实之境的。捧起书本之前，必须念好深情、系统、跟进、致用"八字经"，回答好为什么学、学哪些内容、怎么及时学、如何指导实践四大问题。

一、念好深情经，回答好为什么学的问题

"知之者不如好之者，好之者不如乐知者。"爱国、爱民、爱党、爱真理之情，是毕其一生苦学、深学、乐学习近平新时代中国特色社会主义思想及其"四川篇"的力量之源。李大钊、毛泽东、邓小平等革命先辈在风雨如晦的旧中国，冒着杀头坐牢的危险，苦苦寻找救国救民真理，最后找到了马克思列宁主义，力量从哪里来？改革开放初期，干部群众顶着"左"的重重压力，如饥似渴地学习邓小平理论，勇气又从哪里来？都是从对国家对人民对党对真理对革命领袖的无疆大爱中来，从救国救民、兴国富民的历史担当中来。今天在追求真理的路上，没有血雨腥风的生命考验，也没有疾风暴雨的政治考验，考验的只是习惯、爱好、追求和执着。但"生于忧患，死于安乐"的辩证法告诉我们，这时反而容易失去学习的动力和激情，尤其是在如今碎片化、快餐式、娱乐化阅读流行的年代更是如此。面对世情、国情、党情的深刻变化，世界千年未有的大变局，

---

① 作者简介：文凌云，中共广元市委党校副校长。

民族复兴路上一个又一个的陷阱，在最有希望实现民族伟大复兴而又最有可能功亏一篑的时刻，学习习近平新时代中国特色社会主义思想及其"四川篇"的动力和激情从哪里来？同前两个时期一样，只有从对国家、对人民、对党、对真理、对习近平总书记的深沉恒久之爱中来，从实现"两个百年"中国梦的使命担当中来。党的十八大至今不到六年，但在习近平新时代中国特色社会主义思想指引下，13亿多中国人民汇聚成排山倒海的磅礴之力，"五位一体"总体工作布局、"四位一体"战略布局、"五大发展理念"全面迅速有效地展开，取得了历史性成就，实现了历史性变革，国家的面貌、党的面貌、人民的面貌为之一新，创造了国内外为之惊叹的伟大奇迹。习近平总书记几十年如一日的学习、思考、实践、磨砺、积淀与为国、为民、为党的历史担当结合，在党的十八大以来的治国理政伟大实践中，围绕新时代坚持和发展什么样的中国特色社会主义、怎样坚持和发展中国特色社会主义这一时代课题，集中党和人民的实践经验和集体智慧，形成了习近平新时代中国特色社会主义思想，其伟大意义越往后，历史会看得越清，就像现在看光辉的马克思列宁主义、毛泽东思想、邓小平理论一样，全党全军全国人民对此心如明镜。古人云："一切为民者，则民向往之。"习近平总书记以身许国许党许民，连续几年新年致辞都特别提到日夜牵挂的贫困群众，他曾深情地回忆说："我是黄土地的儿子。"人民对习近平总书记也怀着无限的爱戴之情，无论走到哪里，从心底自然流淌出来的笑声、欢呼声、掌声就是最好的明证。一个人，无论身居何处，职位高低，顺境还是逆境，只要有了对国家对人民对党对真理的深情，就会有一往无前的学习担当，就会有取之不尽、用之不竭的学习动力，就会有什么挫折也浇不灭的学习激情。就不会把学习简单当作任务，应付交差；就不会浅尝辄止，浮于表面；就不会虎头蛇尾，遇难而退。

二、念好系统经，回答好学什么的问题

要准确把握习近平新时代中国特色社会主义思想立场、观点、方法，要真正把习近平新时代中国特色社会主义思想及其"四川篇"学懂弄通做实，仅仅零碎地、空洞地、实用主义地学习几句讲话、几段讲话、几篇讲话，看几本辅导书是不行的，那样不能了解苦难辉煌的人生，走不进坚韧敦厚的内心，触摸不到随实践不断积累、不断发展、不断丰富，逐渐成熟的思想脉络，体会不了以身许国许党许民的宽广情怀，掌握不了内容全面、联系紧密、逻辑严密的理论体系。因此，首先要坚持学习讲话时间上的系统性。既要重点学好党的十九大报告，《习近平谈治国理政》一、二卷等经典原著，又要在此基础上，学好《知之深　爱之切》《摆脱贫困》《干在实处走在前列》等习近平在正定县、宁德市、浙江省等各个时期的讲话、文章，还要学好在博鳌亚洲论坛年会、海南建省办经济特区三十周年大会、全国网信工作会议上的讲话等最新的讲话。其次要坚持学习讲话内容上的系统性。习近平新时代中国特色社会主义思想同毛泽东思想、邓小平理论一样，不是一个或几个方面，而是涵盖改革发展稳定、内政外交国防、治国治党治军的各领域、各方面、全过程，不但整个理论构成了空前全面系统的，逻辑严密的，不可分割的有机联系的思想理论体系，而且理论的每一个重要方面也构成了完整严密的子系统。

必须全面系统学习经济、政治、法治、科技、文化、教育、民生、民族、宗教、社会、生态文明、国家安全、国防和军队、"一国两制"和祖国统一、统一战线、外交、党的建设等全部理论,而不能支离破碎地学习,要坚持学习讲话内容与非讲话内容的系统性。习近平各个时期的讲话是习近平各种思想的主要载体,学习习近平新时代中国特色社会主义思想,了解形成发展过程,毫无疑问,首先要学习各个时期的讲话。但各个时期的文章也是思想的重要载体,也需要学习,而且要和讲话结合起来学习。如《之江新语》收集的是习近平总书记在担任浙江省委书记时为《浙江日报》"之江新语"专栏写的 232 篇短论,每篇大部分只有短短几百字,但给人字字珠玑之感,既是工作之学也是领导之学还是修身之学,是一本关于领导价值观和领导方法论,是一部几乎涵盖地方领导干部工作各个领域的领导工作百科全书,反复研读后对各级领导干部为人为官为学有莫大助益。党的十八大后很多领导干部时常引用习近平总书记讲的"钉钉子精神",但不少同志对这一精神的内涵、外延、作用不甚了解,更不用说真正内化于心、外化于行,只要深学笃行书中写于 2006 年 12 月的《抓落实如敲钉子》这篇短论,就会豁然开朗。因此《之江新语》即便不是讲话也不是党的十八大后的产物,领导干部也应该像对待党的十八大后的重要讲话一样,将其作为枕边书,深读细读。这样坚持系统学习,不但能对习近平新时代中国特色社会主义思想体系有一个历史、全面、立体、准确、透彻的把握,而且对其高远的志向、宽广的胸襟、学贯中西的学识、深邃的思想、人民的情怀、铁肩的担当、舍我其谁的气魄、务实的作风、高超的领导艺术、灵秀的心灵、飞扬的才情会有细微、精致、准确的感悟,能极大地增强人们维护核心、拥戴核心、跟随核心的自觉性、恒久性、笃定性。

三、念好跟进经,回答好怎么及时学的问题

"时代是思想之母,实践是理论之源。"① 理论总是在回答时代大课题和解决实践中的具体问题而产生的,因此有很强的时间性,如果总是按上级要求亦步亦趋照搬照抄被动地学,必然造成滞后性,难以达到制度化、常态化,学在日常、抓在经常的要求。要做到及时,就必须坚持做到习近平总书记治国理政的脚步走到哪,就及时通过网络、电视、报刊、广播等多种媒体,了解习近平总书记的活动、讲话、演讲、谈话的主要内容及中外媒体相关背景新闻报道,跟进学习思考到哪,做到时间上跟进、思想上贴近、情感上亲近。"紧跟"绝不是一句空洞的政治口号,而是需要变为每一个党员干部具体的日常的行动。如跟着习近平总书记的脚步到四川凉山,不但可以及时了解到习近平总书记对深度连片少数民族贫困地区精准脱贫工作的最新要求,而且会对习近平总书记抓精准脱贫行动背后蕴含的滴水穿石精神有更真切、更深刻的感受。又如跟着习近平总书记的脚步到博鳌和海口,了解习近平总书记在博鳌亚洲论坛年会上的演讲和在庆祝海南建省办经济特区三十周年大会上的讲话的主要内容及参加的相关活动,了解中外媒体的相关报道,远距离感受两场会议的气氛,再对比美国当下大肆推行的单边主义、保

---

① 习近平. 不忘初心,继续前进 [M] //习近平谈治国理政(第二卷),北京:外文出版社,2017.

护主义，不但可以及时学到习近平总书记演讲、讲话的主要精神，而且会从中感悟到新时代中国全面深化改革坚如磐石的意志，东西南北中多点多极推进改革的崭新格局，面对世界反全球化逆流对外开放大门越开越大的从容笃定，中国思想、中国智慧、中国方案在当今世界经济治理中发挥的引领作用，更加坚定对"四个意识"的政治认同、思想认同和情感认同。

四、念好致用经，回答好怎么实践的问题

马克思指出："哲学家只是用不同的方式解释世界，问题在于改变世界。"① 学习习近平新时代中国特色社会主义思想及其"四川篇"的根本目的是推进"四个伟大"的实践，促进治蜀兴川再上新台阶。要把讲话作为补理想信仰的"钙"。"这个重大责任，就是对民族的责任……继续为实现中华民族伟大复兴而努力奋斗，使中华民族更加坚强有力地自立于世界民族之林，为人类做出新的更大的贡献。这个重大责任，就是对人民的责任……人民对美好生活的向往，就是我们的奋斗目标……这个重大责任，就是对党的责任……坚持党要管党、从严治党，切实解决自身存在的突出问题……"② "全党要坚定道路自信、理论自信、制度自信、文化自信。当今世界要说哪个政党、哪个国家、哪个民族最能自信的话，那中国共产党、中华人民共和国、中华民族是最有理由自信的。"③ "是怕得罪成百上千的腐败分子，还是怕得罪十三亿人民？不得罪成百上千的腐败分子，就要得罪十三亿人民。这是一笔再明白不过的政治账、人心向背的账！"④ 这些学懂了真信了，理想信念之"钙"就会充盈起来。要把讲话作为工作的根本遵循。要以我们正在做的事情为中心，坚持问题导向，用理论之"矢"去张弓搭箭，射工作问题之"的"。在为什么坚持党的领导、如何坚持的领导上，对标"党政军民学，东西南北中，党是领导一切的。必须增强政治意识、大局意识、核心意识、看齐意识，自觉维护党中央权威和集中统一领导，自觉在思想上政治上行动上同党中央保持高度一致，完善坚持党的领导的体制机制，坚持稳中求进工作总基调，统筹推进'五位一体'总体布局，协调推进'四个全面'战略布局，提高党把方向、谋大局、定政策、促改革的能力和定力，确保党始终总揽全局、协调各方"⑤。在为什么坚持发展第一要务、怎么坚持发展第一要务上，对标"实现'两个百年'奋斗目标，实现中华民族伟大复兴的中国梦，不断提高人民生活水平，必须坚定不移把发展作为党执政兴国的第一要务，坚持解放和发展社会生产力，坚持社会主义市场经济改革方向，推动经济持续健康发展"。对新时代治蜀兴川而言，正如彭清华书记在读书班开班式上的讲话中指出的那样，习近平

---

① 马克思恩格斯选集（第一卷）［M］. 北京：人民出版社，2012.

② 习近平. 人民对美好生活的向往，就是我们的奋斗目标［M］//习近平谈治国理政，北京：外文出版社，2014.

③ 习近平. 不忘初心，继续前进［M］//习近平谈治国理政（第二卷），北京：外文出版社，2017.

④ 习近平. 在中纪委五次全会上的讲话［M］//习近平关于全面从严治党论述摘编，北京：中央文献出版社、中国方正出版社，2015.

⑤ 习近平. 决胜全面建成小康社会夺取新时代中国特色社会主义伟大胜利［M］. 北京：人民出版社，2017.

新时代中国特色社会主义思想"四川篇"指明了新时代治蜀兴川的历史方位、总体要求、第一要务、根本动力、开放格局、重中之重、价值取向、生态重任、法制保障、政治保证,要作为推动治蜀兴川再上新台阶的根本遵循。正如马克思所言:"理论在一个国家实现的程度,总是取决于理论满足这个国家需要的程度。"[1] 习近平新时代中国特色社会主义思想正是在回答中国在走向强起来的过程中"新时代坚持和发展什么样的中国特色社会主义,怎样坚持和发展中国特色社会主义"这一重大时代课题,解决党的十八大以来改革发展稳定、内政外交国防、治党治国治军面临的一系列重大问题,取得历史性成就,实现历史性变革的伟大实践中应运而生的。要把习近平新时代中国特色社会主义思想及其"四川篇"作为指导工作的强大理论武器,通过正在开展的"大学习,大讨论,大调研"活动,进一步回答好本地区本行业"怎么看、怎么办、怎么干"等一系列重大问题,知上情、通下情,了解全面的形,把握长远的势,坚持目标导向、问题导向、价值导向,以"功成不必在我"的精神境界和"功成必定有我"的历史担当,搞好顶层设计,做到精准施策,务必精心施工,把美好蓝图变为人民幸福生活的活生生现实。

总之,念好深情、系统、跟进、致用"八字经"是学习习近平新时代中国特色社会主义思想及其"四川篇"的关键。唯其如此,才能学得乐此不疲,学得透彻深入,学得鲜活生动,学得入脑入心。唯其如此,才能不断增强"四个意识",把思想上认同、政治上看齐、行动上紧跟的要求落到实处,时代的节拍,上下同心,拼搏奋进,在新一届省委的坚强领导下,踏着民族伟大复兴的新时代节拍,奋力推进治蜀兴川再上新台阶!

---

① 马克思恩格斯选集(第一卷)[M]. 北京:人民出版社,2012.

群众的事无小事 "大调研" 更需细思量

张　良[①]

　　2018 年 2 月，习近平总书记莅临四川视察调研时，提出要多调研、摸实情，提倡"全党崇尚实干、力戒空谈、精准发力，让改革发展稳定各项任务落下去，让惠及百姓的各项工作实起来"。4 月 12 日至 14 日，全省市厅级主要领导干部学习贯彻习近平新时代中国特色社会主义思想和习近平总书记对四川工作重要指示精神读书班上，省委书记彭清华发表重要讲话。他强调，面对新时代、新形势、新挑战，全省各级党组织和广大党员干部要认真学习贯彻党的十九大和习近平总书记对四川工作重要指示精神，坚定以习近平新时代中国特色社会主义思想为指导，在全省来一场大学习、大讨论、大调研，进一步解放思想、统一认识、理清思路、完善举措，以更加奋发有为的精神状态扎实做好各项工作，奋力推动治蜀兴川再上新台阶。省委决定，从 4 月起至 9 月底，在全省开展"大学习、大讨论、大调研"活动。

一、充分认识"大调研"的重要意义

　　学习是深化认识的前提，讨论能激发灵感的碰撞，调研则是把握解决问题的钥匙。全面建设小康社会、开启现代化建设征程的关键时期，社会发展要求已从经济水平的单一发展变成全社会整体水平提升。"大调研"活动作为近年来参与人数最多、效用力度最深、涉及领域最广的调查研究，有极重要的时代意义。总的来说，"大学习、大讨论、大调研"活动，作为当前全省总的、紧迫的政治任务，对进一步加深各级干部对党的十九大精神和习近平新时代中国特色社会主义思想"四川篇"的理解把握，切实提高理论素养；对于坚持问题导向，在总结成功经验的基础上查找突出问题，进一步解放思想、深化省情认识，把握四川发展阶段性特征，丰富完善治蜀兴川战略决策和措施办法；对于切实转变干部作风，以"三严三实"要求推动党的十九大决策部署和习近平总书记对四川工作重要指示精神落地落实，推动治蜀兴川再上新台阶，都具有十分重大的意义。

　　备战"大调研"，这正是省委、省政府对推动党的十九大决策部署在巴蜀大地落地

---

　　①　作者单位：中共广元市昭化区委党校。

生根一次有意识的主动出击，体现了四川人民永不懈怠的精神状态和一往无前的奋斗姿态。

二、"大调研"的意蕴和特点

可以说，本次全省上下开展的"大调研"，将不同于以往任何一次调研走访，仅仅是问题和结论的简单回应。习近平总书记在指示中提到"要多调研，摸实情"，这是党的十九大以来，推动治蜀兴川再上新台阶的根本遵循和行动指南。因此，它有着显著"大"的特点：

（一）对象复杂，范围广泛

调研要取得成效，势必是"沉下去"的艰苦过程。本轮"大调研"，不仅要看成绩，更要搜集制约四川省经济发展的各方面问题。只有问题明确，才能措施得当，才能把实现小康跨越途中的荆棘刺一一拔除。

习近平总书记来川视察，不顾旅途劳顿，直接前往深度贫困地区的大凉山腹地昭觉县查看群众生产生活情况，身体力行地为全体领导干部做出榜样。总书记说过，不到最困难的地方去，解决最棘手的问题，这样的小康是低水平的小康，是不全面的小康。脱贫不是面子光。深度贫困地区困难更多、矛盾更深，是四川省脱贫攻坚伟大攻势中最艰巨的战役，也是制约进一步消除贫困人口的短板，是最需要花工夫、下深水的地方。深入这些地方调研，正是为了搜集并解决群众问题，将基层执政的堡垒夯实筑牢。

同样要加强调研的，还有深化改革中情况最复杂、意见最集中的领域。容易改革的都改了，越往后剩下的越是难啃的硬骨头。深化改革、调整结构，势必会触动一些人的蛋糕，遇到一部分阻力。将调研深入这些领域，正是为了直面问题，找准症结，将深化改革的快刀擦亮磨光。

（二）视角宏大，手段科学

本轮"大调研"，结果要服务于新一轮政策制定，必须运用宽阔的视野，将群众最关心的各领域问题都纳入选题范围。民生领域、改革领域、脱贫攻坚领域、乡村振兴领域——无论什么方向，只要有群众关心关注的热点难点问题，就必须要有改革者深入调查研究的身影。我国经济已由高速增长阶段转向高质量发展阶段，四川是经济大省和人口大省，要加快推动高质量发展，必须解决好产业体系不优、市场机制不活、协调发展不足、开放程度不深等重大问题。从各个方面开展调研形成的海量的数据最后汇入地方党委政府的智库，形成高屋建瓴的政策和指导。为此调研方案的制订必须高瞻远瞩，直面最急迫、最根本、最能切中要害的部分；调查过程必须不打折扣，确保上报问题能够全面反映真实情况。

"大调研"要适当运用科学方法。社会科学的研究方法、统计学方法应该被全面运用到调查手段之中。田野调查也叫实地研究，一直是了解社会问题最古老也是最有效的办法，田野调查的结论往往真实而且深刻。通过实地走访，去进入和体验被访问者的生活，暂时成为被访者的"自己人"，记录被访者的生活，获得大量第一手资料。思考和记录可以同时进行，如此形成的调研报告有情感也有质感。

大调研既可以采用深度调研为基础的质性研究，也要鼓励采用大数据为基础的量化研究。因为充分运用现代科学的方法开展深度研究，更能确保调研结果的科学性。尤其是调研势必产生海量数据，对这些数据进行充分挖掘，寻找其中有价值的信息，形成一批社会管理方面的论断、模式和模型，对优秀经验模式的推广和现有体制的改革都能产生巨大的价值。

（三）各级思想共振，高校部门联动

本次"大调研"涵盖领域多，重视程度高。省级层面的大调研由省委常委、省政协主席、省人大常委会党组副书记、副省长牵头，省直有关部门（单位）参加，每人负责承担一个重点课题。同时，市（州）、县（市、区）要根据省委精神，结合各自实际组织开展针对性的大调研。可见本次调研的力度之深，直达病灶。这就要求各级党委政府必须统一思想、上下联动、同频共振，力戒形式主义，尤其是要避免各自为政、浅尝辄止、应付了事。要结合机构改革后的职能特点，统筹协调、统一布局，选派精兵良将，把调研的大网撒下去。要开展政府跨部门的联合调研，让调研更深入、更彻底，让该领域的问题得以充分暴露，同时让调研的部门能在调研中认识问题，思索解法。让各部门的认识统一起来，在重点领域和关键环节寻求更大突破。

"大调研"还要充分整合高校、党校和社科系统和第三方调查机构的作用。充分利用高校和党校、社科系统、第三方调查机构已有的科研成果，筛选深入调研方向；鼓励地方政府和高校区域经济发展中心、社会研究中心协同作战，请他们出具政策咨询报告、研究报告等；结合高校品牌调研（如中国人民大学千人百村社会调研等）明确调研目标，避免多头重复调研，造成人员和财物的浪费。

（四）频次常态化，目标开放化

"大调研"不能是一阵风。正如国家、省、市、县区各级密集的督查和督导，目的在于彻底改变各个领域部门的工作方式，督促各级各部门扭转工作作风一样，"大调研"也需要常态化，将工作落到实处，把功用在平时。调查研究是我党基本的工作方法，是谋事之基、成事之道，没有调查就没有发言权，也没有决策权。在实践中不断总结经验、摸索规律，反向推动政策做出调整，这是中国改革的总体性特征，这也是我们经济发展的特色。我们必须在调研中总结经验，丰富中国特色的社会主义建设理论体系，指导社会经济发展，增强理论自信。大型调研时序可能很长，从几个月到几年；共时层面范围上可能很广，跨越一个地区甚至几个省市，这要求各级领导干部必须"沉得下去"，找寻规律、解决问题，愿意为之付出艰苦卓绝的努力。

"大调研"要有开放的目标。既要求问题导向，带着方向去进行调研；又要求在调研中能主动寻找和发现新的问题。这要求调研者要解放思想、发散思维，既要切中要害，看到问题所在，又要找寻答案，让调研产生效果。时间在前进，社会在发展，基层存在的问题也在相应变化。确保每一次"沉下去"，都能在"调"中找问题，在"研"

中找答案，都能带着问题下去，带着答案上来。

三、保障"大调研"实效

我党的高级领导人都非常善于调查研究。伟大军事战略家毛泽东通过切实调研，敏锐观察，发现了中国革命的规律；改革开放总设计师邓小平，高龄南行，深入思考，摸索中国经济发展的出路。这些我们耳熟能详的改变中国命运的伟大调查研究深刻表明，一切办法只有在实干中见效。

（一）强化结果运用

调研的目的是找出改进的路径、解决的方法，绝不能光搞调研，不搞反馈。找出问题就要尽力整改，发现漏洞就要填补。光归纳问题，不书写答案，这样的调研无异于知错不改。要强化调研成果运用，让数据产生效益。"大调研"会形成大数据，再通过大数据挖掘分析会形成大量的咨政报告。这些报告必须及时运用，能第一时间反馈到相应的部门，再供政策制定者第一时间采取措施进行政策的调整。要建立健全反馈机制和督办机制，这是将调研工作穿串挽结的绳索，为此，必须在"大调研"的备战阶段就做实安排部署。

（二）在调研中改进作风

深入基层、深入一线的过程，就是向实践学习、向群众学习的过程，不怕裤脚沾泥土，只怕心中无人民。调研要从严从实，既要把"大调研"作为深入基层接触了解群众生产生活的好机会，又要把它当作转变工作作风的一次实践。社会形势发生重大变化的今天，任何一个变量都可能改变整个社会发展函数的进程，还像以往一样凭经验办事、拍脑袋决策，很难应对时代的挑战。必须力戒搞搞形式、走走过场，走马观花式的调研。一是改变"二手调查"之风。看现成材料、听他人汇报、找网络资料，这样的"二手"材料就像柏拉图所说"艺术与真理隔了三层"，始终不能称为工作和决策的参考。二是改变"蜻蜓点水"之风。有的干部满足于听听、转转、看看，走马观花、浅尝辄止；不求甚解但求完成任务，既无观感也无体验。这些危险的作风必须得到转变。唯有老老实实深入群众，把问题找准、把解决问题的办法研究透，转作风、看真相、创业绩，才能把中央精神和工作部署落到实处，使各项工作缜密而务实地推进。

（三）加强保障机制

兵马未动，粮草先行。伟大事业还须依靠伟大人民，"大调研"必须有精兵强将来推动工作，有充足经费来保障。一是人、财、物都有保障。各级政府要设法划拨专款加强保障，确定专人进行负责，确保调研开展过程顺利。二是要制度有保障。政府要为"大调研"强化组织领导、细化工作要求、加强督查督导、设立考核奖惩，为服务大跨越、大发展，绘就"四川篇"宏伟蓝图更添举措。

习近平总书记从 2013 年以来，对做好四川工作多次发表重要讲话、做出重要指示批示，这是以习近平同志为核心的党中央对治蜀兴川最明确、全面、精准的定位，科学回答了新时代四川"怎么看、怎么办、怎么干"等一系列重大问题，是指导治蜀兴川实践的强大思想武器。"大学习、大讨论、大调研"活动与做好日常工作统筹起来，与深入学习贯彻落实党的十九大精神、习近平总书记来川视察重要讲话精神结合起来，同开展"不忘初心"主题教育结合起来，以学习讨论调研的成果推进工作开展，以改革发展的成绩检验活动成效。

认真贯彻习近平总书记来川视察重要讲话精神，加强乡镇领导干部能力素质建设，助推乡村振兴战略

李明① 赵平

实施乡村振兴战略是党的十九大和2017年中央农村工作会议中都强调的国家重大发展战略，是以习近平同志为核心的党中央，着眼于实现"两个一百年"奋斗目标、顺应亿万农民对美好生活的向往做出的重大决策，也是做好新时代"三农"工作的总抓手。习近平总书记2018年春节前夕视察四川时指出四川是农业大省，乡村地域广、面积大、人口多，"三农"工作面临繁重任务。四川是"天府之国"，农业大省这块金字招牌不能丢。因此四川也应当坚定不移地贯彻执行乡村振兴发展战略。

乡村振兴战略对农村提出了"产业兴旺、生态宜居、乡风文明、治理有效、生活富裕"的建设总要求，力求推动农业全面升级、农村全面进步、农民全面发展。这对广大基层领导干部在新时代扎扎实实做好各项工作提出了更高的要求。

乡镇是我国最基层的行政机构和政权组织，是国家政权有效运转的基点和我党执政的基础。从国家发展布局看，乡镇连接城市和农村，在我国经济社会发展中起着重要作用。而乡镇干部是基层政权的执政骨干，其工作范围涉及联系群众、发展经济、服务民生以及维稳等多方面，因此乡镇干部队伍的能力素质建设是一项非常重要的工作。

一、新时期乡镇干部应当具备的能力

习近平总书记说过"打铁还需自身硬"。身为乡镇的领导干部必须具备过硬的本领和较强的业务能力，才能主政一方，造福于民。新形势下，乡镇领导干部应具备以下能力。

（一）学习能力

随着经济社会的不断发展、改革开放的不断深入，乡镇工作涉及的面越来越广，基层涌现的社会矛盾也增多了，复杂化了。这些对乡镇干部的知识更新和自身能力素质提出了更高的要求。

---

① 李明，男，中共乐山市委党校马列教研室副教授，主研方向：哲学、马克思主义中国化。

乡镇干部首先要认真学习党的基本理论、基本思想和最新理论成果。重点掌握建设中国特色社会主义的相关理论，善于运用其基本立场、主要观点和科学方法分析和判断当今形势并指导工作实践。党的十九大提出的习近平新时代中国特色社会主义思想，是马克思主义中国化最新理论成果，是全党全国人民为实现中华民族伟大复兴而奋斗的行动指南，也是我们基层领导干部开展各项工作的行动指南。这些都需要领导干部认真贯彻学习。其次，乡镇干部应坚持理论学习与实践运用相结合，要在实践中检验学习成效，提升学习能力。目前我省正在开展学习贯彻习近平新时代中国特色社会主义思想"大学习、大讨论、大调研"活动。这要求我们应进一步深入基层，深入群众，带着问题学，在实践中学，学以致用、用以促学、学用相长。再次，乡镇干部要积极学习新知识，运用新媒体，掌握新方法。随着信息化的不断发展，微信、微博等新媒体纷纷兴起，这些新媒体传播快、涉及面广、易读易懂，很容易被大众接受，有利于提高工作效率。乡镇干部需要与时俱进，积极学习运用新媒体，善于使用新方法解决工作中遇到的新问题，才能跟上时代发展的潮流和步伐。

（二）执行能力

乡镇干部是方针政策在基层贯彻落实的骨干力量，执行能力是乡镇干部的基本功。因此，乡镇干部首先要认真学习领会上级下发的各项方针和政策，领悟其精神、掌握其要领，在执行上不能随意更改，以免误导群众。实施乡村振兴战略是党的十九大、2017年中央农村工作会议以及习近平总书记视察四川都强调的国家重大发展战略，是顺应农民群众对美好生活的向往做出的重大决策，也是新时代"三农"工作的总抓手。四川是农业大省，乡村地域广、面积大、人口多，"三农"工作面临繁重任务。因此当前认真贯彻执行乡村振兴战略，加快推动乡村产业振兴，加快推动乡村生活富裕，是当前基层工作的重中之重，这也是继精准扶贫之后，需要广大基层干部不放松、不懈怠、不打折扣地执行的又一项重大方针政策。

（三）服务能力

为人民服务是党的根本宗旨。乡镇干部直面广大群众，为广大群众服好务、办好事，是基层干部应尽的职责，也是广大群众的殷切期盼。当前乡镇领导干部要做好新形势下的群众工作，提升服务能力，需要树立三种意识。

一是树立民本意识，增强群众观念。在新形势下，尽管党所肩负的历史责任和所处的环境已经发生了重大变化，但我党的全心全意为人民服务的宗旨没有变。乡镇领导干部常年同农民打交道，如果群众观念足够强，能处处为群众着想，遇事能征求群众意见，那他们在群众心目中的形象就不会差，他们所代表的党和政府在群众中的威望也不会低，反之则会损害党和政府在群众心目中的形象。

二是强化责任意识，增强做好群众工作的使命感。习近平总书记2018年来川视察提出四川要着力实施乡村振兴战略的重要要求。指出我们要走产业振兴、质量兴农之路，深入推进农业供给侧结构性改革，继续抓好建基地、创品牌、搞加工等重点任务，加快培育新型农业经营主体，统筹抓好多种形式适度规模经营和小农户经营，促进农村一二三产业融合发展，以现代农业引领乡村产业振兴，推动农业由增产导向转向提质导向。这需要广大基层干部恪尽职守、吃透精神，发挥政策传达和工作引领的职能，推动各项工作有序开展。

三是树立创新意识，积极创新群众工作的方式方法。乡镇领导干部要从实际出发，努力创新群众工作的方式方法，要在发展中求和谐，在和谐中求创新。四川南充营山县城南镇原党委书记文建明提出的乡镇党委"三二"工作法以及四川甘孜州道孚县瓦日乡原党委副书记、乡长菊美多吉提出的"恋爱工作法"等都是基层工作方法有效创新的典型。如今两位优秀的基层干部都已过世，但他们创立的基层工作方法对今天的基层干部仍然还有非常重要的借鉴价值。

（四）沟通协调能力

对基层干部而言，要搞好乡镇和农村的工作，良好的沟通协调能力是必不可少的能力要求。

首先，要能真诚倾听群众意见，这也是能有效沟通和协调的基本前提。真心诚意地倾听是对他人的尊重与理解，也有利于把握关键信息，理解他人意图，有利于客观公正地看待问题和处理问题。现实中，个别基层干部只顾应付领导和上级检查，对群众的诉求不屑一顾，处理信访问题简单粗暴，经常是群众还没开口，就被拒之门外，群众不能有效诉求，问题淤积，致使干群关系紧张，工作推进困难。其次，要有良好的语言表达能力。在做基层群众工作中，清晰明了、准确恰当的语言更能获得沟通的实效，工作往往也会起到事半功倍的效果。这就要求基层干部要掌握丰富的群众语言，用通俗易懂的话语来传达方针政策和法律法规，善于与群众交换意见，取得群众认可。再次，还要有处理各种错综复杂工作的统筹协调能力。沟通协调能力作为管理活动中的一个主要环节是非常重要的，基层干部良好的沟通协调能力也会提高工作效率，增加工作的愉悦度和推进工作的进度。农村基层干部要善于统筹大局、分清主次、把握重点、做好准备、全面协调各方关系，把各项工作做好。提高农村基层干部的沟通协调能力，是农村基层干部能顺利开展各项工作的有力保障。

（五）应急管理能力

当前我国正处在改革开放的攻坚期和深水期。既有机遇，也有挑战；既有改革成果，也有矛盾凸显。因此建立健全危机处理机制，提高农村基层干部的应急管理能力是保障我国广大农村社会和谐、安定发展的必然要求。一方面是自然灾害和公共安全方面，需要提前建立有关应急管理预案，确保一旦出现事故，能积极反应，有效应对。另一方面是预防群体性事件。党的十八大以来，四川坚持把"三农"工作作为全局工作重中之重，以放活土地经营权为突破口深化农业农村改革，发展多种形式适度规模经营，建立利益联结机制带动小农户发展，农村土地承包经营权确权登记颁证基本完成，覆盖全省的农村产权流转交易市场基本建成，但其中大量涉及土地流转和产权变更等问题。乡村振兴战略中也涉及相关问题，这些问题若处置不当，极容易引起群体性事件。

因此，乡镇干部首先自身要熟知各种法律法规和方针政策，及时掌握基层动态，要有超前预见的危机意识，对群众中苗头性、倾向性问题要抓早、抓细、抓到位，力求把问题消灭在萌芽状态。一旦突发事件爆发，乡镇干部要主动作为，不推诿、不扯皮，做到快速响应、积极组织、立即行动，积极主动发声、抢占舆论制高点、引导化解疏导民众不良情绪，避免事态恶化、矛盾激化。

二、新形势下乡镇干部应当具备的素质

结合当前形势，笔者认为，目前乡镇领导干部应具有以下五个方面素质。

（一）良好的思想政治素质

良好的思想政治素质是乡村振兴战略对农村基层干部的基本要求。只有建设一支具有较强的政治觉悟和政治鉴别能力，并且有正确的世界观、人生观和价值观的基层干部队伍，才能夯实我国新农村的政治基础。当前要提高基层领导干部的思想政治素质，关键在于基层干部要不断学习马列主义、毛泽东思想以及中国特色社会主义理论体系。特别是习近平新时代中国特色社会主义思想。只有用这些正确的思想来武装头脑，才能从理论中领悟实质、把握重点，才能在乡村振兴建设中把握住方向，做到理论联系实际，不断发现问题和解决问题。

（二）扎根基层、服务群众的价值取向

扎根基层、服务群众的价值取向也是乡镇领导干部必备的基本素质。乡镇地处最基层，许多乡镇往往还是位置非常偏僻、条件非常艰苦的农村地区。如果乡镇领导干部没有扎根基层的决心和信心，耐不住清贫和寂寞，沉不下心，是没办法干好乡镇工作的。乡镇领导干部树立扎根基层、服务群众的价值取向，应在以下几个方面做出努力。

首先，必须树立崇尚实干、克服困难谋发展的务实精神。乡镇领导干部要想扎根基层，干出一番事业，没有实干精神和落实能力是做不到的。乡镇领导干部要始终保持谦虚谨慎、勤勉务实的工作作风，避免空谈、浮夸、虚报，埋头苦干不争功，真抓实干不松懈。其次，必须培养开拓进取、勇于拼搏的工作激情。立足基层，乡镇领导干部要能够居安思危，正视矛盾困难，勇于挑战，知难而进，坚持"为官一任，造福一方"的从政理念，才能干出一番事业，取得优异成绩。再次，必须着力树立亲民为民的良好作风。乡镇领导干部大都是农民的儿子，对农民群众不应该在感情上淡漠。乡镇领导干部要心系群众，善于站在群众的角度思考问题，立足群众的实际解决问题。要善于尊重群众的思想品格，亲民爱民，要把实现好、维护好、发展好最广大人民的根本利益，作为一切工作的出发点和落脚点。习近平总书记在视察四川的时候，对四川省的精准扶贫工作情况非常关心，专门听取了省委省政府的专项工作汇报，这为基层领导干部做出了很好的示范。

（三）循循善诱、与老百姓打成一片的人格魅力

乡镇领导干部是与农民群众空间距离最近的领导干部，但却不一定是与老百姓心理

距离最近的人。

多年来，官本位思想和一些贪污腐败分子的恶劣影响，导致老百姓对基层领导干部的理解认可度并不理想，有的农民非常排斥领导干部。近年来，随着习近平总书记"打老虎""拍苍蝇"，以及中央反腐倡廉工作的有效开展，这种情况有所改善，但就领导干部自身而言，乡镇领导干部只有循循善诱，与老百姓打成一片才能与群众进行心灵的沟通，有效开展各项工作。

要与老百姓"打成一片"，首先要沉得下去。目前四川省正在开展学习贯彻习近平新时代中国特色社会主义思想"大学习、大讨论、大调研"活动。这就要求党的干部，特别是基层干部要真正下到基层一线，深入农村的田间地头，脚沾泥土、接地气。这样才能让老百姓觉得领导干部没有官架子，平易近人，与领导干部没有距离感，才会说真话，办实事，配合领导干部开展各项工作。走村入户应该成为乡镇领导干部的一项常态工作。只有这样，才能够真正了解农村存在的各种矛盾和实际问题，体察到老百姓的各种疾苦和期盼，才能真正与他们打成一片。

与老百姓"打成一片"，更要为民解难。当前，农民群众对领导干部有"四愿"：一愿干部常来农村走一走、看一看，不一定非要给钱给物，见见面说说心里话也高兴；二愿农村的公益事业有人来牵头办一办，有的事不是农民不愿意，也不是没钱办，关键是要有一个有号召力的人牵个头，把农民组织起来，才好办事；三愿致富有人帮一帮，主要是期望政府能帮助解决人才问题、技术问题、市场问题等；四愿农村的歪风邪气有人管一管，封建迷信、邪教组织、打牌赌博、坑蒙拐骗等在有些地方还很普遍，影响极其恶劣，不抓不管不行。

（四）健康的身心素质

据了解，现在不少地方的乡镇领导干部工作模式基本都是"五加二"和"白加黑"，奋战在工作一线，非常辛苦，精神可敬可佩。但这对领导干部的身心素质又是极大的考验。

毛主席说过"身体是革命的本钱"。身体素质是领导干部胜任基层工作的最基础条件。因为作为乡镇领导干部，无论是体力还是脑力的消耗都是很大的，这就特别需要具备良好的身体素质，只有这样才能胜任繁重的本职工作，才能更好地为党工作、为人民服务。这要求乡镇领导者要有健康意识，工作要讲究方法，追求效率，学会劳逸结合，注意自我调节，把握限度，张弛有度，同时要抽出时间加强体育锻炼，养成强身健体的好习惯。

同时乡镇领导干部的心理素质也很重要，因为它不仅关系到个人的身心健康，更关系到领导干部在工作中能否做出正确的决定。

首先，一方面乡镇领导干部要有充分的思想准备和良好的心理素质。乡镇地处偏远，环境艰苦，乡镇领导干部首先在任职前就要有心理准备；任职后更要守得住清贫、抵得住诱惑。另一方面就是在乡镇和农村工作会面对很多现实问题和困难，还有可能遭遇种种不如意。此时乡镇领导干部就要靠坚定的理想信念、踏实肯干的敬业精神以及坚持到底的决心，迎难而上、克服困难。

其次，领导干部要有不畏艰难、"时不我待、舍我其谁"的精神意志。乡镇领导干部处在行政级别的底层、基层的最前沿，直接面向农村，面对群众，身上的担子很重、责任很大，工作确实非常辛苦。但基层也是最接地气，最能锻炼人的地方。当年习近平总书记在陕西梁家河通过七年的知青岁月，锻炼了能力，磨砺了品格，才成就了今天的事业。这说明条件越是艰苦的地方越需要乡镇领导干部去艰苦奋斗、开拓创新，越是艰苦的奋斗越能锻炼人的意志、磨砺人的性格，越能增长人的本事，越能够使人成就一番事业。

再次，乡镇领导干部必须加强学习、善于自我调节。艰难困苦面前高尚的信仰和伟大的理想是领导干部最大的心理资本和攻坚克难的武器。正如马克思所说：一种美好的心情比十服良药更能解除生理上的疲惫和痛楚。乡镇领导干部要有好的心理素质才能在基层攻坚克难，成就一番事业。

（五）扎实的专业技能和科学文化素质

作为乡镇领导干部，一定的专业技能和科学文化知识是不可或缺的。没有水平和文化的乡镇领导干部，也难以取得农民群众的信任。这就需要乡镇领导干部要认真学习、积极向上，练就过硬技能和文化素质，才能做服务"三农"，助推乡村产业振兴的行家里手。

1. 乡镇领导干部要具备扎实的专业技能，成为内行领导

首先，乡镇领导干部要加强学习，提高专业技能。现在有的基层干部自身文化水平不高，思想观念陈旧，办事能力不足，难以担当带领群众致富奔小康的重任。还有一些乡镇干部是年轻同志，他们走出校门不久，有激情、有思想、懂理论，但是了解基层实际和群众意愿太少，急于表现、求功心切，干工作容易意气用事，结果办事很难抓到点子上，工作也难以打开局面，在基层工作举步维艰。

其次，乡镇干部要善于以身作则，率先垂范。在农民群众眼中，乡镇领导干部就是一面旗帜、一个标杆。因此，乡镇干部要高标准、严要求自己，身教重于言教，努力起好先锋模范带头作用。特别向广大农民传达和教授新农村建设的知识技能的时候，不要惯用行政命令、强制手段去要求群众。乡镇领导干部要通过做示范，抓样板的方式，用样板来指导群众、带动生产，让农民学有所看、干有示范，才能事半功倍，顺利推进基层事业发展。

2. 乡镇领导干部需要大力提升科学文化素质

我们常说，农村基层是广阔天地，大有可为。实际上，在一段时间里，逃离农村，逃离基层，成了许多人读书求学的目标。长久以来，人们对农村的认识存在误区，认为农村脏乱差，基层事儿多难解，老百姓胡搅蛮缠等，正是这种标签化的认知，一定程度上阻碍了人才的向下流动。当前我国农村基层干部普遍存在文化水平低、知识分子来源缺乏、干部队伍结构老化、后继无人等问题。尽管"大学生村干部"制度在农村已经启动多年，上述问题有所改善，但还远远不能满足基层工作需要。

近年来，随着基层各项事业的发展、精准扶贫工作的节节胜利和一系列支农政策资金的贯彻落实，农村的面貌有了极大的提升，农村各项事业建设有了质的飞跃。党的十

九大报告中指出，要实施乡村振兴战略。鼓励引导人才向边远贫困地区、边疆民族地区、革命老区和基层一线流动。这无疑为基层经济和社会发展各项事业注入了一针"强心剂"。对于广大青年特别是大学毕业生来说，到基层去已经不是令人望而却步的选择，也不是事业发展退而求其次的无奈之举。发展中的农村孕育着无限的人生成功机遇，选择农村，选择基层，意味着投入一项具有无限挑战和可能的事业，意味着人生的奋斗迈出了脚踏实地的一步。2018届全国普通高校毕业生预计820万人，就业创业工作备受关注。

综上所述，当前和今后一个时期，我们要深入贯彻落实习近平总书记视察四川时提出的"把四川农业大省这块金字招牌擦亮"的重要指示，大力实施乡村振兴战略，推动农业全面升级、农村全面进步、农民全面发展。为此，应根据乡镇的特点以及所面临的任务和挑战，积极提升乡镇领导干部的能力和素质，为乡村振兴战略的实施打下坚实的基础。

关于实施乡村振兴战略的思考

申福建①

2018 年 2 月，习近平总书记来川视察，专门到成都市郫都区战旗村调研乡村振兴发展情况，在听取省委、省政府工作汇报后，发表了"一个总体要求、五个着力"的重要讲话，其中一个着力点就是"着力实施乡村振兴战略"。对于怎样落实习近平总书记对四川工作重要指示精神，大力实施乡村振兴战略，笔者有以下思考。

一、深刻把握乡村振兴的战略部署

我国的改革开放从农村开始，土地联产承包责任制极大地调动了农民的积极性、主动性和创造性，激发了农村活力，农业得到快速发展。到了 21 世纪，随着城镇化进程的加快，大量农村劳动力向城市转移，农产品价格偏低，农业增收难，农村工作面临着新挑战。为此，党中央高度重视农村工作，提出了一系列推进乡村振兴发展的大政方针。我们要认真学习习近平总书记和党中央关于乡村振兴的战略部署，结合实际，厘清思路，理性实施乡村振兴战略。

（一）中央一号文件连续十五年以"三农"为主题

从 2004 年起，中央一号文件连续 15 年以"三农"为主题，体现了党和国家对农业农村工作的高度重视。从主题看，2004—2009 年，主要集中在农民增收和新农村建设；2010 年，主要集中在城乡统筹；2011—2016 年，主要集中在农业现代化；2017 年、2018 年分别关注农业供给侧结构性改革和乡村振兴。这些文件主题反映了不同历史时期党中央抓"三农"工作的重点，具有连续性、开创性、惠民性，回应了不同时期"三农"工作的诉求。乡村振兴更是利长远、利全局、利民生的"三农"工作战略部署。

（二）关于实施乡村振兴战略的部署

党的十九大报告首次提出乡村振兴战略，并作为七大战略之一写入党章。党的十九

---

① 作者单位：中共内江市委党校。

大明确"新时代我国社会主要矛盾是人民日益增长的美好生活需要和不平衡不充分的发展之间的矛盾"。其中,城乡发展不协调不平衡是现阶段我国经济社会发展中最为突出的结构性矛盾。据统计,2017年城乡居民人均可支配收入之比为2.71%,比2012年下降0.17%,虽然下降幅度大,但城乡二元结构矛盾依然存在。党的十九大报告从地位、总要求、巩固完善制度、深化改革、确保粮食安全、发展现代农业、加强乡村基层治理、加强队伍建设等对乡村振兴战略做了部署。中央经济工作会议以乡村振兴战略为重点,作为推进经济发展的八项举措之一。中央农村工作会议全面分析了"三农"工作面临的形势和任务,安排部署了2018年和今后一个时期的农业农村工作,指明了"三农"工作的努力方向。

(三) 习近平总书记对四川省实施乡村振兴战略的指示

习近平总书记充分肯定了四川省的乡村振兴工作,对"住上好房子、过上好日子、养成好习惯、形成好风气"的"四好村"建设,对"业兴家富人和村美"的幸福美丽新村给予了充分肯定,认为这"就是党中央精神的具体化"。对推动城乡区域协调发展提出具体要求,要求"健全城乡统筹、区域协作的体制机制和政策体系"。为了精准定位四川农业工作,他强调,四川是"天府之国",农业大省这块金字招牌不能丢。他从两个方面做了重要指示:一要加快推动乡村产业振兴,从推动农村一二三产业融合发展、发展多种形式适度规模经营、走质量兴农之路、农产品和食品品牌的培育与保护等方面提了要求;二要加快推动乡村生活富裕,从市场化机制增加农民收入、推动乡村文化振兴、改善乡村生活条件、推动城乡融合发展、打赢脱贫攻坚战等做了安排。

二、实施乡村振兴战略面临的主要困难和问题

省委召开了农村工作会议,对乡村振兴战略做了全面部署,出台了2018年四川省委一号文件《关于实施乡村振兴战略、开创新时代"三农"全面发展新局面的意见》,为乡村振兴描绘了美好的蓝图,全省"三农"工作的外部环境和内在动力正在发生深刻变化,但在实施乡村振兴战略的实践中,仍面临诸多困难和问题。

(一) 规模化经营比例低

土地流转是发展现代农业的基础,是适度规模化经营的前提。一些东部沿海地区,流转比例已经超过1/2。至2016年年底,四川省家庭承包耕地流转总面积1970.3万亩,占耕地总面积的33.8%。其中,单个经营主体流转30亩及以上面积1198.2万亩,占全省耕地总面积的20.6%,四川的土地流转面积占耕地面积的比例低于全国平均水平。四川人均耕地面积小,全省第二次土地调查数据显示,全省人均耕地面积1.12亩。由于黑龙江、内蒙古、吉林、新疆等省、自治区人均耕地面积大,即使土地不流转每家也有一定规模,因此,土地流转的需求不是那么强烈,更显现出四川在土地流转方面的差距。由于人均耕地面积小,土地联产承包时要肥瘦搭配,一块地承包给若干家,每家一小块。不通过土地流转,难以实行农业机械化,难以推行现代农业技术,难以形成规

模效应，难以实行一二三产业融合发展。

（二）农产品加工不足

四川农产品加工业总体规模偏小，仅占全国规模的 5％，仅为山东的 1/3、河南的 1/2。目前全省农产品加工业与农业产值比为 1.8：1。而在农产品加工业产业规模排名全国第一的山东省，这一比值已达 3.75：1，这与四川农业大省的定位不符。一方面，农产品加工率偏低，八成以上为简单的初加工，绝大多数处于成熟就销售的阶段，无法保存，无法深加工，"有原料无加工"现象较为普遍。另一方面，省级农产品加工龙头企业本地加工原料不足，企业需要到外地购买原材料。以内江市为例，全市农产品产地初加工不足 50％，精深产品开发不足，产业链发展不完整，加工能力不足，增值空间小。内江市现有 27 家省级加工龙头企业，有近 60％的企业，内江本地加工原料严重不足，其中蚕茧加工企业 80％、粮油加工企业 60％的原料都是来自外地。

（三）农产品品牌不响

许多人对四川农产品品牌印象还停留在川酒、川菜上。面积、产量和产值居全国前三的川茶，近 6 成产品却作为原料出售给外省企业，只能看着人家贴牌赚大钱。这是因为四川茶叶品牌小而多，没有形成合力，多而不强，品牌影响力小。2017 年，四川省推出 10 个优秀农产品区域公用品牌和 50 个优质品牌农产品品牌，但许多品牌是墙内开花墙内香，只在当地有名，没有走出市、更没有走出省，存在着"自娱自乐"现象。譬如，内江各县（市、区）都有自己的农产品品牌，但规模小、影响力小、辐射面窄。威远黄老五花生糖、威远周萝卜，虽然成了飞机上的零食、咸菜，但影响力仍然受限，离开内江很少有人知晓。

（四）农业抗风险能力差

一是抗自然风险的能力差。除成都平原外，四川省属典型丘陵地区，土地海拔高度大大高于河流，田土受自然影响很大。人口和耕地最集中、工农业产值占全省 80％以上的盆地腹部地区人均水资源仅 900 多立方米，低于国际公认的人均 1750 立方米警戒线。全省蓄引提水能力仅占水资源总量的 10％，具有调控能力的大中型水库的数量和总库容都低于全国平均水平。全省有效灌面仅占耕地总面积的 42％，旱涝保收面积仅占全省 38％。因此，许多地方的农业还是靠天吃饭，抗自然风险的能力差。

二是抗市场风险能力差。作为农民工输出大省，四川省 2017 年农村劳动力转移就业 2559.76 万人，涵盖了绝大多数青壮年，留在农村的农民年龄偏大，文化基础差，观念比较落后。由于缺乏统筹规划，种植业、养殖业由农民自主决定，而大部分农民凭经验办事，随大流，跟着别人走，跟着市场走。一看到农产品价格低，马上改种，一看到农产品价格高，马上跟进，结果，导致农产品供需不平衡。价格上涨，无农产品可卖，有钱无法赚；价格下降，却不得不卖，甚至赔本，"谷贱伤农""果贱伤农""菜贱伤农""肉贱伤农"等问题经常出现。

（五）乡村不良风气不同程度存在

具有时代特征的农村不良风气显现，阻碍了乡风文明建设。一是结婚压力大。由于适龄男女比例失调，加之女孩外出务工异地结婚的可能性比男性大，导致农村适龄男青年结婚压力大。二是赌博愈演愈烈。赌博成了某些人敛财的手段。有的农民工辛苦一年，好不容易存了几万元钱，春节回家，一上赌桌，几天下来，还得欠账外出务工。三是诈骗层出不穷。骗子盯上了善良老实的农村人，电信诈骗、金融诈骗、保健品诈骗让农村老人防不胜防。四是人情偿还无力。婚丧嫁娶、过年过节、相互宴请，礼金越来越高，农民难以承受。五是迷信蒙昧内心。相信鬼神，遇到问题和困难，不是分析主客观原因，总认为有一种神秘力量在主宰，求神拜佛，花冤枉钱，耽误事情。六是人际关系淡薄。过去那种帮忙、换工的温馨场面少了，什么都讲钱。孝敬父母，兄弟姊妹互相盯着，害怕自己多出钱了。个别家庭把父母留在破旧的老屋，户口分开，父母变成了贫困人口。

（六）脱贫攻坚任务艰巨

脱贫攻坚战进入深水区，任务艰巨，困难重重。一是脱贫攻坚难。现存贫困户基础条件差，缺劳力、缺技术、缺资金，脱贫的难度大。二是自身动力不足。担心脱贫后没有后续支持，脱贫的主动性、积极性不够，一定程度上存在依赖思想。三是巩固成果难。贫困户的脱贫，主要靠项目、资金、技术等方面的扶持，一旦没有外力，很容易返贫。

三、四川省实施乡村振兴战略的对策建议

面对乡村振兴的现实问题，我们不能退缩，不能观望，不能等待，而是要群策群力，攻坚克难，让乡村振兴战略取得实实在在的成效，顺利实现习近平总书记提出的"让农业成为有奔头的产业，让农民成为有吸引力的职业，把四川农业大省这块金字招牌擦亮"目标。

（一）推进"互联网＋"农业的整体谋划

互联网的发展正深刻地改变着这个时代的生产生活模式，乡村振兴必须搭上互联网这辆快车，才能更加精准，更富有成效。一是运用大数据规划农业产业布局。现在的农业产业布局，范围较窄，"一村一品"发展思路，局部可以取得佳绩，但村与村之间产业容易重复，最终导致农副产品的雷同。即使以一个县为单位来规划，也容易出现"简单效仿、简单复制"的问题，最终导致"姜你军""蒜你狠"和苹果滞销、西瓜滞销、玉米滞销等现象的发生。因此，应该打破区域限制，联合重庆市，以成渝经济区甚至更大的地域为单位，充分利用互联网，通过大数据分析，对各地的气候、水土进行分析，确定各地重点发展的农业产业，充分发挥各地优势，避免恶性竞争，也避免留下空白。根据市场需求，合理控制各地种养殖业的产量，防止生产过多卖不出去，防止生产不足满足不了需求，也为轮耕试点做好准备。

二是运用互联网打通和用户的最后一公里。有了网购，销售和需求之间没有了时空距离，满足个性化需求、实现个性化服务变成了现实。现在，农产品的生产和销售大多采用传统模式，等经销商上门收购或者直接到市场上去销售，没有把网络充分运用起来，结果，供需不适，产销不对路。通过网络，可以与用户协商，实现订单式生产，生产和消费都有了保障。通过网络发布信息，实现信息较大范围的知晓，也有利于农产品的销售。因此，要让"互联网＋"农业的发展理念深入人心，建好农村网络系统，开展农民网络培训，使互联网能够打通生产和用户的最后一公里。三是产供销一体化。要实现一二三产业的融合，必须找准农业项目，使生产、加工、销售形成一个完整的链条。要找准种养殖项目，并进行科学论证其适合当地，比其他地方具有更好的品质、更可靠的质量保障。要调查市场需求，确保生产的产品能够打开市场，有稳定的销售渠道。要将传统加工与现代生产技术相结合，保留传统风味，确保产品各项质量指标达标。

（二）推进农业适度规模经营

推进农业适度规模经营，有利于农业产业布局，有利于农业现代化的实施，有利于农业的标准化生产。但是，推进农业适度规模经营，必须突破土地流转这个瓶颈。一是破除农民的心理障碍。由于土地少，农民觉得土地十分珍贵，因此，在土地流转时颇多顾虑。觉得租金不多，担心出租后扯皮，出租积极性不高，宁愿空着也不出租；担心租金不能按时到位，对业主提出不合理要求，个别甚至还有敲竹杠的念头；担心业主承租后，进行土地整理，以后土地复原难。因此，要给农民讲清楚道理，规模化经营给土地流转户、给农村经济发展、给农民就地就业带来的好处。同时，给农民算清楚账，说明土地撂荒的危害、出租土地带来的收益，避免农民漫天要价。在土地整理前，进行土地测量，土地整理后再进行测量，绘成图，让出租土地的农民认可，即使以后土地停租，也不会为土地的归宿扯皮，以解除农民的后顾之忧。二是破除业主的心理障碍。农业投资成本高、回收慢、风险大，许多人望而生畏，因此要消除投资者的担心。要请农业专家帮忙参考，投资项目是否符合当地实际，能否形成产业，消除投资人产业不适应市场的担忧；要请经济专家算好投资账，做好土地出租农民的工作，消除投资成本过高的担忧；应该持续搞好后续服务，为企业的发展创造良好的条件，消除业主后续发展困难的担忧。三是搭建土地流转平台。土地流转要有序推进，防止私下交易带来的风险，防止个别农户硬顶着不租，形成插花式非租用土地，不便于业主使用，留下扯皮的后遗症。要以村为单位，对土地流转进行统筹，由村委会出面，精选业主，确保双方利益有保障；要规范合同，严格按照政策要求，通过召开村民代表会、村组会等形式，在群众自愿基础上，使用统一规范流转合同，明确流转形式、数量、年限、条件和双方权利责任，并对流转土地张榜公布；探索业主保证金和土地租金保险制度，消除租金风险，让农民吃下定心丸。

（三）推进优质农产品生产

要大力发展绿色农业，生产出更多优质的农产品，增强四川农产品的吸引力和感召力。一是搞好土壤恢复。由于过度依赖农药和化肥，农村土地质量下降，农产品品质下降。因此，要组织土壤专家对土壤进行取样分析，找准土壤的污染问题、污染程度及污染源，提出相应的解决办法；坚持按照专家建议让土地休养生息，进行土地修复，不断提高土地质量。

二是加快农产品标准体系建设。严格执行生产标准和生产程序，从产、供、销全产业链发力，发挥农业、林业、工商、质监、食品药品监管部门的职能作用，严格控制农药、化肥的使用，提高农产品品质，生产出更多的绿色农产品、有机农产品，推进农产品质量等级化、包装规格化、标识规范化和产品品牌化。

三是打造农业品牌。打响四川优质农产品品牌，加强品牌的培育、宣传、使用、保护，对全省特色农产品在包装、标识、字体、广告用语等方面进行规范，增强区域公用品牌的影响力和竞争力。对农产品进行标准化、可溯源、品牌化打造，塑造品牌标志、提升品牌形象、增强品牌竞争力。做优企业知名品牌，鼓励龙头企业引导申报认证"三品一标"，争创中国驰名商标、四川著名商标，把符合保护条件的产品纳入品牌培育规划，打造雁阵梯队。通过适度规模化经营、标准化生产、品牌化宣传、直销与电商相结合，打造出蜚声国内外的四川农产品品牌。

（四）推进农业基础设施建设

农业基础设施建设是农业发展的基础和前提，因此，必须要把农村的基础设施建设抓好。一是要建好农业生产性基础设施。通过河、库治理，通过修建堰、塘、囤水田，通过修建农业灌渠，确保农村生活、农业生产用水，减少天旱对农业的影响；推广符合丘陵地区的现代农业机械，减小农业的辛劳程度，让现代人愿意从事农业生产，使"农民"由身份转变为职业。二是建好农业生活性基础设施。对农村饮用水源进行安全检测，确保饮用水的安全；建好乡村公路，确保村村通油路或水泥路，户户通便民路；改善农村电网，减少线路损耗，使农民不仅用得上电，还用得起电；实现农村网络的全覆盖，让"互联网+"成为农民沟通外界、实现致富增收的重要手段。三是建好优美生活环境。要加强生态建设，让绿水青山装扮农村，让自然之美成为一种常态，让"住上好房子、过上好日子、养成好习惯、形成好风气"成为一种常态。要推进生态旅游，打造高档次的农家休闲体验游，让上班族节假日来呼吸新鲜空气，体验农家劳作，形成旅游特色。

（五）推进乡风文明建设

乡风文明建设，既要靠引导，又要靠自我约束。一要推动村民自治。通过打造新时代的乡贤，发挥榜样和率带作用。制订村民共同认可的村规民约，消除陈规陋习，通过学习宣传，形成共同的行为准则，相互提醒、相互监督、相互激励，逐步形成自觉行为。二要推动依法治理。强化法治教育，让村民增强法治意识，在内心深处树立法律权威。强化守法意识，自觉把自己的行为纳入法律范围，提高法律的自我约束力。强化用法意识，引导村民遇事找法，按照法律程序办理，减少违规上访、集访等现象。三要推进以德治理。重塑乡村美德，形成道德自觉。倡导孝老爱亲，孝敬老人，让老人晚年幸福快乐，爱护亲人，促进家庭和睦。倡导诚实守信，真诚老实，言而有信，让人与人的关系变得单纯。倡导互相帮助，远亲不如近邻，一家有困难，大家齐上阵，再大的困难也能克服，你帮我，我帮你，大家都会拥有幸福快乐的生活。

（六）推进脱贫攻坚不动摇

习近平总书记强调：小康不小康，关键看老乡。脱贫攻坚不能有丝毫懈怠。一要激发动力。让贫困户树立脱贫光荣的思想，迸发奋进动力，通过自身努力告别贫困，共同实现小康梦。二要坚持标准。不能擅自提高标准，让贫困户产生过高期待，引发新的矛盾；不能降低标准，出现假脱贫的问题。三要防止返贫。返贫容易巩固难，对于才脱贫的贫困户，一定要"扶上马，再送上一程"，让他们的自我造血功能逐步增强，直到不需要外力帮助为止，否则，贫困户失去信心，返贫后要再脱贫将更为困难。

提升"关键少数"的法治能力
推动治蜀兴川再上新台阶

何洪周[①]

2018 年 2 月，习近平总书记来川视察并发表重要讲话，为做好新形势下四川工作提供了方向指引和根本遵循。四川省各级领导干部是干部队伍的"关键少数"，是治蜀兴川的骨干力量。治蜀兴川，法治是根本保障，需要四川省各级领导干部努力提升法治能力，用法治思维和法治方式推动治蜀兴川再上新台阶。

一、提升四川省"关键少数"的法治能力，是推动治蜀兴川再上新台阶的迫切需要

抓住"关键少数"，提升法治能力，是贯彻落实习近平总书记来川视察重要讲话精神的要义之一，是推动新时代四川治理体系和治理能力现代化的必然要求，是深化新时代四川改革发展的坚强保证，是推动治蜀兴川再上新台阶的迫切需要。

（一）提升我省"关键少数"的法治能力，是贯彻落实习近平总书记来川视察重要讲话精神的要义之一

四川省委书记彭清华同志在全省市厅级主要领导干部读书班上的讲话对习近平总书记来川视察重要讲话精神进行了系统解读，将习近平总书记来川视察重要讲话精神概括为"十个指明"，其中之一就是指明了新时代治蜀兴川的法治保障。法治是治国理政的基本方式，理所当然是治蜀兴川的基本方式。推动治蜀兴川再上新台阶，需要法治的坚强保障，需要四川省各级领导干部运用法治思维和法治方式来推动改革发展、化解矛盾纠纷，维护社会稳定。

---

① 何洪周，中共南充市委党校行政与法学教研室主任、法学副教授，兼职律师。主要研究方向：法学，政治学。通信地址：四川省南充市顺庆区西河北路 69 号，邮箱：1443825814@qq.com。

（二）提升四川省"关键少数"的法治能力，是推动新时代四川治理体系和治理能力现代化的必然要求

法治现代化是国家治理现代化的必然要求和主要路径，是衡量国家治理现代化的重要标准和主要内容，是国家治理体系和治理能力现代化的根本保障。就四川而言，治理体系和治理能力现代化是推动治蜀兴川再上新台阶的必由之路。四川是欠发达省份，法治建设总体上还处于社会主义法治建设初级阶段，推动四川治理体系和治理能力现代化，更加需要厉行法治，更加需要抓住"关键少数"，提升其运用法治思维和法治方式认识、处理、决策相关事务的能力。

（三）提升四川省"关键少数"的法治能力，是深化新时代四川改革发展的坚强保证

党的十八大以来，四川把依法治省作为事关全局的战略任务和关键性工程来抓。2013年12月，四川出台了《四川省依法治省纲要》；2014年9月，出台了《四川省依法治省指标体系》；2014年11月，出台了《中共四川省委关于贯彻落实党的十八届四中全会精神全面深入推进依法治省的决定》；2015年7月，出台了《四川省依法治省评价标准》和《四川省法治建设状况评估办法》；2017年8月31日，四川省依法治省工作推进会召开。通过不断努力，全省治理体系和治理能力现代化进程进一步加快，全社会法治观念法治意识不断增强，办事依法、遇事找法、解决问题用法、化解矛盾靠法的法治良序总体形成。新时代条件下，要进一步深化四川的改革发展，谱写中国梦四川篇章，更加需要四川省各级领导干部提升法治能力，用法治思维和法治方式推动治蜀兴川再上新台阶。

二、新时代四川省"关键少数"法治能力的构成维度

所谓法治能力，指领导干部运用法治思维和法治方式认识、处理、决策相关事务的能力。客观分析四川省情和各级领导干部的实际情况，笔者认为新时代四川省各级领导干部应具备以下五个方面的法治能力。

（一）依法决策能力

依法决策关系到四川省经济社会发展全局，是减少决策失误的首要环节，是推进科学民主决策的有力保障，是四川省各级党委依法执政、政府依法行政的重要内容。

1. 要严格遵循决策原则

为了确保决策的公开、透明、合法、合理，四川省各级领导干部要明确决策需要遵循的基本原则。在决策过程中，应当做到"五个坚持"：坚持与党中央保持高度一致；坚持依法依规决策；坚持解放思想、实事求是、与时俱进、求真务实；坚持民主集中制，保证决策程序的科学性、民主性、合法性；坚持党的群众路线。

2. 要严格规范决策程序

要做到科学、民主、依法决策，必须有规范、科学的决策程序做保证。在重大事项的决策过程中，四川省各级领导干部要做到"六个完善"：完善调查研究制度，完善征求意见制度，完善科学论证评估制度，完善合法性审查制度，完善集体讨论决定制度，完善决策公开制度。

3. 要健全决策落实机制

习近平总书记指出："抓落实，是我们党执政能力的重要展现，也是对各级领导干部工作能力的重要检验。"决策能否被科学、合理、高效地执行，落实是关键，健全落实机制是保证决策效果的重要前提。健全决策落实机制，必须做到"五个健全"：健全领导责任机制，健全分解立项机制，健全跟踪反馈机制，健全督促检查机制，健全责任追究机制。

（二）依法行政能力

依法行政是依法治理的关键，是推进四川治理体系和治理能力现代化的必然选择，是维护公民合法权益的内在要求。

1. 要增强依法行政的法治观念

四川省各级领导干部要牢固树立宪法法律至上、法律面前人人平等、权由法定、权依法使等基本法治观念，严格约束自身言行，牢记法律红线不可逾越，法律底线不可触碰。

2. 要恪守依法行政的基本要求

合法行政、合理行政、程序正当、高效便民、诚实守信、权责统一是依法行政的基本要求。四川省各级领导干部要做尊法学法守法用法的模范，做到法定职责必须为，法无授权不可为，有权不可任性，在法制轨道上开展工作。

3. 要健全依法行政的责任制度

领导干部在工作中出现行政过错，要根据情节轻重，追究其行政责任。对工作严重失误或者后果严重，影响恶劣的事件，要追究其法律责任。只有建立健全领导干部责任追究制度，才能遏制领导干部滥用权力，督促领导干部依法行政。

（三）矛盾化解能力

依法化解矛盾纠纷是党的执政能力的重要组成部分，是维护四川省社会大局和谐稳定的根本保障，有利于促进我省经济社会健康发展。

1. 要提升矛盾纠纷排查调处能力

坚持定期常规排查和敏感时期专项排查相结合。围绕热点问题开展排查调处，围绕中心工作化解重点难点纠纷问题，围绕经济发展主题做好生产经营纠纷化解工作。

2. 要增强矛盾纠纷调解业务水平

要通过法律、法规专业知识的学习培训，通过经验介绍、业务交流，提高矛盾纠纷调解业务能力，造就一支思想素质高、业务知识精、工作作风硬的专业调解队伍。

3. 要精通涉法涉诉信访问题的处理

要严格执行中办、国办《关于依法处理涉法涉诉信访问题的意见》，实行诉讼与信访分离。把涉及民商事、行政、刑事等诉讼权利救济的信访事项从普通信访体制中分离出来，由政法机关依法处理。对按规定受理的涉及公安机关、司法行政机关的涉法涉诉信访事项，收到的群众涉法涉诉信件，转同级政法机关依法处理。对涉法涉诉信访事项，已穷尽法律程序的，依法做出的裁决、裁定为终结决定。

（四）应急处突能力

当前，四川省正处在经济社会发展的重要战略机遇期，同时也是各种社会矛盾的交织期和凸显期。各级领导干部的应急处突能力，便成为其法治能力的重要内容。

1. 要提高信息捕捉能力

四川省各级领导干部要具有对突发事件信息及时感知、迅速捕捉的能力和素质；要有强烈的时间观念，把握时机，迅速捕捉，不让突发事件信息从身边溜走；要收集、传送、反馈及时、客观真实的突发事件信息，切实做到早发现、早报告，以利党委、政府把握指导处置突发事件的有利时机和工作主动权，尽快化解矛盾。

2. 要提高信息研判能力

通过各种渠道收集来的预警性突发事件信息往往是初始、零乱、无序和孤立的，这就需要领导干部分析研判出预警性突发事件信息真实情况和可能和发展趋势。因此，各级领导干部要熟练掌握各种综合分析研判方法，这是提高综合研判能力的基本途径。只有熟练掌握各种分析研判方法，才能确保研判的有效进行。提高研判能力，要在实践中摸索规律，积累经验。

3. 要提高现场处置能力

各级领导干部要积极参加应急管理培训，通过培训，学习应急管理知识，掌握应急管理预案，熟悉相关工作制度、程序及要求；要积极参加应急演练，通过演练，熟练掌握应急管理工作流程；要深入基层开展调查研究，及时总结基层鲜活的应急管理经验，提高应急决策和现场处置能力。

4. 要提高善后处理能力

突发事件处置结束后，领导者要对事件原因展开调查，对相关责任人员进行处理，对存在的问题进行改进，并消除事件影响，恢复生产生活秩序。领导干部在事后评估和查漏补缺工作中，应认真及时总结突发事件处置过程中的不足与漏洞，找出原因，并在以后的工作中认真防范和改进，避免类似事件再次发生。

（五）廉洁自律能力

新时期，在新的时代背景下，四川省各级领导干部要提升廉洁自律、拒腐防变、抵御风险的能力，才能实现推动治蜀兴川再上新台阶的历史使命。

1. 要做到慎权

习近平总书记强调："权力是人民赋予的，要为人民用好权。"权力是把"双刃剑"，用权为公可以赢得人民赞誉，用权为私必然导致身败名裂。各级领导干部要牢固树立正确的权力观、地位观、利益观，深刻认识到权力是人民赋予的，真正做到权为民所用、利为民所谋，绝不能把权力用来为个人谋取私利。

2. 要做到慎欲

古人强调"无欲则刚"。四川省各级领导干部绝不能谋取政策法规之外的特殊利益，不能放纵欲望。要坚决抵制腐朽思想文化的侵蚀，顶住声色犬马、灯红酒绿的诱惑，顶住享乐关、金钱关、美色关，自觉脱离一切庸俗的、低级趣味的东西，做到"心不动于微利之诱，目不眩于五色之惑"。

3. 要做到慎微

古人云："勿以恶小而为之，勿以善小而不为。"一个人在政治上出问题，往往开始于思想道德和生活上的腐化堕落。骄纵起于奢侈，危亡起于细微。各级领导干部必须注意从点滴小事做起，对自己高标准、严要求。

4. 要做到慎独

四川省各级领导干部在单独处事时要做到小心谨慎、如履薄冰、如临深渊，强化自我约束和自我控制，始终不放纵、不越轨、不逾矩，自觉接受组织和群众监督，努力做到襟怀坦荡、表里如一。

三、新时代四川省"关键少数"法治能力提升的践行路径

党的十八大以来，四川省法治建设成效显著，领导干部的法治能力大幅提升，但与新时代治蜀兴川的新要求相比，一些领导干部的法治能力还存在一定差距。究其原因，法治意识淡薄、法治思维缺失、法治能力不足是重要方面。因此，提升各级领导干部的法治能力必须把法治学习、法治实践和制度建设统一起来。

(一)加强法律学习，树立法治思维

党的十八大要求，"提高领导干部运用法治思维和法治方式深化改革、推动发展、化解矛盾、维护稳定能力"。领导干部怎样才能切实树立法治思维？加强法律学习是一个重要途径。调研发现，当前四川省有的领导干部学习法律夹杂功利色彩，学习上级批示指示和相关政策的积极性大大高于学习法律的积极性；少数领导干部甚至认为，自己整天公务缠身，没有时间学习法律法规，思想上把学习与工作完全对立起来，这是极端错误的。学习法律，对工作是一种促进，有利于帮助自己依法决策、依法行政、依法管理、依法办事。领导干部要通过各种方式各种途径的法律学习，牢固树立规则性思维、合法性思维、程序性思维、权益性思维、权责性思维等法治思维模式，真正把法治精神内化于心、外践于行，运用法治思维来推动工作，促进发展。

(二)推动法治实践，严格依法办事

"徒法不足以自行"，学法的目的在于运用，要由注重行政手段向注重法律手段转变，逐步做到在法治实践中提高依法办事的能力和水平。"法定职责必须为、法无授权不可为"，党员领导干部对法定职责范围内的事情，要尽职尽责，积极做好；对法定职责范围以外的事情，要如履薄冰、三思而行。要严格遵守法定程序，特别是在重大决策时，要把党的十八届四中全会要求的"公众参与、专家论证、风险评估、合法性审查、

集体讨论决定"确定为决策的法定程序，确保做到科学民主依法决策。随着经济社会的快速发展，社会生活越来越丰富，法律条文越来越细密，领导干部对法律法规不可能做到全部掌握、样样精通，所以聘请法律专家作为法律顾问就相关问题提出专门的解决方案，就成为当务之急。

（三）加强制度建设，营造良好环境

一要加强地方党内法规制度建设。地方党内法规是地方管党治党的重要依据，是治蜀兴川的重要保障。要完善地方党内法规，加大地方党内法规的审查备案和清理力度，适时修改、废止不适应现实需要的地方党内法规，形成配套完备的地方党内法规制度体系。要提高党内法规执行力，运用党内法规把党要管党、从严治党落到实处，促进各级领导干部带头遵守国家法律法规。

二要建立激励引导机制。把法治建设成效作为衡量领导干部工作实绩的重要内容，纳入政绩考核指标体系，促进各级领导干部自觉学法守法，提升法治能力。

三要建立责任追究和倒查机制。对决策失误、违法行政、玩忽职守、滥用职权、法治建设不力等造成恶劣影响的，严格追究行政首长、负有责任的其他领导人员和相关责任人员的党纪政纪责任、法律责任。

（四）认真对待监督，正确使用权力

衡量领导干部法治能力的一个重要标准是如何对待监督。领导干部法治能力的要害在于自觉接受法律监督以及其他监督方式，以外在监督促进领导干部内在遵守法律精神，树立法治思维，运用法治方式，进而自觉践行社会主义法治。各级纪检监察机关要进一步提高对党员领导干部有效监督的能力，努力拓宽监督渠道，切实履行监督职责。特别是要充分发挥新成立的监察委的"尖刀""利剑"作用，将所有公职人员纳入监察范围，实行监察全覆盖、无死角，既做到"禁于未然之前"，又实现"禁于已然之后"。要充分发挥社会民主监督和新闻舆论监督的有效形式和途径，切实解决监督乏力的问题。每一个领导干部都要牢固树立有权必有责、用权受监督、违法受追究的理念，做到认真对待监督、正确对待权力、谨慎使用权力。

（五）坚持法德结合，提高为官境界

我国既有厚重的道德传承，又有悠久的法治传统，"礼法合治""德刑并举"是我国古代治国方略的精髓。在现代国家治理中，我们把法治作为治国理政的基本方式，同时坚持依法治国与以德治国相结合。就四川治理而言，要做到既厉行法治，又彰显德治，坚持依法治省与以德治省相结合。要充分发挥道德对法治的支撑作用，以道德滋养法治；充分发挥法治对道德的保障作用，以法治保障道德。"人不率，则不从；身不先，则不信。"各级领导干部一方面要坚守法律底线，做尊法学法守法用法的模范，带头尊崇法治、依法办事；另一方面要坚守道德底线，自觉远离低级趣味，自觉抵制歪风邪气，以德修身、以德立威、以德服众，充分彰显共产党人的人格魅力，不断提升人生品位和为官境界，努力提高干事创业和助力治蜀兴川的能力。

习近平总书记来川视察重要讲话精神的一个重要方面就是指明了新时代治蜀兴川的法治保障，各级领导干部是治蜀兴川必须抓住的"关键少数"，大力提升其法治能力是贯彻落实习近平总书记来川视察重要讲话精神的要义之一，是推动新时代四川治理体系和治理能力现代化的必然要求，是深化新时代四川改革发展的坚强保证。新时代四川省各级领导干部应当具备依法决策能力、依法行政能力、矛盾化解能力、应急处突能力、廉洁自律能力等五个方面的法治能力。与新时代治蜀兴川的新要求相比，一些领导干部的法治能力还存在一定差距，必须通过法治学习、法治实践和制度建设等路径加以提升，使其能够真正运用法治思维和法治方式来推动改革发展、化解矛盾纠纷、维护社会稳定，推动治蜀兴川再上新台阶。

参考文献：

[1] 胡锦涛. 坚定不移沿着中国特色社会主义道路前进为全面建成小康社会而奋斗[N]. 人民日报，2012−11−9.

[2] 习近平. 习近平谈治国理政. [M]. 北京：外文出版社，2014.

[3] 习近平. 习近平谈治国理政第二卷. [M]. 北京：外文出版社，2017.

[4] 习近平. 决胜全面建成小康社会，夺取新时代中国特色社会主义伟大胜利. [M]. 北京：人民出版社，2017.

关于高质量发展攀枝花康养产业的几点思考

——学习贯彻习近平总书记来川视察重要讲话精神体会

罗　莲

2018新春伊始，习近平总书记来川视察指导，对着力推动经济高质量发展等重大经济社会发展问题提出了重要要求。深入学习贯彻习近平总书记关于加快推动经济高质量发展的重要要求，对于攀枝花高质量发展康养产业，实现城市的经济转型与跨越发展至关重要。

一、深刻领会推动经济高质量发展的重要要求

党的十九大指出，我国经济已由高速增长阶段转向高质量发展阶段，正处于转变发展方式、优化经济结构、转换增长动力的攻关期。中央经济工作会议把这一重大判断进一步明确为新时代我国经济发展的基本特征，并做出了推动经济高质量发展的重大部署。习近平总书记来川视察重要讲话让经济高质量发展路径和图景更加清晰，使全川推动经济高质量发展的共识进一步凝聚。

（一）经济高质量发展内涵十分丰富

党的十九大做出的我国经济已由高速增长阶段转向高质量发展阶段的重大判断的内涵十分丰富。从经济学意义看经济发展质量，可以有多个层面：从微观层面看，经济发展质量主要是指产品和服务的质量；从中观层面看，经济发展质量主要指产业和区域经济发展的质量；从宏观层面看，经济发展质量主要指国民经济整体质量和效率，通常用全要素生产率来衡量。

中国经济高质量发展是一个新的发展阶段和新的发展模式，承担有新的发展任务，有新的发展要求。从高速度增长到高质量发展，中国经济有四大转化，即：经济发展主要从"数量追赶"转向"质量追赶"，由重点解决"有没有"的问题转化为解决"好不好"的问题；从"规模扩张"转向"结构升级"，结构优化和消费升级成为高质量发展的主要引擎；发展方式从粗放为主转向集约发展方式为主；发展动能从"要素驱动"转向"创新驱动"。从高速度增长转向高质量发展，既是解决当前我国经济运行深层次矛

盾的现实选择，也是拓展未来发展空间、谋划更高水平发展的根本途径。

（二）经济高质量发展具有新的特征

中国经济进入新时代，高质量发展既是发展的导向，又是发展的特征。较之原来更注重增长速度的高速度增长阶段以及粗放的经济发展模式，高质量发展具有标准化、品牌化、创新性、协调性、融合性、高价值性、共享性、开放性、可持续性等许多新的特征。同时，高质量发展还是投入产出效率和经济效益不断提高的发展模式。

总之，高质量发展是符合创新、协调、绿色、开放和共享五大发展理念的发展，是更加强调经济、政治、社会、文化、生态五位一体的全面发展和进步的发展，是与民主、文明、和谐、美丽基本协调的包容性发展，是市场在资源配置起决定性作用和更好发挥政府作用的发展。

二、高质量发展康养产业是顺应我国社会主要矛盾转化的必然要求

（一）我国社会主要矛盾的转化

党的十九大报告指出：我国社会主要矛盾已经转化为人民日益增长的美好生活需要和不平衡不充分的发展之间的矛盾。经过改革开放 40 多年的发展，特别是党的十八大以来，我国社会生产力实现了巨大发展，很多产品的生产能力已进入世界前列，国内生产总值稳居世界第二位，生活用品供不应求的短缺经济局面已根本改变，中国经济进入新时代。新时代我国社会主要矛盾已经转化为人民日益增长的美好生活需要和不平衡不充分的发展之间的矛盾。人民日益增长的美好生活需要的内涵十分丰富，不仅对物质文化生活提出更高要求，而且在民主、法治、公平、正义、安全、环境等方面也有更高的要求。而健康和养老事关人民群众最关心、最直接、最现实的利益问题，是民生的重要方面。高质量发展康养产业，是适应社会主要矛盾转化的必然要求。

（二）康养产业是满足人民对美好生活需要的重要途径

1. 高质量发展康养产业关乎人民福祉

健康养生和健康养老即康养。康养产业是指围绕养生、养老两个方面而形成的相关产业体系，是大健康产业的重要组成部分。康养产业涉及医疗、社保、体育、文化、旅游、家政、信息等多个方面，具有覆盖面广、产业链长等特点，并对上下游产业具有较强的带动效应，蕴含拉动经济发展的巨大潜力，是现代服务业的重要组成部分，也是21 世纪引领经济社会发展的朝阳产业。

随着我国经济社会的发展和人民生活水平的提高，民众对于健康和身体素质的提升需求不断增强，康养逐渐成为高质量生活的重要内容，成为市场主流趋势和新时代产业发展的热点和社会的新时尚，越来越受到民众的追捧。显然，康养是人民生活从贫困走向全面小康和文明富裕阶段必然要兴起的追求。大力发展康养产业符合人们对健康、幸福的需求和休闲娱乐生活的追求，符合产业发展的规律，对调结构、扩内需、促就业、

惠民生等都具有重大的现实意义。大力发展康养产业也是我国积极应对人口老龄化、满足人民对美好生活需要的巨大刚性需求的长久之计，已逐渐成为我国经济的新亮点，必将成为新时代国民经济增长的强大动力。

2. 康养产业将成为我国国家现代服务业发展战略的重要方向

党的十九大报告中明确提出了实施健康中国战略，为康养产业发展指出了明确方向。随着中国经济社会发展特别是老龄化的快速到来，健康与养老成为政府、社会、人民越来越关注的大事。党的十九大指出，人民健康是民族昌盛和国家富强的重要标志。2016年1月，国家旅游局颁布了《国家康养旅游示范基地标准》，对康养旅游予以了政策上的保障；2013年以来，国务院先后出台了《关于加快发展养老服务业的若干意见》《关于促进健康服务业发展的若干意见》《关于促进旅游业改革发展的若干意见》等指导性文件，逐步形成了国家对康养产业的顶层设计，为康养产业发展带来了重大战略机遇，提供了大好政策环境。

四川省委、省政府高度重视康养产业的发展，已明确把康养产业作为四川省发展现代服务业的导向型产业，作为四川新的经济增长点大力加以培育。

围绕省委对攀枝花建成"国家战略资源创新开发试验区和全国阳光康养旅游目的地"的发展定位，攀枝花市委、市政府抓住机遇，充分发挥比较优势，突出做好"钒钛、阳光"两篇文章。其中，做好"阳光"这篇文章，即攀枝花依托适宜人类休养生息的海拔高度、温度、湿度、洁净度、优产度、和谐度等"六度"禀赋，大力发展康养产业，将康养产业作为城市转型发展的主要内容，成为促进经济转型的重要抓手和实现可持续发展的重要支撑。攀枝花积极开拓和发展康养产业，是促进城市转型和产业升级与可持续发展的重要举措。进入新时期，高质量发展攀枝花康养产业是贯彻落实党的十九大精神和习近平总书记来川视察重要讲话精神、深化国企改革、推进供给侧结构性改革的务实之举，顺应了我国社会主要矛盾的转化和经济结构的新变化，体现了民生改善与经济发展的有机统一。

三、高质量发展攀枝花康养产业是深入推动城市经济转型发展的突破口

四川攀枝花市位于川西南、滇西北结合部，位于四川最南端，是全国唯一以花命名的城市。攀枝花是四川南向门户，北距成都614公里，南至昆明273公里，西连丽江、大理，是四川通往南亚、东南亚的最近点，地域面积7401.4平方公里，常住人口123.56万，42个民族在此融合聚居，其中汉族占87%，人口较多的少数民族有彝族、傈僳族、苗族等。

攀枝花市是20世纪60年代因国家三线建设建立起来的一座典型的资源型城市，曾经是"三线建设"的战略中心，也是"三线建设"的成功典范。建市初期，在"备战备荒为人民、好人好马上三线"的时代号召下，全国各地的数十万建设大军奔赴攀枝花，建成了中国西部第一座大型钢铁企业攀钢，在一片不毛之地上创造了百里钢城的奇迹。

通过50多年的开发建设，攀枝花形成了一个百万人口的现代工业城市，成为大西南一个新的经济增长点，为20世纪末我国实施的西部大开发战略奠定了坚实的人才、

技术、管理、资金基础，攀枝花的发展对攀西地区的辐射带动作用也得到了一定程度的发挥。

得益于独特的钒钛磁铁矿资源，攀枝花市一度实现了高速发展，曾经书写了世界冶金史上的奇迹。但这座因矿而生、因钢而兴的城市也因钢铁产业"一业独大"，对城市可持续发展带来严峻挑战，结构调整、产业升级、环境保护等等多重压力逐渐显现。特别是当中国经济进入新常态，攀枝花作为资源型城市面临的产能过剩、需求放缓、资源环境负荷沉重等问题更加凸显，攀枝花面临着比其他城市更大的发展压力、更重的结构调整任务和更急的动力转换需求。

为充分发挥比较优势和后发优势，促进城市转型与产业升级，攀枝花努力探索一条符合自身实际和时代要求的转型发展之路。凭借对自然禀赋的再认识、再发掘，攀枝花找到了新的比较优势：除了地下的钒钛资源，还有天上的太阳能。攀枝花选择把阳光康养产业作为产业结构调整升级、城市转型和民生持续改善的重要突破口，不仅有助于解决资源型城市产业结构偏重的问题，而且对培育经济发展新引擎，推动产业结构转型升级，提升人民健康水平等意义重大。

四、攀枝花阳光康养产业发展的成效与制约

近年来，攀枝花大力推进康养产业发展的成效显著，"阳光花城·康养胜地"已在国内形成了比较大的品牌影响力。

（一）攀枝花发展康养产业得天独厚

攀枝花发展康养产业的优势和条件是独一无二的，康养资源品质优良可谓得天独厚。攀枝花光热资源丰富，属南亚热带干热河谷气候，年日照2700小时左右，无霜期300天以上，年均气温为20.3摄氏度，森林覆盖率达60.1％。攀枝花气候干爽舒适，空气质量优良，常年鲜花盛开、鲜果不断，拥有特别适宜人类休养生息的"六度"禀赋，包括温度、湿度、海拔高度、洁净度、优产度、和谐度，具有"冬暖、夏凉、秋爽"的特征，发展康养产业可谓得天独厚。

（二）攀枝花康养产业发展成效显著

2016年9月，攀枝花市第十次党代会提出，大力发展"康养＋"，推进医疗保健、休闲旅游、商贸金融、文化创意、运动健身、房地产等服务业与康养产业联动发展，形成"大康养"发展格局。2017年，攀枝花市委进一步明确了攀枝花的发展思路："充分发挥比较优势，全力做好'钒钛、阳光'两篇文章"，突出融合发展，丰富中国康养胜地内涵，攀枝花市政府工作报告明确提出大力发展五个"康养＋"，即"康养＋农业""康养＋工业""康养＋医疗""康养＋旅游""康养＋运动"。同年3月，市委、市政府又进一步明确攀枝花康养产业中高端市场定位，提出各区县要明确自身定位，既要紧扣"阳光"这一共性，又要发挥区域"个性"优势，走出切合实际的中高端康养产业发展路径。

依托阳光、气候、环境等得天独厚的自然条件，攀枝花在全国率先提出"康养"理念，大力发展"康养＋农业""康养＋工业""康养＋医疗""康养＋旅游""康养＋运动"等新型业态，创办了国内首家康养学院，成功入选中国十大避寒名城、中国最佳养老城市 50 强、全国呼吸环境十佳城市、全国自驾游目的地试点城市、四川省养生旅游示范基地等、首批国家医养结合试点城市、中国阳光康养示范城市、四川省首个养生旅游示范基地。"孝敬爸妈，请带到攀枝花"正在全国广为传颂。攀枝花还发布了 13 项康养产业地方标准，这些地方标准的制订，实现了攀枝花标准化工作与康养产业发展有机融合，使康养产业发展质量"有标可依"。经过多年的不懈努力，"阳光花城·康养胜地"的城市品牌知名度、影响力不断提升，攀枝花已从昔日"百里钢城"逐渐成为国内外闻名的康养胜地。

（三）高质量发展攀枝花康养产业需要突破的主要制约

中国经济进入新时代，攀枝花高质量发展康养产业既面临大好机遇，也面临新的挑战。一是高质量发展攀枝花康养产业，交通问题仍然是需要突破的大的瓶颈；二是攀枝花康养配套建设和康养服务水平亟待提升，这是康养产业满意度提升的又一制约因素，特别是康养产业从业人员综合素质和专业性服务水平有待提升；三是攀枝花康养产业的高端项目还显得不足，还需要引入高端项目培育中高端市场；四是各县区康养产业发展极不平衡的问题也存在，不利于各区县差异化、多元化发展；五是攀枝花康养产业急需的专业人才特别是中高级人才极为匮乏，直接制约了康养产业的高质量发展；六是康养产业链条延伸、品牌打造有待进一步强化。

五、高质量发展攀枝花康养产业的对策建议

攀枝花康养产业方兴未艾，在高质量发展的道路上必须高起点谋划、高品质建设。

（一）以习近平总书记来川视察重要讲话精神为指导推动攀枝花康养产业高质量发展

深入学习贯彻习近平总书记来川视察指导的重大意义，特别是习近平总书记关于着力推动经济高质量发展的重要要求，把思想和行动切实统一到习近平总书记重要讲话精神上来，继续把推动高质量发展作为攀枝花确定发展思路、制定经济政策、实施宏观调控的根本要求，努力把学习贯彻习近平总书记重要讲话精神转化为推动攀枝花经济社会健康发展的具体行动，把习近平总书记来川视察重要讲话精神落实为推动经济社会发展的具体行动，转化为建设美丽繁荣和谐攀枝花、推动攀枝花康养产业高质量发展的实际成效。

（二）进一步完善攀枝花康养产业顶层设计和进一步明确康养市场定位

完善攀枝花康养产业发展规划，把科学规划先行作为高质量发展康养产业发展的先决条件，突出规划引领作用。加强对阳光康养市场的研究，搞好康养市场细分、康养消

费者诉求分析，明确康养消费主体，进一步明确攀枝花康养产业的中高端市场定位，瞄准康养中高端市场，开发康养中高端产品。

（三）要以新技术、新业态、新模式、新载体、新平台为抓手延伸攀枝花康养产业链

大力发展基于互联网的康养服务，带动康养企业"上云"，助推攀枝花康养产业升级和高质量发展。坚持多业联动，融合发展，创新康养产业经营模式，延伸康养产业链，着力构建以养老服务产业、健康养生产业、医疗服务产业、体育运动产业和旅游休闲产业为核心，绿色农业、文化创意、金融保险、科技信息、商贸服务、房地产、教育卫生等产业为支撑的阳光康养产业体系，丰富高质量康养产业的内涵。

（四）以康养重大项目和品牌建设为重点推动康养产业高质量发展

大力打造康养精品项目，改善康养消费体验，鼓励发展健康体检、咨询等健康服务，促进个性化健康管理服务发展，培育一批有特色的健康管理服务产业，探索推进可穿戴设备、智能健康电子产品和健康医疗移动应用服务等发展，打造更多具有市场竞争力的阳光康养品牌项目，提升康养产品和服务供给质量。以阳光康养产业为统领，以项目为带动，大力推进康养保障体系、服务体系、支撑体系建设。大力实施千亿级康养项目，建成高品质的运动蔬果养身基地、生态美景养心基地和阳光医疗养老基地，建成便利化交通，打造特色化康养产品和品质化公共服务等，带动其他服务业的发展。开展攀枝花康养名牌创建，鼓励各类市场主体以品牌为纽带，营建阳光康养名牌基地、名牌企业、名牌产品、名牌服务，带动攀枝花康养产业高质量发展。

（五）以标准化为手段促进攀枝花康养产业高质量发展

完善康养行业标准规范发展康养产业服务，以标准化为抓手深入推进攀枝花康养产业服务品质提升、康养品牌创建，着力加强康养产业规范化、标准化、品牌化建设，以鲜明的特色、优质的服务吸引全国各地更多消费者前来旅游休闲、颐养身心。以标准化为手段，帮助企业提升服务质量，增强市场竞争力，完善康养标准，统领相关服务业发展。逐步构建形成相对完善的森林康养标准体系，促进全省森林康养产业规范发展。

（六）以文化康养为抓手推进攀枝花康养产业高质量发展

弘扬攀枝花精神和进一步挖掘攀枝花三线建设工业文化资源，创新发展模式，打造功能齐全、带动作用强的"文化＋健康养老"产业链，引进和开发特色鲜明、配套完善的"文化＋健康养老"产业项目，使"文化＋健康养老"产业发展成为攀枝花重要的战略性新兴产业和新的经济增长点，把攀枝花城市人文环境资源作为阳光康养旅游产业发展的一张靓丽名片，更好地服务于康养产业高质量发展和经济结构转型升级，更好地保障和改善民生。

（七）以体制、机制创新促进攀枝花康养产业高质量发展

要实现康养产业高质量发展，最根本途径还在于把机制、模式创新作为攀枝花康养产业发展跨越升级的关键动力，还在于深化改革，增强经济的活力、创新力和竞争力。作为内陆资源型城市，攀枝花需要以更大的力度、更实的措施全面深化改革，扩大对外开放。把构建政府引导、市场主体、部门协作、多方参与的体制、机制创新体系建设作为推进攀枝花康养产业高质量发展的前提，进一步加强对攀枝花康养产业发展的统筹协调和引导扶持，逐步形成以市场为主体、多层次协同推进、社会各方共同参与的发展格局。

（八）进一步改善环境撑起康养产业高质量发展的生态"保护伞"

以建设生态文明为统领，把"绿水青山好空气"始终作为攀枝花康养产业发展的最大资本和最大优势。加快完善攀枝花立体交通网，加快基础设施建设和环境打造，形成"来得了、玩得好、留得住"的康养环境，高质量推动攀枝花成为避霾、避暑、避寒、养老、养生、养心、养颜、养疗的康养圣地。

打好精准脱贫攻坚战的遂宁实践

刘旭辉①

习近平总书记在来川视察重要讲话中指出："四川实施乡村振兴战略，基础和前提还是要把脱贫攻坚战打赢打好。""打赢"是前提，"打好"是标准。打不赢，我们党就要失信于民。打不好，只要进度不讲质量，不利于贫困地区可持续发展和长治久安，甚至牺牲人民群众的长远利益，给子孙后代留下后患。所以，按照习近平总书记的要求打赢打好脱贫攻坚战是当前全党面临的光荣任务。

遂宁市地处川东丘陵地区，28.45 万贫困人口呈点状分布在 105 个乡镇、1901 个行政村，323 个贫困村分布在 94 个乡镇，是典型的"插花式"扶贫开发地区。近年来，遂宁市以习近平总书记扶贫开发重要思想为统揽，认真贯彻落实中央和省委的决策部署，始终把打好脱贫攻坚战作为头等大事，围绕"两不愁、三保障"和"四个好"目标，坚持"一手抓脱贫攻坚、一手抓全面小康"，对"插花式"贫困地区脱贫攻坚做了很多有益探索，走出了一条打好精准脱贫攻坚战的遂宁之路。

一、坚持政治导向，以习近平总书记扶贫开发重要思想统揽脱贫攻坚工作

党的十八大以来，习近平总书记从全面建成小康社会的战略高度，对扶贫开发工作发表了一系列重要讲话，提出了许多新思想、新论断、新要求。习近平总书记在党的十九大报告中强调，让贫困人口和贫困地区同全国一道进入全面小康社会是我们党的庄严承诺。2017 年 12 月 20 日，习近平总书记在中央经济工作会上指出，脱贫攻坚关系群众切身利益，是严肃的政治任务，既要确保进度，也要确保质量。2017 年 12 月 29 日，习近平总书记在中央农村工作会上强调，打好脱贫攻坚战本身就是实施乡村振兴战略的重要内容，就贫困地区而言，2020 年之前的乡村振兴核心还是脱贫攻坚。2018 年 2 月 12 日下午，习近平总书记在成都主持召开打好精准脱贫攻坚战座谈会，发表了重要讲话，对全面打好脱贫攻坚战提出了"加强组织领导、坚持目标标准、强化体制机制、牢

---

① 作者系中共遂宁市委党校高级讲师。

牢把握精准、完善资金管理、加强作风建设、组织干部轮训、注重激发内生动力"八点明确要求。习近平总书记的扶贫开发重要思想具有很强的针对性、实践性和指导性，为我们打好脱贫攻坚战指明了前进方向，提供了根本遵循。

二、加强组织领导，把脱贫攻坚作为"一把手工程"

"加强组织领导"是习近平总书记对全面打好脱贫攻坚战的首位要求。市委、市府把脱贫攻坚作为"一把手工程"，要求各级党政"一把手"既挂帅又出征，市县乡村四级书记一起抓的攻坚态势全面形成。市县脱贫办成立规划指导、督查考核等8个工作组集中办公，新增市县扶贫部门领导职数10名、编制49个，人力、物力、财力"三个保障"全面到位。实行脱贫攻坚目标任务清单管理制度，分类分项下达到县到乡、到村到户、到人到部门。

针对个别区县领导一开始对脱贫攻坚是"头等大事"的认识不到位，没有做到亲自谋划、亲自部署、亲自推动、亲自检查的情况，遂宁市制定了"五步法"全覆盖蹲点督导制度，市级领导多次带队开展脱贫攻坚全覆盖大督查。组织开展"靶点式"重点巡查，向5个县区和12个市直部门"发点球"限期整改。针对有的帮扶部门选派第一书记不精准，不选"能人"选"闲人"的问题，实施"第一书记"动态管理、召回问责等制度，2016年动态调整67人，召回5人，通报批评帮扶单位20个。结合"两学一做"学习教育和"不忘初心，牢记使命"主题教育，引导各级党员干部自觉投身脱贫攻坚主战场，涌现出一批先进典型。蓬溪县常乐镇拱市村党支部书记蒋乙嘉，致富不忘家乡，带领群众脱贫奔康，获得全国脱贫攻坚奋进奖；射洪县玉太乡改板沟村主任范海全获得全省脱贫攻坚奖；市扶贫移民局副局长杨兵，在扶贫一线默默工作12年，真心扶贫、真情奉献，被评为全国扶贫系统先进工作者；安居区石洞镇原党委书记何强因劳累过度，倒在脱贫攻坚电视电话会场上，献出了宝贵生命。各级党委坚持把脱贫攻坚作为锻炼干部、发现干部、使用干部的主阵地，2017年以来，488名在脱贫攻坚一线表现突出的优秀干部得到提拔重用。

三、扭住"精准"核心，做到"三个精准"

"牢牢把握精准"是习近平总书记对全面打好脱贫攻坚战的要求之一。脱贫攻坚贵在精准、重在精准，成败之举也在于精准。在前期帮扶过程中，遂宁市出现了有的贫困户致贫原因、家庭收支、帮扶措施填写不精确，帮扶措施与致贫原因不对应，户袋资料与实际情况相矛盾；有的帮扶工作还停留在走访慰问、送钱送物上，没有因户因人施策；有的产业扶贫项目论证不充分、监管不力、效益不好，与贫困户的利益联结不紧密；有的扶贫项目建成后闲置，未发挥效益等问题。针对这些帮扶措施不精准的问题，市委提出了"三个精准"的要求：一是精准识别"识真贫"，在全省统一安排3次"回头看"的基础上，遂宁市组织近万名干部开展多次"一进二访"（进村入户、访困问需、访贫问苦）活动，做好数据比对、摸清家底、真挤水分、查漏补缺，确保"零差错"；

二是精准施策"真扶贫","五个一"帮扶主体进村入户，根据扶贫脱贫需求，对应"五个一批"行动计划，为 323 个贫困村、8.9 万户贫困户、28.45 万贫困人口，"量体裁衣"制定脱贫规划、帮扶措施和脱贫门路；三是精准成效"真脱贫"，全市 5 个县区组织 98 个验收工作组对脱贫人口全覆盖验收，市上由 35 名市级领导带队组成验收工作组对退出村全覆盖验收，确保"真脱实退"，去年摘帽村全部达到"一低五有"退出标准，贫困人口全部达到"一超六有"脱贫标准。

四、立足遂宁实际，探索扶贫路径

党的十八大以来，遂宁市扶贫开发工作成效显著。贫困人口从 2012 年年底的 28.45 万人减少到 2017 年年底的 4.9 万人，贫困村由 323 个减少到 167 个，贫困发生率从 10.16% 下降至 1.8%。2017 年 2.5 万贫困人口脱贫、90 个贫困村摘帽。2017 年脱贫人口年均纯收入达到 6040 元，超过省定标准线 83%，退出村集体经济收入平均达到 4.16 万元，高于全省平均水平 84%。蓬溪县作为全省片区外 72 个县区唯一代表，成功通过省际脱贫成效交叉检查。

产业扶贫："村村入园、户户入社。"针对有的地方产业扶贫同质化，有的地方重产业轻扶贫，有的产业基地"只建不管"、专合组织"合而不作"、利益联结机制"联而不紧"等问题，及时调整产业扶贫的思路和布局。一是突出组团发展。以 173 公里产业扶贫大环线串起"5+18+N"个现代农业园区（5 个市级现代农业园区、18 个县级现代农业园区、N 个镇村脱贫奔康产业园），发展菌类蔬菜、经果林、畜禽养殖、优质粮油、水产养殖等五大类特色产业 17.1 万亩，养殖基地 22 个，带动 323 个贫困村"村村入园"和 8.9 万户贫困户"户户入社"，促进贫困户由单打独斗向抱团发展转变。二是突出三产融合。全市设立首期 10 亿元产业发展基金，探索农工结合、农商结合、农旅结合等新模式，培育农产品加工、电子商务、休闲农业等新业态，以"遂宁鲜"区域公用品牌为载体提升产品附加值，以西部金穗粮展会、绿色农产品博览会等活动搭平台拓展销售链，确保生产端、加工端、销售端链接融合，让贫困户在参与过程中能更多分享产业增值收益。三是突出利益联结。探索建立资本联投、生产联营、经营联动、效益联赢、风险联控"产联式"合作社等多种产业扶贫模式，实现利益共享。

教育扶贫："六大行动、分类施策。"一是市县两级党校和党员教育中心加强对贫困村两委干部的培训，提升政策水平，拓展扶贫思路，转变工作作风，增强工作能力。二是充分发挥国民教育在精准扶贫中的基础性和先导性作用，深入实施学校建设优先、教师素质提升、优质资源共享、贫困学生关爱、贫困家庭帮扶、大学生回乡创业"六大行动"，帮助贫困家庭孩子实现大学梦，切实阻断贫困人口代际传递。全面普及义务教育，落实贫困家庭学生学前三年、高中、大学教育资助政策。三是开展务工就业培训。探索订单、定向、委托培训模式，实施建档立卡贫困人口技能培训、劳务品牌培训。对未考上大学的贫困户高中毕业生免费开展 40 天职业技能强化培训。四是办好农民夜校。组织专业人员编写夜校教材，在全市范围开展"百堂党课下基层"活动，深入开展"脱贫攻坚奔小康、党的恩情永不忘"感恩奋进主题教育，深入推进"志、智双扶"，引导基层党员群众知恩懂恩感恩、自尊自信自立。

社会扶贫："建新平台、宣传引导。"构建政府主导、社会主动、群众主体社会扶贫格局，搭建组织动员、帮需对接、宣传报道、社扶网四个全覆盖平台，全市参与社会扶贫干部2.3万名、国有企业37家、民营企业358家，带动社会捐赠1.55亿元、社会投入近40亿元。一是创新搭建平台。市、县、乡三级脱贫办均组建社会扶贫工作组，成立154个工作办，社会扶贫专职人员达382人，建立起"纵向到底、横向到边"的组织动员平台。打造"遂宁鲜""以购代扶""微心愿"等社扶品牌，开展"万名干部走基层""扶贫志愿者行动"等活动，通过遂宁扶贫网、微信公众号以及贫困村QQ群、微信群等，搭建了"点对点、面对面"的帮需对接平台。二是创新宣传带动。充分发挥"扶贫日、社扶网、脱贫攻坚奖"的宣传功能，组织新闻媒体24家，开设"寻找扶贫好人""最美扶贫人"等专栏，发动26位网络名人，创作了快板、川剧和微电影等文艺作品，受众130余万人。三是示范引领。在全市积极推广中国社会扶贫网，遂宁市被列为中国社会扶贫网全国首批11个试点市之一。结合"扶贫日"主题活动，组织开展公益捐赠和结对帮扶活动，捐赠款物达2300万元。

乡村治理："三治融合、四好创建。"充分发挥群众在基层治理中的主体作用，强化自我管理、自我服务、自我教育、自我监督，健全自治、法治、德治"三治融合"乡村治理体系。一是创新基层治理。全面推行文明联创、卫生联洁、治安联防、应急联动、困难联帮、致富连带"六联机制"。修订完善村规民约，建立守约激励、违约惩戒机制，村规民约执行率达96％以上。二是深化依法治贫。选派323名法律专业或有政法部门工作经历的干部到贫困村担任"第一书记"或驻村干部，全面实现323个贫困村法治村干部全覆盖；探索建立党员代表、人大代表、贫困户、非贫困户、村干部和法治村干部"六手印记"，落实"三会四审两公开"程序，促进村级重要决策、重点建设、重大资金使用全过程监督，有效破解了基层治理群众意愿集中难、资金监管难、依法治理难、法律普及难"四难"问题。三是推进"四好"创建。推进基础设施、产业发展、住房保障、环境卫生、村风民风持续向好，以QQ群和微信群村村建、广播村村响、电视户户通、文艺队伍巡回演等形式加强宣传，开展勤劳致富光荣户、自主脱贫光荣户评选，引导全体村民养成好习惯、形成好风气。2018年全市有180个村申报创建幸福美丽新村，120个村申报创建省级"四好村"。

住房保障："四类模式、八项政策。"一是采取"拆闲、改危、建新"三种方式。"拆闲"指针对10132户长期闲置的房屋，拆除不再新建；"改危"指针对28464户有人居住的B、C级危房，改造不再新建；"建新"针对46457户D级危房和无房的，拆旧并新建住房。二是提供四类菜单。提供维修加固、拆旧建新、拆旧留权、拆旧退权"四类菜单"，让群众自主"点菜"，充分满足群众的多元化需求。三是整合八项政策。整合中省易地扶贫搬迁、C/D级危房改造、城乡建设用地增减挂钩拆迁、新农村建设、地质灾害避险搬迁、水利交通及现代农业园区等政策，让政策惠及所有农户。遂宁市土坯房整治工作自启动以来，实现了零强拆、零信访和零诉讼。

健康扶贫："资源下沉、服务提升。"遂宁市因病、因残致贫的贫困人口占总贫困人口的63％，健康扶贫任务艰巨。我市探索创新城市医院机构和人员"双下沉"，基层医疗服务质量和效率"双提升"模式，为贫困群众提供强有力的健康保障。一是推进医疗机构下沉。探索建立"以城带乡、城乡共建"新型城乡医联体和县乡一体化医共体，以下沉"管理、人才、学科、设备"为突破口，实现城市优质资源下沉。市中心医院、市中医院在人口集中的边界集镇金华镇、蓬南镇建立分院。二是推进医疗专家下沉。从市县两级共17家医疗机构中选派技术精湛、医德高尚的"两高人才"组建专家团队，开展"一对一"（一名专家对一个贫困村）、"人对人"（一名专家对一个乡村医生）帮扶。全市共派出医疗专家530余人次开展支医活动，实现在每个贫困村配备1名医疗专家巡回坐诊。三是推进服务质量提升。每个退出贫困村建一所标准化卫生室，实施医疗专家支医、村医能力提升、示范卫生室建设等服务质量提升工程，提高个性化医疗和预防保健服务。四是推进服务效率提升。采取"县招乡用、乡招村用"方式，补齐基层医疗机构需要的医生，确保每个贫困村配备1名合格乡村医生和1名支医专家，多措并举打造就近就医、便捷就医优质医疗服务圈，让贫困群众小病不出村、大病不出县。

五、加强指导强化督查，确保脱贫攻坚战打赢打好

中央将2018年作为脱贫攻坚作风建设年。有群众反映，有的帮扶干部不熟悉乡情、村情，进村入户还要村干部带路，有的帮扶干部"挂空名"，有的进村不入户；有的对农村工作不熟悉，帮扶措施缺乏针对性，有的村干部不清楚脱贫攻坚政策，接受考核组问询"一问三不知"，还有的因为脱贫攻坚占用了休息时间，甚至带着情绪来扶贫等。针对脱贫攻坚工作中反映出的作风问题，及时整改；针对扶贫领域的"微腐败"，严肃查处。一是真督实导。落实"每月督导反馈情况、季度评价量化排名、半年分析重点研判、年度考核逗硬奖惩"的督查机制，把目标责任落实到点、到月、到人。要以暗访为主，采取不定时间、不定路线、不要陪同、不打招呼的方式，直接走村入户，开展多种形式的专项督查。二是强化问责。实行最严格的问责机制，加强扶贫过程监管，加强财政监督检查和审计、稽查等工作。对连续两次季度考核排名末位的县区和帮扶部门，组织部门要对主要负责人进行诫勉谈话。对扶贫领域虚报冒领、截留私分、贪污挪用、挥霍浪费等违法违规问题，纪检监察机关要坚决从严惩处。三是正向激励。对脱贫攻坚干部既要严格管理到位，又要关心关爱到家。加强脱贫攻坚干部管理，各级党委组织部门建好脱贫攻坚干部储备选派和提拔重用两本台账，对表现优秀的干部重点培养，符合条件的及时提拔重用。

以"两次伟大革命论"引领乡村振兴战略

——学习习近平总书记来川视察重要讲话精神

凌红雨[①]

习近平总书记在党的十九大报告中深刻指出,在新时代,我们党必须以党的自我革命来推动党领导人民进行的伟大社会革命。一个新的理论命题"两次伟大革命论"由此诞生,党领导人民进行伟大的社会革命和领导全党进行伟大的自我革命是我们党必经的两次革命,这是一个重要的理论创新。乡村振兴战略是站在新的改革开放和历史起点,是中国特色社会主义新时代的实践需求。励精图治、奋发图强,以"两次伟大革命论"为引领、自觉融入四川乡村振兴战略的伟大实践,筑梦中华民族伟大复兴,助推中华文明走在世界的前列。

一、乡村振兴战略是新时代的实践需求

乡村振兴是当今中国新的改革开放和历史起点,乡村振兴战略是中国特色社会主义新时代下,回应响应呼应当今世界、当代中国和人民群众对美好生活的实践需求。

(一) 回应当今世界新机遇、新挑战的实践需求

一是当今世界,全球化与反全球化、一体化与反一体化并存。从三个时间维度看,短时间内,世界还未走出金融危机,西方国家反全球化、反一体化现象存在;中长时期内,受 20 世纪 80 年代新自由主义思潮影响,华盛顿共识、全球化共识式微,人类命运共同体构建、"再全球化"呼声日益高涨;长期看,人类历史进入大转型、大风险时期,现行体系和观念难以承载全球几十亿人口的全球化。二是当今世界,工业化与信息化趋势加快。西方发达国家已经跨入后工业化时代,广大发展中国家也先后步入了从传统农业向现代工业转变的行列,中国已进入工业化发展的中期阶段,伴随"互联网+"时代,城乡互动、融合发展已成为迫切需要。三是当今世界,城市化与乡村化并行。自2007 年始全球城市人口首次超过农村人口,意味着人类生活方式从乡村文明转向都市

---

① 作者单位:中共自贡市委党校。

文明的大趋势；同时，随着农村基础设施加速建成，大量城市人口、返乡农民工、大学生等陆续回到乡村，意味着乡村文明依然星星之火可以燎原。

（二）响应当代中国新时代新趋势的实践需求

一是计划经济转向市场经济。经过了40多年改革开放的当代中国取得了举世瞩目的成就。由计划经济到有计划的商品经济、到市场经济，这是我们党经过艰难探索取得的经济改革成果。发展市场经济的基本要求是要确立工农城乡的平等主体地位，实现一体化发展。二是由封闭转向开放。"打开国门、引进来"，引进西方的技术、管理、人才到加入WTO、一带一路建设，"跨出国门、走出去"，中国的高铁、共享单车、支付宝和网购全球可见。雄安新区、海南自由贸易区的建设，使开放快马加鞭。三是从传统工业化转向新型工业化、信息化。以消除二元经济社会结构为目标，以工业化促进信息化、以信息化带动工业化，促进城乡工业化和信息化共同发展已经显现。

（三）呼应人民群众对美好生活新期待新向往的实践需求

一是渴望美好生活。人民群众从总体小康到全面小康，必然会有对更美好生活的向往和追求。就业医疗教育等社会保障日趋完善，做到幼有所育、学有所教、劳有所得、病有所医、老有所养、住有所居、弱有所扶，这是城乡居民的共同愿望，也是党的十九大报告提出的目标和庄严的承诺。二是祈盼社会公平正义。破除制度、城乡藩篱和各种障碍，确保城乡居民享有平等的国民待遇，是最基本和最重要的人权保障。三是期待社会和谐安定。在市场经济下，化解社会矛盾的根本方法是注重社会公平、合理调整国民收入分配格局，妥善处理好利益格局、实现社会和谐。在进入中国特色社会主义新时代条件下，面对人民日益增长的对美好生活需要与不平衡不充分发展的我国社会主要矛盾的转化，尤其是城乡发展不平衡、乡村发展不充分的实践需求，乡村振兴战略更是恰逢其时。

二、"两次伟大革命论"是我们党的重要理论创新

习近平总书记在党的十九大报告中深刻指出，在新时代，我们党必须以党的自我革命来推动党领导人民进行的伟大社会革命。这标志着一个新的理论判断或称为理论命题"两次伟大革命论"由此诞生，即党领导人民进行伟大的社会革命和领导全党进行伟大的自我革命是我们党必经的两次革命，这是我们党的一个重要理论创新。

（一）"两次伟大革命论"是跳出历史周期律的根本方法

习近平总书记深刻指出，人民群众是我们力量的源泉。当年毛泽东和黄炎培在延安关于历史周期律的"窑洞对话"，至今对中国共产党都是很好的鞭策和警示。当黄炎培提出历朝历代都没有跳出兴亡周期律时，《延安归来》中记载了毛泽东的回答："我们已经找到新路，我们能跳出这周期律。这条新路，就是民主。"在新时代，跳出历史周期律的新路——全面加强党的自身建设，全面从严治党，发扬我们党彻底的自我革命精

神。"两次伟大革命"就是跳出历史周期律的根本方法和具体路径。跳出历史周期律，归根到底是要靠中国人自己的民主政治、释放人民的生产能力推动发展、借助人民的监督热情遏制腐败、依靠人民的创新实干提升治理水平。

（二）"两次伟大革命论"是牵引战略布局的重要指南

习近平总书记深刻指出，要统筹推进"五位一体"（即经济、政治、文化、社会、生态）的总体布局，协调推进"四个全面"（即全面建成小康社会、全面深化改革、全面依法治国、全面从严治党）的战略布局。"五位一体"总体布局、"四个全面"战略布局要以"两次伟大革命"为牵引和方向，意味着把"两次伟大革命"贯穿于中国特色现代化建设的两大布局中，正确处理好"两个伟大革命"，推进好"两个伟大革命"。把"三个有利于"确立的生产力原则、人民利益原则、综合国力原则，以及"两个是否"原则（即"是否促进经济社会发展""是否给人民群众带来实实在在的获得感"）作为评价改革的标尺，既以伟大的自我革命推动伟大的社会革命，又以伟大的社会革命来引领伟大的自我革命。

（三）"两次伟大革命论"是确保党的历史主线的强大武器

习近平总书记深刻指出，时代是出卷人，我们是答卷人，人民是阅卷人。新时代的奋斗目标是坚持和完善中国特色社会主义制度，推进国家治理体系和治理能力现代化。中国的改革开放是可持续的事业，要正确认识"革命党"与"执政党"的关系，以历史的思维看待中国的革命、建设和改革，既不能用改革开放前的历史否定改革开放后的历史，也不能用改革开放后的历史否定改革开放前的历史。"两个伟大革命论"是确保我们党的历史主线和时代主题的强大武器，确保我们党新民主主义革命、社会主义革命和建设、改革开放的历史主线不动摇，确保我们党在新民主主义革命所获得的成果绝不能丢失、在社会主义革命和建设所取得的成就绝不能否定、改革开放的基本方向绝不能动摇。

（四）"两次伟大革命论"是发展马克思主义的科学引领

习近平总书记深刻指出，把党建设成为始终走在时代前列、人民衷心拥护、勇于自我革命、经得起各种风浪考验、朝气蓬勃的马克思主义执政党，这既是我们党领导人民进行伟大社会革命的客观要求，也是作为马克思主义政党建设和发展的内在需要。2018年是马克思诞生 200 周年和《共产党宣言》发表 170 周年，适逢我国改革开放 40 周年，更是贯彻落实习近平中国特色社会主义新时代思想和党的十九大精神的开局年。从《共产党宣言》发表到党的"四个伟大"理论（即"伟大斗争、伟大工程、伟大事业、伟大梦想"）的提出，尤其是"两次伟大革命论"把革命和改革贯通起来，也把社会革命和自我革命贯通起来，发展了马克思主义和党的"革命论"，为我们正确认识革命的性质、功能、条件和范围提供了基本遵循，为新时代推进伟大的社会革命和伟大的自我革命提供了科学的思想指引。

三、以"两次伟大革命论"为指引推进四川乡村振兴战略的伟大实践

中华民族伟大复兴梦是亿万中国人民的美好梦想，社会主义是前无古人的事业，是一代又一代人不断探索的必由之路。以"两次伟大革命论"为指引，推进四川乡村振兴战略的伟大实践，将为中华民族伟大复兴插上强劲的翅膀，助推中华民族腾飞、抵达共产主义宏伟愿景。

（一）坚持以人民为中心的发展思想，巩固农民的主体地位

中国特色社会主义社会革命的过程是改革发展的过程，是不断促进民生发展和提升民生的过程。坚持以人民为中心的发展思想，就是把解决民生问题作为全面建成小康社会的重中之重。落实到乡村振兴战略中，就是注重农民的权益维护，巩固农民的主体地位。这是因为，从经济社会发展形态看，我国的现代化必须经历三个阶段：乡土中国、城乡中国、城市中国。从其路径看，不是从乡土中国直接抵达城市中国，城乡中国作为一种经济社会发展形态将会长期存在。要回答好乡村振兴作为一场伟大的社会革命和改革，"能改什么、不能改什么""先改什么、后改什么""重点改什么、带动改什么""为谁改革、靠谁改革"等重大问题，引发了巩固农民的主体地位的改革策略问题。

"稳中求进"是新时代治蜀兴川的重要原则。习近平总书记来川视察时要求四川保持稳中求进工作总基调。直面四川产业结构、区域发展、城乡发展的三大不平衡，直面经济总量靠前但人均水平靠后、科教资源丰富但创新能力不强、市场主体不少但经济活力不够、民生投入加大但有效供给不足的四大不充分，要稳中求进做好民生实事。按照"坚守底线、突出重点、完善制度、引导预期"的民生工作指南，大力实施就业促进、扶贫解困、教育助学等民生工程。在推进四川省乡村振兴战略中，村道改建、危房改造、重点流域污染治理和城乡垃圾污水处理专项行动、厕所改造等民生实事，让更多村民有更多的获得感。

（二）坚持以创新、协调、开放、绿色、共享的五大发展理念，巩固工农联盟

中国特色社会主义社会革命的过程是改革创新的过程，是不断推进体制机制和制度创新的过程。坚持创新、协调、绿色、开放、共享的"五大发展理念"，就是把制度创新和体制机制改革作为推进后改革开放时代建立健全现代化经济体系的重要抓手。落实到乡村振兴战略中，就是注重城乡的形态重塑，巩固工农联盟。这是因为我国社会正在经历一场由人口迁移的代际差异引发的城乡结构革命和由要素集聚、科技创新引发的技术与制度的重大变迁，农业、制造业与服务业的转型升级和第二代农民工离土离农、出村不回村，致使工业与农业的功能与形态、城市与乡村的样态与业态都发生了变化。围绕如何引导新工人、新农民的经济行为与政治行为主体的互动，引发了巩固工农联盟的政治策略问题。

"求真务实"是新时代治蜀兴川的重要原则。习近平总书记来川视察时指出，四川是西部地区的重要大省，在全国发展大局中具有重要的地位。作为全国经济大省、人口

大省、农业大省、生态大省的四川，2017 年经济总量居全国第六位，达到 3.689 万亿元，农林牧渔业增加值 4369.2 亿元、居全国第 3 位。以五大发展理念为引领，四川实施了三大发展战略。着眼于破解区域发展不平衡难题，实施了多点多级支撑战略，经济总量过千亿的市州达 16 个，增加了 9 个，多点多级竞相发展态势整体形成；着眼于破解城乡发展不充分难题，实施了"两化"互动城乡统筹战略，城乡面貌焕然一新、新型城乡关系基本形成；着眼于破解新旧动能转换难题，实施了创新驱动战略，科技对经济增长的贡献率提高到 54％，提高了八个百分点，实现了产业结构"二三一"向"三二一"的重大转变。今后 3 年，新时代治蜀兴川将全力做好防范化解重大风险、脱贫攻坚、污染防治三大攻坚战。在推进四川省乡村振兴战略中，继续把彝区藏区脱贫攻坚作为重中之重，以促进民族团结，巩固工农联盟。

（三）坚持以党的建设为引领的发展思路，巩固党的执政基石

中国特色社会主义社会革命的过程是改革完善的过程，是不断进行党的自我革命的提升过程。坚持以党的建设为引领的发展思路，就是把党的建设作为完善和发展中国特色社会主义制度、推进国家治理现代化的重要保证。落实在乡村振兴战略中，就是注重五个振兴（即产业振兴、人才振兴、文化振兴、生态振兴、组织振兴），尤其是要组织振兴，巩固党的执政基石。这是因为，我们党历来坚持解放思想、实事求是、与时俱进、求真务实。习近平新时代中国特色社会主义思想就是马克思主义的基本原理与当代中国全面深化改革的具体实践相结合的产物，围绕"为什么改、改什么、怎么改"这一首要的基本问题提出的一系列新思想新观点新论断。坚持自治为本、德治为基、法治为要，建立健全党委领导、政府负责、社会协同、公众参与、法治保障的现代乡村社会治理体制，引发了巩固党的执政基石的政党策略问题。

从严治党是新时代治蜀兴川的重要原则。习近平总书记来川视察，对四川全局和长远发展进行了总体擘画。习近平总书记来川视察重要讲话精神是新时代治蜀兴川的总要求，是推动治蜀兴川再上新台阶的根本遵循。以习近平新时代中国特色社会主义思想为引领，增强"四个意识"，坚定维护习近平总书记核心地位和党中央集中统一领导。在推进我省乡村振兴战略中，要始终把党的政治建设摆在首位，以政治思维和法治方式相结合，把政治能力嵌入组织需求、法治能力嵌入治理需求、专业能力嵌入行政需求；积极培育健康政治文化，深入开展反腐败斗争，持之以恒反"四风"（形式主义、官僚主义、享乐主义和奢靡之风）；要继续发扬四川抗震精神，继续保持哪里群众有困难就有共产党员身影的优良传统，使党的优良作风在党员干部中形成风尚、成为自觉，促进四川良好政治生态可持续。

总之，习近平总书记在《摆脱贫困·跋》中深刻指出，励精图治、发愤图强，以中国的繁荣昌盛为己任，尽短时间使整个国家"脱贫"，尽短时间使中国立于发达国家之林，是更为紧迫、更为切实的思想和行动。只有看清世界文明中的中华文明，弄懂中华文明中的乡土文明，找到中华农耕文明中的共同价值，我们党才能承载未来世界的革命精神和中华文明的责任担当。在新时代治蜀兴川的大好时期，以"两次伟大革命论"引领四川乡村振兴战略的伟大实践，为筑梦中华民族伟大复兴，助推中华文明走在世界的前列书写"四川篇章"。

论习近平总书记的人民情怀

曹莉萍

在 2018 年新春佳节来临之际，习近平总书记来川视察指导工作。四川是党的十九大后习近平总书记外出调研的第一站，四天时间里分别到凉山州、阿坝州、成都市等地，深入乡镇、企业、社区，考察脱贫攻坚和经济社会发展工作，充分体现了习近平总书记和党中央对四川工作的高度重视，对全省各族人民的深切关怀。所到之处，处处彰显了习近平总书记的人民情怀。这种情怀是习近平总书记植根人民四十年传承大爱的情怀、执政为民的情怀。

一、植根人民四十年，传承大爱育情怀

习近平总书记来川视察，让人难忘的是情暖大凉山。当白色的查尔瓦披在了习近平总书记肩上时，"习近平总书记卡沙沙（彝语：感谢）""习近平总书记子莫格尼（彝语：吉祥如意）"的声音此起彼伏。情到深处，《留客歌》响遍山头。习近平总书记心系人民，其行温暖人心。总书记的人民情怀，植根于人民的大地。40 多年来，习近平总书记从一个生产大队的党支部书记，到一个泱泱大国的领导人，历经村、县、地、市、省直至中央等多层级领导岗位，历练铸就了淳厚博大的人民情怀。

（一）在知青岁月中萌生人民情怀

习近平总书记的人民情怀，是在陕北七年知青岁月中播种发芽的。那一年，他还不满 16 岁就来到陕北延川县梁家河大队当知青，与老乡们同甘共苦。这段经历对习近平总书记后来人生影响极大，他多次回顾在陕北插队的经历："我的成长、进步应该说起始于陕北的七八年间。最大的收获有两点：一是让我懂得了什么叫实际，什么叫实事求是，什么叫群众。这是让我获益终生的东西。""插队的经历，让我对贫困群众有天然的感情，现在生活越来越好了，心里更惦念贫困地区的人民群众。""我当了 7 年农民，最大体会就是老百姓看干部就看实在不实在，老百姓就怕空洞无物、不干实事。""上山下乡的经历，使我增进了对基层群众的感情。对于我们共产党人来说，老百姓是我们的衣食父母，我们必须牢记全心全意为人民服务的宗旨。"2015 年 2 月 13 日，习近平

总书记回延川县梁家河看望父老乡亲时，深情地说："当年我离开梁家河，人虽然走了，但是心还留在这里。那时候我就想，今后如果有条件有机会从政，就要做一些为老百姓办好事的工作。"总书记把情义看得像山一样重。例如，在福建工作期间，当听说梁家河村民吕侯生的腿因为修窑洞被砸伤了时，收到信后随信寄去 500 元钱路费，接吕侯生到福建去治病。此事多少年来成为村民常挂嘴边的佳话。在梁家河时，"人民"二字已铭刻在习近平总书记的内心深处，"为群众做实事"的信念，一心让老百姓过上好日子的爱民为民情怀，在"苦其心志、劳其筋骨、饿其体肤、空乏其身"的历练中孕育，以人民为中心的发展思想有了人民大地的坚实依托。我们从习近平总书记在汶川县映秀镇的博爱新村，与当地群众一起炸酥肉、磨豆花的这一满含人民情怀的情景，就让人动容、让人振奋、让人感受到习近平总书记发自内心的人民情怀。

（二）在从政实践中增进人民情怀

根深方能叶茂。以人民为中心的发展思想是习近平总书记长期扎根人民、深接"地气"的思想。从 1982 年到河北省正定县任职算起，习近平总书记有 20 多年的地方从政经历，这 20 多年也是他人民情怀不断培育和增长的 20 多年，是以人民为中心的发展思想孕育形成的 20 多年。习近平总书记在正定工作了三年多，他和那里的人民"一块苦、一块过、一块干"，倾注了极大的心血和情感，他把正定当作自己的第二故乡，他对这片热土知之深、爱之切。习近平总书记回忆在正定下乡调研时指出："当年的那种情景，我历历在目。虽然辛苦一点，但确实摸清了情况，同基层干部和老百姓拉近了距离、增进了感情。当县委书记以后，全县 200 多个村子我都走遍了。"在福建工作期间，习近平总书记大力倡导开展"四个万家"活动，即进万家门、知万家情、解万家忧、办万家事，要求各级领导干部到群众中去，与群众交朋友，为群众送温暖、办实事，努力做到廉政、勤政。这些早年的实践和情感，日久而凝成为牢固的品质。在浙江工作期间，习近平总书记针对当时欠发达地区发展滞后和仍有大量贫困人口的问题，提出"努力使欠发达地区的发展成为全省经济新的增长点"等战略要求，强调"现代化建设不能留盲区死角，实现全面小康一个乡镇也不能掉队"。在川视察期间，习近平总书记对脱贫攻坚的深深挂念，给地处秦巴山区集中连片贫困地区的干部群众以极大鼓舞。例如，习近平总书记围坐在村民节列俄阿木家的火塘边，同干部群众拉家常，为脱贫攻坚开良方。在场的人抹着眼泪，我们通过电视看到的人也感动不已。这是习近平总书记在从政实践中人民情怀的真切流露。

（三）在传承家风中升华人民情怀

习近平总书记曾多次指出："家风好，就能家道兴盛、和顺美满；家风差，难免殃及子孙、贻害社会。"习近平总书记的人民情怀，既来源于长期与人民群众同甘苦、共患难的锤炼，也来源于革命家庭家风家教的熏陶和传承。习仲勋同志心中始终装着人民，终生践行群众路线。在陕甘宁边区工作时，他说："把屁股端端地坐在老百姓这一面。"在参加新中国成立 50 周年大典时，习仲勋动情地说："江山就是人民，人民就是江山。"习仲勋同志的人民情怀，直接而又纯粹地传到了习近平总书记身上。2001 年 10

月 15 日，习仲勋同志 88 周岁寿诞。时任福建省省长的习近平因公务繁忙不能脱身，于是给父亲写了一封饱含深情的拜寿信。信中说："自我呱呱落地以来，已随父母相伴四十八年，对父母的认知也和对父母的感情一样，久而弥深。希望从父亲这里继承和吸取的宝贵与高尚品质很多，给我最深印象的大约如下几点：一是学父亲做人。二是学父亲做事。三是学父亲对信仰的执着追求。四是学父亲的赤子情怀。五是学父亲的俭朴生活。我们从小就是在父亲的这种教育下，养成勤俭持家习惯的。这是一个堪称楷模的老布尔什维克和共产党人的家风。这样的好家风应世代相传。"这就是习仲勋留给子孙后代的享之不尽的宝贵财富。他以光辉的榜样，教诲儿女如何做一个纯粹的有益于人民的人。

从习仲勋到习近平躬身践行的习氏家风中，我们能够看到居于正中的"人民"二字。从习仲勋到习近平的人民情怀中，我们能够真切领悟到这样的真理：人民是我们党的根基所在、血脉所在、力量所在。

（四）在担当使命中彰显人民情怀

以人民为中心的发展思想，在习近平总书记治国理政的实践中走向成熟，鲜明体现了习近平总书记新时代中国特色社会主义思想的根本立场和价值内核，淋漓尽致地展现了习近平总书记的人民情怀。近六年来，以人民为中心的发展思想贯穿治国理政的全部实践，贯通"五位一体"总体布局和"四个全面"战略布局，引领人民在不断增强获得感、幸福感中走进新时代。其间，党和人民战胜各种艰难险阻的极不平凡经历和取得的历史性成就表明，习近平总书记的人民情怀是真挚的情怀，是经受住了历史和人民检验的情怀。面对党内、国内、军内存在的突出矛盾问题，以习近平同志为核心的党中央更以"得罪千百人，不负十三亿"的责任担当管党治党，刮起前所未有的反腐风暴。"得罪千百人，不负十三亿"，是决心、承诺，更是鞭策。习近平总书记在十九届中央纪委二次全会上发表重要讲话强调，全面从严治党必须持之以恒、毫不动摇。谈到反腐时更是毅然决然，要坚持无禁区、全覆盖、零容忍，坚持重遏制、强高压、长震慑，坚持受贿行贿一起查，"老虎"露头就要打，"苍蝇"乱飞也要拍。这再次彰显了党中央高压惩腐不停歇、不松劲的决心。在实现中华民族伟大复兴中国梦的征途上，始终把人心向背的账放在心上，在担当使命中彰显人民情怀。

二、不忘初心行大道，执政为民显情怀

习近平总书记来川视察来到凉山州昭觉县，看望彝族同胞，指导扶贫攻坚，牵挂支尔莫乡的"悬崖村"……习近平总书记的牵挂与关怀，给巴蜀儿女带来直抵人心的温暖。这些情怀，归根到底是中国共产党根本宗旨和初心使命在情感上的体现。习近平总书记以人民为中心的发展思想，就是不忘初心行大道，执政为民显情怀在思想上、行动上的充分表达。其主要体现在以下四个方面。

（一）全心为民

为民，是习近平总书记人民情怀的核心价值。习近平总书记深谙为民之重要，始终把为民作为治国理政的价值取向。2012年11月15日，刚刚当选总书记的习近平同志明确宣示："人民对美好生活的向往就是我们的奋斗目标"，从此走上了引领全党全面践行以人民为中心的发展思想和征程。2013年11月，习近平总书记在山东菏泽考察时念了古代县衙留下来的一副对联："得一官不荣失一官不辱勿说一官无用地方全靠一官；穿百姓之衣吃百姓之饭莫道百姓可欺自己也是百姓。"他感慨地指出，对联以浅显的语言揭示了官民关系。封建时代官吏尚有这样的认识，今天我们共产党人应该比这个境界高得多。2014年2月，习近平总书记在接受俄罗斯电视台主持人采访时说："我的执政理念，概括起来说就是为人民服务，担当起该担当的责任。"近六年来，以习近平同志为核心的党中央，始终把人民立场作为根本政治立场，把人民利益摆在至高无上的地位，不断把为人民造福事业推向前进。例如，习近平总书记在川视察时指出："要牢固树立以人民为中心的发展思想，采取针对性更强、覆盖面更大、作用更直接、效果更明显的举措，解决好同百姓生活息息相关的民生问题。"这充分体现了习近平总书记深厚的为民情怀，体现了我们党的初心和使命。

（二）贴心亲民

亲民，是习近平总书记人民情怀的直接体现。在他的内心深处，最牵挂的是人民，心贴得最紧的是人民。在昭觉县三岔河乡三河村彝族同胞吉好也求家里，他察看院子里的鸡笼、猪舍，细看门口的贫困户帮扶联系卡；关切地掀开床褥、摸摸被子，看看够不够厚实；看见挂在房梁上的腊肉，询问家人的吃穿怎么样……这些贴到心坎上的关心，让吉好也求一家感受到无穷的力量。党的十八大以来，习近平总书记连续第六次在春节前夕来到群众当中，拉家常、问冷暖，听民声、解民意。不管在哪里、不管什么时间，习近平总书记始终把群众安危冷暖放在第一位，把群众呼声作为第一信号。近六年来，习近平总书记每次调研，所到之处没有任何官气和架子，体现了平易近人的亲民作风。例如，在河北调研时吃大盆菜；在芦山地震灾区住临时板房；自己掏钱为梁家河的乡亲们购买年货；这次到郫都区战旗村，老大娘要送习近平总书记一双"千层底布鞋"，可他笑说："这哪能行，我掏钱买一双。"点点滴滴，都是习近平总书记亲民的真情表露。

（三）诚心敬民

敬民，是习近平总书记人民情怀的根本支撑。在他的内心深处，人民是历史的创造者，是决定党和国家前途命运的根本力量，必须坚持人民主体地位，依靠人民创造历史伟业。例如，在成都郫都区唐昌街道战旗村，当82岁老人冯家祥握着习近平总书记的手、衷心表达感激之情时，他的回答让老人内心澎湃："我是人民的勤务员，是为人民服务的。"一切为了人民，这是共产党人矢志不移的初心使命。冯家祥老人说："总书记的身上，深深烙刻着老一辈无产阶级革命家身体力行、深入一线的优良作风和传统，从人民中走出、在人民中成长、为人民谋福利，习近平总书记不愧是人民领袖。"在广东考察工作时，习近平总书记强调："领导干部是人民的公仆，必须始终牢记宗旨、牢记责任，自觉把权力行使的过程作为为人民服务的过程，自觉接受人民监督，做到为民用权、公正用权、依法用权、廉洁用权""领导不是百事通，不是万能的。要做群众的先生，先做群众的学生。领导干部要放下架子，甘当小学生，多同群众交朋友，多向群众请教。要真正悟透群众是真正的英雄。"正因为始终把人民当作国家的主人来敬畏，当作真正的英雄来学习，以习近平同志为核心的党中央始终着眼人民的美好生活向往举旗定向、谋篇布局，始终依靠人民的智慧和力量攻坚克难、强基固本，使一切积极因素竞相迸发其能量，一切有利于造福人民的源泉充分涌流，开创了新时代中国特色社会主义事业的新局面。

（四）真心惠民

惠民，是习近平总书记人民情怀的根本指向。无论是为民、忧民，还是亲民、敬民，最终都要落实到惠民上。习近平总书记指出："群众利益无小事，一枝一叶总关情。检验我们一切工作的成效，最终都要看人民是否真正得到了实惠，人民生活是否真正得到了改善，这是坚持立党为公、执政为民的本质要求，是党和人民事业不断发展的重要保证。"

2013 年 11 月 3 日，习近平总书记来到湖南湘西花垣县十八洞村考察扶贫开发，首次提出"精准扶贫"这一惠民理念，为脱贫攻坚提供了一把"金钥匙"。中国大地上，成千上万个十八洞村的命运开始得到根本性的改变。习近平总书记指出："小康路上一个都不能掉队！"这是习近平总书记的庄严承诺。为了兑现这个承诺，党的十八大以来，在以习近平同志为核心的党中央的坚强领导下，一场前所未有的脱贫攻坚战在全国范围全面打响，广大农村发生于翻天覆地的变化。习近平总书记在川视察时嘱托四川要坚持抓发展、抓稳定，两手都要硬，深化民族团结进步教育，促进各民族共同团结奋斗、共同繁荣发展。近六年来，习近平总书记多次来川视察。深深的牵挂，给予经受磨难的四川儿女温暖的安慰。从汶川地震到芦山地震，从康定地震到茂县特大山体滑坡、九寨沟地震，习近平总书记或来到灾区一线，或做出重要指示，时刻牵挂四川百姓安危，时刻惦念灾区发展振兴。惠民的阳光普照巴蜀大地，人民群众的获得感、幸福感显著增强。

三、牢记使命跟党走，治蜀兴川重情怀

灯塔指引方向，核心举旗定向。"一切为了人民，为了人民的一切"是习近平总书记的为民情怀，也应该是全体党员干部的应有情怀。这种伟大情怀该如何培养？习近平总书记已经身体力行地为我们做出了指引，那就是"为人民服务，担当起该担当的责任"。习近平总书记多次来川视察，对四川工作给予充分肯定并提出明确要求，让我们倍感振奋、备受鼓舞、倍增信心。作为市、县两级的党员领导干部如何体现人民情怀，促进地方全面发展、转型发展？笔者认为，学习习近平总书记的人民情怀，务必牢记使命跟党走，在治蜀兴川的伟大变革中，努力在"三个始终"上做文章、下功夫。

（一）始终心系人民群众

心系人民群众，强化为民情怀，必须振奋精神永葆工作激情。工作成效很大程度上比的是精神、比的是气魄、比的是激情。对事业没有一种热情，对工作没有一种激情，对追求的目标没有一种豪情，工作就没有活力，干事就没有动力。这种伟大情怀该如何培养？习近平总书记已经身体力行地为我们做出了指引，那就是"为人民服务，担当起该担当的责任"。一方面，要"心中有民"，始终把群众安危冷暖放在第一位。把群众视作自己的长辈、自己的亲眷，把群众呼声作为第一信号，哪里有群众的需求，工作的着力点就在哪里，向群众聚焦，为群众出力，把群众最关心、最直接、最现实的利益问题落实好。另一方面，要"心中有责"，担当起该担当的责任。基层党员领导干部应当每日三省吾身，时常把人民群众供在心中敬一敬，把人民利益的标尺放在心中量一量，牢记党的宗旨，更加自觉地以人民为中心，为人民谋幸福。"心系人民群众"不是一句口号，是心系人民与为民担当的同频共振，是干事创业中的知行合一。只有这样，人民群众才与我们像石榴籽一样紧紧地抱在一起，砥砺前行。

（二）始终践行群众路线

心系人民群众，强化为民情怀，必须践行群众路线，狠抓执行推动工作落实。践行党的群众路线，就是要把为民务实清廉的价值追求深深植根于基层党员领导干部的思想和行动中，夯实党的执政基础，巩固党的执政地位，增强党的创造力凝聚力战斗力，保持党的先进性和纯洁性。

为民是群众路线的核心。中国共产党以全心全意为人民服务为根本宗旨，始终把人民群众作为党的胜利之本、力量之源。习近平总书记指出："今天衡量一名共产党员、一名领导干部是否具有共产主义远大理想，是有客观标准的，那就要看他能否坚持全心全意为人民服务的根本宗旨。"只有让人民真正得到实惠，真正改善人民群众的生活水平，才能真正做到立党为公、执政为民的本质要求，才能保证党和人民事业不断发展。

务实是群众路线的基础。空谈误国，实干兴邦。三分战略，七分执行；一分部署，九分落实。践行群众路线，强化人民情怀，必须内化于心，外化于行。心行统一的人民情怀，才是真正有价值的人民情怀。共产党人只有热情、务实地对待群众，群众才会发自内心地拥护党的领导。

清廉是群众路线的保证。清廉是共产党人的政治本色和最可贵的品质，也是我们党的政德根基。孔子说："为政以德，譬如北辰，居其所而众星共之。"意思是说，从政的人要以道德原则治理国家，有道德的从政者就像北极星一样，所有的星辰都会围绕着它。用今天的话说，为民务实清廉的公务人员，人民都会拥护他、爱戴他、服从他。基层党员领导干部只有把清廉落实到行动上了，才能在群众中生根、开花、结果。

（三）始终敢于为民担当

心系人民群众，强化为民情怀，必须勇于担当落实工作责任。职务不是一种待遇，而是一份沉甸甸的责任。每一位党员领导干部都应把履行好职责作为最大的尽责，把不上交矛盾作为最大的尽责，把一心为群众、为发展着想作为最大的尽责，敢于直面问题、敢于触及矛盾、敢于知难而进、敢于动真碰硬、敢于承担风险，做到挑战面前有倔劲，关键时刻有拼劲，困难面前有韧劲。否则，地方社会经济的发展，靠谁去推动去实现？为民担当，关键是要靠基层党员领导干部在重任面前当仁不让，关键时刻挺身而出，这才是共产党人的应有风范。为民担当，我们要自觉向以习近平同志为核心的党中央看齐，用担当的行动诠释对党和人民的忠诚，这才是共产党人的鲜亮底色。为民担当，我们要把"人民对美好生活的向往"变为人民群众身边看得见摸得着的现实，这才是我们基层党员领导干部应当担负而且必须担负的历史责任。因此，基层党员领导干部要坚决摒弃遇到矛盾绕着走、遇到群众诉求躲着行，工作拈轻怕重、岗位挑肥拣瘦，面对名利又争又抢、出了问题上推下卸等"保身哲学"，要敢于旗帜鲜明，敢于较真碰硬，面对大是大非敢于亮剑，面对矛盾敢于迎难而上，面对危机敢于挺身而出，面对失误敢于承担责任，面对歪风邪气敢于坚决斗争。只有这样，我们才会做出无愧于历史、无愧于时代、无愧于人民的业绩，也才会在治蜀兴川的征途中，向人民交出一份满意的答卷！